제2판

창의성 101

KB090983

Kaufman 지음

김정희 옮김

Σ 시그마프레스

창의성 101, 제2판

발행일 | 2017년 2월 28일 1쇄 발행

지은이 | James C. Kaufman
옮긴이 | 김정희
발행인 | 강학경
발행처 | (주)시그마프레스
디자인 | 이상화
편 집 | 문수진

등록번호 | 제10-2642호
주소 | 서울특별시 영등포구 양평로 22길 21 선유도코오롱디지털타워 A401~403호
전자우편 | sigma@spress.co.kr
홈페이지 | http://www.sigmapress.co.kr
전화 | (02)323-4845, (02)2062-5184~8
팩스 | (02)323-4197

ISBN | 978-89-6866-907-1

CREATIVITY 101, 2ND EDITION

＊ 책값은 책 뒤표지에 있습니다.

이 도서의 국립중앙도서관 출판시도서목록(CIP)은 서지정보유통지원시스템 홈페이지(http://seoji.nl.go.kr)와 국가자료공동목록시스템(http://www.nl.go.kr/kolisnet)에서 이용하실 수 있습니다. (CIP제어번호 : CIP2017004862)

역자 서문

이 책은 20016년에 나온 Creativity 101 2판을 번역한 것이다. 나는 2016년 초에 초판 번역서의 재인쇄를 위하여 초판 번역서의 오탈자와 매끄럽지 못한 번역 부분을 수정하고 있었다. 그러던 중에 아마존에 들어가서 2판이 출간 예정으로 소개되어 있는 것을 알게 되었다. 시그마프레스와 상의한 결과, 2판이 나오는 즉시 번역해서 출판하기로 하고 초판 인쇄 계획을 중단했다. 그리고 수정한 것은 초판 전자책에만 적용하는 것으로 결정되었다.

2판에서는 1판에서 다루지 못했거나 그 이후 새로 발견된 어떤 이론과 연구를 소개하고 있을까? 나는 기대와 설레는 마음으로 2판을 기다렸다. 드디어 책이 도착하고 펼쳐보니 설렘은 놀람으로 변했다. 구성이 완전히 달라졌고 내용도 훨씬 풍부해졌다. 원래 7개 장이었는데 12개 장으로 구성되어 있었고 참고문헌에는 출판 중인 것을 포함한 최신 연구들이 많았다. 2판이 아니라 새로운 제목을 붙여도 될 정도로 1판과는 완전히 달랐다.

이 책은 초판에 비해서 창의성을 교수·학습하기에 구성이 더 조직적으로 되어 있을 뿐만 아니라 내용이 더 풍부하고 최신 정보들이 많이 포함되어 있다. 창의성에 관심을 가지고 있는 여러 분야의 학생들과 교수자들은 이 책을 통해 창의성에 대해 깊이 생각할 수 있도록 자극받을 것이다. 이 책은 창의성과 관련한 이미 확립된 핵심적인 정보만 정리해서 떠먹여 주기를 바라는 독자들에게는 만족스럽지 않을 수도 있을 것이다. 많은 사람들은 창의성은 21세기가 요구하는 핵심 능력이라고 말하지만 대부분의 사람들은 창의성의 정체에 대해서 잘 모른다. 창의성이 도대체 무엇인가? 창의적인 사람은 정신이상자인가? 창의성은 좋은 것인가? 창의성이 정말 중요한가? 창의성이 중요한 인간의 특성이나 능력이라면 왜 대학입시나 직원채용 전형에 포함되어 있지 않은가? 독자들이 이런 물음을 가지고 창의성 여정을 떠난다면 이 책이 다소 복잡하고 전문적으로 보이더라도 그만큼 더 창의성의 매력에 빠질 것이다. 마지막으로 지난 가을 학기에 나와 함께 창의성의 매력에 빠졌던 우리 대학원생들인 김건우, 주해란, 최선예에게 즐거움을 공유한 것에 대해 감사함을 전한다.

2017년 2월

김정희

저자 서문

나는 이 책의 초판에 대한 인터뷰 중에 어떤 독자들을 대상으로 썼느냐는 질문을 받았다. 마음 한구석에 생각하던 것("누구든 25달러를 지불할 사람")을 억누르고 다시 생각하니 내가 누구를 대상으로 책을 썼는지 모르고 있다는 것을 깨닫게 되었다. 대부분 내가 쓰고 그리고 읽기 위해 나는 책을 썼다. 나는 창의성에 대한 자질구레한 모든 정보를 모은 두꺼운 책으로 쓰고 싶지도 않았을 뿐만 아니라 인용 없이 가벼운 이야깃거리로 쓰고 싶지도 않았다. 2판을 내면서 나는 믿을 만한 동료들과 의논도 하고 특히 대학생들이 보내온 편지에서부터 아마존 비평과 출판사가 요청한 전문가 반응에 이르기까지 많은 피드백을 살펴보았다.

처음 이 책의 초판을 쓰기 시작했을 때, 나는 창의성 연구를 폄하하는 사람들로부터 창의성 연구를 지킬 준비가 되어 있었다. 한 기자로부터 "엔지니어들은 더 좋은 기계를 만들어주고, 의사들은 치료 방법을 찾아냅니다. 창의성 연구는 무엇을 합니까? 창의성을 연구하면 예술이 더 발전할 수 있습니까? 환원적인 신비성 말살 과정을 통해서 예술가 그리고 예술 자체까지 파괴하는 것이 창의성 연구의 목적입니까?"라는 질문을 받는 이야기로 그 책이 시작되었다. 그 질문은 "창의적인 사람들은 모두 미쳤어요?"와 같은 식상한 질문과 달리 재미있기도 했지만 왜 창의성 연구가 중요한지에 대해 신중하게 생각하는 계기가 되었다.

나는 창의성 연구는 예술가를 파괴하는 것이 아니라 우리에게 더 훌륭한 예술을 제공해준다고 생각했고 또한 지금도 그렇게 생각하고 있으며, 예술가의 삶을 향상시킬 수 있다고 생각한다. 또한 과학자의 삶이나 기업가의 삶이나 창의성은 많은 사람들의 삶에 영향을 준다. 창의성을 연구하고 더 많이 이해하면 또한 창의성이 중요하다는 것을 설명하는 데 도움이 된다. 하지만 '창의성이 중요하다'는 진술은 당연한 가정이 아니다. 창의적인 학생이나 직원을 원하지 않는다고 말하는 교사나 상사를 생각하기는 어려울 것이다. 창의성을 중요하게 생각하는 사람들은 발명, 문화, 발전 과정 — 짧게 말해서 우리 문명을 의미하는 대부분의 것들 — 속에서 창의성이 중요한 역할을 했다는 것을 지적할 것이다. 하지만 창의성이 그렇게 중요하다고 하면서 왜 대부분의 교육계나 기업에서 평가를 할 때는 창의성을 포함시키지 않을까? 창의성에 대한 부정적인 연합과 인식과 신화가 왜 그렇게 많을까?

초판을 쓴 이후로 나는 창의성을 방어할 필요성이 조금 줄어들었다고 느낀다. 창의성은 21세기가 요구하는 공식적인 능력들 중 하나다. 수많은 새로운 학술지와 책과 보고서가 나왔다. 하지만 창의성이 그 북을 두드리는 사람들에 의해 항상 도움을 받는 것은 아니다. 창의성이 유행어가 되면서 그 테이블에 학자가 아닌 사람도 새로 끌어들이게 되었다. 어떤 점에서 이것은 놀라운 발전이다. 학자들이 학자풍으로 자기들끼리만 소통하는 것은 슬픈(또한 일반적인) 일일 수 있다. 그러나 가끔은 한 주제(비즈니스나 교육과 같은)의 전문가들이 스스로 다른 영역(창의성과 같은)의 전문가라고 생각한다. 그와 같이 자신의 능력에 대한 과대평가 때문에 노벨상 수상자이자 트랜지스터 발명가인 윌리엄 쇼클리(William Schokley)* 같은 사람이 지능, 인종, 그리고 우생학에 대하여 크게 지껄여댄다[그는 우생학을 위해 공개적으로 자신의 정자를 생식세포 선택을 위한 보관소(Repository for Germinal Choice)에 제공하고 우생학에 대한 그의 계획을 발표도 했다]. 그는 중요한 주제에 대하여 어리석은 말을 전문적으로 하는 많은 똑똑한 사람들 중 한 명일 뿐이다. 더 자세하게 이야기할 필요는 없지만, 어떤 '창의성' 전문가들은 내가 치즈에 대한 전문가라고 할 수 있을 정도의 창의성에 대한 지식을 가지고 있다. 나는 치즈를 좋아하고 치즈를 많이 먹는다. 나는 치즈란 우유가 화가 나서 생기는 어떤 것 정도로 알고 있을 뿐이다. 하지만 이런 책들(치즈에 대한 책이 아니라 창의성에 대한 책)이 그럼에도 불구하고 시장에서 넘쳐나고 진실을 찾아내기가 어렵다. 연구자로서 나는 과학, 대중심리학, 심리학 용어를 지껄여대는 헛소리, 그리고 사이비 과학을 구분할 수 있지만, 그 분야에 관여하지 않았다면 아마도 나는 구분하지 못했을 것이다. 비전문가이면서 전문가처럼 행동하는 그렇게 많은 사이비 전문가들을 매료하는 분야로 창의성이 유일한 것은 아니지만(영양학이나 날씨 변화를 연구하는 분야는 더 심하다고 생각된다), 성가신 것 이상이라고 할 수 있다. '구글 대학교' 덕분에 이전보다 창의성에 대한 잘못된 정보를 찾는 일이 훨씬 쉬워졌다. 결과적으로 창의성이 아직 과학계의 공식적인 승인을 받지 못하고 있는 우로보로스(자기 꼬리를 입에 문 뱀) 효과가 나타나고 있다. 주요 연구비 지급 단체

---

* 영국 태생의 미국 물리학자(1910~1989)로 1956년 노벨 물리학상 수상자이다. 반도체에 대한 아이디어를 최초로 제안했고, 실리콘밸리에 최초의 전자업체를 설립했으며 '반도체의 아버지' 또는 '실리콘밸리의 아버지'로 불린다. 말년에는 우생학을 옹호하는 과학자로 악명을 떨치기도 했다.

의 담당자와 이야기를 해보면 심사위원단이 창의성을 부드럽고 보송보송하다고 생각할 것이기 때문에 창의성이라는 말을 사용하지 말라는 강력한 충고를 받는다. 아마도 우리가 여기까지밖에 못 온 것 같다.

Avitia와 Plucker(2014)는 교재로 사용될 수 있는 창의성에 대한 책들을 살펴보았다(이 책의 초판을 포함해서). 그들은 이론/정의, 영역 특수성/일반성, 창의성 유형(c의 수준), 측정/사정, 인지와 발달, 신경심리학, 정신건강, 성격, 동기, 사례연구/전기, 집단 역학/조직 창의성, 교육, 그리고 증진/효능감 등의 13개의 주제들로 요약할 수 있었다. 책들은 각각 내용에 있어서 장점과 단점을 가지고 있었다. 이 개관은 이번 개정판에 무엇이 포함되어야 하는지에 대해 내가 깊이 생각하게끔 해주었다. 그들 목록에서 어떤 주제들은 내가 이미 비중 있게 다룬 것이다. 어떤 주제들(사례연구/전기)은 내가 바라보는 창의성에서는 다소 중심적인 내용이 아니라고 생각된다. 또한 어떤 주제들은 중요하지만 다루기에는 나 자신의 한계를 느낀다. 예를 들어 이 책에서 신경심리학 주제를 짧게 다루지만, 그것은 나의 지식 기반에서 좀 벗어난다(그래도 이 주제에 대한 많은 정보를 가지고 있는 책의 공동 편집자로 참가하는 것을 막지는 않았다; Vartanian, Bristol, & Kaufman, 2013 참조).

그 주제들은 내가 더 직접적으로 측정/사정과 같은 주제를 조명하고 집단 역학/조직 창의성과 증진/효능감과 같은 주제를 더 상세하게 다룰 수 있는 데 도움을 주었다. 그렇긴 하지만 나는 나 자신의 편향과 전문성을 가지고 있다. 나의 배경은 심리학(특히 인지심리학)에 있으며 나는 개인차 접근을 택하는 경향이 있다.

이 책에 등장하는 모든 Kaufman에 대해서 짧게 언급하고자 한다. 나는 나의 연구를 꽤 많이 인용하고 있으며(나도 인간인지라) J. C. Kaufman

은 나를 말한다. 그리고 A. S. Kaufman과 N. L. Kaufman은 나의 부모님인 Alan과 Nadeen이다. A. B. Kaufman은 내 아내인 Allison이다. S. B. Kaufman은 나의 친한 친구인 Scott Barry이며 혈연관계는 아니다. 그리고 Kaufmann과 Kaufmann은 나의 친구들인 Geir와 Astrid이다. 나 자신도 이 이름들을 정리하는 데 헷갈린다.

이 개정판은 창의성 분야에 내 목소리를 계속해서 첨가하는 나의 노력이다. 이 책은 분명히 백과사전은 아니다(그것을 의도한 적도 없다). 일반 사람들이 읽기에는 너무 인용이 많고 어떤 독자들은 혼란스럽게 느낄 수도 있다. 교재로 사용하기에는 내 주장이 좀 많다고 할 수 있다. 이 책은 초판 창의성 101의 속편으로, 지금 현재로는 창의성에 대한 최고 수준의 전문 서적이다.

차례

창의성 측정

제2부 **창의적인 개인**

창의성과 성격

창의성과 동기

창의성과 지능

창의성과 정신 건강

제3부 창의성의 큰 그림

창의성과 입학, 채용, 공정성

Chapter 10
창의적인 환경 : 가정, 교실, 직장, 세상

Chapter 11
창의적 지각

Chapter 12
창의성은 좋은 것인가 혹은 나쁜 것인가?

창의성의 기초

창의성이란 무엇인가?

창의성이란 도대체 무엇인가? 당신은 창의적인가? 당신의 아이는 창의적인가? 당신의 앵무새는 창의적인가? 빌 게이츠나 J. K. 롤링 혹은 레이디 가가는? 킴 카다시안이나 패리스 힐튼은? 혹은 나이키 최고경영자나 미네소타 트윈스의 2루수나 'That's a spicy meatball!'[1]을 쓴 광고 카피라이터는?

'Ode to Billy Joe'를 1967년에 작곡하고 노래를 한 바비 젠트리(Bobbie Gentry)는 창의적인가? 지난 30년 동안 그녀가 가수나 작곡가로 활동하지 않았다는 것을 안다면 당신의 생각이 바뀌게 될까? 만일 그녀가 죽었다면 다르게 생각하게 될까(실은 그녀는 살아 있다)? 샐린저(J. D. Salinger)는 창의적인가? 그는 1965년 이후로 공식적으로는 글을 발표하지 않았지만 2010년 그가 세상을 떠날 때까지 계속 집필한 것으로 보인다. 최근에 출판된 그의 전기(Shields & Salerno, 2013)에 의하면 샐린저가 쓴 여러 책이 앞으로 세상에 나올 수 있을 것으로 보인다. 만일 이 책들이 출판된다면 샐린저의 창의성에 대한 평가에 어떤 변화가 일어날까? 그 책들은 새로운 명작이 될 수도 있을 것이다. 아마도 순수함을 지키려는 10대 청소년인 홀든 코필드[2]가 도전하는 더 많은 이야기를 기록했을 수도 있다. 파수꾼(*Go Set a Watchman*)[3]이 출판되면서 당신이 생각하던 하퍼 리(Harper Lee)의 창의성에 대한 생각에 어떤 변화가 있었는가?

보모로 일하면서 생생하게 포착한 거리 사진을 찍은 비비안 마이어(Vivian Maier)는 어떤가? 그녀는 2009년에 죽을 때까지 전혀 알려지지 않았다(사실 현상되지 않은 그녀의 사진도 많았다). 그녀가 죽기 몇 해 전에 창고 임대료가 밀리자 창고 주인이 그녀의 사진과 필름 원판들을 경매에 내놓았다. 존 말루프(John Maloof)가 그것을 구입하고 그녀의 재능이 발견되었다. 그 이후로 그녀의 작품 전시회도 열리고 책도 출판되고 그녀의 삶과 작품세계가 다큐영화로도 제작되어 그녀는 유명해졌다(Bailey, 2013).

엘리샤 그레이(Elisha Gray)는 어떤가? 엔지니어인 그는 초기 전화기를 연구했으며 많은 역사가들 중에는 알렉산더 벨이 특허청에 조금 먼저 등록한 것이 사실이 아니라고 하는 사람들도 있고 그가 설계한 것을 벨이 훔쳤다고 하는 사람들도 있다(Evenson, 2001). 그레이가 창의적인 것은 분명하지만(그는 70개 이상의 특허권을 가지고 있고 음악 합성기의 아버지라고 불린다), 그렇다고 창의적인 천재라고 할 수 있는가? 혹은 그가 전화기를 발명한 것이 분명한 사실이라면? 벨은 창의적인 천재인가?

한 아름다운 추상화를 생각해보라. 그것은 창의적인가? 만일 그 화가가 물감을 캔버스에 마음대로 뿌리고는 최종 산출물을 쳐다보지도 않았다는 것을 알게 된다면 그래도 그것은 여전히 창의적인가? 만일 그것이 3세 아동이 그린 것이라면? 혹은 침팬지가 그렸다면? 아니면 컴퓨터가 그린 그림이라고 해도 창의적인가?

모든 사람이 창의적인가? 파이 먹기 대회에 나가 작은 부스러기를 먹다 잠을 자는 사람을 포함한 모든 참가자에게 참가 리본을 주는 것과 같은가? 만일 우리 모두가 창의적이라고 한다면 아마도 아무도 창의적이지 않다는 뜻일 수 있으며 다른 말로 표현하자면 인크레더블(The Incredibles)[4]이다.

창의성의 정의

이런 질문들에 대한 답을 얻는 가장 쉬운 방법은 창의성에 대한 정의에서 시작하는 것이다. 창의성에 대한 많은 논문에 의하면 모든 사람이 동의하는 정의는 없다. 문학, 사랑, 피자, 혹은 거북이에 대하여 모두가 동의하는 정의가 없는 것과 같이 창의성에 대하여 모두가 동의하는 정의가 없다고 매우 기술적인 측면에서 나도 그렇게 생각할 수 있다고 본다. 거북이에 대하여 거북이는 실제로는 인시목[5]에서 나온 날개가 있는 곤충이며 우리가 나비라고 잘못 이름붙인 것이라고 주장할 사람들이 항상 있다. 그러나 우리는 창의성에 대한 꽤 일치하는 정의를 실제로 가지고 있으며 다른 주장들에 대해서는 문헌에서 깊이 탐구하지 않고 있다(Cropley, 2015).

대부분의 창의성 연구자들은 일관되게 두 가지 주요 요소에 추점을 맞추었으며 이 핵심 개념은 60년 이상 유지되어 왔다(Barron, 1955; Guilford, 1950; Stein, 1953). 첫째, 창의성은 차별적이고, 새롭고, 혹은 혁신적인 무엇으로 나타나야만 한다. 만일 당신에게 창의적인 노래를 불러달라고 부탁했을 때, 당신이 '생일 축하합니다'를 부른다면, 그것은 독창적인 것이 아니다(그리고 그 노래는 아직 논쟁이 될 수 있는 저작권이 있기 때문에 놀랍게도 당신은 소송을 당할지도 모른다). 만일 '라, 라, 라'라고 웅얼거린다면, 그것도 새롭다고 할 수 없다. 그러나 다르다는 것만으로는 충분하지 않다. 전위적인 작곡가 존 존(John Zorn) 같은 사람이 오랜 시간 유리가 깨지는 소리 외에는 아무것도 들리지 않는 크리스탈나흐트(Kristallnacht)⁶라는 제목의 교향곡을 만들 수도 있고 또한 그것이 훌륭한 예술작품으로 인정받을 수도 있을 것이다(반복적으로 들으면 영구적인 청력 손실을 입을 수 있기 때문에 경고 표시를 붙여야 되겠지만). 내가 만일 당신에게 창의적인 노래를 불러달라고 요청할 때 당신이 나의 창문을 깨는 것으로 반응한다면 당신은 그 후로 다시는 내 집에 못 올 것이다.

창의적이기 위해서는 다르다는 것만으로 충분하지 않으며 그 과제에 적절해야만 한다. 창의적인 반응은 유용하고 관련성이 있어야 한다. 내가 배고프다고 할 때 당신이 김이 모락모락 나는 볼트(bolts) 한 사발을 준비한다면 그것은 정상적이지 않으며 아마도 처음 있는 일일 것이다. 내가 그것을 모두 먹는다고 해도 여전히 내 배는 고플 것이고 심각한 복통이 일어날 것이다.

과제 적절성의 요건은 직관적으로 포착하기가 더 어려우며, 사실 독창성보다는 덜 중요할 수 있다. 한 연구는 독창성 점수가 과제 적절성 점수보다 (독립적인) 창의성 점수를 더 잘 예측하며, 고도로 독창적인 아이디어를 구별하기 위해서는 과제 적절성 점수가 가장 중요하다는 것을 발견했다(Diedrich, Benedek, Jauk, & Neubauer, 2015). 결국은 '새로움'과 '적절성' 모두가 절대적으로 필요하며 한 가지만으로는 불충분하다.

다시 말해 창의성은 모 아니면 도의 곱셈 게임이다. Simonton(2012)은 그것을 창의성＝독창성×적절성으로 표현한다. 만일 독창성이 0이거나 적절성이 0이면 창의성은 0이 된다(만일 0을 곱해서 양수를 만들 수 있는 능력이 있는 사람이 있다면 그건 대단한 사건이 될 것이다).

분명히 다시 말해서, 당신은 가장 독창적인 아이디어를 가질 수 있다(춤추는 오징어, 스리피스 정장을 입은 알비노 오소리, 양말을 신고서 피가로의 결혼 전곡을 아카펠라로 노래하는 뉴욕 필하모닉 오케스트라). 그러나 만일 그것이 그 과제에 관련한 적절성이 없다면? 만일 유용하지 않거나 관련성도 없으면서 단순히 조현병이 아닌가 걱정할 정도로 독창적이라면? 당신은 절대로 창의적이라고 할 수 없다.

창의성에 대한 세 번째 요소를 제안한 사람들도 있다. Sternberg와 동료들(Sternberg, 1999; Sternberg, Kaufman, & Pretz, 2002)은 독창성과 적절성 이외에 질적 수준도 높아야 한다고 주장했다. Hennessey와 Amabile(2010)은 창의성을 "개인 혹은 더 큰 사회집단을 위해 가치가 있는 신기한 산출물, 아이디어, 혹은 문제 해결"(p. 572)이라고 정의했다. 가치가 있는 것은 또한 과제 적절성이 있는 것이라고 생각할 수 있다.

또 다른 사람들은 창의성의 세 번째 요소는 계획되지 않은 놀라운 것이라고 제안했다. 예를 들어 Boden(2004)은 창의성은 신기하고, 가치 있고, 놀라운 것이라고 주장했고, Simonton(2012)은 새롭고, 유용하고, 뻔하지 않은 것을 기준에 포함시켰다. Amabile(1996)과 Perkins(2000)는 창의성은 알고리즘/계획성이 덜하고 휴리스틱/무계획성이 더 많으며 "아하!" 하는 순간이 있어야 한다고 했다. Simonton(2012)이 지적했듯이 이것들은 모두 놀라움과 일치한다.

Kharkhurin의 창의성의 네 가지 준거(2014)는 창의성에 대한 동양과 서양의 개념을 통합하려는 시도다. 기본적인 두 가지 구인(우리가 말하는 신기성과 유용성) 이외에, Kharkhurin은 더 동양적인 개념인 미학(본질이나 진실을 제공하는)과 진정성(개인의 가치관과 신념을 반영하는)을 창의성 방정식의 부분으로 제안했다.

더 많은 것들이 논의되고 제안되었지만 가장 많이 언급되는 두 가지 축은 새로움과 적절성이다. 하지만 새롭다는 것은 무엇을 의미하는가? 완전히 새로운 무엇이어야만 하는가? 상표명이 있는 유명한 진통제와 약효가 같은 일반 약품을 만드는 회사는 창의적인가? 조지 해리슨(George Harrison)의 노래 My Sweet Lord가 치폰스(Chiffons)의 He's So Fine을 (무의식적으로) 부분적으로 표절한 것으로 후에 판결이 난 사례에 대해 당신은 어떻게 생각하는가? 아동이 여름 블록버스터 영화를 보고서 일부 모방해서 이야기를 만드는 것은? 〈웨스트사이드 스토리〉가 셰익스피어의 로미오와 줄리엣의 현대판이라는 이유로 평가절하되는가(뮤지컬 애호가들은 이와 마찬가지로 Your Own Thing[7]과 셰익스피어의 12야의 관계를 떠올리면서 그것을 이해하지 못하는 별 볼 일 없는 인간들에 대해 우월감을 느낄 수 있을 것이다)?

'적절성'에 대해서도 문제가 제기된다. 내 제자였고 지금은 자주 함께 연구하는 동료인 멜라니가 해준 이야기가 생각난다. 그녀의 딸이 다니는 학교에서 아이들에게 커서 무엇이 되고 싶은지(의사, 변호사, 공주, 카우보이)에 대한 그림을 그리라고 했을 때의 일이다. 한 작은 남자아이의 차례가 됐을 때 그는 "나는 커서 참치 샌드위치가 되고 싶어요"라고 말했다. 이것은 창의적인 생각인가? 대부분의 아이들에게 샌드위치가 되고 싶어 하는 열망은 없기 때문에 분명히 독특한 생각이지만 '적절성' 기준에는 미치지 못하는 것 같다. 그렇지만 이 사례는 그 선을 어디에 그을 것인가 하는 문제를 제기한다. 공주가 되고 싶어 하는 아이는 어떨까? 그것은 최소한 가능한 일이니까(어딘가 미적거리고 있는 결혼 안 한 왕자가 있을 수 있으니) 적절하다고는 할 수 있을 것 같다(비록 극히 독창적이라고는 못해도). 한 아이의 장래 희망이 적절하고 따라서 잠재적으로 창의적이라고 할 수 있는 것과 부적절한 것의 경계를 어디에 두어야 할까? 겨드랑이 냄새를 맡는 것을 직업으로 하겠다는 아동이 있다면 어떨까? 그럴 가능성도 있지 않은가!

시간 이동을 하는 빌리 필그림(Billy Pilgrim)[8]이나 파괴하려고 지켜보고 있는 거대한 감시판과 같은 이야기가 논픽션 책에서 재등장하지는 않을 것 같다. 하지만 누가 어떤 것이 창의적이라고 결정하는가?와 같은 질문은 여러 번 재등장할 것이다. 이 문제에 대한 답을 하면 그 답에 대한 더 깊은 질문의 연속으로 이어지게 된다. 내 친구이자 동료인 Vlad Petre Glăveanu는 어떻게 어떤 것이 창의적인가?를 질문하기 좋아한다. 나는 종종 "어떤 사람이 창의적인가?"라는 질문에 대해 고심한다. 당신이라면 이런 질문에 어떻게 답할 것인가 생각해보라.

어느 정도 일치하는 답이 나온 질문도 있지만 많은 질문은 답과 함께 더 많은 질문을 내놓고 있다. 그렇다고 "봐, 창의성은 결국 공부할 방법이 없어. 모두 다른 말을 하고 있으니까"라는 생각은 하지 말라. 과학은 특히 대중언론이 말하는 그런 방식으로 작용하지 않는다. 일반적으로 사람들은 사실보다는 스토리에 더 관심을 가지기 때문에 연구에 깊이 몰두하는 과학자가 베스트셀러 작가보다 더 관심을 받는 예는 드물다. 나는 사실 속에서 이야기를 찾으려고 노력은 하지만, 더 예쁜 스토리를 말하기 위해서 의도적으로 결과를 무시하거나 오역하지는 않을 것이다(물론 의도적이지 않은 어리석음 때문에 언급을 하지 않거나 해석을 잘 못할 수는 있겠지만). 이런 불일치하거나 갈등적인 연구들에도 불구하고, 우리는 창의성이 무엇인지에 대해 꽤 많이 알고 있다.

짧은 역사

심리학 분야에서 창의성 연구의 역사는 1950년 이전과 1950년 이후의 두 시대로 나눌 수 있다. 1950년 이전에는 창의성에 대한 진지한 연구가 거의 없지만 유명한 사상가들은 창의성에 대해 항상 생각했다. 플라톤은 창의성(시인의 작품과 같은)은 뮤즈 신이 말하는 것을 그대로 받아쓰는 것이라고 말했다(Rothenberg & Hausman, 1976). 프로이트는 '창의적인 작가와 백일몽'이라는 수필 속에서 창의적인 작가를 '이상한 존재'로 묘사했다(1908/1959). 아인슈타인은 상상력과 창의성에 대해 자주 논의했으며 '상상력이 지식보다 더 중요하다'고 했다(Calaprice, 2000). 교육 개혁가인 존 듀이(1934)는 '경험으로서의 예술'에 대한 수필을 썼다. 마찬가지로 비고츠키와 칼 융도 창의성에 대한 잘 알려진 수필을 썼지만 이 두 사람 모두 집중적으로 창의성을 연구하지는 않았다.

창의성에 대해 논의하거나 연구한 대부분의 초기 연구자들은 실제로는 창의성이 아닌 다른 것에 관심을 가졌다. 알프레드 비네(Alfred Binet), 캐서린 콕스(Catherine Cox), 윌리엄 제임스(William James), 찰스 스피어먼(Charles Spearman)과 같은 대부분의 연구자들은 천재나 지능에 관심이 있었다(Becker, 1995). 창의성에 관심이 있었던 다른 사람들은 현대 르네상스 유형의 인물들로서 그 분야에 대한 열성적인 학생들의 기억 속에서도 잊혀졌다. 제본스(W. S. Jevons)는 논리학과 경제학을 가르쳤지만 여러 가지 분야에 손을 댔다(Mosselmans & White, 2001). 베튠(George Bethune)은 설교자이면서 유명한 찬송가도 썼고, 제물낚시도 연구하고, 민주당 정치 활동도 적극적으로 했다(Stedman, 1900/2001). 해즐릿(William Hazlitt)은 열정적인 비평가이자 화가로 유명한 예술가 친구들을 주위에 두고 있으면서 정치나 문학에 대한 신랄한 비평을 해서 많은 친구들을 화나게도 했다(Wu, 2008). 그당시의 한 심리학자는 다음과 같이 말했다. "창의적 사고 과정에 대한 문헌을 이야기하는 것은 무익한 것으로 보인다"(Hutchinson, 1931, p. 392).

그 밖에 잊혀진 중요한 연구와 논문들도 있다. Chassell(1916)은 12개의 독창성 측정법을 만들었다. 이 검사 중 몇 개는 문제 해결력을, 또 어떤 것들은 고수준 지적 능력을 측정하는 것이었다. 몇 가지는 100년 후에 사용되는 측정 방법과 놀랍도록 비슷하다. Chassell의 신기한 상황 검사에서, 그녀는 대학생들에게 "만일 물의 화학적 구조에 어떤 변화가 일어나서 모든 물이 얼자마자 부피가 팽창하지 않고 수축한다면 인간을 포함한 동물의 삶에 어떤 영향을 미치게 될까?"와 같은 여섯 가지 질문을 했다. 그 반응을 가지고 독창성에 대한 점수를 주었다. Chassell의 연구는 그 후 선구자들의 연구보다 수십 년 앞선 것이었지만 실제로 그녀의 연구를 인용하거나 인정하는 사람은 아무도 없다.

초기 연구들 중에 덜 인상적인 것들도 있다. Witty와 Lehman(1929)은 창의적인 천재들, 그중에서도 특히 창의적인 작가들은 '신경불안'으로 고통을 받는다고 주장한다. 그들 또한 그들의 아이디어를 지지하는 증거나 자료를 제공하지 않는다(사실 아이디어는 앞으로 연구할 선구적인 것이었다). 이에 관련하여 Hutton과 Bassett(1984)은 백질 절제수술을 받은 환자는 덜 창의적인 경향이 있다고 말했다.

1950년 미국심리학회 학술대회에서 큰 변화가 일어났다. 길포드(Joy P. Guilford)는 회장 연설에서 심리학자들이 창의성에 더 많은 관심을 가질 것을 촉구했다. 창의성은 중요한 주제인데도 불구하고 연구 수준이 기대치에 못 미친다고 주장했다. 1950년까지 심리학 초록에 등록된 논문 중 창의성에 대한 논문은 0.2%가 되지 않았다(Guilford, 1950). 그는 창의성 분야의 발전에 기여했다.

길포드가 단독으로 창의성을 심원한 곳에서 끌어내어 많은 사람들이 주목을 하도록 했다는 말은 사실이 아니다. 하지만 그렇게 느낄 수 있는 측면도 있다. 길포드가 한 일은 그 분야에 활기를 불어넣고 창의성 연구가 인정받을 수 있도록 한 것이다. 그의 연설 이후 1950년대에 출판된 아이디어와 연구들이 아직까지 널리 인용되고 존중받고 있다. 대조적으로 그의 1950년 연설 이전의 논문들 중에서 아직까지 일반적으로 활용되는 것은 아주 적다.

길포드의 창의성 연구는 인지 과정을 강조했다. 또 한 사람의 전설적인 창의성 선구자는 토런스(E. Paul Torrance)다. 그는 길포드의 개념을 기반으로 토런스 창의성 검사(Torrance Tests of Creative Thinking)를 개발했다(이 검사는 지금까지 가장 인기 있는 측정 도구로 사용되고 있다). 세 번째 개척자는 배런(Frank Barron)이다. 그는 [맥키넌(Donald MacKinnon과 함께] 캘리포니아대학교 버클리 캠퍼스의 Institute for Personality Assessment and Research(IPAR)에서 유명한 창조자들을 인터뷰하고 연구하기 위해 수십 년간 선봉에 서서 노력했다. 한편 광고업자인 오스본(Alex Osborn)은 브레인스토밍 기법을 개발하여 창의성 적용 분야에서 대단한 영향력을 미쳤다.

창의성과 관련된 개념

학자들은 구획을 정하고, 분류하고, 위계를 정하는 경향이 있으며 창의성도 다를 바가 없다. 이 책의 많은 부분은 심리학 연구에 기반을 둔다. 그 이유의 일부는 내가 받은 훈련과 나의 배경이 심리학 연구이기 때문이고 또 다른 이유는 실제 연구에 있어서도 중요한 연구들이 많이 나오기 때문이다. 내가 기반을 두고 있는 다른 두 가지 분야는 교육과 비즈니스다. 심리학, 교육, 비즈니스 이 세 가지 분야는 창의성에 대한 가장 많은 박사 논문이 나온 분야다(Kahl, da Fonseca, & Witte, 2009; Wehner,

Csikszentmihalyi, & Magyari-Beck, 1999). 창의성을 연구하기 위한 많은 접근이 있듯이 여러 분야에서 나온 핵심 용어들도 많이 있다(여러 용어들에 대해서는 Glăveanu, Tanggaard, & Wegener, 2016 참조).

혁신이란 단어는 가끔 창의성과 상호 교환적으로 사용되지만 일반적으로 적용을 더 강조하는 의미를 담고 있으며 비즈니스, 경영, 엔지니어링, 산업/조직심리학과 관련성이 더 많다. 창의성과 혁신의 한 가지 차이점은 창의성은 새로운 아이디어를 생각하고 가장 좋은 아이디어를 결정하는 것인 반면에 혁신은 이 아이디어들을 실행하는 것까지 포함한다는 점이다(West, 2002; West, Hirst, Richter, & Shipton, 2004). 이 접근에 의하면, 내가 새로운 게임에 대한 굉장한 아이디어를 생각한다면 그것은 창의성이다('앵그리버드'와 같이 새총으로 작은 새들을 날려 알을 훔쳐간 돼지들을 물리치는 게임을 생각하는 것). 만일 실제로 그 게임을 만든다면 그것은 혁신이다. 적용 스펙트럼을 확장해서 더 앞으로 나아간다면 그것은 실제로 새로운 안정적으로 유지되는 비즈니스나 조직을 만드는 것을 강조하는 기업가 정신(entrepreneurship)이 된다(Low & MacMillan, 1988). 창의성은 전통적으로 이 과정의 핵심적인 요소라고 할 수 있다(Zampetakis, 2008).

상상력도 창의성과 동의어로 가끔 사용되지만 상상력은 최종 산출물을 덜 강조한다. 상상력은 당신 머릿속에만 있는 현실적인 근거가 거의 없는 단순한 환상일 수도 있고 놀이(play)로 나타날 수도 있다(Singer & Singer, 1990). 창의성의 정의에서 말하는 '적절성'이 상상력에서는 핵심적인 역할을 하지 않는다. 아동에게 있어서 상상놀이는 종종 창의성의 전조로 보이는 경우가 많지만 그것은 아동이 가장하고 공상할 때 일어나는 것을 묘사하는 더 기술적인 방식이다(Russ, 2013; Russ & Fiorelli, 2010). 상상놀이는 특히 상상의 친구가 관련되어 있을 때 어린 아동의 창의성과 관련이 있다(Mottweiler & Taylor, 2014). 가끔은 상상놀이가 더 발전해서 즉흥공연이 되기도 하는데 그때 청중은 실제 창의적 과정을 볼 수 있게 된다(Sawyer, 2011). 즉흥공연은 종종 코미디 극단이나 재즈 앙상블과 같은 집단에서 일어난다. 즉흥공연 테크닉을 사용하여 아동을 훈련시키면 창의성을 향상시킬 수 있다(Sowden, Clements, Redlich, & Lewis, 2015). 또 하나의 성인들의 놀이로 나타나는 것으로는 창의적 여가활동이 있으며 지금 한창 성장하고 있는 분야다(Hegarty, 2009; Hegarty & Plucker, 2012).

미학은 예술에 대한 연구다. Tinio(2013)가 말하듯이 창의성은 어떻게 사람들이 예술(혹은 과학이나 비즈니스 혹은 그 외)을 창조하는지에 관심이 있는 반면에 미학은 어떻게 사람들이 예술을 지각하고, 생각하고, 해석하는지에 더 초점을 맞춘다. 수년 전에 나는 메트로폴리탄 미술관에서 마그리트 작품을 보고 매료되었는데 내 아내는 조용히 전시장을 나오고 싶어 했다. 뉴먼(Barnett Newman)[9]은 커다란 캔버스에 밝은 색깔의 큰 띠 모양을 그렸으며 어떤 사람들은 천재라고 칭송했다. 다른 사람들은 황제의 새로운 옷을 연상했을 수도 있다(실제로 칼을 들고 미술관에 들어간 한 관람객이 뉴먼의 그림 하나를 훼손시켰다). Yasmin Reza(1996)가 대본을 쓴 연극 *Art*는 커다란 하얀색 그림을 구입한 사건이 어떻게 친한 친구의 우정을 파괴하는지를 보여준다.

천재는 대단히 유명한 인물들이다. 사이먼턴(Dean Keith Simonton)은 천재에 대한 대단한 이론적·경험적 연구들을 많이 수행했다(101 시리즈 중의 하나인 천재 101; Simonton, 2009). Simonton(2009)이 이야기하듯이 천재란 일반적으로 극히 똑똑하거나 매우 높은 성취를 한 사람을 말한다. 창의적이거나, 리더십이 있거나, 혹은 뛰어난 수행을 나타내는 업적이 이것들에 포함된다. 천재의 개념과 연결되어 있는 것이 전문성이며 이것은 전통적으로 약 10년 동안의 집중적인 연구와 훈련 뒤에 나타난다(Bloom, 1985; Ericsson, 2014; Hayes, 1989; Simonton, 2014). 이 책의 다른 장에서 창의적인 전문성에 대해 더 자세하게 논의할 것이다.

다음 장 연결하기

많은 창의성 이론에 이런 개념들이 포함되어 있다. 다음 장에서는 이 분야의 주요 이론 중 몇 가지를 살펴볼 것이다.

 역자주

1. 1969년에 나온 미국의 유명 TV 광고
2. 1951년에 발표된 샐린저의 소설 호밀밭의 파수꾼(The Catcher in the Rye)의 주인공으로 10대의 불안을 상징하는 인물
3. 2015년에 출간된 하퍼 리의 두 번째 작품. 첫 번째 작품은 55년 전인 1960년에 출간된 세계적으로 유명한 앵무새 죽이기이다.
4. 모두가 초능력을 가지고 있는 가족 이야기를 다룬 미국 영화
5. 인시목(鱗翅目) : 나비나 나방류(類)를 포함하는 곤충강(綱)의 한 목. 성충의 네 날개는 작은 인편(鱗片)으로 덮여 있다.
6. 1938년 11월 9~10일 나치 독일이 유대인과 유대인 재산에 폭력을 휘두른 사건이 발생했던 밤. Night of Crystal 혹은 깨진 유리의 밤(Night of Broken Glass)이라고도 한다.
7. 셰익스피어의 십이야에서 아이디어를 얻어서 록 뮤지컬 코미디로 만든 작품
8. 커트 보네거트(Kurt Vonnegut)의 소설 제5도살장(Slaughterhouse-Five, 1969)에 나오는 허구적인 인물
9. 미국 추상표현주의 화가이자 조각가. 대형 모노크롬 작품으로 유명하다.

창의성 이론

창 의성 연구자들에 대한 한 가지 공통점이 있다면 그것은 글자를 좋
아한다는 것이다. 우리가 특별히 좋아하는 글자는 'P'다. P는 여
러 가지 대단한 것들의 첫 글자다. 팝콘(popcorn), 피노키오(Pinocchio),
심리학(psychology), 파블로 피카소(Pablo Picasso), 연극(plays), 파드리스
(Padres, 프로야구단), 쾌락원리(pleasure principle), 극작가(playwright),
파커 포시(Parker Posey, 영화배우), 포테이토 팬케이크(potato pancake,
감자전). 하지만 창의성에는 광범위한 창의성을 개념화하는 데 도움이 되
는 네 가지 P가 있다.

창의성에 대해 다음과 같은 것을 생각해보자. 내가 창의성에 대해 이야
기할 때는 아름다운 예술품이나 기발한 컴퓨터 프로그램을 의미하는가?
내가 다음에 해야 할 일이 무엇인지 갑자기 생각날 때의 그 '아하' 하는 느
낌은 어떤가? 창의적인 사람은 어떻게 행동하는지를 이야기하고 있을 수
도 있다. 혹은 많은 다른 사람들이 아이디어를 함께 공유하고 교환할 때
일어나는 그 시너지일 수도 있다. 이 모든 것을 함께 뭉뚱그려 '창의성'이

라고 이름을 붙이는 것은 '사랑'이라는 단어를 사용하여 당신이 느끼는 어머니, 가장 친한 친구, 의미 있는 타자, 매운 오징어 요리를 의미하는 것과 다를 바 없다. 그것은 기술적으로 틀린 것은 아니지만 유용성은 전혀 없다.

네 가지 P

네 가지 P가 어디에 나타나는지는 다음과 같다(위협성은 없지만 마치 아포칼립스의 4명의 말을 탄 사람들같이 나타난다).

- 사람(Person) : 누가 창의적인가?
- 과정(Process) : 어떻게 하여 창의적인가?
- 산출물(Product) : 무엇이 창의적인가?
- 환경(Press, Place) : 어디에서 창의적인가?

여러 해에 걸쳐 이렇게 4P로 구분하여 사용해 왔다(Rhodes, 1962). 창의성에 접근하는 방법으로 이 네 가지 접근법만 가능한 것은 아니다 (Kozbelt, Beghetto, & Runco, 2010). Simonton(1990)은 창의적인 사람은 다른 사람들이 생각하는 방식에 영향을 미친다는 점에서 '설득(persuasion)'을 제안했고, Runco(2003)는 '잠재력(potential)'이 4P 중 하나로 포함되어야 한다고 했다. D. H. Cropley(2015)는 다섯 번째 P로 창의적이기 위해 필요한 절차들을 의미하는 '단계(phase)'를 제안했다(이에 대해서는 나중에 논의할 것이다). Sawyer와 DeZutter(2009)는 창의성을 다양한 사람들과 환경 간의 협작(collaboration)으로 간주하는 분산된 창의성(distributed creativity)의 개념을 주장했다.

최근에 Glăveanu(2013)는 4P를 수정하여 5A를 제안했다. 사회문화적 관점에서 그는 특히 창의성의 맥락을 강조한다. 사람(person)은 배우(actor)가 되고 사회환경 속에서 그 사람이 어떻게 상호작용하는지를 포함한다. 과정(process)과 산출물(product)은 연기(action)와 인위적 결과물(artifact)이 되고, 환경(press)은 두 가지 차원으로 나뉜다. 첫 번째는 관객(audience)으로 창의적인 작품에 대해 초기에 반응하는 사람들(그 창조자의 어머니부터 협력자까지)과 콘서트에 온 청중이나 논문을 읽는 과학자와 같이 최종의(가능한) 더 많은 청중을 모두 포함한다. 두 번째는 유도성(affordance)으로, 연기하는 행동이 일어날 수 있도록 지원하는 그 무엇(펜, 컴퓨터나 황산이 들어 있는 작은 유리병, 혹은 그 어떤 것이든 가능하다)이다. 사실 당신 주위에 있는 것들을 가장 잘 유도할 수 있는 능력이 창의성의 핵심적인 요소 중 하나라고 할 수 있다(Glăveanu, 2012b). Glăveanu는 창의적인 연기(action)는 유도성(affordance)에 의해 제한을 받기도 하고 육성되기도 하며, 배우(actor), 관객(audience), 인위적 결과물(artifact) 간에 일어날 수 있다고 본다. 5A는 4P의 용어를 대체한다기보다는 문화적 상황에 더 기초를 두고 있으며 창의성의 역동성과 상호작용을 더 강조한다고 볼 수 있다.

4P는 이 책에서 여러 번 등장하며 종종 암묵적으로 나타나는 경우도 많다. 다음 장들에서 내가 여러 계열의 창의성 연구를 이야기할 때 어느 P와 가장 연관성이 있는지 생각해보라. Plucker, Beghetto와 Dow(2004)는 4P를 포함해서 새롭고 적절한 개념을 통합하여 창의성에 대한 정의를 다음과 같이 제안했다. "창의성이란 개인이나 집단이 사회적 상황 속에서 정의되는 새롭고 유용하며 지각할 수 있는 산출물을 생산하는 적성, 과정, 그리고 환경 간의 상호작용이다"(p. 90). 다시 말해 창의성은 어떻게(능력

과 과정), 어디서 그리고 언제(환경), 누구(개인 혹은 집단)에 의해서, 무엇을(새롭고 유용한 특별한 산출물) 만들어내는가 하는 것이다.

네 가지 C

창의성 개념에 접근하는 또 다른 방법은 4C다. 핵심은 리틀 c와 빅 C를 구분하는 것이다. 빅C는 역사적으로 천재 수준의 창의성을 말한다. 빅 C는 모차르트, 제인 오스틴, 루이 암스트롱, 아인슈타인이다. 빅 C는 여러 세대에 걸쳐 지속되는 유형의 창의성이다. 그것은 지금으로부터 수백 년(혹은 그 이상) 기억되고, 사용되고, 사랑받을 것이다. 대조적으로 리틀 c는 일상생활의 창의성이다. 대부분의 우리들은 이 수준에서 창의적일 수 있다. 우리는 새집을 만들거나 재미있는 음식을 요리하거나 혹은 아기를 재울 때 이야기를 해준다. 바로 이 수준이 리틀 c다. 빅 C와 리틀 c에 대한 생각은 한동안 창의성 문헌에 나타났지만 아마도 Csikszentmihalyi(1998)가 처음으로 구체적으로 언급했을 것이라고 한다(Simonton, 2013). 창의성을 분류한 용어가 이것만 있는 것은 아니다. Boden(2004)은 그 문제를 P 창의성(심리적 창의성, 혹은 리틀 c)와 H 창의성(역사적 창의성, 혹은 빅 C)로 구분했다. Glăveanu(2009)은 He 패러다임(천재를 위한)과 I 패러다임(일상생활 창의성을 위한)으로 구분하고 we 패러다임(집단 창의성을 위한)도 더했다.

Beghetto와 Kaufman(2007)은 리틀 c 개념이 너무 광범위하다고 주장했다. 찰스 디킨스나 마야 안젤루[1]가 아닌 모든 작가는 한 덩어리로 리틀 c 작가가 된다. 문학을 사랑하는 고등학생은 어느 자리에 배치해야 할까? 학생들이 새로운 개념을 발견하거나 새로운 은유법을 쓸 때 그 학생들의 일상생활 창의성은 리틀 c 세계에서 조금 이동된다. 초급 과학실험(화산 만들기 실험 같은)을 하고 있는 4학년 학생이 유명한 미생물학자와 같은 범주에 분류되어 버린다. 이 모든 것이 '리틀 c'로 간주된다. 따라서 Beghetto와 Kaufman은 세 번째 범주인 미니 c를 제안했다.

창의성은 전통적으로 새롭고 적절한 무엇으로 정의된다는 것을 기억하라. 중요한 것은 누구에게 새롭고 적절한가 하는 것이다. 리틀 c는 보통 사람들이 새롭고 적절하다고 생각하는 것이다. 미니 c는 창의적인 아이디어나 산출물이 개인에게 주는 개인적인 의미가 중요하다.

Kaufman과 Beghetto(2009)는 나아가 네 번째 범주인 프로 c를 제안했다. 그들은 대단히 유명하지는 않지만 전문적인 수준의 창조자들을 위한 적절한 범주가 없다고 지적했다. 예를 들어 리틀 c 범주는 독특하고 맛있는 요리를 개발하기 위해 재료를 창의적으로 배합할 수 있는 가정 요리사의 일상생활 창의성을 의미한다. 빅 C 범주는 직업을 혁신한 전문 요리사에게 적절하다(예 : James Beard, Marie-Antoine Carême, Ruth Graves Wakefield). 하지만 창의적인 전채 요리를 개발하는 것으로 돈을 벌지만 아직 빅 C 지위를 획득하지 못한(혹은 결코 획득하지 못할 것 같은) 전문 요리사일 경우에는 어떤가? 이 사례에서 '새롭고 적절하다'는 의미는 그 분야의 전문가들이 생각하는 것일 수 있다.

Kaufman과 Beghetto(2009)는 따라서 4C 모델을 한 개인의 삶 속에서 창의성 발달 궤적을 나타내는 것으로 제안한다. 삶의 초기에 창조자는 전형적으로 새로운 무언가를 발견할 때 창의적으로 놀이를 시작하고 미니 c를 탐색할 것이다. 미니 c는 교사, 부모, 창의성을 육성하는 멘토에 의해 장려될 수 있다. 창의성을 가장 잘 육성하는 환경을 조성하기 위한 가장 좋은 방법에 대한 몇 가지 논의가 있다. 예를 들어 Harrington, Block, Block(1987)은 로저스(Carl Rogers)의 연구를 기초로 양육 방식(예 : 호기심과 탐색을 장려하기, 아동 스스로 결정하도록 하기, 아동의 의견을 존중하기)이 창의적인 잠재력을 증가시켜 준다는 것을 보여준다. Yi, Plucker, Guo(2015)는 사회적 모델링(높은 창의성의 본보기들을 아동에게 노출시키기)이 창의적 수행을 높인다고 했다. 사람은 창의성을 위한 여러 영역들과 가능한 분야들을 탐색하면서 전 생애에 걸쳐 미니 c 영감과 아이디어를 지속적으로 얻을 수 있다(Beghetto & Kaufman, 2009).

반복적으로 시도하고 격려를 받은 후에 그 창조자는 리틀 c 경지에 도달할 수 있다. 전 생애에 걸쳐 리틀 c 수준에서 행복하게 머무는 사람들도 있고, 어떤 영역에서는 더 발전해 나가고 어떤 영역에서는 리틀 c 수준에 머무는 사람들도 있다(예 : 많은 소설을 발표하고 프로 c의 집필 수준으로 발전해 나가지만 정원 가꾸기나 맛있는 요리하기는 리틀 c 수준에서 즐길 수 있다). 일상생활 속에서 창의성을 즐기는 과정에서 그 창조자는 처음에는 열정이 충만했지만 나중에는 비틀거리게 되는 영역이 있을 수 있다. 또한 수년에 걸쳐 획득한 전문성(그리고 아마도 더 높은 수준의 교육)을 가지고 그 창조자는 프로 c 단계로 이동할 수 있다. 아직 미니 c 수준의 통찰력을 가지고 있다고 해도, 그 창조자는 이제 전문가 수준의 지위를 획득하고, 그 분야 전반에 영향을 미칠 수 있는 문제, 프로젝트, 아이디어에 관련한 작업을 할 수 있게 된다.

한 가지 재미있는 여담으로 그 모델에는 프로 c 창조자는 그의 창의성으로 돈을 벌 수 있어야 한다는 함의가 포함되어 있다. 돈을 버는 것이 필수조건은 아니다. 리틀 c 수준에서도 상당한 돈을 벌 수 있는 사람들도 있지만 프로 c의 질적 수준에서도 생계를 유지하기 어려운 사람들도 있다. 그렇다면 돈을 지불하지 않고 다른 사람의 창의적 작품을 획득하기 위해 최신 기술을 사용하는 사람에 대한 윤리적 함의는 무엇인가? 나보다 한 세대 이상 더 젊은 지금 나의 제자들은 대부분이 영화, 음악, 책을 불법적으로 다운로드하고 있다는 것을 기꺼이 인정한다. 만일 프로 c 음악가가 이런 일반적인 트렌드 때문에 그의 작품에 대한 값을 충분히 받지 못하고 커리어를 계속 추구할 수 없다면 어떻게 되겠는가? 물론 기본적으로 스튜디오와 경영자들이 수십 년 동안 예술가들의 돈을 뜯어갔다. 하지만 좋아하는 무엇에 대해 돈을 지불하고 즐긴다는 개념이 돈을 지불하지 않고도 즐길 수 있다는 개념으로 차츰 바뀌게 될 것이라는 것은 분명하다. 나아가서 만일 당신이 불법적으로 다운로드해서 지금 이 책을 읽고 있다면, 나에게 적은 돈이라도 우편으로 보내준다면 모두 용서해주겠다.

4C 모델로 돌아가서 이야기해보자. 어떤 창조자는 프로 c 수준에서 독창적이고 과제 적절한(task appropriate) 작품을 전 생애에 걸쳐 지속적으로 작업할 수 있다. 영역마다 절정에 도달하는 연령이 다른데, 그가 그 영역 절정기의 연령이 되었을 때 그의 작품도 절정에 도달할 수 있다(예 : Simonton, 1997). 많은 해가 오고 가면서 그 창조자는 한 분야에서 마침내 빅 C 수준의 업적을 달성할 수도 있고(예 : 노벨상) 그 이전에 세상을 떠날 수도 있으며, 그가 빅 C 전당에 모셔질지 혹은 오랫동안 잊혀질지 그 마지막 판단은 역사가 하게 될 것이다. 프로 c를 거치지 않고 빅 C에 도달하는 것이 가능한가(모노폴리 게임에서 '출발점'을 지나지 않고 감옥으로 바로 가듯이)? 프로 c로 인정받는 것을 거치지 않고 빅 C에 도달할 수 있을지 몰라도 생존하고 있는 창조자의 작품은 프로 c 수준에 머문다고 나는 생각한다. 다시 말해서 생전에 리틀 c도 인정받지 못한 사람들(에밀리 디킨슨, 프란츠 카프카, 존 케네디 툴)[2]은 실제로 당대의 사람들로부터 평가를 제대로 받지 못했지만 얻는 것도 없이 수준 높은 작품을 생산하고 있었다. 그렇지만 그런 창조자는 예외적으로 드문 사례다. 다음에 논

의하겠지만 대부분의 빅 C 창조자들은 그들의 생전에 인정을 받는다. 그리고 창의성의 수준에 대하여 우리가 본능적으로 가지고 있는 믿음과는 반대로 질은 양과 관련되어 있다. Simonton은 작곡가들(1977)이나 심리학자들(1985)을 조사한 결과 모두 가장 생산적인 창조자들이 가장 훌륭한 업적을 남겼다는 것을 발견했다.

미니 c의 예로는 샤워를 하면서 노래를 부르는 일이다. 리틀 c는 자신이 노래하는 것을 녹화해서 유튜브에 올리고 다른 사람들이 그 노래를 듣고 즐기도록 하는 일이다. 프로 c 수준은 당신의 노래가 아이튠즈에서 히트할 수 있고 세상 사람들이 돈을 주고 그것을 다운로드하는 것이다. 빅 C는 작곡가 전당이나 로큰롤 전당에 올라가는 수준이다.

나머지 장들에서 다른 창의성 이론들을 살펴볼 것이며, 크게 두 부분, 즉 어떻게 창조하는가 그리고 무엇을 창조하는가로 나누었다. 왜 창조하는가 혹은 누가 창조하는가와 같은 문제는 동기와 성격을 다루는 부분에서 나중에 다룰 것이다.

우리는 어떻게 창조하는가

창의성에 대한 초기 이론 중 하나가 Wallas(1926)가 제안한 인지적 창의 과정 모델이다('창의적 문제 해결'이라고도 한다). 그의 모델은 물리학자인 헬름홀츠(Hermann von Helmholtz)[3]의 아이디어에 일부 기반을 두고 있다. 그의 5단계 모델에 의하면, 어떤 문제를 해결하기 위해서는 준비 단계부터 시작한다. 그다음은 부화 단계로 어떤 문제에 대해 마음은 생각하고 있지만 그동안 다른 일을 하고 있는 단계다. 암시 단계에서는 무엇인가 되겠다는 것을 느끼고(이 단계는 가끔 그 모델에서 생략된다) 그다음에 실제로 통찰을 갖게 되는 영감 단계가 있다. 마지막으로 검증 단계에서 아이디어를 실제로 검사하고 개발하고 사용한다.

다른 연구자들은 이런 생각을 확장시키고 발전시켰다. Michael Mumford와 그의 동료들(Blair & Mumford, 2007; Mumford, Mobley, Uhlman, Reiter-Palmon, & Doares, 1991)은 문제 구성, 정보 부호화, 범주 선택, 범주 연합과 재조직, 아이디어 생성, 아이디어 평가, 실행 계획, 해결 감시로 구성되는 8단계 모델을 주장했다. Bosadur, Runco, Vega(2000)는 좋은 문제 찾기, 문제 해결하기, 해결 방법 실행하기를 중심으로 단순화한 모델을 제안했다. Sawyer(2012)는 여러 가지 창의적 과정 모델을 훌륭하게 정리했다. 여기에서는 몇 가지 핵심적인 요인에 대해서만 자세하게 설명하기로 한다.

첫 번째 단계인 문제 구성은 간과되거나 중요하지 않다고 생각되는 경우가 많다. Reiter-Palmon과 Robinson(2009)은 창의적 문제 해결에서 문제 구성의 중요성에 대한 검토를 했다. 그것은 당신이 해결하려고 하는 문제가 무엇인지 정확하게 아는 것을 말한다. 그것은 또한 지금 마주하고 있는 한계를 아는 것과 관련된 경우가 많다(Stokes, 2014). 당신이 좀 지저분한 게으름뱅이고 당신 집에 오는 사람들로부터 지저분하다는 지적을 듣는 것에 지쳤다고 생각해보자. 그 문제를 "내 친구들은 모두 남의 기분을 의식하지 않는 얼간이들이야" 대신에 "나는 좀 더 깨끗해질 필요가 있어"라는 문제로 생각한다면 다르게 접근할 수 있을 것이다. 문제를 찾는 것이 쉬운 때도 가끔 있다. 자동으로 베이글을 자르는 기구는 누군가 베이글을 자르다가 여러 번 손을 다친 후에 발명되었을 것이다. 하지만 예를 들어 모든 청구서에 대해 지불하는 것이 어렵다는 것을 깨닫게 된다면, 실제 문제는 "나는 돈을 충분히 벌지 못해"에서 "나는 꼭 필요하지도 않은 물건에 너무 많은 돈을 써", "집값으로 너무 많은 돈을 내고 있어",

"외식을 줄이고 집에서 요리를 더 자주 할 필요가 있어"까지 여러 가지가 될 수 있다.

　이 과정은 종종 자동적이어서 우리는 그렇게 하고 있다는 것조차 거의 의식하지 못하고 본능적으로 어떤 특별한 방법으로 문제를 규정할 수 있다(Mumford, Reiter-Palmon, & Redmond, 1994). 하지만 정반대로 많은 창의적인 사람들은 이 단계에 적극적으로 관여하며 문제 구성을 자동적으로 하지 않는 경향이 있다(Getzels, 1979; Getzels & Csikszentmihalyi, 1976). 예술(Rostan, 1994), 창의적인 글쓰기(Hayes & Flower, 1986), 정치학(Voss, Wolfe, Lawrence, & Engle, 1991)과 같은 여러 분야의 전문가들은 초보자들보다 문제를 구성하는 데 더 많은 시간을 보낸다. 예를 들어 Csikszentmihalyi와 Getzels(1971)는 화가들이 그림을 완성하는 동안 그들의 행동을 관찰했다(27개의 물체를 대상으로 그림을 그리도록 했다). 문제 구성에는 그 대상을 가지고 보내는 시간이 포함되었다 — 그 대상들을 들어 올리고, 질감을 느껴보고, 다른 모습으로 재배치하고, 다른 각도에서 쳐다보면서 문제를 구성하는 데 보내는 시간.

　Reiter-Palmon과 동료들은 문제를 구성하는 능력이 해결 방법의 궁극적인 독창성과 질에 영향을 미치는 것을 발견했다(Reiter-Palmon, Momford, O'Connor Boes, & Runco, 1997; Reiter-Palmon, Mumford, & Threlfall, 1998). 직장이나 학교에서 해결해야 할 새로운 과제를 받으면, 당신은 곧바로 해결하려고 덤비는가 아니면 혹은 멈추고, 생각하고, 계획하고 전략을 개발하는가? 전문가들은 어떻게 하는지 짐작할 수 있을 것이다. 당신의 기본 스타일이 이런 접근이 아니라고 해도 변화시키는 것이 가능하다. 사람들에게 문제 구성에 대한 훈련을 시키거나 창의적 과정 중에서 문제 구성에 더 많은 시간을 사용하라고 지시하면, 문제 해결의 결과가 더 창의적으로 나타났다(Scott, Leritz, & Mumford, 2004).

아이디어 생성과 탐색은 창의성의 기초다. Guilford(1950, 1967)는 그의 지능 구조 모델(Structure of Intellect model)에서 창의성을 지능의 일부분으로 보았다. 그는 인간의 모든 인지를 세 가지 차원에 따라 조직하려고 했다. 첫 번째 차원은 '조작'이라고 부르며 모든 유형의 과제에 필요한 정신적인 작용을 의미한다. 두 번째 차원은 '내용'으로 일반적인 과제 영역을 말한다. 세 번째 차원은 '산출물'이며 어떤 종류의 과제 재료를 가지고 일련의 사고 과정을 거쳐서 실제로 생산하는 결과물로 나타나는 것을 말한다. Guilford(1967)의 모델은 다섯 가지 조작×네 가지 내용×여섯 가지 산출물로 총 120개의 가능한 정신적 능력으로 구성된다. 사실 그 모델은 나중에 180개의 능력을 포함하는 모델로 확장된다(Guilford, 1988)(하지만 120개 능력이 더 자주 언급된다). 아마도 진정한 창의성은 한 사람이 가지고 있는 180개의 모든 능력을 검사하는 데 걸리는 20시간이 지나도 피험자가 도망가지 않게 하는 방법을 알아내는 것일 수 있다.

Guilford의 조작들(혹은 사고 과정들) 중 하나는 확산적 사고다. 확산적 사고는 답이 여러 개인 개방형 문제에 대한 많은 다른 해결 방법을 생성하는 능력이다. 이 개념은 창의성 측정의 핵심적인 요소 중 하나이며 그것에 대해서는 나중에 이 책에서 상세하게 논의할 것이다. Guilford는 또한 수렴적 사고도 그의 모델의 일부로 포함시켰다. 수렴적 사고란 여러 가능한 아이디어 중에서 가장 좋은 해결책을 선택하는 능력이다. 수렴적 사고에 대해서는 관심을 갖지 않는 경우가 많은데, 사실 창의적인 사람을 생각할 때 당신은 곰곰이 생각하고 가장 좋은 것을 선택하는 사람이 상상이 되는가? 하지만 수렴적 사고의 중요성에 대해 의심할 수 없다. "창의성은 자신이 실수하도록 허락하는 것이다"라고 딜버트(Dilbert)[4]로 유명한 만화가인 스콧 애덤스(Scott Adams)가 말했다. "예술은 어느 것을 보존해야 하는지를 아는 것이다"(Adams, 1996, p. 324).

Arthur Cropley(2006)는 창의성 분야가 확산적 사고에 집착함으로써 '사이비 창의성'이 실제 창의성에 포함되게 되었다고 주장한다. 그런 사이비창의적인 작업은 현실적인 기반이 없어서 (마치 백일몽같이) 창의성 정의의 기준이 되는 '과제 적절성'에 부합하지 않는다. A. J. Cropley(2006)는 창의성 분야가 확산적 사고에 초점을 맞추는 것은 '노력을 들이지 않는 창의성(effortless creativity)'에 대한 우리의 열망에서 나온다고 말했다 ─ 마치 칼과 방패를 들고서 제우스의 머리를 뚫고 나온 아테네 여신처럼 우리 머리에서 창의성이 분출하는 것을 기대하는 것과 같이. 훨씬 덜 매력적인 아이디어가 '노력을 들이는 창의성(effortful creativity)'이다. 그것은 지식, 전문성, 그리고 습관적인 꾸준한 노력을 요구할 뿐만 아니라 '과제 적절성'도 필요로 한다(Glăveanu, 2012a). 사실 나중에 나는 급진적 창조자 대 점진적 창조자 그리고 혁신가 대 개작가에 대해 논의할 것이다. 사회가 발전하기 위해서는 두 종류의 창조자들이 모두 요구되지만 일반적으로는 충격적으로 독창적인 작업이 더 인정을 받는다.

또 하나의 Guilford(1967) 개념으로 우리가 새로운 해결 방법을 탐색하고 분석할 때 필요한 수렴적 사고가 있다. 그것은 인식도 덜 되고 연구도 많이 되지 않은 주제다. 이 능력 없이는 창의적인 사람이 기회를 놓치게 되고, 헤매고, 일반적인 침체에 빠지는 위험이 있다. 예를 들어 안 좋은 프로젝트를 계속 선택하는 배우가 있고(니콜라스 케이지를 생각해보라), 신나고 도전적인 영화를 선택하는 배우들이 있다(레오나르도 디카프리오 같은). 혹은 광고 일을 하는 사람들을 생각해보라. 당신은 우선 확산적 사고의 중요성을 생각할 수 있을 것이다 ─ 광고나 홍보를 위한 많은 다른 아이디어들을 생각해야 하므로. 그렇지만, 수렴적 사고를 사용하여 처음 생각한 것들 중 98%에 대해 아니요라고 대답할 수 있는 것도 확산적 사고와 마찬가지로 중요하다. 잠시 구글에서 '역대 최악의 광고들'을 검색해보면 나쁜 아이디어가 실행된 결과들을 쉽게 볼 수 있을 것이다.

이 개념들을 확장한 한 유명한 이론이 산출탐색(Geneplore; Generate-Explore) 모델이다. 이것은 창의적 인지에 기반을 두고 있으며 산출 단계와 탐색 단계의 두 단계로 구성된다. 산출 단계에서는 창의적인 해결 방법에 대한 전발명적(preinventive) 구조 혹은 가능성이 있는 창의적 해결 방법의 정신적 표상을 만든다(Finke, Ward, & Smith, 1992). 예를 들어 일라이어스 하우(Elias Howe)는 현대적인 재봉틀을 발명하는 연구를 하고 있었다. 그는 바늘을 제대로 디자인을 할 수 없어서 어려움에 처해 있었다. 그러던 중에 하우는 원시인들이 그를 향해 창을 던지면서 뒤쫓아 오는 이상한 꿈을 꾸었다. 그 창 끝에 동그란 올가미가 있는 것을 보고 하우는 바늘 끝에 동그라미(혹은 '눈')를 붙이는 것이 그가 필요로 하던 해결책이라는 것을 깨달았다(Hartmann, 2000). 끝 부분에 동그라미가 있는 창의 이미지, 즉 하우의 통찰이 일어나기 전의 이미지는 하나의 전발명적 구조의 예가 될 것이다. 사실 전발명적 구조는 하우의 이야기같이 드라마틱하거나 뜻밖일 필요는 없다. 산출탐색 모델에 의하면 전발명적 구조의 산출은 창의적인 과정의 일부일 뿐이다. 그 후에 이런 여러 전발명적 구조들을 최종목표의 제약 내에서 탐색해야 한다.

맹목적 변이와 선택적 보유(Blind Variation and Selective Retention, BVSR) 이론은 산출탐색 틀을 사용하여 거시적 접근을 했다. 원래 Campbell(1960)이 제안한 것을 Simonton(1999, 2011)이 대표적으로 확장한 이 이론은 아이디어가 산출되는 것은 성공 가능성에 대한 의도나 계획 없이 맹목적이라고 주장한다. 아이디어들은 그 후에 시간이 흐르면서 선택적으로 보유된다(아마도 가장 좋은 것들). 맹목적 변이와 선택적 보유(BVSR) 이론은 논란의 소지를 많이 가지고 있으며 자주 논의되고 있다(예 : Dasgupta, 2011). 그 부분적인 이유는 그동안 빛을 발하지 못했던 그 이론이 최근에 다윈주의자들에 의해서 강조되기 시작했기 때문이다(Simonton, 2011).

맹목적 변이와 선택적 보유(BVSR)의 폭넓은 개념이 문화적 진화와 같은 많은 다른 분야에 적용되었다. 예를 들어 원래 사람에서 사람으로 전해지는 특수한 문화적 요소를 의미하는 밈(meme)을 생각해보라. 더 쉽게 설명하자면, 사람들은 소셜미디어 사이트에서 유통되는 다양한 제목을 붙인 재미있는 사진이나 짧은 동영상들을 생각해볼 수 있다[쓰레기 같은 스티브(Scumbag Steve), 너무 들러붙는 여자친구(Overly Attached Girlfriend), 좋은 사람 그레그(Good Guy Greg), 말도 안 되게 사진 잘 받는 남자(Ridiculously Photogenic Guy)]. 밈을 뜨겁게 만드는 것은 무엇인가? 그 답을 안다면 백만장자가 될 수 있을 것이다. 그런데 마케팅 분야에서 일하는 사람들은 한 번쯤은 사장으로부터 마치 그것이 쉬운 일인 것처럼 불티나는 뭔가를 만들어보라는 말을 들어보았을 것이다. 전 세계적으로 매일 수천 개의 야심찬 밈들이 쏟아져 나오지만(맹목적 변이), 몇 안 되는 친구들이 사용하던 것에서 더 많은 사람들에게 퍼져 나가는 것들은 비율적으로 아주 적다. 그중에서도 극소수가 인터넷에 돌아다니고 유명하게 된다(선택적 보유).

창의적인 문제 해결 과정의 많은 다른 단계들이 혁신의 개념에 매우 중요하다. Guilford(1967)도 해결 방법이 성공 기준을 만족시키는지 판단하는 평가를 조작 차원에서의 한 성분으로 포함시켰다. Mumford 등(1991)

은 실행 계획(그것을 어떻게 작동시킬 것인가)와 해결 방법 감시(그것이 작동하는가?)를 마지막 두 단계에 포함시켰다. D. H. Cropley의 4단계 모델(2015)은 전통적인 트리오인 문제 인식, 아이디어 생성, 아이디어 평가로 시작해서 해결 방법 검증으로 끝난다. 분명히 그 마지막 단계는 창의적인 아이디어가 실세계에서 작동하도록 하는 것과 관련이 있으며 조직 심리학 이외의 다른 분야에서는 잘 연구되지 않고 있다.

성분적 이론

창의적 과정에 대한 다른 이론들은 창의성이 일어나기 위해 필요한 요소들에 초점을 맞춘다. 예를 들어 Amabile(1983a, 1983b, 1996)은 성분적 창의성 모델을 제안했다. 그녀는 창의성이 발현되기 위해서는 세 가지 요인인 영역 관련 기술, 창의성 관련 기술, 과제 동기가 필요하다고 주장했다. 영역 관련 기술에는 지식, 전문화된 기술, 전문적인 재능이 포함된다. 만일 창의적인 수학자가 되려면 기본적인 대수와 기하를 알아야 한다. 창의성 관련 기술은 창의성과 관련된 성격 요인들이다. 한 가지 예로 애매함에 대한 관대함이 있다 — 프로젝트의 결과가 어떻게 나타날지 모르거나 주말계획이 무엇인지 모르는 것에 대처할 수 있는가? 이 능력은 창의성과 연결되어 있다(Zenasni, Besançon, & Lubart, 2008). 그밖에 창의성 관련 기술에는 자기수양과 분별 있는 도전성도 포함된다(Amabile, 1983b). 마지막으로 Amabile은 당면 과제에 대한 동기를 중요한 요인으로 보았다. 나중에 논의되겠지만 즐거움, 열정, 도전 욕구로 동기화된 사람은 돈, 칭찬, 점수에 의해 동기화된 사람보다 더 창의적인 경향이 있다.

Piirto는 Piirto 피라미드 모델을 제안했다(1998, 2004, 2014). 밑바닥에는 유전자가 있고 유전자를 기초로 해서 위로 올라가면 성격 속성, 최소한의 지적 역량, 특수 영역 재능이 피라미드의 더 높은 부분을 형성한다. 피라미드 위에서 창의성에 영향을 미치는 것은 환경이다. 그 환경은 기회, 가정, 학교, 공동체/문화, 성별이라는 다섯 가지의 태양으로 설명된다. 그녀는 또한 광범위한 주제들에 대한 창의성을 분석하고(Piirto, 2010) 영감(inspiration), 심상(imagery), 상상(imagination), 직관(intuition), 통찰(insight), 부화(incubation), 즉흥적인 작업(improvisation)이라는 '7I'를 확인했다.

동기는 Sternberg와 Lubart(1995)의 창의성 투자 이론에서도 중요한 역할을 한다. 그들은 아이디어를 싸게 사서 비싸게 파는 것이 창의성의 핵심이라고 주장한다. 이 모델에서 창조자는 성공적인 월스트리트 증권 중개인과 같다. 좋은 투자자는 어떤 증권이 현재 부실하지만 장기적으로는 대단한 전망이 있는 것을 알고 있다. 마찬가지로, 창조자는 현재 '핫'하지는 않지만 잠재성이 있는 주제나 매체나 아이디어를 감지할 수 있다. 창조자는 이런 아이디어에 투자하고, 그것을 자신의 것으로 하고, 그 후에는 그것이 중요하다는 것을 세상에 설득한다. 재능 있는 투자자는 또한 언제 살 것인지 알고 있으며 똑똑한 창조자도 마찬가지다. 다른 사람들이 유행에 편승할 때 창조자는 다른 아이디어로 이동하는 경향이 있다. 이 현상의 멋진 축소판을 TV에서 볼 수 있다. 미국 드라마 로스트(Lost)가 처음 방영되었을 때는 성공할 것 같지 않았다. 그 드라마는 시청자가 한 회만 놓쳐도 스토리를 이해하기가 어려운 시리즈로 구성되어 있었다. 로스트는 신화 같은 면도 있고 애매한 문학적 그리고 철학적인 내용을 포함하고 있으며 블록버스터가 될 것으로는 보이지 않았다. 로스트는 '인기 없는' 아이디어에서 출발했다. 사실 파일럿 프로그램 촬영이 예산을 초과했고 방송이 나가기도 전에 드라마 개발 과정을 총괄했던 감독이 해고되었다(Craig, 2005). 그 이후에 로스트가 성공했고 이와 비슷한 많은 프로그램이 나왔다. 하지만 대부분은 참혹하게 실패했다. 진짜 창조자는 유행을 시작하는 사람이지 유행을 따르는 사람이 아니다. Sternberg와 Lubart는 성공적인 창의적 투자가에게는 적절한 동기, 지능, 지식, 성격, 환경, 그리고 사고 유형을 필요하다고 주장한다.

Hunt, Cushenbery, Friedrich(2012)는 인적자원 전문가를 위한 네 가지 요소로 구성되는 KSAO(Knowledge, Skill, Ability, Other) 모델을 개발했다. Amabile이나 Sternberg, Lubart와 달리 그들은 지식과 기술을 구분하고, 영역 특수적인 전문성과 넓은 지식 기반('K', knowledge)과 영역 특수적인 기술과 창의적인 처리 기술('S', skill)의 중요성을 동등하게 보았다. 영역 특수적인 전문성은 컴퓨터를 프로그래밍 하는 수년간의 경험을 갖는 것이고, 반면에 그 기술은 특수한 소프트웨어 툴에 관련된 것이다. 세 번째 성분은 능력('A', ability)으로 지능, 확산적 사고, 원격연합과 유추를 할 수 있는 능력이다. 'O'는 성격과 동기를 포함하는 광범위한 '그 외(other)' 것들을 의미한다. KSAO 요소들은 우선 어떤 사람의 창의적 잠재력이 된다. 그리고 그 요소들은 환경의 상황적 조정자들과 상호작용을 하고 마지막으로 혁신적인 결과물로 나타나게 된다. 상황적 조정자에는 조직 분위기, 강한 리더십과 팀, 그리고 보상과 인정과 자원의 가용성이 포함된다(Hunter et al., 2012).

Karwowski와 Jankowska(출판 중)는 Karwowski가 폴란드어로 발표한 초기 연구를 기초로 해서 특별히 교실에 잘 적용될 수 있는 창의성 유형 모델(Typological Model of Creativity)을 제안했다. 서로 교차하는 세 가지 핵심적인 성분은 창의적 능력, 독립성, 개방성이다. 그들은 이 성분들을 서로 겹치는 3개의 원으로 표시한다. 세 가지 능력 모두가 높은 사람은 소위 말하는 복합 창의성(Complex Creativity)을 가지고 있다(흔하지 않으며 30명으로 구성된 학급에서 3~4명의 학생 정도가 복합 창의성을 가지고 있다). 창의적 능력과 독립성이 높은 사람은 반항적 창의성(Rebellious Creativity)을 가지고 있으며, 개방성과 독립성이 높은 사람은 자기실현 창의성(Self-Actualizing Creativity)을 가지고 있고, 개방성과 창의적 능력이 높은 사람은 종속적 창의성(Subordinate Creativity)을 가지고 있다. 나는 종속적 창의성의 개념이 특히 재미있다고 생각한다. 언뜻 납득이 잘 안 되는 것 같지만, 회사에서 창의적인 직원을 원한다고 말할 때 그 창의성이 바로 종속적 창의성을 의미하는 것이 아닐까 하는 생각이 든다.

우리는 무엇을 창조하는가

우리는 측정하는 것을 좋아하는 사회에 살고 있다. 내가 총체적인 스테로이드 사건 이후로 야구를 덜 좋아하게 된 가장 큰 이유 중 하나는 독선적인 태도 때문이 아니라(내 생각으로 만일 연구업적을 2배로 낼 수 있는 약이 있다면, 대부분의 학자들은 앞 다투어 실험실의 쥐가 되려고 줄을 설 것이다) 데이터의 의미가 없어져 버리기 때문이다. 나의 아버지와 나는 많은 통계분석을 사용하여 가장 성적이 저조한 투수들에 대한 책을 썼으며(A. S. Kaufman & Kaufman, 1995) 그 책의 개정판을 써야겠다는 생각을 항상 하고 있다. 그러나 외생 변인(예 : 스테로이드)이 끼어들게 되면 측정문제는 뒤죽박죽이 된다.

이후에 상세하게 다루겠지만 측정과 관련하여 창의성보다 더 혼란스러운 이슈는 거의 없다. 무엇인가를 측정하기 위해서는 그것을 어떻게 측정할 것인가를 생각하기 전에 우선 그것이 정확하게 무엇인가에 대한 생각이 있어야 한다. 야구에서 1루타는 1루타이고 홈런은 홈런이다. 그런데 상호작용을 생각하면 복잡해진다(예를 들어 1920년대 보스턴 팀에서 뛰는 선수가 1960년대에 샌디에이고 팀에서 어떻게 활약할 수 있을지 예측하기). 이와 마찬가지로 창의성은 모두 상호작용에 대한 문제다.

현장과 영역은 어떻게 작용하는가

예를 들어 창의적 산출물에 대한 인기 있는 한 이론인 Csikszentmihalyi (1996, 1999)의 체계 모델을 생각해보자. 이 모델에 의하면 창의성은 영역, 현장, 사람 간의 상호작용이다. 영역은 기존의 전문성 영역이다. 영역은 수학이나 과학같이 광범위할 수도 있고 게임 이론이나 소립자 물리학같이 구체적일 수도 있다. 창의성은 한 영역이 어떤 방식으로 변화할 때 일어난다.

현장은 교사, 편집자, 비평가 등과 같은 '문지기'로 정의할 수 있다. 만일 당신이 성공하기를 원한다면 인상을 심어줄 필요가 있는 사람들이다. 현장은 직접적으로 영역과 상호작용한다. 현장은 영역을 조성하고(예 : 심리학 학술지의 편집자는 심리학 영역이 어떻게 발전해 나가야 하는지를 결정하는 것을 돕는다) 영역은 현장을 조성한다(교육의 영역을 교육과 관련한 특별한 훈련과 직접적인 경험으로만 한정한다면, 아무리 교육학과에 커다란 공헌을 할 수 있는 사람이라고 해도 심리학자로 훈련을 받은 사람이 교육학과에 채용되기는 어려울 것이다).

세 번째 성분은 아이디어나 이론이나 예술작품을 만드는 사람이다. 창의적인 산출물의 성공은 현장(문지기)과 사람 간의 상호작용에 의존한다. 만일 어떤 사람이 흥미가 없거나 적대적인 산출물을 창조한다면, 현장은 그 산출물을 높이 평가하지 않을 것이다. 현장은 영감을 주는 긍정적인 원천이 될 수도 있다. 선배 창조자가 멘토가 되거나 충고를 해주고 후

배는 기존의 작품을 개선하고 확장할 수 있다. 마지막으로 영역은 사람이 창조하는 공간을 규정한다. 마천루 빌딩이라는 영역 내에서 산출물을 설계하는 창의적인 사람은 일정한 수준의 강도와 건축 기술을 필요로 하는 마천루 빌딩을 건설하기 위해 발사 목재나 풀을 사용하지는 않을 것이다.

Csikszentmihalyi 이론에 덧붙여서 Gangadharbatla(2010)는 테크놀로지의 역할에 대한 흥미 있는 제안을 했다. 그는 테크놀로지가 제4의 성분으로 중요한 역할을 한다고 주장한다. 그것은 현장에 영향을 미치고, 문지기의 역할을 신속하게 할 수 있도록 해주고, 사람들이 사용하는 창의적인 방법을 변화시킨다.

분명히 테크놀로지가 변화를 일으켰다. 예를 들어 과거에는 문지기들이 영화와 음악 산업을 지배했다. 실제로 젊은 예술가가 이름 있는 기관의 도움을 받지 않고 대열에 뛰어드는 일은 불가능했다. 이제는 가수들이 유튜브에서 발견되고 음악을 아이튠즈에 올려서 판매할 수도 있다. 대표적으로 배우 겸 코미디언인 케빈 하트(Kevin Hart) 같은 연예인은 소셜미디어를 사용하여 팔로워 수를 늘려간다. 그는 팬들과의 소통을 확장하기 위해 트위터를 활용한다. 한 영화 산업 관계자는 "케빈은 한 영화사가 할 수 있는 것보다 더 효과적으로 관객 마케팅을 하는 능력을 가지고 있다"(Stewart, 2014)고 말했다.

Csikszentmihalyi 이론에서 영역, 현장, 사람은 상호적으로 작용한다. 바흐의 작품을 살펴보자. 그가 살아 있을 때 현장에서 그의 작품을 음악 영역에서 창의적인 작품으로 평가하지 않았다고 가정해보자. 만일 이것이 사실이라면(사실 그러했다), Csikszentmihalyi에 의하면 바흐의 작품은 그 당시에는 창의적이지 않았다. 시간이 흘러 현대의 비평가, 교수, 음악인들이 그의 재능을 인정하고 나서야 그의 작품이 창의적이라고 할 수 있게 된 것이다.

이 이론은 가장 성공적인 창조자들의 가슴에 불안감을 일으킬 수 있다. 제임스 페터슨? 존 그리샴? 물론 그들의 책이 지금은 잘 팔리고 있지만, 50년 후에도 그럴까? 마이클 베이? 브렛 래트너? 100년 후에는 그들의 영화가 어떻게 평가될까? 반대로 이 이론은 자신을 발견되지 못한 천재라고 스스로 생각하고 있는 사람들에게 희망을 줄 수 있을 것이다. 현재 무명인 어떤 시인은 "지금부터 200년이 지난 후에 사람들은 나의 진가를 발견하고서 그동안 제대로 평가받지 못했다는 것을 깨닫게 될 것이다"라는 말을 '아마도' 할 수 있을 것이다.

하지만 흥미롭게도 Dean Keith Simonton은 평가를 제대로 받지 못한 천재에 대한 신화를 깼다. 그는 오페라 496편을 대상으로 처음 소개되었을 때의 평가와 오늘날 상연되고 있는 횟수를 비교했다. 그가 발견한 결과는 일반적으로 초연에서 좋은 평가를 받고 꾸준하게 공연된 오페라가 오늘날에도 가장 널리 공연되는 오페라라는 것이다(Simonton, 1998; 또한 Eysenck, 1995 참조). 사실 19세기의 가장 인기 있었던 작가를 생각해 보라고 한다면, 아마도 마크 트웨인과 찰스 디킨스 같은 작가를 떠올릴 것이다(그들은 오늘날에 비교하자면 존 스튜어트, 스티븐 킹 같은 사람이다). 더 최근의 예를 들자면, 해롤드 롬(Harold Rome)의 뮤지컬은 1950년대의 '식자층'이 즐긴 반면에, 로저스(Will Rogers)와 해머스타인(Oscar Hammerstein)의 뮤지컬은 더 대중 취향적이었다.[5] 그런데 오늘날 당신은 해롤드 롬의 뮤지컬 제목을 말할 수 있는가? 만일 그렇다면 감동적이기도 하고 조금 놀랍기도 한 일이다. 만일 그렇지 않다면, Pins and Needles, Fanny, 그리고 바버라 스트라이샌드를 이 세상에 소개한 I Can Get It for You Wholesale을 생각해보라.

발견되지 못한 천재들에 대한 신화를 지지하지 않는 또 다른 연구 영역은 경력 궤도에 대한 Simonton의 연구다. Simonton은 연령과 성취 간의 관계에 대한 방대한 연구를 수행했다(Simonton, 1997, 2012 참조). 그는 대부분의 성공한 사람들은 20대에 생산력을 발휘하기 시작해서 40대에 정점에 도달하고 그 후에는 조금씩 감퇴하는 것을 발견했다. 분야에 따라서 정점에 도달하는 시기가 특히 이른 분야도 있다. 예를 들어 이론 물리학자와 시인은 20대 중반에서 20대 말 사이에 중요한 공헌을 하고 그렇지 못하면 중요한 공헌을 못하는 경향이 있다(Simonton, 1994). Kozbelt와 Durmysheva(2007)도 18세기부터의 일본 판화가의 전 생애에 걸친 창의성을 조사하고 비슷한 패턴과 정점을 발견했다.

창조자가 자신의 영역에 더 일찍 입문할수록 생산하는 작품 수도 더 많다. 하지만 몇 살 때 시작했는지와 몇 살 때 최고의 작품을 생산했는지는 관계가 없다(Simonton, 1997, 2007). 늦게 시작하면 그 개인이 마지막으로 주요 공헌을 하는 시기의 나이가 더 많은 것과 관련이 있다. Simonton(1989)은 작곡가들의 마지막 작품들을 분석한 결과 그것들이 다른 작품들보다 덜 독창적이고 더 짧은 경향이 있지만 인기와 미적 의미에 있어서는 더 높은 점수를 받는다는 것을 발견했다. 7장에서 보통 사람들의 생애 궤도에 대하여 논의할 것이다.

반면에 Galenson(2005)은 대안적인 관점을 제시했다. 그는 창조자의 유형에 따라 정점에 도달하는 연령이 다르다고 주장하고 두 가지 생애주기로 설명한다. 개념적 창조자(발견자)는 혜성처럼 나타나 일찍이 위대함을 드러내는 반면에, 늦게 정점에 도달하는 실험적 창조자(탐구자)는 많은 연구를 기반으로 하는 업적이 늦게 나타난다고 한다. Galenson은 영역이 아니라 접근 유형에 따라서 결과적으로 정점에 오르는 시기가 다르다고 주장한다. 이 문제에 대하여 Simonton(2007)은 한 작가의 정점에 도달하는 시기를 예측하는 데 있어서 시를 쓰는가 혹은 소설을 쓰는가 하는 영역이 마찬가지로 중요하다는 것을 실증적인 연구 결과로 보여주었다(또한 Kaufman & Gentile, 2002 참조).

현장과 영역은 어떻게 변화되는가

또 다른 이론인 창의적 공헌의 추진력 이론도 산출물이 현장과 영역을 어떻게 변화시키는지를 탐색한다(Sternberg, 1999; Sternberg & Kaufman, 2012; Sternberg, Kaufman, & Pretz, 2001, 2002, 2003). 이 이론은 창의적인 공헌을 할 수 있는 여덟 가지 방식을 기술하며 이 공헌들을 영역과의 관계에 기초해서 분류한다. 첫 번째 네 가지 공헌은 기존 패러다임의 틀 내에서 위치하는 성취를 나타낸다.

아마도 가장 기본적으로 공헌할 수 있는 유형은 반복(replication)이다. 반복이란 과거의 작품을 재생산하는 것으로 기존 상태를 유지하려고 하는 것이다. 주인공이나 배경이 조금 다를 뿐 기존의 이야기와 매우 흡사한 연애 소설을 생각해보라. 혹은 시리즈 공포영화 쏘우 3D(Saw 3D: The Final Chapter) — 심장이 강한 사람이라면 감히 — 를 생각해보라.

그러나 부정적으로만 생각할 필요는 없다. 일요일 오후 미술관에서 유명한 그림을 따라서 그리고 있는 사람들을 생각해보자. 그들은 창의적인가? 물론 그렇다. 그 화가들은 그 예술 영역을 반드시 발전시키려고 노력 중인 것은 아닐지라도 주말에 미술관에서 즐겁게 보낼 수 있는 좋은 분위기를 만드는 데 도움을 준다. 과학에서 반복 연구는 이전의 실험 결과가 반복될 수 있다는 것을 보여주는 연구다. 사기, 요행, 인간 실수를 포함한 여러 사례가 발생하는 과학 세계에서(과학의 저변을 살펴보기 위해서는 웹사이트 Retraction Watch 참조) 반복은 중요하고 필요한 작업이다. 반복은 대단한 작업은 아니다. 이런 유형의 연구만 하는 데 시간을 보낸다면 정년이 보장되는 교수가 되기는 어려울 것이다. 하지만 Makel과 Plucker(2014a, 2014b)가 지적하듯이 창의성이 곧 독창성만을 이야기하는 것은 아니다. 반복 연구들은 창의적인 공헌이다. 신중하게 기초를 다지지 않고 신기성만을 열렬히 추구한다면 출발이 잘못된 작업이나 자원 낭비가 될 수 있다.

두 번째 유형의 공헌은 그 영역을 새롭게 보는 재정의(redefinition)다. 재정의의 공헌은 반드시 앞으로 나아가도록 하지는 않지만 다른 관점을 보여주려고 한다. 고전 공포영화인 샤이닝(The Shinning)을 행복한 가족 코미디로 보이게 편집하여 예고편으로 유튜브에 올라와 있는 동영상을 생각해보라. 사실 훌륭한 감독은 영화 작업을 할 때 재정의를 종종 사용한다. 그는 유명한 희곡을 선택하고 새로운 해석을 얹어서 관객들이 새로운 무언가를 볼 수 있게 한다. 훌륭한 사업가는 잘 팔리지 않는 물건을 가지고 새롭게 사용할 수 있는 방법을 찾아낸다. 고전적인 예가 3M사의 아트 프라이다. 그는 풀로 팔기에는 접착력이 약한 접착제를 가지고 새롭게 사용하는 방법을 발견했으며 그 결과 포스트잇이 탄생했다.

세 번째 공헌은 가장 빨리 성공을 획득하는 유형으로 전진 증강(forward incrementation)이다. 이 유형은 기존의 영역을 조금 앞으로 추진시킨다. 창조자는 이미 존재하는 것에 작은 변화를 준다. 이것은 그 영역이 현재 나아가고 있는 같은 방향으로 추진하면서 변화를 주는 것으로 획기적인 것은 아니다. 실제로 훌륭한 장르 소설 작가들을 생각해보라. 여러 성공적인 작품에는 스토리 전환 부분이 있다. Jeffrey Deaver의 영웅인 Lincoln Rhyme은 사지마비 환자이며, Faye Kellerman의 경찰은 정통 유대교로 개종한다. 스릴러 작가들은 주인공인 수사관을 평범하지 않은 지역에 배치하거나(Laura Lippman은 특히 볼티모어를 사랑한다) 평범하지 않은 직업을 갖게 한다(Lee Child[6]의 헌병 출신이 떠돌이가 된 Jack Reacher). Jonathan Kellerman의 Alex Delaware와 같은 심리학자들도 있으며, 실제로 우리 심리학자들은 경찰에게 연쇄 살인자들의 잠재된 동기를 이해할 수 있도록 많은 도움을 주고 있다. 내가 좋아하는 인물은 Harlan Coben[7]의 의외의 주인공 Myron Bolitar다. 그는 스포츠 에이전트로 일하면서 범죄를 해결하기 위해 그의 재정 관리자인 Win과 함께 힘을 모아 뮤지컬 무대에서 노래도 부르며 일을 처리한다.

기존의 영역을 인정하는 유형들 중에서 마지막 유형은 선전진 증강(advance forward incrementation)이다. 이 유형은 그 영역을 한 단계가 아니라 두 단계 앞으로 추진시킨다―창조자는 그 이유로 종종 괴로워한다. 이 유형의 창의적 산출물은 그 시대를 앞선 것이다. Stephen Sondheim의 뮤지컬 Anyone Can Whistle, Follies, Pacific Overtures, Merrily We Roll Along을 생각해보라. 그의 몇 작품은 Sweeney Todd 혹은 Into the Woods와 같이 영화로 만들어져서 주류가 되었지만, 그의 난해한 작품과 인기 있는 작품 모두가 훌륭하다고 평가하는 사람들은 골수 뮤지컬광들뿐이다. Sondheim의 뮤지컬은 기존의 무대 공연보다 큰 도약을 한 작품이다. 그의 난해한 가사와 복잡한 음악은 이전 창조자들(Cole Porter 혹은 Kurt Weill)의 길을 여전히 따르고 있다. 그러나 그의 작품에 나타나는 심각하고 어두운 주제는 큰 도약이다. 그는 살인마 이발사와 (인간)고기 파이를 만드는 파트너, 백화점에 살고 있는 비밀결사대, 일본 제국주의, 살아나는 Georges Seurat 그림, 대통령 암살자, 그리고 신체가 일부 기형인 이탈리아 여인의 애정 집착 등에 대해서 쓴다. Sondheim의 한 작품은 우리에게 예술은 쉽지 않다는 것을 상기시킨다. 정말 Sondheim의 예술은 쉽지 않다. 그의 예술의 유형은 선전진 중강이다.

마지막 네 가지 유형의 창의적 공헌은 현재 패러다임을 거부하고 대체하려고 한다. 방향 수정(redirection)은 영역을 새로운 방향으로 향하도록 추진한다. 예를 들어 1950년대에 마텔(Mattel) 사는 장난감 판매 영역을 새로운 방향으로 향하도록 도움을 주었다. 그때까지만 해도 장난감 생산자들은 제품의 타깃을 도매상과 소매상 가게로 잡고 있었다. 도매상과 소매상이 장난감을 사기로 결정하면 장난감을 팔 수 있고, 그렇지 않으면 팔 수 없었다. 가끔 부모들을 타깃으로 삼으려고 노력하는 생산자들도 있었다. 그러나 마텔 사는 마지막 기회로 생각하고 미키마우스 TV 쇼의 광고 시간을 사서 아이들에게 직접 다가갔다. 이 결정이 장난감을 광고하는 방식을 바꾸었다(많은 부모들은 유감으로 생각하겠지만). 미국 전체 아동이 마텔 사의 Burp Gun 장난감 총을 갖고 싶어 했으며 결국 수백만 개가 팔렸다(Stern & Schoenhaus, 1990).

대부분의 공헌 유형들이 '전진적인' 사고라면, 재건축/방향 수정(reconstruction/redirection)은 뒤를 바라본다. 이것은 그 분야가 한때 위치했던 곳으로 다시 돌아가서 그 지점에서 지금과 다른 방향으로 이동해 나가는 것이다. 대부분의 복고 예술 운동이 이 유형의 예라고 볼 수 있다. 적절한 구체적인 예로 Mad Magazine이 만화가인 Dave Berg[8]의 일상을 관찰자 입장에서 재미있게 전달하는 "The Lighter Side of…"(코믹만화)를 '다시 쓴' 것을 들 수 있다. 그들은 Dave Berg가 아직 살아있어서 자신의 옛날 스트립을 다시 쓴다면 어떻게 쓸까 생각했다. 그들은 최근 이슈들과 조금 더 어두운 유머 감각을 가미하여 "The Darker Side of the Lighter Side"(2008)라는 언어유희의 결과물을 탄생시켰다.

모든 창의적 공헌 중에서 가장 급진적인 유형은 아마도 재창시 (reinitiation)일 것이다. 재창시는 창조자가 (아직 도달하지 않은) 새로운 시작점으로 그 분야를 이동시켜서 그곳에서 시작해서 앞으로 나아간다. 재창시의 유형은 라보아지에가 획기적인 새로운 화학을 발견하는 것과 같다. 그것은 이안 핀레이(Ian Finlay)[9]의 시다. 그의 시는 야생화, 돌, 해시계, 유리잔과 같은 시각적인 프롭(visual props)을 시적 언어들과 함께 사용해서 어떤 감정이나 느낌을 창조한다(Parker & Kermode, 1996). 내가 대표적으로 사용하는 예 중 하나는 마르셀 뒤샹(Marcel Duchamp)이 1917년 변기를 '샘'이라는 제목을 붙여서 전시회에 출품한 사례다―그런데 최근에는 이 개념이 실은 Baroness Elsa von Freytag-Loringhoven의 것이었는데 뒤샹이 훔쳤다고 논의되고 있다(Frizzell, 2014).

마지막으로, **통합**(integration)(synthesis라고도 한다)은 두 가지 다른 영역을 합쳐서 새로운 아이디어를 창조하는 유형이다. 대표적인 이 유형으로는 서로 다른 분야를 비슷하게 통합시킨 유명한 두 편의 공상과학 영화가 있다. Gene Roddenberry의 스타트렉과 George Lucas의 스타워즈는 모두 공상과학과 서부극을 통합한 작품이다. 스타트렉은 다양한 종류의 사람들과 맞서서 싸워 이기는 건장하고 생명력 있는 남녀의 이야기를 다룬 서부극 Wagon Train이라는 TV 프로그램과 비슷한 개념을 기초로 한 것이다. 마찬가지로 George Lucas는 유명한 서부극 구성을 공상과학 환경에 접목했다. 스타워즈의 기본적인 스토리는 John Wayne이 주연한 수색자 (The Searchers)의 플롯을 모방하고 개척시대의 서부라는 배경을 외계로 대체했다. 스타워즈는 또한 일본 사무라이 영화를 통합시켰다. 〈스타 워즈 IV : 새로운 희망〉은 Kakushi Toride no San Akunin[10]을 모델로 했다. 주인공 Obi-Wan Kenobi는 사무라이 전사들로 볼 수 있고, R2-D2와 C-

3PO 두 로봇은 일본 사무라이 영화 속에서 공주를 구하기 위해 고용된 두 사기꾼과 비슷하다.

산업/조직 분야에서 창의적인 공헌의 성격을 연구하는 또 다른 이론은 더 분명하게 창의성을 이분화하고 있다. Gilson과 Madjar(2011)는 급진적인 창의성과 점진적인 창의성을 제안한다. 급진적인 창의성은 과거 작업과 현저하게 다른 움직임이다(재창조 혹은 선전진 증강 유형들과 비슷하다). 점진적 창의성은 기존의 작업을 수정하는 것이다(전진 증강이나 반복 유형들과 흡사하다). 급진적 창의성은 위험 감수 그리고 헌신과 연결되어 있는 것으로 나타났으며(Madjar, Greenberg, & Cohen, 2011), 창의적 자기효능감도 높은 것으로 나타났다(Jaussi & Randel, 2014). 회사 정체성(company identification, 직장 일의 가치와 신념을 자신의 개인 정체성의 일부로 받아들이는 것)과 더 창의적인 동료를 가지는 것이 점진적인 창의성을 예측할 수 있었다. 당연히 동조는 낮은 창의성을 예측하는 것으로 나타났다. Gilson, Lim, D'Innocenzo, Moye(2012)는 창의적인 직원을 관리하기 위해서는 급진적 창의성과 점진적 창의성을 구분할 필요가 있다고 주장한다.

급진적 창의성과 점진적 창의성을 구분하는 것은 Kirton(1976)이 적응자와 혁신자로 구분하는 것에 비교할 수 있다. 그는 사람들이 두 가지 중한 가지 방식으로 문제를 해결한다고 주장한다. 기존의 자원을 사용하여 문제를 해결함으로써 적응하거나(적응자) 혹은 새로운 가능한 방법을 생각한다(혁신자). 또 다른 비슷한 모델은 Boden(2004)이 제안한 연합 창의성, 탐구 창의성, 변형 창의성으로 구분하는 것이다. 연합 창의성은 기존의 아이디어들을 새로운 방식으로 연결하는 것이다. 따라서 이 유형은 통합도 포함하지만 여러 가지 다른 범주도 포함한다. 탐구 창의성은 특별한 양식이나 장르 내에서 창의적인 것을 뜻하며 반복 유형에서 전진 증강 유형까지 포함한다. 변형 창의성은 핵심적인 개념을 변화시키는 것으로 불가능을 가능으로 변화시키는 것이다. 이것은 재창시 유형과 가장 비슷하며 이런 유형의 발견은 종종 획기적인 변화를 일으킨다.

산출물의 성격

창의성에는 여러 가정(assumption)이 포함되어 있으며 어떤 것은 진실이고 어떤 것은 진실이 아니다. 묵시적인 가정들 중 하나는 창의성이란 '예술'에 대한 또 다른 단어라는 것이다. 수학이나 과학과 같은 특정한 영역에서 창의성을 살펴보는 연구를 제외한 대부분의 창의성 연구들은 시각예술이나 글쓰기와 같은 예술을 기본 설정으로 사용한다. 창의적이거나 비창의적인 전공들로 나누어서 살펴보는 어떤 연구들은 '예술 전공'과 '창의적인'을 서로 교환할 수 있는 용어로 사용하고 있다.

Cropley와 Cropley(A. J. Cropley & Cropley, 2009; D. H. Cropley & Cropley, 2008, 2010)는 기능적 창의성과 미적 창의성을 구별할 것을 주장한다. 창의성에 대한 '새로움'과 '과제 적절성'이라는 창의성의 두 가지 필요조건으로 돌아가서 생각해보면, 대부분의 예술작품은 '과제 적절성'에 대하여 범위를 넓게 보고 있다. 하이쿠를 짓거나 점묘법 스타일로 그린 그림에 대해서는 매우 구체적인 가이드라인이 있기는 하지만 대부분의 시각 예술, 창의적 글쓰기, 혹은 공연에는 어느 정도의 자유로움이 있다. 현대 자유 형식의 무용을 생각하면 '엄격한' 혹은 '금지된' 같은 단어가 잘 연상되지 않을 것이다.

대조적으로 Cropley와 Cropley는 유용한 사회적 목적을 가지고 있는 창의적 작업은 과제 적절성에 대한 요구가 더 강조된다고 주장한다. 어떤 건축가가 세상에서 가장 아름다운 다리를 설계한다고 해도 만일 그것이 붕괴된다면 과제 적절성이 없는 것이고 따라서 창의적인 다리라고 할 수 없다. 만일 신호등이 고장 난다면, 사람들은 죽을 수도 있다. Christo가 디자인한 우산에 한 여성이 찔린 사건이 있지만 일반적으로 실패하는 예술은 있어도 사람을 죽이지는 않는다. 예를 들어 나는 소설을 먼저 읽고 기대감을 가지고 〈월드워 Z〉[11] 영화를 보기로 했다. 하지만 영화의 엔딩 크레딧이 올라오고 있을 때 내 아내와 나는 말없이 역겨움의 눈빛을 교환했다. 그렇지만 몸속의 내장은 여전히 정상 작동을 했다―혐오스러웠을 정도였지만 몸속의 비장을 파괴하지는 않았다. 따라서 Cropley와 Cropley는 사회에 해를 끼치지 않도록 하는 효과성을 요구하는 기능적 창의성과 비효과적이거나 단순히 성가시게 할 수 있는 미적 창의성을 구분할 것을 제안한다.

그들은 만족시켜야 하는 준거를 바탕으로 산출물의 위계적 조직을 제안했다. 그들은 신기성(novelty)과 효과성(effectiveness)의 준거로 시작해서 그다음에 우아함(elegance)과 기원(genesis)을 첨가했다. 우아한 문제해결은 종종 간단하고 분명해 보이지만 아름다움도 간직하고 있다(D. H. Cropley, 2015; Kay, 2013). 기원은 한 해결책이 보편화되는 정도를 말한다(그 통찰이 다른 영역에 적용될 수 있는 정도).

Cropley와 Cropley는 산출물의 다섯 가지 유형을 제안한다. 판에 박힌 산출물은 효과적이지만 그 외 다른 것이 없다(반복적인 작업에 비교할 수 있다). 독창적인 산출물은 새롭고 효과적이다(전통적으로 창의적이다). 우아한 산출물은 우아함의 성질을 더하고, 진정으로 혁신적인 산출물은 모든 네 가지 특성을 포함한다. 그들은 반대로 미적 산출물은 효과적일 필요는 없지만 반드시 새로워야 하고 나머지 두 가지 기준 어느 방식으로도 갈 수 있다고 한다. 그들은 추진력 모델의 성분들을 넓은 의미의 신기성 속성에 포함시켰다(A. J. Cropley & Cropley, 2009; D. H. Cropley, 2015; D. H. Cropley & Kaufman, 2012).

다음 장 연결하기

우리는 창의성 분야에서의 중요 연구 주제들을 논의하면서 앞으로 다른 창의성 이론들도 만나게 될 것이다. 창의성에 대한 마지막 한 가지 이론적 측면은 창의성의 구조에 관한 것으로, '창의성은 하나인가? 창의성은 여러 가지인가? 아니면 그 중간 어디에 있는 것인가?' 하는 문제다. 창의성의 구조에 대해 다음 장에서 알아보기로 한다.

 역자주

1. Maya Angelou(1928~). 미국의 시인이자 소설가, 배우, 인권운동가. 오프라 윈프리, 토니 모리슨 등과 함께 미국에서 가장 영향력 있는 흑인 여성 중 한 명으로 꼽힌다.
2. 미국 소설가. 바보들의 결탁(*A Confederacy of Dunces*)으로 1981년, 그가 31세로 자살한 지 12년 후에 퓰리처상을 수상했다.
3. 독일 물리학자. 생리학, 심리학, 물리학, 철학 등 여러 영역에서 공헌을 했다. 그의 이름을 따서 독일의 가장 큰 연구소인 Helmholtz Association이 설립되었다.
4. 미국에서 샐러리맨의 일상을 풍자하며 선풍적 인기를 끌었던 신문만화 제목으로, 주인공의 이름이기도 하다. 애니메이션 시리즈로도 나왔다.
5. 뮤지컬 작곡가과 작사가. 우리나라에 잘 알려진 뮤지컬에는 오클라호마, 남태평양, 왕과나, 사운드 오브 뮤직 등이 있다.
6. 1954년 영국 출생. 잭 리처(Jack Reacher) 시리즈로 세계적인 명성을 얻은 크

라임 소설가이다. 본명은 짐 그랜트(Jim Grant)이며 리 차일드는 그의 '필명'
이다. 그는 전직 헌병 출신으로 미국을 방랑하는 잭 리처의 모험을 다룬 '잭
리처' 시리즈를 꾸준히 출간해 오고 있으며 지금까지 19편이 출간되었다.

7. 1962년 미국 출생. 1995년 마이런 볼리타(Myron Bolitar) 시리즈로 데뷔했
다. 현재 사건이 전개되는 가운데 주인공의 과거 속에서 해결되지 않고 남아
있던 어떤 일이 뜻하지 않게 부각되며 얽혀 들어가는 플롯을 즐겨 사용한다.

8. 미국 만화가. 50년간 Mad Magazine에 "The Lighter Side of…"를 게재했다.

9. 스코틀랜드 시인, 작가, 예술가, 정원 디자이너.

10. 숨은 요새의 세 악인으로 소개된 1958년 일본 영화.

11. 2013년 개봉한 종말 공포 영화이다. 맥스 브룩스의 소설 세계 대전 Z를 원작
으로 하며, 브래드 피트는 주연인 제리 레인 역을 맡으면서 제작에도 참여
했다.

창의성의 구조

1987년 네 달 사이에 세상은 유명한 창의적인 인물들을 잃었다. 그중 한 사람이 밥 포시(Bob Fosse)[1]다. 그는 이례적인 연출가이자 안무가로서 아주 작은 움직임 ─무릎을 한 번 돌리고, 머리를 잠깐 옆으로 기울이고, 엉덩이를 한 번 움찔하는 것 ─에도 의미가 있는 섹시한 무용 작품을 만드는 것으로 유명했다(Gottfried, 1990). 같은 시기에 세상을 떠난 사람들 중에는 유명한 시민운동가이자 작가인 제임스 볼드윈(James Baldwin)[2], 신화에 있어서 아마도 세계적으로 최고 전문가인 조셉 캠벨(Joseph Campbell), 유명한 바이올리니스트인 야샤 하이페츠(Jascha Heifetz)(그는 나의 먼 사촌이기도 하다), 포드 자동차의 최고경영자로 회사의 확장을 주도했던 헨리 포드 2세(Henry Ford II), 처음으로 트랜지스터를 만든 노벨상 수상자 월터 브래튼(Walter Brattain)[3]이 있다. 물론 그 외에도 재클린 뒤 프레(Jacqueline du Pre), 알프 랜던(Alf Landon), 우디 허먼(Woody Herman), 댄 로완(Dan Rowan), 장 아누이(Jean Anouilh), 해롤드 워싱턴(Harold Washington) 등이 있다.

포시 '스타일'은 현대 연극 무용에 너무 많이 소개되어서 이제는 진부한 것으로 생각된다. 포시는 보드빌(vaudeville)[4]에서 시작해서 뮤지컬 안무가를 거쳐 연출자까지 되었다. 쇼 관계자로서는 무대 배우들 못지않은 스타가 된 몇 안 되는 사람들 중 하나다. 사실 무대를 찾는 일반인들은 '밥 포시' 이름은 알고 있지만 그에 대해서 잘 모른다. 역으로, 〈피핀〉(그가 연출과 안무를 맡았다)은 브로드웨이에서 대성공을 거두었지만, 열렬한 팬이 아니고서는 원래 주인공 피핀 역할을 맡은 사람이 존 루빈스타인(John Rubinstein)이라는 것을 모른다.

하지만 만일 포시가 어릴 때 제임스 볼드윈같이 작가나 시민운동가의 길을 추구했다면? 우리는 여전히 그의 이야기(그의 불행했던 가정생활이나 수많은 여자친구에 대한)를 읽고 있을까? 혹은 포시가 신화에 열광하게 되었다면? 혹은 자동차, 트랜지스터, 정치에 관심을 가지고 추구했더라면? '포시 자동차 회사'가 생겼을까? 반대로, 브로드웨이 무대에서 신들린 듯이 탭 댄스를 추는 월터 브래튼의 모습을 생각하는 것이 가능할까? 헨리 포드 2세가 가족 기업을 버리고 그의 생을 바이올린 연주에 바칠 수 있었을까?

창의성의 성격에서 이 질문들에 대한 답을 찾을 수 있다. 만일 창의성이 진짜 완전히 '영역 일반적'인 것으로 단 하나의 것이라면 그 답은 '예'일 것이다. 그래서 포시는 그 어떤 영역을 선택해도 '포시'일 것이다. 하이페츠나, 볼드윈, 캠벨은 어떤 영역에서도 자신들의 창의성을 발휘했을 것이다. 만일 반대로 창의성이 '영역 특수적'인 것이라면 다른 영역에서 성공하는 것은 쉽지 않을 것이다. 시에 대한 적성을 가진 사람이 그 창의성을 작곡을 하거나 수학 문제를 푸는 데 반드시 사용할 수는 없을 것이다.

지능 분야 내에서도 이와 비슷한 영역 특수성 대 영역 일반성에 대한 격렬한 논쟁이 있다. 어떤 연구자들은 일반 지능요인(g)을 열렬히 지지하며, g가 학업과 직무수행(다른 많은 것들 중에서도)에 큰 영향을 미치는 한 요소라고 주장한다. 다른 연구자들은 그만큼 열렬히 g에 반대하며, 다중지능 이론이나 더 광범위하고 복잡한 그림을 그리는 지적능력 이론을 주장한다. 논쟁은 격렬한 상태까지 가는 경우도 있다. g 옹호자들은 그들의 입장을 지지하는 수많은 자료들이 있는데도 불구하고 g 반대자들이 무시하고 있다고 비난하고, g 반대자들은 g 이론과 인종차별주의 이념 간에는 불쾌한 연결고리와 함의가 있다고 지적한다.

일반지능 g와 유사하게 창의성에도 영역을 초월해서 많은 다른 영역들에서 창의성을 발휘하는 일반 창의성 c가 있을까? 이 질문은 창의성 관련 문헌에서 많은 논쟁을 불러일으켰다(Baer, 1998, 2015; J. C. Kaufman & Baer, 2005a; Plucker, 1998; Sternberg, Grigorenko, & Singer, 2004). 내 생각에는 중간 지점 어디에 수렴되어 가고 있는 것 같다. 다시 말해서 창의성은 영역 특수적인 측면과 영역 일반적인 측면을 모두 가지고 있다.

빅 C와 영역 특수성

창의성과 영역의 문제에 대하여 생각하는 한 가지 방법은 르네상스 사람, 즉 여러 영역에서 진짜 창의적인 사람이 왜 많지 않은지 생각해보는 것이다. 영역 일반성 관점과 영역 특수성 관점 모두가 다능인(polymath)의 존재를 인정한다는 점이 중요하다. 영역 일반성을 주장하는 사람은 다능인이 회화, 조각, 회계에 동일한 창의적 과정을 사용한다고 한다. 반면에 영역 특수성을 주장하는 사람들은 그들이 영역에 따라 다른 특수한 창의적 과정을 사용한다고 주장한다. 영역 특수성 관점에서 보면, 여러 영역에서 빅 C에 도달하는 극소수의 사람들은 자전거를 타고 알파벳을 암송할 수 있는 돼지와 같다 — 놀랍기는 하지만 기저의 어떤 메커니즘도 설명하지 못한다.

네 가지 c 중에서 더 낮은 수준의 c일수록 다능인을 찾기 쉽다. 이미 언급했듯이 한 가지 주목해야 할 점은 한 영역에서 창의적인 천재 수준이 아니라 기초적인 수준의 기술로 숙달하기 위해서는 시간이 걸린다는 것이다. 대부분의 사람들은 여러 분야에서 재능이 있다고 하더라도 최고 수준에 오르기 위한 준비를 할 수 있을 만큼 오래 살지 못한다(Plucker & Beghetto, 2004). 마틴 스콜세지가 어떻게 건축에 접근하고, 빌 게이츠가 어떻게 창작 무용을 다루는지 보고 싶겠지만 가까운 미래에 그런 일이 일어날 것 같지는 않다. 여러 영역에서 빅 C 창의성을 성취한 여러 르네상스인들 중에는 레오나르도 다빈치, 벤자민 프랭클린, 폴 로브슨, 괴테, 버트런드 러셀이 있다. 혹은 마리 퀴리(물리학과 화학)와 라이너스 폴링(화학과 평화)과 같이 두 가지 다른 분야의 노벨상을 수상한 사람들을 생각할 수도 있을 것이다. 그렇지만 그런 사람들은 많지 않다. Miss Piggy는 (만화영화 Muppets Take Manhattan 에서 개구리 Kermit의 아이를 갖고 싶어 하는 것 이외에도) 신경외과 의사, 영화배우, 스쿠버 다이버, 가수, 비행기 조종사, 모델, 그리고 수의사가 되고 싶다고 노래하지만 너무 과한 것 같다.

물론 두 가지 영역에서 프로 c 수준의 창의적인 성취를 한 사람들은 많다. 예를 들어 윌리엄 카를로스 윌리엄스와 안톤 체호프는 유명한 작가이면서 의사였다(Piirto, 1998). 하지만 그들이 창의적인 의사였는가 하는 더 깊은 질문은 그대로 남아 있다. 업적이 창의성과 항상 같은 것은 아니다. 그들이 선택한 분야에서 그들이 성공한 것은 창의성을 나타내는 것이라고 할 수 있지만 그 증거라고 할 수는 없다.

여러 분야에서 성공한 다른 사람들도 분명히 쉽게 찾을 수 있으며, 한 사람이 서로 성질이 다른 것 같은 관심사를 동시에 가지는 것은 흥미로운 일이다. Byron "Whizzer" White는 유명한 운동선수이면서 또 다른 분야에서도 유명한 여러 운동선수 중 한 사람이다(유명한 운동선수로 대법관이 된 사례로는 그가 유일하다). 많은 다른 사람들과 마찬가지로 John Glenn도 성공적인 정치가가 되기 전에 다른 영역(우주비행사)에서 최고 수준의 전문가였다. Vladimir Nabokov[5]는 유명한 곤충학자였으며 그가 수집한 모충 생식기들은 하버드 자연사박물관에 여전히 전시되어 있다. 하지만 그는 **롤리타**를 쓴 소설가로 더 유명하다(Powell, 2001).

지금까지 왕성하게 활동하고 있는 사람들 중 Brian May는 1970년대 고전적인 밴드 퀸의 창립 기타리스트이다. 그는 천체물리학 박사이며 우주 역사에 대한 글도 썼다(May, Moore, & Lintott, 2008). The Wonder Years라는 텔레비전 프로그램의 Winnie로 성장한 Danica McKellar[6]는 독창적인 한 수학 원리의 공동 발견자 중 한 사람이 되었다. Mayim Bialik(TV 드라마 〈빅뱅 이론〉)은 배우이면서 신경과학 박사학위를 가지고 있다. 많은 장르 작가들도 과학수사 인류학[7](Kathy Reichs), 심리학(Jonathan Kellerman, Stephen White), 법학(Linda Fairstein, John Grisham, Scott Turow), 의학(Robin Cook, Tess Gerritsen), 첩보 활동(John le Carré), 정치학(Ken Follett), 그래픽 디자인(Alex Kava), 생태학(Nevada Barr) 등과 같이 또 다른 영역에 전문성을 가지고 있다.

한 영역에서 최고로 알려진 만능인들에게 작은 의심의 눈길을 보내는 한 가지 이유는 그들이 첫 번째 영역에서 성공을 했다는 이유 하나만으로 두 번째 혹은 세 번째 영역에서 기회를 얻을 수 있다는 점이다. 1985년 Chicago Bears의 히트곡 'Super Bowl Shuffle'[8]을 기억하는 사람이 있는가? 이 선수들이 유명한 가수의 길로 간 것 같지는 않다(대부분은 축구계의 유명한 인물로 남아 있지도 않다). Shaquille O'Neal은 그의 타고난 매력이나 목소리 때문에 배우와 노래로 유명해진 것은 아니다―그는 단지 유명인이었을 뿐이다. Kardashians[9]에 대해서는 어디서부터 시작해야 할까?

하지만 사람들은 오직 한 영역에서만 창의적일 수 있다고 영역 특수성을 주장하는 사람들이 말하는 것은 아니다. 영역 특수성에서 강조하는 것은 창의성의 기저에 있는 성분들이 영역에 따라서 다르다는 것이다. 다시 말해서 Danica McKellar가 성공적인 배우가 될 수 있도록 하는 요소와 수학에서 성공할 수 있도록 하는 요소는 같은가? 혹은 그녀가 연기와 수학 모두에서 창의적인 것은 어떤 사람이 1마일을 4분에 뛰고 프랑스어를 배울 수 있는 방식과 같은 것인가(둘 다 대단한 능력이지만 관련성은 거의 없다)?

리틀 c와 영역 특수성

지금까지 우리는 빅 C(혹은 프로 c)에 대해서 이야기했다. 일반적인 우리와 같은 사람들은 어떤가? 영역 특수성 혹은 영역 일반성 중에서 지지하는 증거는 어느 쪽에 더 많은가? 첫 번째로 고려해야 하는 것은 그 질문에 답하기 위해 사용되는 방법에 따라 답이 다르다는 것이다(Plucker, 2004). 일반적으로 만일 창의적 산출물에 초점을 맞춘다면 창의성은 영역 특수적으로 나타난다. John Baer는 영역 특수성을 주장하는 많은 최근 연구를 수행했다. 그는 여러 연구에서(예 : Baer, 1991, 1993, 1994), 초등학교 2학년부터 대학생들까지 대상으로 해서 시 쓰기, 짧은 글 쓰기, 스토리를 소리 내어 말하기, 수학 방정식 만들기, 수학문제를 말로 풀어서 만들기, 콜라주 만들기 등을 통해서 창의적인 작품을 만들도록 했다. 그는 일관성 있게 여러 다른 영역에서의 창의적 능력 간에 낮은 상관이 있거나 대부분은 상관이 없는 것을 발견했다. 다시 말해서 창의적인 시를 쓰는 학생이라고 해서 더 창의적인 이야기를 만들거나 창의적인 수학 방정식(창의적인 대수 방정식이란 숫자를 재미있거나 특이한 방식으로 사용하는 것을 뜻한다)을 만드는 것은 아니었다. 만일 IQ 때문에 생긴 변량을 제거한다면 작은 상관은 더 작아지게 된다.

대조적으로, 심리측정 도구를 사용하는 평가는 일반적으로 창의적인 사람에 초점을 맞춘다(예 : Plucker & Makel, 2010; Plucker & Renzulli, 1999). 점수들은 대표적인 중심 구인(central construct)으로 그룹화된다. 이런 많은 연구들은 사람들에게 자신의 창의성에 대하여 기술하거나 이와 관련한 질문에 답하도록 한다(예 : Hocevar, 1976; Plucker, 1999). 이 질문들은 자기 자신에 대하여 얼마나 통찰력을 가지고 있는지에 대한 것이다. 당신은 자신이 얼마나 창의적인지(혹은 얼마나 매력적인지, 혹은 얼마나 재미있는 사람인지) 정확하게 기술할 수 있는가? 할 수 있는 사람도 있고 할 수 없는 사람도 있다(이 주제에 대해서는 4장에서 좀 더 상세하게 논의할 것이다).

또한 사람들은 창의성에 대하여 암묵적으로 어떻게 생각하는지에 따라 영향을 받는다. 위험을 감수하기 혹은 새로운 시도를 즐겨 하기와 같이 사람들이 일반적으로 창의성과 함께 연상하는 어떤 특성이나 행동이 있다. 또한 어떤 특정한 영역에서의 창의성과 함께 사람들이 연상하는 어떤 것들도 있다. 당신이 생각하는 창의적인 과학자의 모습은 깊이 생각하고 있는 Albert Einstein의 모습이거나 실험실에서 낄낄대고 있는 미친 Dr. Frankenstein일 수도 있다.

어쨌든 연구자들이 산출물을 사용해서 창의성을 측정할 때는(창의성 측정 기법에 대해서는 4장에서 상세하게 논의할 것이다) 창의성의 영역 특수적인 결과가 나타나는 경향이 있다. 연구자들이 자기평가나 검사를 사용하여 사람들이 어떻게 창의적으로 생각하는지를 조사할 때는 창의성이 영역 일반적이라는 결과가 나타난다(Plucker, 1998, 1999, 2004). 내가 공동으로 참여하여 개발한 한 모델은 이 질문을 검토하고 두 가지 관점을 모두 통합하려고 노력했다. 바로 다음에 소개할 놀이공원 이론이 그것이다.

놀이공원 이론

John Baer와 나는 창의성의 영역 일반성 관점과 영역 특수성 관점을 통합하기 위해 놀이공원 이론 모델[Amusement Park Theoretical(APT) model]을 개발했다. 이렇게 아이디어를 통합하려고 한 시도는 우리가 처음은 아니다. 예를 들어 어떤 사람들은 창의성이 기본적으로는 일반적이지만 '실세계'에서 수행하는 데 있어서는 영역 특수적으로 보인다는 '복합적'인 관점을 제시했다(Plucker & Beghetto, 2004). 이 이론에 의하면, 특수성의 수준은 사회적 상황에 따라 변하고 사람이 아동기에서 성인기로 발달하면서 성장해 나간다.

놀이공원 모델은 창의성을 놀이공원에 비유하여 그 성격을 탐색한다(J. Baer & Kaufman, 2005; J. C. Kaufman & Baer, 2004, 2005, 2006). 우리는 초기 필수조건으로 시작한다. 놀이공원에 가기 위해 필요한 것은 무엇인가? 놀이공원에 가기 위해서는 우선 시간을 내는 것이 필요하다. 놀이공원에 가려면 하루 24시간이 필요하다. 한두 시간에 마치려고 빡빡하게 계획하는 것은 바보스러운 일일 뿐이다. 하루를 휴가 내지 못한다면 놀이공원에 가는 것을 포기하는 것이 낫다. 하지만 시간을 내는 것은 시작일 뿐이다. 놀이공원에 들어가기 위해서는 입장료를 낼 돈이 있어야 한다. 놀이공원에 가는 길도 알아야 한다. 가려고 하는 기본적인 욕구도 있어야 한다. 만일, 나처럼 롤러코스터를 무서워하는 사람이라면, 2주 휴가에 수천 달러를 준다고 해도 식스 플래그[10]에(혹은 고속도로 바로 옆에 있는 흔한 롤러코스터 타는 곳조차도) 가려고 하지 않을 것이다.

초기 필수조건

초기 필수조건은 어떤 유형의 창의적인 산출물을 위해서 필요하지만 그것 자체로 충분한 것은 아니다. 초기 필수조건에는 지능, 동기, 그리고 적절한 환경이 포함된다. 이들 각 요인은 어떤 영역에서든 창의적인 성취를 위한 필수조건이며, 만일 어떤 사람에게 이 초기 필수조건이 충족되지 못하면 창의적인 수행을 기대하기는 어렵다. 더 높은 수준의 초기 필수조건과 더 영역 특수적인 다른 요인들이 합쳐지면 일반적으로 더 높은 수준의 창의적인 수행을 예측할 수 있다. 주목해야 할 점은 초기 필수조건은 모든 영역의 창의성에 필요하지만, 창의성을 발휘하는 영역에 따라서 필요한 지능, 동기, 적절한 환경의 구체적인 수준은 다르다는 것이다(놀이공원 놀이기구들의 특성에 따라 그 놀이기구를 탈 수 있는 아동의 키 조건이 다르듯이).

　구체적으로 설명하면, 지능은 모든 영역에서 창의적인 수행을 위한 중요한 역할을 하지만, 특히 지능과 더 높은 상관이 있는 특정한 영역이 있다. 예를 들어 지능이 높지 않은 창의적인 무용수나 목수를 그려보는 것은 지능이 높지 않은 창의적인 물리학자를 생각하는 것보다 쉬울 것이다. 하지만 창의적 활동을 위해서는 어느 정도의 지능은 필요하다. 돌이 소나타를 작곡하지 않는 것에는 이유가 있다(도구를 사용할 수 있는 손가락이 없다는 사실 이상의 이유).

　마찬가지로, 나는 동기를 이야기할 때 무엇이 사람을 동기화하는지 혹은 그들 자신을 동기화하기 위해 어떤 테크닉을 쓰는지에 대하여 구체적으로 이야기하는 것이 아니다. 소파에서 일어나 무엇인가 하기 위한 동기를 이야기한다. 어떤 이유로든 어떤 것이든 무언가를 하도록 하지 않는다면 그 사람은 창의적일 수 없다. 하루종일 소파에 누워 있고 무엇인가를 할 동기를 가지고 있지 않은 사람은 창의적인 사람이 될 수 없다. 머릿속에 있는 아이디어를 자판기를 두드려서 언어로 변환하지 않는 작가는 창의적인 작가(혹은 어떤 유형의 작가든)가 될 수 없을 것이다.

마지막으로, 환경은 과거의 환경과 현재의 환경 모두 중요하다. 창의적인 사고나 활동에 대해 격려받지 못하는(혹은 벌을 받는) 문화나 가정에서 성장하는 사람은 창의성을 개발하는 데 어려움이 있을 것이다. 독창적인 생각을 지지하는 환경 속에서 살거나 일하는 사람은 그런 생각을 낙담시키는 환경 속에서 사는 사람들보다 더 창의적일 가능성이 있다. 사우디아라비아나 파키스탄에 살고 있는 여성에게 창의적이라는 것과 영국이나 포르투갈에 살고 있는 여성에게 창의적이라는 것은 의미가 다르다. 그러나 어떤 나라인가에 관계없이 학대받는 가정에서 자라는 아이는 유복한 가정에서 자라는 아이보다 신기한 아이디어를 표현하는 데 어려운 시기를 가진다(그러나 반대로 그런 어려운 경험이 창의성을 육성할 수도 있다는 것을 10장에서 다룬다.)

동기와 마찬가지로, 내가 여기서 의미하는 환경은 일반적인 것이다. 이 모델의 다른 수준에서는 특수한 환경적 영향을 분명히 찾아볼 수 있다. 어떤 한 영역(예 : 음악)을 공부하거나 탐구하는 것은 환영하지만 다른 영역(예 : 엔지니어링)은 환영하지 않는 가족의 영향이나, 특별하게 한 종류의 창의성을 고양하기 위해 필요한 도구와 자료가 준비되어 있는 환경의 영향을 찾아볼 수 있다 — 만일 스포츠 기구들은 많은데 악기는 없는 환경에서 당신이 성장한다면, 그런 환경은 음악적 창의성보다 운동적 창의성 개발에 더 도움이 된다.

일반 테마 분야(넓은 영역)

일단 놀이공원에 가기로 결정했다면, 당신은 어떤 종류의 공원에 가고 싶은지 결정해야 한다. 워터파크에 가서 물을 튀기며 놀고 싶을 수도 있고, 더 과감하게 즐기고 싶다면(혹은 수영복을 입은 자신의 모습을 좋아하지 않는다면) 무서운 롤러코스터나 자유 낙하하는 놀이기구를 타고 싶어 할 수도 있다. 혹은 야생동물이나 물고기를 보고 싶어 하거나 만화 캐릭터들이 있는 테마파크에 가고 싶을 수도 있다.

이 모든 다른 장소들이 '놀이공원'이라고 하는 더 큰 범주에 속하듯이, 많은 다른 유형의 창의성도 우리가 일반 테마 분야라고 말하는 더 큰 범주로 분류할 수 있다. 얼마나 많은 테마 분야가 있는가? 하나? 20개? 200개? 이 질문은 오래전부터 인간이 고민해온 것이다. 그리스 신화 속에는 9명의 뮤즈가 있다. 9명의 뮤즈는 예술이나 과학에서 창의적인 활동을 하는 인간에게 영감을 주는 여신들이다. 그들은 제우스와 므네모시네(우리가 행성의 순서를 기억하려고 할 때 그리고 기억술을 사용하려고 할 때 도와주는 기억의 여신) 사이에서 태어난 딸들이다.

어떤 뮤즈들이 무엇을 대표하는지는 다음과 같다(D'Aulaire & D'Aulaire, 1992) — 칼리오페(서사시), 에우테르페(서정시/음악), 에라토(연애시), 폴림니아(장엄한 찬송시), 클리오(역사), 멜포메네(비극), 탈레이아(코미디/전원시), 테르프시코레(합창곡/무용), 우라니아(친문학/점성학). 이 9명의 뮤즈를 9개의 일반 테마 분야로 쉽게 이름을 붙일 수 있을 것이다. 분명히 창의성에 대한 우리의 가치와 개념은 시를 중심으로 하던 그리스 신화 시대 이후로 변했다. 그러나 그 오래전에도 뮤즈의 선택과 창의성에 대한 인식이 관련되어 있다. 당신이 만일 창의적이고 영감을 얻기원한다면, 당신은 당신의 창의성 분야에 따라 다른 자극을 원할 것이다. 물론 이 9명의 여신은 특별히 아홉 가지 분야를 선호했을 뿐인데 인간들이 용감하지 못해서 창의적으로 다양화되는 것을 제안하지 못했다고 다르게 해석할 수 있다. 신화가 우리에게 가르쳐준 것이 하나 있다면, 그것은 화난 여신들과 논쟁하려고 하지 말라는 것이다(또한 날개 달린 발뒤꿈치를 가진 신이 방패와 칼을 준다면, 그는 아마도 당신에게 무언가 원하는 것이 있을 것이다).

최근까지 그 논쟁은 계속된다. 예를 들어 Hirschfeld와 Gelman(1994)은 마음의 여덟 가지 영역을 제안했으며(인지신경과학, 문화인류학, 생물인류학, 발달심리학, 교육학, 언어학, 철학, 심리언어학), 반면에 Feist(2004)는 일곱 가지를 제안한다(미술, 생물학, 언어학, 수학, 음악, 물리학, 심리학).

Gardner(1999)는 유명한 여덟 가지 지능을 제안했다. 그것은 일반적으로 지적 능력의 측면으로 해석되고 있지만, 창의적인 성취 분야에도 잘 적용된다(예 : Gardner, 1993). 그가 제안하는 여덟 가지 분야는 대인관계(예 : 다른 사람과 관계하기), 개인 내적(말하자면, 자신과 관계하기), 공간, 자연, 언어, 논리-수학, 신체-활동(예 : 무용, 야구), 그리고 음악이다.

Holland(1959, 1997)의 직업 선택(혹은 흥미) 이론도 일반 테마 분야에 적용할 수 있다. 그의 RIASEC 모델은 실제적(Realistic), 탐색적(Investigative), 예술적(Artistic), 사회적(Social), 진취적(Enterprising), 그리고 관습적(Conventional)인에서 첫 자를 따온 이름이다. Holland, Johnston, Hughey, Asama(1991)는 창의성과 가장 관련성이 높은 흥미를 순서대로 나열하면 예술적, 탐색적, 사회적, 진취적, 실제적, 관습적 순서라고 가정했다. 사실, 예술적 흥미는 창의적 행동에 대한 자기보고(Kelly & Kneipp, 2009) 그리고 창의적 사고 유형(Zhang & Fan, 2007)과 높은 상관이 있는 것으로 나타났다.

흥미 이외에, 전공도 일반 테마 분야로 대용할 수 있을 것이다. 대표적인 분류는 2개의 문화라고 부르는 예술과 과학으로 나누는 것이다(Snow, 1959). 예를 들어 어떤 연구는 예술 전공 학생들이 과학 전공 학생들보다 창의적 성취가 높고 자기보고식 창의성도 더 높다고 했으나… 실제로 창의성을 측정해본 결과에서는 차이가 없었다(Furnham, Batey, Booth, Patel, & Lozinskaya, 2011). Furnham 등(2011)은 과학을 자연과학과 사회과학으로 나누어서 수행한 두 번째 연구에서도 같은 기본적인 결과가 나타났다. 즉 예술 전공 학생들이 자신들이 더 창의적이라고 생각했지만 그 생각을 뒷받침할 증거는 없었다. J. C. Kaufman, Pumaccahua, Holt(2013)는 많은 여러 전공 학생들을 연구한 결과 예술 전공과 과학 전공 모두가 자신들이 다른 전공(예 : 형사행정학과 보건학)보다 창의성이 높다고 평가했지만, 과학 전공만 측정된 창의성 점수가 높은 것으로 나타났다. 반대로, Silvia 등(2008)은 예술 전공과 '일반' 전공(예술 외의 전공)을 비교한 결과 예술 전공의 창의성 점수가 더 높은 것을 발견했다.

창의성 연구 내에서 창의성 영역을 분류한 연구들이 많은데 반복적이거나 혼란스럽게 보이는 경우도 있다. 만일 영역 구조에 대해서 뭐가 뭔지 복잡하기만 하다고 생각되면 몇 페이지 정도 그냥 넘겨도 좋다.

주목할 한 연구로 Carson, Peterson, Higgins(2005)가 10개 영역을 평가하기 위해 개발한 창의성 성취 실문지(Creativity Achievement Questionnaire, CAQ)가 있다. 그들은 영역을 크게 예술(드라마, 글쓰기, 유머, 음악, 시각예술, 무용)과 과학(발명, 과학, 요리)의 두 가지 성분으로 나누었다. 10번째 영역인 건축은 한 성분에 포함시키지 않았다.

Ivcevic와 Mayer(2009)는 행동 문항을 개발하기 위해 개방식 설문지와 집단 논의 방식을 사용하여 세 가지 주요 성분을 발견했다. 첫 번째는 창의적인 생활방식이라고 이름붙이고 공예, 자신을 표현하는 창의성, 대인관계 창의성, 세련된 매체 사용, 시각 예술, 그리고 글쓰기가 포함된다. 두 번째 성분은 공연 예술(performance arts)이라 이름붙이고 음악, 연극, 무용을 포함한다. 세 번째 성분인 지적 창의성은 테크놀로지, 과학, 그리고 학문 추구에서의 창의성으로 구성된다. 또 다른 연구에서 Ivcevic과 Mayer(2006)는 같은 창의적인 활동 척도를 사용하여 다섯 가지 '유형'(관습적인 사람, 일상생활에서 창의적인 사람, 예술가, 학자, 르네상스인)을 찾아냈다.

이 주제에 대한 많은 연구 중에서 첫 번째로 J. C. Kaufman과 Baer (2004)는 초보자들에게 자신의 창의성을 9개의 영역에 걸쳐 평가하도록 했다. 그 아홉 가지 영역에는 과학, 대인관계, 글쓰기, 예술, 의사소통, 개인적인 문제 해결, 수학, 공예, 신체 움직임이 있다. 그 후에 그들은 학생들의 반응을 요인분석했다(요인분석이 무엇인지 모르는 사람들을 위해 설명하자면, 요인분석이란 많은 다른 변인을 더 작은 수의 요인들로 묶어서 해석하는 멋진 방법이다. 더 자세하게 설명할 수 있겠지만 Sidney Harris 만화에서 사용하는 "그리고 기적이 일어났다"라고 하는 것이 더 좋겠다).

그들은 아홉 가지 영역에서 세 가지 성분을 발견했다. 그것은 공감/의사소통 창의성(대인관계, 의사소통, 개인적 문제 해결, 글쓰기에서의 창의성), 손 쓰는(Hands-on) 창의성(예술, 공예, 신체 창의성), 그리고 수학/과학 창의성(수학과 과학에서의 창의성)이다. 흥미롭게도 이것은 학업 동기 연구(Ruscio, Whitney, & Amabile, 1998)에서 발견한 세 가지 요인, 즉 글쓰기, 예술, 문제 해결과 꽤 비슷하다. Rawlings와 Locarnini(2007)는 그 성분 구조를 반복실험하고 전문 예술가들은 '손 쓰는' 요인에서 더 높은 점수를 얻고 전문 과학자들은 수학/과학 요인에서 더 높은 점수를 얻는 것을 발견했다. Silvia, Nusbaum, Berg, Martin, O'Conner(2009)는 새로운 경험에 대한 개방성이 수학/과학을 제외한 모든 요인과 상관이 있는 것을 발견했으며 그밖에 수학/과학과 공감/의사소통은 신경증과 부적 상관이 있는 것으로 나타난 것을 발견했다. 공감/의사소통은 또한 성실성과 정적 상관이 있었다. 마찬가지로 Silvia와 Kimbrel(2010)은 공감/의사소통이 높은 사람들은 사회적 불안이 더 낮은 것을 발견했다. Silvia와 Nusbaum(2012)은 예술 전공자들이 비예술 전공자들보다 자신을 수학/과학 요인에서 낮다고 평가하고 '손 쓰는' 요인에서는 더 높다고 평가하는 것을 발견했다. 터키 학부 학생들에 대한 연구도 대부분 비슷한 요인 구조를 발견했다(Oral, Kaufman, & Agars, 2007).

Kaufman과 동료들(J. C. Kaufman, 2006; J. C. Kaufman, Cole, & Baer, 2009)은 이 연구를 확장해서 3,500명 이상의 사람들로부터 56개의 다른 영역들에 걸친 자신의 창의성을 평가한 점수를 수집했다. J. C. Kaufman, Cole 등(2009)은 일곱 가지 요인을 찾았으며 그것들은 예술적-언어, 예술적-시각, 기업가, 대인관계, 수학/과학, 공연, 문제 해결이다. 이 7개 요인은 2순위 요인들로 발견되었다. 다시 말해 더 큰 일반적인 창의성 요인(g에 비유할 수 있을 것 같은 c)이 있었지만, 하위요인들이 그 데이터를 가상 잘 설명했다.

공연 영역과 예술/시각 영역은 더 큰 c 요인과 강한 상관이 있었던 반면에, 다른 요인들(수학/과학과 같은)은 상관이 낮았다. 가능한 한 가지 이유는 수학과 과학은 사람들이 가지고 있는 창의성 개념에 포함되어 있지 않을 수 있다는 것이다(J. C. Kaufman & Baer, 2004). 수학이나 과학과 같은 분야는 보통 사람들이 생각하는 창의성에 대한 정신적 이미지에 포함되지 않을 수 있다. 이 생각은 Paulos(1988)의 수문맹(숫자와 확률을 정확하게 사용할 줄 모르는 것) 아이디어와 일치한다. Paulos는 "수학의 성격에 대한 낭만적인 오해 때문에 수학교육을 약화시키는 것을 환영하고 부추기기까지 하며 수학 과목에 심리적 혐오를 일으키고 수문맹을 근거로 거짓말을 하는 환경이 조성된다"(1988, p. 120)고 말했다. 수학 능력에 가치를 두지 않는 사회는 또한 창의성을 수학과 연관시키지 않는 것이 아마도 당연할 것이다.

이와 같은 패턴이 아시아인들에게서도 발견되는지 알아보는 것은 흥미로울 것이다. 서양의 관점은 대표적으로 예술을 중심으로 창의성을 생각하는 데 비해(예 : Sternberg, 1985), 동양의 관점에 대한 연구들은 이와 다르다는 것을 보여준다(Rudowicz & Yue, 2000; Yue & Rudowicz, 2002). 유머와 창의성(특히 대인관계 창의성)의 관련성에 대한 관점을 비교해보면 서양 문화에서는 상관이 꽤 있는 것으로 나타나지만(Sternberg, 1985), 동양에서는 상관이 덜한 것으로 나타난다(Rudowicz & Hui, 1997; Tang, Baer, & Kaufman, 2015 참조).

Tan과 Qu(2012)는 말레이시아 학부생들을 대상으로 같은 56개 영역을 사용하여 조사한 결과 다섯 가지 요인만 나타났다. 두 가지 예술적 성분들은 함께 통합되었고, 기업가 창의성은 다른 요인들에 걸쳐져 있었다. 그래서 21개 문항으로 더 짧게 질문지를 개정해서 실시한 결과 (a) 수학/과학(대수, 화학, 컴퓨터과학, 생물학, 논리학, 기계공학), (b) 드라마(연기, 문학, 블로깅, 노래하기, 무용, 글쓰기), (c) 상호작용(리더십, 돈 벌기, 아이와 놀기, 판매, 문제 해결, 가르치기), (d) 시각 예술(공예, 실내장식, 회화)과 같은 네 가지 요인이 발견되었다(J. C. Kaufman, Waterstreet et al., 2009; Silvia, Wigert, Reiter-Palmon, & Kaufman, 2012) 이 간소화한 버전을 다시 중국인 표본에 검사했다(Werner, Tang, Kruse, Kaufman, & Spörrle, 2014). 그 결과 드라마는 언어 예술과 공연 예술로 나뉘어 결국 4요인이 3요인으로 줄어들었다.

J. C. Kaufman(2012)은 이 주제에 대한 또 다른 연구를 해서 5개 영역, 즉 일상생활, 학문, 공연, 수학/과학, 예술 창의성의 5개 영역을 포함하는 Kaufman Domains of Creativity Scale(K-DOCS)라는 또 다른 검사도구 신판을 개발했다. 이것은 Kerry와 McKay(2013; 또한 Kerr & Vuyk, 2013 참조)의 영재 청소년의 다섯 가지 창의적 프로파일을 반영한다. 그것들은 언어 창의성, 수학/과학 발명 창의성, 대인관계/정서 창의성, 음악/무용 창의성, 공간/시각 창의성이다.

요인분석이 일반 테마 분야의 수를 정밀하게 가려내는 유일한 접근이 아니라는 것에 주목해야 한다. Silvia, Kaufman, Pretz(2009)는 잠재적 집단분석(latent class analysis)[11]을 더 큰 표본에 적용하여 창의적 성취와 창의적 자기채점을 분석했다(만일 요인분석이 당신을 겁먹게 한다면, 잠재적 집단분석은 당신의 집까지 따라가 놀라게 할 것이다). 핵심은, 잠재적 집단분석은 한 집단의 사람들을 하위집단 혹은 유형으로 나눌 수 있는가 하는 것을 결정한다는 것이다. Silvia 등이 창의적 성취에 대한 사람들의 반응을 분석했을 때, 그들은 한 큰 하위집단의 사람들이 그 어떤 눈에 띄는 창의적인 성취를 열거하지 않는 것을 발견했다. 시각 예술과 공연 예술에서 특수한 창의적 능력을 나타내는 더 작은 하위집단이 있었다.

일반 테마 분야가 실제로 무엇인가는 제쳐두고, 놀이공원 이론(APT)

모델은 도대체 무엇을 의미하는가? 당신이 머리도 좋고 동기도 충분히 있고 적절한 환경 속에 있다고 가정하자 — 일반 테마 분야는 그다음 단계다. 일반 테마 분야가 몇 개인지와 관계없이, 각 분야는 다른 기술과 특성을 요구한다. 예를 들어 공연 일반 테마에 관심이 있는 사람을 생각하면 당신이 연상할 수 있는 능력이나 선호하는 것에 대한 어떤 프로파일이 있을 것이다. 어떤 것은 능력일 수 있고(음감과 같은), 어떤 것은 성격과 관련된 것일 수도 있다(더 외향적인, 무대 공포를 가지고 있으면 연기하기가 어려우므로). 수학/과학 일반 테마 분야에서 더 창의적인 어떤 사람들은 완전히 다른 프로파일을 가지고 있을 수도 있다. 예를 들어 Jeon, Moon, French(2011)는 예술 창의성과 수학 창의성을 조사했다. 영역 관련 지식은 예술보다는 수학에서 더 높은 창의성을 예측했다. 반면에 일반적인 더 높은 확산적 사고 점수는 수학 창의성보다는 예술 창의성을 더 잘 예측했다. 한 연구는 두 영역(시각 예술과 컴퓨터 프로그래밍)에서의 전문가와 초보자 모두에게 자신의 영역에서의 문제를 주고 생각하는 과정을 말로 하면서 문제를 풀도록 했다. 전문성의 수준과 관계없이 시각 예술가들은 컴퓨터 프로그래머들보다 정서와 관련한 단어들을 더 많이 사용했다(Kozbelt, Dexter, Dolese, Meredith, & Ostrofsky, 2014).

Park, Lubinski, Benbow(2007)는 능력의 지적 패턴 그리고 궁극적으로는 다른 영역들에 있어서의 창의성에 대한 흥미 있는 연구를 수행했다. 13세 때의 수학과 언어성 SAT 점수를 사용하여 이 사람들의 25년 후 성취를 추적했다. 놀라울 것 없이 초기의 능력이 훗날의 성공과 연관이 있었다. 하지만 한 사람의 구체적인 강점(이 경우에는 수학 대 언어)은 특허(수학)와 문학 출판(언어)을 예언했다. 비록 저자들은 이 연구를 IQ와 창의성의 연관에 대한 증거로 제공했지만(분명히 증거가 된다), 나는 또한 다른 창의성 영역의 구분에 대한 증거도 된다고 본다. 더 다양한 검사들이 더 구체적인 창의적 업적(우리의 일곱 가지 일반 테마 분야와 같은)을 예측할 수 있는 것을 볼 수 있다면 정말 좋을 것 같다. 마찬가지로, Wai, Lubinski, Benbow(2005)는 같은 모집단에서 수학과 언어성 SAT 점수가 직업별로 성공을 예측하는 것을 발견했다. 수학 SAT 점수는 과학 관련 분야에서의 성공을, 그리고 언어성 SAT 점수는 인문학 관련 분야에서의 성공을 예측했다. S. B. Kaufman 등(2015)에 의한 한 최근 연구는 영역에 따라 인지적 차이가 있는 것을 발견했다. 일반 인지 능력이 예술보다는 과학에서의 창의적 업적을 더 잘 예측했다.

일반 테마 분야에서의 성격과 창의성에 대해서도 비슷한 결과들이 있다. 이 문제에 대해서는 나중에 성격에 대해서 이야기할 때 논의할 것이다. 이제 다시 놀이공원 이론으로 돌아가자.

놀이공원 이론(APT) : 영역

우리는 상당한 시간을 얼마나 많은 일반 테마 분야가 있는지를 논의하는 데 보냈다. 하지만 이 질문은 수수께끼의 한 조각일 뿐이다. 사실, 방문할 놀이공원의 유형을 결정한 후에도 아직 결정해야 할 많은 것들이 남아 있다. 한 장르 속에서도, 선택할 수 있는 많은 다른 공원들이 있다. 만일 롤러코스터를 원한다면, 식스 플래그를 선택할 것인가 혹은 디즈니랜드를 선택할 것인가? 동물들을 보기로 결정했다면, San Diego Zoo, Sea World, Wild Animal Park 중에서 어느 곳을 선택하겠는가?

마찬가지로, 일반 테마 분야 중에서도 몇 가지 더 좁게 정의된 창의성 영역들이 있다. 예를 들어 회화/공예 일반 테마 분야에는 드로잉, 회화, 목공예, 도자기, 재봉, 스크랩북 만들기, 콜라주 만들기, 그 외 많은 다른 것들이 포함된다. 그리고 이런 각 영역들은 관련된 강점과 약점의 독특한 프로파일을 가지고 있다.

예를 들어 창의적인 시인과 창의적인 언론인을 비교해보자. 둘 다 일반 테마 분야 중에서는 언어 창의성 혹은 학문 창의성에 속할 것이다. 사실, 두 작가 간에는 많은 비슷한 점이 있을 것이다. 모두 어휘력이 풍부하고 글을 좋아할 것이다(최소한 싫어하지는 않을 것이다). 그들의 유사점에도 불구하고, 창의적인 작가와 창의적인 언론인은 다른 목적을 가지고 있다. Boswell(1989)은 "빠르게 특종을 내는 언론인의 궁극적인 목적은 드라마틱하거나 시적인 효과가 아니다. … '그것은 아름답다'보다는 '그것은 정확하다'이다"(p. xii).

언론인과 창의적인 작가는 종종 매우 다른 조건하에서 그리고 다른 기대를 가지고 일한다. 일류 언론인은 마감시간에 맞추기 위해 10분 만에 기사를 척척 만들어내야만 하는 데 반해, 똑같이 그만큼 존경을 받는 소설가는 책 한 권을 완성하기 위해 10년이 허락될 수 있다. 소설가, 시인, 그리고 (정도는 덜하지만) 극작가와 같은 창의적인 작가들은 내향적이거나 사회적인 만남을 회피하는 경향이 있다. 그들의 성공이나 실패는 외부의 영향을 거의 받지 않고 탄생하는 산출물에 의해 결정된다. 반대로 언론인들은 일반적으로 다른 사람들로부터 정보와 의견을 얻는 것이 중요한 일인 경우가 많기 때문에 그런 상호작용을 잘 해야만 한다.

사실, 언론인과 시인은 많은 개인차를 나타낸다. 예를 들어 언론인과 논픽션 작가들이, 가장 유명한 수준의 사람들을 비교한 것이지만, 시인들보다 약 6년 더 오래 산다(J. C. Kaufman, 2003). 그렇게 분명하게 드러나지 않는 다른 차이점들도 있는데, 예를 들어 언론인들이 시인들과는 좀 다른 사고 유형을 가지고 있는 것으로 나타났다(J. C. Kaufman, 2002a, 2002b).

동기가 초기 필수조건에서 일반 구인으로 중요하다면, 영역 수준에서는 동기의 유형이 더 중요하다. 아마도 시인은 아름다운 시를 창조하기 위한 욕구에 의해 동기화될 때 가장 창의적인 글을 쓰겠지만, 기자는 마감 시간에 쫓길 때(혹은 1면 기사로 실릴 것이라고 기대할 때) 가장 훌륭하고 창의적인 글을 쓸 것이다. 글을 쓰는 개인적인 동기는 어떤 종류의 글을 쓰기 위해서는 꽤 강하지만 다른 종류의 글을 쓰기 위해서는 약할 수도 있다.

영역 수준에서는 지식이 큰 역할을 한다. 과학 영역들을 살펴보자. 화학, 물리학, 생물학, 그리고 지리학이 모두 같은 영역에 속한다고 할 수 있으며 모두 분석적이고 세밀한 유형의 사고를 필요로 한다. 하지만, 이 네 가지 자연과학에 대한 지식 기반을 보면, 중복되는 부분은 아주 일부분이고 성격이 매우 다르다. 이것은 심리학과 정치학이 같은 사회과학이지만 지식 기반이 다른 것과 마찬가지다.

또한 어떤 성격 특성은 특정한 어떤 영역에 특히 도움이 될 수 있다(성격에 대해서는 따로 5장에서 다룰 것이다). 환경과 기회가 또한 여기에서 중요한 성분이다. 한 예로, 어떤 창의적인 활동은 특별한 종류의 양육 배경을 필요로 한다. 바이올린을 연주하고 싶어 하는(혹은 승마를 하고 싶어 하는) 아이를 위해 만일 그의 가족이 레슨을 시킬 경제적 여유가 없다면 그는 기회를 갖지 못할 것이다. 만일 그 아이의 형제자매가 있는데 시(시작하는 데 경제적 투자를 덜 요구하는)에 관심이 있다면, 가난이 별로 장애가 되지 않을 것이다. 만일 엑슨모빌[12]에 근무하고 있는 사람이라면, 그 근무환경은 순수 수학 영역보다 지리학 영역에서의 창의성에 더 도움이 될 것이다.

APT : 마이크로 영역

당신이 세계적으로 유명한 Wild Animal Park와 같은 동물원에 갔다고 상상해보자. Wild Animal Park에서의 모든 활동은 동물과 관련될 뿐만 아니라 그 활동이 대단히 다양하다. 당신은 목이 긴 기린에게 나뭇잎 먹이를 주는 데 시간을 보내기를 원할 수 있다. 몸을 쭉 펴고 당당하게 햇볕을 쬐고 있는 사자를 보고 싶어 할 수도 있다. 혹은 걸어 다니는 것을 싫어한다면 WGASA[13] 모노레일을 타고 천천히 움직이는 기차의 편안함을 즐기면서 동물원을 구경할 수도 있을 것이다.

한 영역의 일부들인 모든 과제 간에는 공통점이 있다. 하지만, 한 영역 안에 있는 각 과제를 맡아서 창의적으로 해내기 위해서는 무엇을 알아야 하는지(지식) 그리고 어떻게 해야 하는지(방법)에 대해서 알아야하는 것에 큰 차이가 있다. 그것은 학부에서 대학원 교육으로의 전환과 비슷하다. 한 예로, 심리학을 전공하는 모든 대학원생은 직업인으로서 심리학자가 되기 위해 준비하고 있지만, 미래의 임상심리학자, 사회심리학자, 인지심리학자가 같은 과목을 택하는 경우는 거의 없다. 마찬가지로 광대파리에 대해 집중적으로 5년 동안 연구하는 것은 생물학의 한 마이크로 영역에서의 창의적 이론을 개발하는 사람에게는 도움이 되지만 다른 마이크로 영역에서는 거의 도움이 되지 않는다. 또한 12줄 기타를 연습하는 것은 음악의 어떤 마이크로 영역에서 창의적으로 연주하는 사람에게는 도움이 되지만 다른 마이크로 영역에는 도움이 되지 않을 것이다.

창의성의 성격은 같은 영역 아래에 있는 마이크로 영역에 따라 다를 수 있다. Keinänen, Sherdian, Gardner(2016; Keinänen & Gardner, 2004)는 창의성을 두 방식으로 바라보는 축(axis)과 초점(focus)의 쌍둥이 개념을 주장한다. 축은 수직 방향과 수평 방향으로 구성되며, 그 과제 속의 제약에 중점을 둔다. 수직 방향은 규제하는 제약(restrictive constraints)을 가지고 있다. 창의적으로 컴퓨터 코드를 프로그래밍하거나 창의적으로 오페라 아리아를 노래하는 것에 대해 생각해보라. 특수한 방식에 따라서 어떤 것이 산출되는 것이고, 작은 변화 속에서 창의성이 나온다. 수평적인 방향에는 제약이 거의 없다. 슬랩스틱 코미디언[14]이나 추상 화가를 생각해보라. 내가 요리할 때는 특히 수평적 방식으로 한다. 물론 '요리하다'라는 단어를 매우 느슨하게 사용한다(인스턴트 으깬 감자요리를 해서 내 아내를 실망하게 만든다). 하지만 고기 가루 조미료, 얇게 자른 아몬드, 계피 향료, 간 치즈, 핫소스 등 모든 것을 집어넣는다. 대조적으로, 정말 훌륭한 초밥 요리는 수직 방식으로 만들어 진다. 초밥을 만들고 접시에 올리는 특별한 규칙이 있으며, 요리에서의 창의성은 요리사가 그 규칙들 속에서 어떻게 작업할 수 있는지에서 나온다.

초점은 모듈 과제와 넓은 상황을 가지고 있다. 모듈 과제는 특수화되어 있고(기계공학을 생각해보라), 넓은 상황은 더 일반적이다(광고를 생각해보라). 예를 들어 내가 샌버나디노에 있는 캘리포니아주립대학교에서 가르친 내가 좋아하는 과목은 비판적 사고, 심리학과 영화, 그리고 지능과 창의성이다. 비판적 사고는 넓은 주제다. 그 과목은 내가 원하는 것은 무엇이든 다룰 수 있으며, 따라서 벤다이어그램 도형으로 주제를 최소화하기도 하고 복잡한 거리 한복판에서 심장마비가 오면 어떻게 해야 하는지와 같이 주제를 최대화하기도 한다. 심리학과 영화는 더 모듈적인 수업이다. 주제는 상당히 범위가 넓지만 모두 영화와 관련이 있는 것들이며, 영화를 보는 것으로 시작한다. 그 주제는 '정신질환이 있는 사람들이 어떻게 표현 되었는가'에서 '영화 속의 창의성의 예'까지 넓지만 수업에서는 어떤 방식으로든 영화를 다룬다. 지능과 창의성 수업은 더욱 모듈적이다. 그 수업은 (당연히) 지능과 창의성을 다루었고, 내가 이야기하는 것은 (당연히) 지능과 창의성에 제한되어 있었다.

Keinänen 등(2016)은 무용과 법률의 예를 사용한다. 나는 그들의 법률에 대한 예를 사용하여 부연 설명하겠다. 작은 마을의 변호사는 수직축과 넓은 초점의 한 예다. 작은 마을에 관련되는 대부분의 법률은 일반적으로 꽤 전통적이다. 대부분의 작은 마을의 변호사들은 법률 책을 다시 쓰지 않을 것이며 따라서 수직축에 위치한다고 할 수 있다. 하지만 그 초점은 넓다. 예를 들어 적대적 기업 인수에 대해서만 전공한 변호사는 이 상황에서는 오래 생존하지 못할 것이다. 작은 마을의 훌륭한 변호사는 여러 가지 많은 일을 할 수 있을 것이다. 신탁과 토지에 관한 법률도 또한 수직적인데(다시 말하지만, 일이 처리되는 방식에 대한 많은 특수한 제약들이 있다), 모듈 초점을 가지고 있다(즉 특수화된). 인수 합병 법률은 신탁과 토지 법률과 함께 모듈 초점을 공유하지만 수평축을 가지고 있다. 인수 합병 변호사가 할 수 있는 것에는 제약이 훨씬 덜하고, 새롭고 차별적인 것에 대한 보상을 받을 가능성이 크다. 또한 수평축이지만 넓은 초점을 가지고 있는 것에는 사이버공간 법률이 있다. 거의 완전히 새롭지만(따라서 수평적) 저작권 침해에서 명예 훼손에 이르는 많은 다른 영역에 걸쳐 퍼져 있다(따라서 넓은 초점).

APT : 이상한 동반자들

모든 것을 설명할 수 있는 이론은 없으며 이상한 연결들이 여전히 많이 남아 있다. 한편으로는, 일반 테마 분야 속에 영역들이 포함되고 영역 집단 속에 마이크로 영역 집단들이 포함되는 것이 위계를 잘 이루고 깔끔하게 보인다. 다른 한편으로는, 많은 종류의 것들이 설명되지 않고 버려져 있다. 여러 테마 공원들에 있는 다른 롤러코스터들 간에 중요한 비슷한 점들이 있듯이, 일반 테마 분야는 다른데 그 속에 있는 영역들 간에 그리고 마이크로 영역들 간에 연결점들이 있어서 가끔 우리를 깜짝 놀라게 한다. 예를 들어 초등학생과 중학생을 대상으로 한 연구들에서 Baer(1993)는 다른 종류의 창의적 산출물들(시, 콜라주, 수학적 단어 문제, 방정식, 이야기)에 대한 창의성 점수들 간에는 비교적 작고 일반적으로 통계적 의미가 없는 상관을 발견했지만, 시 쓰기의 창의성과 재미있는 수학적 단어 문제 만들기의 창의성 간에는 놀랍도록 일관성 있는 (하지만 아직 설명되지 않는) 상관이 있는 것을 발견했다. 이 두 가지 과제는 그것들이 각각 속하는 일반 테마 분야가 다르기 때문에 비교적 관련성이 없어 보이지만, 어디엔가 어떤 연결이 있음에 틀림없다.

그 외에, 더 자세하게 조사해야만 이해가 되는 이상한 동반자들이 또한 항상 있을 것이다. 어떤 사람들은 놀이공원 안에 있는 푸드코트에서 파는 팝콘이 얼마나 맛있는지를 기준으로 해서 놀이공원을 선택하는 결정을 할 수 있다. 또 어떤 사람들은 값이 싼 놀이공원(Big Dave's Generic Roadside Attraction)에만 갈 수도 있다. 이와 흡사하게, 마이크로 영역이나 일반 영역이 불분명한 이유로 선택될 수도 있다. 제인이 여러 가지 재능이 있는 르네상스인일 수도 있지만, 카산드라에게 좋은 인상을 주기 위해서 오로지 카산드라에게 잘 보이려는 행동만 할 수도 있다. 그래서 제인은 창의적인 요리사가 되는 방법을 배워서 그녀에게 맛있는 요리를 해줄 수 있고, 창의적인 시인이 되어 카산드라의 아름다움에 대한 소네트를 쓸 수도 있고, 창의적인 동물 조련사가 되어 갈매기 떼에게 '카산드라' 이름을 하늘에 쓸 수 있게 가르칠 수 있고, 창의적인 웹 프로그래머가 되어 www.카산드라여나와함께해주세요고마워요안녕제인.com이라는 굉장한

웹사이트를 만들 수도 있을 것이다. 하지만, 제인이 추구한 마이크로 영역만 본다면, 결과적인 자료는 이해가 안 될 것이다(물론, 카산드라에게 오직 그녀만을 바라보는 열렬한 수많은 구혼자들이 있다면 가능한 일일지 몰라도).

다음 장 연결하기

놀이공원이론(APT) 모델이 영역 특수성 관점과 영역 일반성 관점을 통합하는 유일한 것은 아니다(앞에서 논의한 복합 모델을 기억하라; Plucker & Beghetto, 2004). 더 최근에는 창의성의 영역이 개인 대 환경 관점으로 탐구되고 있다(Glăveanu et al., 2013). 하지만 창의적 영역들의 문제는 어떤 주요 개념이나 평가에서 다루어질 필요가 있다. 4장에서 창의성 측정의 문제를 탐색할 때 다루겠지만, 오래된 평가 방법들은 창의성을 영역 일반적으로 보는 경향이 있다. 그러나 창의성의 영역 특수성을 지지하는 증거가 좀 더 우세하다. 영역 특수적–일반적 스펙트럼에서 일반적인 편으로 기우는 연구자들조차도 확산적 사고 검사들이 영역 일반성을 측정하는 쪽으로 치우쳐 있다는 것에 동의한다. 이런 확산적 사고 검사들이 하나의 개념에 의존하는 것이 다른 창의성 평가들(다음 장에서 다루게 될 합의 평가 기술과 같은)이 계속적으로 호응을 얻고 있는 이유 중 하나라고 나는 생각한다.

 **역자주**

1. 미국의 뮤지컬 안무가, 연출가. 〈시카고〉, 〈올 댓 재즈〉 등의 작품이 있다.

2. 미국 작가. 14세 때 의부와 함께 설교사가 되었으나 17세 때 교회에서 나와 급사, 노동자 등의 직업을 전전하면서 문학에 전념하였다. 1948년 파리로 가서 약 8년 반 동안 머물렀고, 1953년에 흑인 문학에 새로운 국면을 연 〈산에 올라 고하라〉를 발표하여 주목을 받았다.

3. 미국의 고체물리학자. 1956년 쇼클리, 바딘과 함께 노벨 물리학상을 받았다. 그의 연구는 반도체 연구가 발전하는 계기가 되었고, 전기장효과 트랜지스터(FET)로 결실을 맺어 오늘날 전자공학 발전의 토대가 되는 대규모 집적회로(LSI)를 생산하게 된다.

4. 1890년대 중반부터 1930년대 초까지 미국에서 유행했던 버라이어티쇼의 일종. 무용수와 가수를 비롯해 배우와 곡예사, 마술사 등이 출연해 각각 별개의 공연들을 펼치는 형태로 진행되었다.

5. Vladimir Nabokov(1899~1977). 미국 시인, 소설가. 러시아에서 태어났으나 러시아혁명 당시 가족과 함께 유럽으로 망명하여 케임브리지대학을 졸업하고 베를린, 파리 등지에 살면서 블라디미르 시린이라는 필명으로 망명자 사회의 신문 · 잡지 등에 작품을 발표하였다. 1945년 미국에 귀화한 뒤, 1955년 **롤리타**를 발표하고 작가로서의 위치를 굳혔다.

6. Danica Mae McKellar(1975~). 미국 배우, 수학자. TV 쇼 〈The Wonder Years〉에서 Winnie Cooper 역을 맡아 유명해졌다. 그녀가 쓴 *Math Doesn't Suck*은 베스트셀러가 되었고 여중생들에게 수학에 관심을 가지도록하기 위한 많은 운동을 펼치고 있다.

7. 해골을 조사해서 그것이 사람의 것인지 아닌지 그리고 성별, 연령 등을 분석한다.

8. 1985년 시카고 베어스 축구팀이 부른 랩송으로 그들이 슈퍼볼에서 우승하기 3개월 전에 발매되어 1986년 2월에는 빌보드 차트 41위에 오르기까지 했다.

9. 2007년부터 시작해서 2016년까지 방송되고 있는 미국 케이블 TV의 리얼리

티 시리즈 프로그램 Keeping Up with the Kardashians에 나오는 Kardashian 가족들. 그 쇼는 가족 구성원들의 개인적인 프로로서의 삶을 보여준다.

10. 미국의 대표적인 놀이공원.

11. 통계 방법 중 하나로 잠재 변인을 분석하는 'LV Model(잠재변인 모델)' 중 이산변인을 이용하여 분석한다.

12. 세계 최대의 미국 석유회사.

13. Wgasa Bush Line Railway를 이용해 모노레일을 타고 55분간 Wild Animal Park의 전경을 둘러볼 수 있다.

14. slap(때리다)과 stick(막대기)의 합성어. 배우가 행동을 과장해서 표현하는 코미디. 코미디언의 연기가 과장되거나 우스꽝스럽고 소란스러운 것이 특징이다. 주로 사회적인 풍자를 내용으로 한다.

창의성 측정

" 우 리 모두가 알다시피 진정한 창의성은 간단한 공식과 자료의 기 억에서 나온다"(Hoffman & Rudoren, 2007, 책의 머리말).

많은 사람들이 가지고 있는 창의성 연구와 측정에 대한 본능적인 반응이 있다. 내가 좋아하는 반응 중 하나는 한때 파라마운트 영화사의 최고 경영자이고 캘리포니아대학교 이사였던 Sherry Lansing의 반응이다. "문법, 구두법, 철자는 평가할 수 있지만, 창의성은 평가할 수 없다"고 그녀는 *Chronicle of Higher Education*(Hoover, 2002)에 썼다. "율리시스[1]를 어떻게 SAT 점수를 주겠는가? 포크너(William Faulkner)[2]에게는 어떤 점수를 주어야 하나?"

미래의 포크너(혹은 모차르트 혹은 피카소)에게 점수를 준다는 것은 어리석은 생각인 것 같다. 물론 미래의 아인슈타인이나 빌 게이츠에게 '점수를 준다'는 생각도 좀 어리석은 일이지만, 이 대단한 과제를 해결하기 위한 많은 과학문제와 수학문제가 포함되어 있는 SAT, GRE, AP 검사들이 있다.

우리는 창의성을 어떻게 측정하는가? 확산적 사고 측정에 대하여 앞 장에서 간단하게 언급했다. 확산적 사고 검사는 60년이 지난 후에도 여전히 창의성을 측정하는 데 가장 일반적으로 사용되고 있다. 이것에 대해서 자세하게 살펴보기로 하자.

토런스 창의성 검사와 그 외 확산적 사고 검사

Guilford(1950, 1967)는 많은 인기 있는 검사뿐만 아니라 확산적 사고 뒤에 있는 핵심적인 아이디어를 끌어내었다. Getzels와 Jackson(1962) 그리고 Wallach와 Kogan(1965)은 그런 측정의 초기 선구자들로서 중요한 공헌을 했는데도 종종 간과되고 있다. 확산적 사고 측정의 선구자들 중에서도 모든 조각을 제자리에 배치하고 자신의 전 생애에 걸쳐서 창의성을 옹호한 사람이 있다. 그 사람은 토런스 창의성 검사[Torrance Tests of Creative Thinking(TTCT); Torrance, 1974, 2008]의 저자인 E. Paul Torrance다. Guilford가 창의성과 창의성의 과학적 연구를 출발시켰다면 Torrance는 가장 사랑받는 국제적인 챔피언 역할을 했다. 단순히 여러 나라의 언어로 번역되고 여러 문화에 적용되는 것을 넘어서, Torrance 접근은 창의성을 세계적 관심을 갖게 만든 추진력이다(예 : J. C. Kaufman & Sternberg, 2006).

확산적 사고 검사는 어떤 것인가? 만일 당신이 집에서 놀이를 하고 싶다면, 펜과 낙서 할 종이를 준비하고 다음 질문에 대하여 3분 동안 생각하고 답을 해보라―"만일 우리가 잠을 잘 필요가 없다면 어떤 일들이 일어날까?"

3분 동안 답을 쓴 사람도 있고 특별한 생각이 나지 않은 사람도 있을 것이다. 당신이 쓴(혹은 생각한) 것을 살펴보기 전에 먼저 TTCT의 기본적인 구조에 대해서 알아보기로 하자. 그다음에 Guilford가 어떻게 확산적 산출을 개념화했으며 그것이 어떻게 오늘날의 검사 채점 방식에 영향을 미쳤는지 논의할 것이다.

최근의 TTCT(Torrance, 2008)는 도형검사와 언어검사로 나뉘어 있다. 도형검사는 세 가지 하위검사를 포함한다.

- 그림 구성하기 : 주어진 기본 형태를 가지고 그것을 확장하여 그림 그리기
- 그림 완성하기 : 미완성의 그림을 완성시키고 제목을 붙이기
- 선/원 그리기 : 주어진 여러 가지 선이나 원을 사용하여 사물이나 형태를 그리기

TTCT의 언어 검사에는 여섯 가지 하위검사가 있다. 처음 세 가지는 질문하고 추측하기(Ask-and-Guess)다.

- 질문하고 추측하기 : 다음 세 가지 하위검사에는 애매한 그림이 제시된다.
  - 질문하기 : 주어진 그림에 대하여 가능한 한 많은 질문하기
  - 원인 추측하기 : 주어진 그림 속의 행동에 대하여 가능한 한 많은 원인을 추측하기
  - 결과 추측하기 : 주어진 그림 속의 행동에 대하여 가능한 한 많은 결과를 추측하기
- 작품 개선하기 : 한 장난감을 개선하기 위한 방법을 생각하기
- 독특한 사용법 : 일반적인 한 물건(상자 혹은 펜)에 대하여 가능한 한 많은 사용 방법을 생각하기
- 가정해보기 : 앞에서 말한 잠에 대한 질문과 마찬가지로, 가상적인 한 상

황이 일어났다고 가정하고, 어떤 일들이 벌어질 것인지 가능한 한 많은 일들을 생각하기

도형검사와 언어검사는 종합검사를 구성하는 두 가지 검사로 생각되지만, 두 가지 검사는 상관이 거의 없다($r = .06$; Cramond, Matthews-Morgan, Bandalos, & Zuo, 2005). 사람들은 두 가지 검사가 서로 대체해서 사용할 수 있는 것이라고 생각하지만 그렇지 않다. 그런데 대부분의 연구들은 둘 다 사용하지 않고 하나만 사용한다. 그래서 만일 두 가지 중에서 다른 검사를 사용했다면 다른 결과가 나왔을 수도 있다. 논문이 발표되기도 전에 뉴스위크 잡지의 표지를 장식했던 Kim(2011b)의 감소하고 있는 창의성에 대한 연구도 언어성 검사는 사용하지 않고 도형검사만 사용했다. 뒤이어 나온 한 연구에서는 글쓰기 창의성은 감소하고 시각 예술적 창의성은 증가하는 것으로 나타남으로써, 연구된 특수한 창의성 영역이 시간에 걸쳐서 증가하거나 감소하는 것을 결정한다는 결론을 내렸다(Weinstein, Clark, DiBartlomomeo, & Davis, 2014). 내가 아직 Kim의 연구 결과에 대해 해석하기를 주저하는 이유는 영역과 측정에 대한 이슈들 때문이다.

확산적 사고 채점하기

확산적 사고는 어떻게 채점하는가? 그에 대한 답을 Guilfod(1950, 1967)가 원래 확산적 사고를 개념화한 것에서 찾아볼 수 있다. Guilford는 확산적 사고에 대한 많은 다른 아이디어를 가지고 있었지만(많은 다른 아이디어들이 바로 확산적 사고의 표시니까 당연하다) 그것들을 네 가지 핵심 성분으로 압축시켰다. 첫 번째 성분인 유창성은 당신이 생각하는 모든 아이

디어의 개수를 말한다. '잠을 잘 필요가 없다면'이라는 질문에 대한 당신의 반응을 생각해보라. 당신이 생각한 답은 5개인가? 10개? 15개? 숫자만 가지고 창의성 점수로 직접 전환할 수 없지만, (저작권이 있는) 정확한 규준표를 보면 채점이 가능하다.

유창성 점수가 의미하는 것 그리고 의미하지 않는 것에 대해 살펴보자. 나에게 또 하나의 대표적인 확산적 사고 질문(독특한 사용법 문제)을 하라고 한다면, 벽돌을 어떤 방법으로 사용할 수 있는지 말해보라고 할 것이다. 아마도 당신은 벽돌로 무기, 집 짓기, 문진(paperweight), 문 멈추개(doorstop), 부엌도구, 주차 브레이크 등으로 사용한다고 할 것이다. 가수이자 작곡가인 빌 베리(Bill Berry)는 벽돌로 할 수 있는 많은 것들을 빠르게 늘어놓는 'The Brick'이라는 노래를 만들었다(Schock, 1998). 유창성 점수는 질문과 관련성이 없는 반응은 제외하고 모든 반응의 개수로 간단하게 채점한다(그래서, "켄터키는 마요네즈 같은 냄새가 난다"와 같은 답은 점수를 받지 못한다). 그렇지만 벽돌을 사용해서 아파트, 콘도, 집, 판잣집, 벽, 울타리를 만든다고 대답한다면 모두가 점수를 받는다. 중요한 것은 타당한 답이어야 한다는 점이다.

이 책의 초판에서는 벽돌을 사용해서 스페인으로 날아간다고 말해도 유창성 점수로 인정된다고 했다. 그러나 사실은 그렇지 않다. 나의 동료인 Bonnie Cramond가 설명했듯이, 응답자가 벽돌을 사용해서 스페인으로 날아가는 타당한 방법을 제시할 때에만 점수로 인정할 수 있다(그녀가 든 예에는 벽돌을 가지고 비행기 조종사를 위협했거나 비행기표를 사기 위해 벽돌을 팔았다는 멋진 답들이 있다.)

융통성은 생각하는 아이디어들의 범주가 얼마나 많은지를 보는 것이다. '잠을 잘 필요가 없다면'이라는 문제로 돌아가보자. 아마도 파자마가 필요 없게 될 것이라고 대답할 수 있을 것이다. 그것은 유창성과 융통성 모두에서 점수로 인정된다. 하지만 베개, 침대 시트, 매트리스나 담요가 필요 없게 될 것이라고 반응한다면 어떻게 될까? 이 모든 답은 유창성에 대한 답으로는 점수를 받는다. 하지만 그것들은 모두 잠을 잘 필요가 없을 때 필요하지 않은 물건들이기 때문에 같은 범주에 포함되고, 따라서 융통성에 있어서는 1점만 받게 된다. 융통성은 언어성 하위검사에서는 아직 채점하고 있지만, 도형 하위검사에서는 더 이상 채점하지 않는다.

독창성은 독특한 아이디어를 낼 수 있는 것을 말한다. 예를 들어 잠잘 필요가 없으면 신체적 애정행동(예 : 성생활)이 적어질 것이라고 답했을 수 있다. 이것은 좋은 답이고 사람들을 웃게 만들겠지만, 또한 많은 사람들이 생각할 수 있는 생각이다(신체 애정행동이 더 많아질 것이라는 답도 그만큼 많을 수 있지만, 어쨌든 모두가 섹스에 대한 것이다).

나는 실제로 전문성을 가지고 말하고 있는 중이다. 수면의 예는 내가 창의성에 대하여 강연할 때 자주 사용하고 있으며 약 15,000명으로부터 답을 수집했다. 잠을 잘 필요가 없다면 어떤 일이 일어날지에 대해서 제대로 알고 있는 누구보다도 내가 더 많이 알고 있다(그리고 사실 그런 일이 일어난다면 나는 대비가 잘 되어 있다고 할 수 있다). 사람들은 (일할 시간이 더 많기 때문에) 더 많은 일을 할 것이다, (피곤할 것이기 때문에) 일을 덜할 것이다, 범죄가 더 많아질 것이다, 범죄가 적어질 것이다, 사람들이 더 행복할 것이다, 사람들이 더 슬퍼질 것이다 등의 대답을 한다. 정말 독창적인 답이 나온 경우는 얼마 되지 않는다. 내가 좋아하는 대답들 중 하나는 타이완에서 있었던 한 연극 수업에서 이 개념을 논의할 때 들은 것이다. 한 학생이 "우리가 잠잘 필요가 없다면, 분명히 우리는 화성인이고, 따라서 있을 수 있는 차이는 우리 자신과 화성인의 차이일 것이다"라고 말했다.

독창성을 측정하는 간단한 한 가지 방법은 여러 사람에게 같은 질문을 해서 답변들의 빈도를 보는 것이다. 만일 같은 반응을 한 사람이 드물거나 전혀 없다면, 그것은 더 독창적이다. 독창적인 답과 그냥 괴상할 뿐인 답을 어떻게 구별하느냐고 질문할 수 있을 것이다. 이 질문은 토런스 검사에서 처리하듯이 실용적인 방식으로 답할 수도 있고 더 철학적인 방식으로 답할 수도 있다. 토런스 검사를 채점하는 사람들은 진짜 독창적인 것과 단순히 괴상한 것을 구분하는 특별한 훈련을 받은 사람들이며 그것들을 구별하는 데 놀랍도록 높은 신뢰도를 보여주었다. 어떤 것이 적절한 반응인지에 대한 훈련은 세밀하고 고도로 구체적이다.

그렇지만 독창적인 생각과 미친 생각을 구분하는 선은 어디에 있을까라고 더 깊이 생각해볼 수 있을 것이다. 어떤 사람은 잠을 잘 필요가 없다면 모든 사람이 록 그룹 시저 시스터스(Scissor Sisters)[3]를 좋아하게 될 것이라고 말할 수 있을 것이다. 채점하면 그 반응은 0점으로 처리되겠지만, 당신의 생각은 어떤가? 이 책을 읽기 시작하기 전에 당신은 그 반응에 대하여 창의적이거나 독창적이라고 생각했는가? 어떤 사람이 "만일 잠을 잘 필요가 없다면, 사람들은 빙키 롤로 풍가 제나드릴"이라고 답했다면, 당신의 생각은?

독창적인 아이디어가 반드시 가장 좋은 아이디어가 아닐 수 있다는 점도 주목해야 한다. 나의 첫 번째 박사과정 학생인 Lamies Nazzal은 그녀의 논문에서 집의 난방비가 너무 많이 나오는 상황에 어떻게 대처할 것인가에 대한 공학적인 답을 자극하는 질문을 했다. 독창적이라고 간주되는(관련성도 있고 응답 빈도도 낮은) 응답들 중에 어떤 것들은 특별한 도움이 되는 답이 아니었다("겨울에 스웨트 팬츠를 입는다"와 같은). 이 개념에 대해서 11장에서 더 다루겠지만, 이미 검증된 것들이 인정받을 뿐만 아니라 더 좋은 경우가 있다. 만일 내 손가락을 베여서, 피를 흘리며 천천히 죽어갈 때 가장 창의적인 답이 나타난다면 나의 마음을 기쁘게 해줄지 몰라도, 나는 의학적으로 그것을 일반적으로 처리하는 가장 좋은 답을 원할 것이다.

Guilford의 모델로 돌아가서, 그 마지막 성분은 정교성이다. 먼저 지금까지 Guilford 모델에 대해 설명한 것을 요약하면, 유창성은 많은 개수의 아이디어를 산출하는 능력이고, 융통성은 많은 다른 유형의 아이디어를 산출하는 능력이고, 독창성은 독특한 아이디어를 산출하는 능력이다. 이런 아이디어들을 발전시키는 능력이 정교성이다. 만일 잠이 없다면 사람들은 더 폭력적인 싸움을 할 것이라고 대답한다고 하자. 그 이유와 방법을 설명해보라. 정교성은 언어성 하위검사에서는 채점되지 않고 도형 하위검사에 포함되어 있으며 그림으로 개념화하는 것이 더 쉽다. 당신이 만일 사람 그림을 그린다면, 어느 정도 상세하게 그리겠는가? 그 사람은 시계를 차고 있는가? 귓불도 보이게 그렸는가? 구두끈은? 팔꿈치는? 분명히 인지적 발달 수준이 정교성에도 영향을 미칠 수 있다.

이런 네 가지 성분을 구별할 수 있는 예를 하나 들자면, J. C. Kaufman, Plucker 등(2008)에서 소개된 것으로, 중요한 사람이 외식을 하고 싶어 한다고 가정하고 생각나는 식당을 말해보라고 하는 것이다. 당신은 여러 개의 식당을 생각해낼 수도 있고(높은 유창성), 많은 음식 스타일을 생각할 수도 있고(높은 융통성), 대부분의 사람들이 잘 모르는 식당을 생각할 수도 있고(높은 독창성), 혹은 메뉴, 분위기, 위치, 옐프(Yelp)[4]나 자갓(Zagat)[5]의 맛에 대한 평가까지 매우 자세한 정보를 중심으로 대답할 수도 있을 것이다(높은 정교성). 혹은 두 아들과 외식을 한다고 가정하면 아마

조용히 웃고 피자를 주문할 수도 있을 것이다.

Guilford 모델의 개념을 넘어서, TTCT 도형 하위검사는 그 밖에 두 가지 차원에 대한 채점도 가능하다. 조기 폐쇄에 대한 저항(Resistance to Premature Closure)이란 미완성 도형을 주고서 개선하라고 했을 때 당신은 그 도형을 개방시켜놓는가 아니면 폐쇄시키는가를 말한다. 이것은 게슈탈트 심리학에 뿌리를 두고 있으며 미완성 도형을 빨리 폐쇄해버리려는 욕구를 지연시키는 능력이다. 사람들이 그림을 그리는 것을 보고 있으면, 도형을 그리고 곧 폐쇄된 형태를 만들어서, 색을 칠하고, 완전한 형태를 만들어낸다. 하지만 조기 폐쇄에 대한 저항 능력이 높은 사람은 마음을 열어두고 서둘러 결론에 도달하는 것에 저항할 수 있다(Kim, 2006). 제목의 추상성(Abstractness of Titles)은 그림에 붙인 제목이 단순하게 무엇이 일어나고 있다는 것 이상의 의미를 부여하는 정도를 평가한다(Kim, 2006). 다시 말해 당신이 그린 그림의 제목을 '만족'이라고 붙였는가 혹은 '땅콩버터를 먹고 있는 개'라고 붙였는가?

Torrance(1974, 2008)는 TTCT 규준 요강에서 방대한 신뢰도와 타당도 자료를 제공했다. Torrance와 그의 동료들은 전형적으로 TTCT를 실시하고 그 점수들을(일반적으로 높은 상관이 있다) 다른 창의성 측정치와 비교하거나, 영재 학생들이 비영재 학생들보다 TTCT 점수가 더 높다는 것을 보여주었다. Torrance와 Safter(1989)는 한 가지 하위검사('가정해보기')를 사용하여 예측 타당도를 알아보기 위한 장기 연구를 수행했다. 그들은 TTCT 점수가 20년 이상이 지난 후의 자기보고식 창의적 성취와 강한 상관관계가 있다는 것을 발견했다. Plucker(1999)는 다른 Torrance 종단 연구의 자료를 재분석하고 언어성 검사가(도형 검사는 아니고) 전통적인 IQ 검사보다 사람들의 창의적 성취의 차이를 더 잘 예측한다는 것을 발견했다. Runco, Millar, Acar, Cramond(2010)는 Torrance에 의해 시작되었던 종단연구의 50년 추후연구를 수행했다. 그들은 TTCT 점수와 개인적 성취(공적인 성취는 아니고) 간에 중간 정도의 상관을 발견했다. TTCT와 창의성을 나타내는 다양한 다른 지표들 간의 상관을 보여주는 수많은 연구가 있다(Kim, 2011a, 2011c 참조).

그럼에도 불구하고, TTCT의 타당도와 신뢰도 그리고 전반적인 확산적 사고는 꽤 논쟁의 대상이 되고 있다. 나는 Torrance를 한 인간으로 그리고 한 학자로 대단히 존경하기 때문에 이 책에서 이 부분을 논하는 것이 다소 불편하다. 하지만 비판은 현실이다. 점수를 해석하는 절차가 요인분석에 의한 지지가 없다는 주장도 있고(Heausler & Thompson, 1988), 유창성과 독창성 점수들 간에 너무 높은 상관이 있다는 지적도 있다(예 : Dixon 1979). 그밖에, 어떤 표준화 검사도 마찬가지로 지적되는 문제지만, 지시가 달라지면 점수가 쉽게 변한다는 문제점이 있다(Lissitz & Willhoft, 1985). 만일 SAT 시험에서 "여러분 이건 아무 의미가 없는 시험입니다"라고 말한다면 그 점수에도 마찬가지로 변화가 있을 것이다. 아마도 가장 큰 비판을 받고 있으며 가장 큰 논쟁거리로 남아 있는 문제점은 검사의 예측 타당도일 것이다(그의 주장에 대한 요약은 Baer, 2011a, 2011b 참조).

이에 대한 반응으로, 확산적 사고 검사에 대한 많은 대안적인 채점 방식들이 제안되었다. 어떤 방식은 통계적 분석을 사용한다. 예를 들어 Snyder, Mitchell, Bossomaier, Pallier(2004)는 같은 카테고리 내의 반응 중에서도 특별히 다른 반응에 대해서 가중점수를 주자는 제안을 했다. Plucker, Qian, Wang(2011)은 확산적 사고 검사에 대한 몇 가지 다른 채점 방식들을 비교했으며 백분율을 사용하는 것(독창성 점수를 유창성 점수로 나누는 것)이 가장 좋은 결과로 나타났다.

다른 방법들은 반응을 다른 방식으로 조사한다. Silvia, Martin, Nusbaum(2009)은 채점자들이 한 세트의 반응을 총체적으로 평가하는 '속사(snapshot)' 방식을 제안했다. 비슷하게 Silvia 등(2008; 또한 Silvia 2011 참조)은 사람들에게 자신이 생각하는 가장 좋은 아이디어 2개를 선택하도록 하는 확산적 사고 문항의 주관적 평가를 사용했다. 채점자들은 그다음에 이 특수한 아이디어들에 대하여 그들이 생각하는 창의성에 대한 평가를 했다. Benedek, Mühlmann, Jauk, Neubauer(2013)는 2분 동안 생각한 가장 창의적인 아이디어 3개만을 고려했을 때 강한 타당도를 발견했다. 그런 제한은 채점해야 하는 반응의 개수를 감소시킬 수도 있고 독창성과 유창성의 관계가 혼합되는 것을 낮출 수 있다. 사람들에게 한 아이디어를 생각하라고 했을 때와 여러 가지 아이디어를 생각하라고 했을 때를 비교한 Reiter-Palmon과 Arreola(2015)에 의한 새로운 연구도 흥미롭다. 여러 가지 답을 한 사람들은 최고로 독창적인 아이디어 하나를 생각해낼 가능성이 높았지만, 한 가지 반응을 한 사람들은 더 독창적이고, 복잡하고, 정교하고, 더 질 높은 아이디어들을 생성하는 경향이 있었다.

확산적 사고에 대한 구체적인 비판(그리고 잠재적인 해결)을 넘어서, 더 깊은 이슈가 있다. 확산적 사고가 유일한 창의성이 아니라는 것이다. 많은 다른 반응을 하고 놀랍도록 혁신적인 반응을 하는 능력은 매우 중요하다. 그것은 창의성의 핵심이다. 그러나 그것이 창의성의 모든 것은 아니다. 이 비판은 많은 구인들(constructs)에도 해당된다. 7장에서 살펴볼 지능도 IQ 검사가 측정하는 것 이외의 복잡한 것들로 구성되어 있다.

어떤 사람들은 마치 창의성이 Guilford와 Torrance에서 시작하고 끝나는 것처럼 생각하지만 그렇지 않다. 많은 경우에 그렇듯이, 선구자와 제자 간의 거리에는 많은 문제가 있다. Torrance는 그의 동료들과 함께 창의성을 측정하기 위한 다른 방법들을 사용할 것을 주장했으며(Cramond, Matthews-Morgan, Torrance, & Zuo, 1999), 언어와 도형 창의성 이외의 다른 검사들을 개발해야 한다고 했다(Torrance & Cramond, 2002). TTCT(혹은 그와 비슷한 검사 도구)에만 의존하는 교사들이나 행정가들은 전체적인 '창의성' 그림을 놓치고 있는 것이다. Torrance 자신이 이 점을 먼저 강조했을 것이다.

내가 전에 IQ 검사를 논의하면서 사용한 '아침식사용 시리얼 문제'라고 즐겨 부르는 나의 주장이 있다(J. C. Kaufman & Kaufman, 2015). 럭키 참스(Lucky Charms) 시리얼(그것은 물론 신기할 정도로 맛있다)을 생각해보라. 럭키 참스 시리얼은 광고 속에서 오렌지 주스, 으깬 달걀, 머핀에 둘러싸여 등장하는 완전하고 영양가 있는 아침식사의 일부로 개발되었다. 그러나 실생활에서는 많은 아동이 다른 것은 안 먹고 럭키 참스 시리얼만 3그릇을 열심히 먹는다. 그것은 간단하고 맛도 좋다. 나는 TTCT를 잘 못 사용하는 것에 대해 맹렬히 비판한다. TTCT 검사 자체에 대해 비판할 것은 아직 더 있지만, 한 검사도구의 의도와 그것의 실제 사용을 구분하는 것이 중요하다.

그렇다면 다른 어떤 검사도구가 있는가? 확산적 사고 검사와 마찬가지로 많은 비판을 받고 있다는 점에서 가장 비슷한 검사가 바로 원격연합검사(Remote Associates Test, Mednick, 1968)다.

원격연합검사

원격연합검사(Remote Associates Test, RAT)는 창의적인 사람은 거리가 먼 개념들은 연합할 수 있을 것이라고 주장하는 연합이론(Mednick, 1962, 1968)에 기반을 두고 있다. 예를 들어 'cow(소)'라는 단어를 들으면 즉각적으로 생각나는 대답은 소가 먹는 풀을 생각하거나, 소가 만드는 우유를 생각하거나, 혹은 소가 철학을 논하는 허튼소리 등이 생각날 것이다. 더 생각을 하면 아마도 당신은 소를 온갖 다른 것들과 연결시킬 수 있을 것이다. 소의 우유는 치즈를 만드는 데 사용되고, 우유를 만드는 동물에는 염소도 있고, 'holy cow'[7]나 'don't have a cow'[8]와 같이 한때 유행했던 말도 생각날 것이다. 마찬가지로, 개라는 단어와 고양이라는 단어를 연결하는 것은 개와 dogwood[9]나 색맹[10]을 생각하는 것보다 훨씬 더 직접적인 연결이다.

원격연합검사(Mednick, 1968)는 원격연합이론에 기초해서 관련성이 없어 보이는 세 단어를 제시할 때 이것들을 연결하는 네 번째 단어를 생각해낼 수 있는지를 측정한다. 원래 검사는 30문항이었다. 원래 검사는 자주 사용되지는 않지만, 다른 연구자들에 의해 수정된 검사[혼합원격연합과제(Compound Remote Associates Task)라고도 한다]가 연구에서 일반적으로 사용되고 있으며 새로운 문항이 첨가되고 유행이 지난 용어들이 수정되었다(Bowden & Jung-Beeman, 2003 참조). 최근의 문제 예로는 sleeping, bean, trash를 제시하는 문제가 있다. 어떤 단어가 그것들을 연결할 수 있을까(멀리 보고 생각하라 … 이제 다시 보자)? sleeping bag, bean bag, trash bag, 즉 공통적으로 'bag'이 답이 된다.

원격연합검사는 또한 나의 대학원 시절 중 완전히 당황스러웠던 순간과 관련이 있다. 교수님이 원격연합검사에 대해 설명하고 계실 때 나는 졸았거나 딴생각을 하면서 끄적거리고 있었다. 교수님이 우리에게 풀 수 없는 문제를 주겠다고 말씀하시는 것을 듣지 못했다(내가 수업에 집중하지 않고 있었다고 앞에서 말했듯이 나는 왜 교수님이 우리에게 그 문제를 주셨는지 정확하게 기억하지 못한다). 그 문제들 중 하나가 내 주의를 끌었으며 수수께끼를 풀었다는 기쁨에 충만하여, 나는 목청껏 "생선!"이라고 답을 외쳤다. 애석하지만 그것은 답이 아니었다. 나는 아직까지 가끔 "생선!"이라고 외친다. 하지만 이제는 최소한 내가 괴짜라는 것은 알고 있다.

원격연합검사는 문제 해결과 창의적 사고를 연구하기 위해 가장 많이 사용되는 검사다(Ansburg, 2000; Beeman & Bowden, 2000; Storm, Angello, & Bjork, 2011). 직설적으로 말해서 빠르고 간단하기 때문에 원격연합검사가 자주 선택된다. '옳은 답'이 있고 다른 어떤 창의성 검사보다도 채점하기 쉽기 때문에 당신도 짧은 시간 내에 많은 문제를 실시할 수 있다. 가끔은 간결성에 대한 요구가 가장 중요한 관심사가 되는 상황이 있다. 대표적인 예가 뇌과학자들이 창의성을 연구하는 사례다(예 : Vartanian, Bristol, & Kaufman, 2013에 있는 에세이). 환자가 커다란 기계 속에 들어 있거나 전극에 연결되어 있다면, 검사의 신속도가 매우 중요하다.

하지만 원격연합검사는 현재 사용되고 있는 부족한 창의성 검사들 중 하나다. 그것은 언어 능력과 지능에 큰 영향을 받는다는 비난을 받아왔으며(Katz, 1983), C. Lee와 Therriault(2013)는 원격연합검사 점수가 확산적 사고보다는 작업기억 그리고 지능과 훨씬 더 연관이 있다는 것을 발견했다. 이 결과는 간단하게 원격연합검사는 수렴적 사고를 측정하는 것이라고 주장할 수 있다(C. Lee, Huggins, & Therriault, 2014). 따라서, 지능과 중복되는 것이 꽤 많기 때문에, 원격연합검사를 추천하는 단 하나의 이유는 간결성이라고 할 수 있다.

합의평가기술

내가 생각하기에 창의성을 측정하는 가장 흥미 있는 방법 중 하나는 또한 매우 골치가 아픈 것이기도 하다. 너무 단순해 보일 수도 있다. 즉 사람들에게 무엇이든 창의적인 것을 하도록 하고 그것을 전문가들로 하여금 얼마나 창의적인지 말하도록 하는 것이다. 그것에 대한 일반적인 개념은 이미 있었지만(예 : Cattell, Glascock, & Washburn, 1918; Getzels & Csikszentmihalyi, 1976), Amabile(1982, 1996)이 그것을 합의평가기술(Consensual Assessment Technique, CAT)이라고 하는 방법으로 개선했다.

합의평가기술에는 어떤 절차가 포함되는가? 첫 번째는 자료를 수집하는 것이다. 사람들에게 창의적인 무엇인가를 산출하도록 하는 것이다. 이것에는 흔히 미적인 산출물이 포함된다. 지금까지 연구된 것들을 보면 콜라주(Amabile, 1996; Hennessey, Kim, Guomin, & Weiwei, 2008), 짧은 이야기와 시(Baer, Kaufman, & Riggs, 2009; J. C. Kaufman, Gentile, & Baer, 2005), 사진에 설명 붙이기(J. C. Kaufman, Lee, Baer, & Lee, 2007), 사진 수필(Dollinger, 2007), 디자인(Haller, Courvoisier, & Cropley, 2010), 드라마 연기(Myford, 1989), 작곡(Hickey, 2001; Priest, 2006) 등이 있다. 그 외에 합의평가기술은 수학문제와 방정식 만들기(Baer, 1994), 동물 행동에 대한 과학적인 질문에 답하기(J. C. Kaufman, Evans, & Baer, 2010), 전략적 군사작전 개발하기(McClary, 1999), 디자인 가르치기(Cheng, 2015), 닭요리 하기(Horng & Lin, 2009), 일상생활 문제 해결하기(Reiter-Palmon, Mumford, O'Connor Boes, & Runco, 1997)에 적용된다. 그것은 생각할 수 있는 그 어떤 영역에도 사용될 수 있다.

시나 그림이나 잠수함을 일단 수집하고 적절한 전문가들(이 이슈에 대해서는 잠시 후에 알아보기로 한다)을 모아서 그들에게 수집한 각각에 대해 채점을 하도록 부탁한다. 예를 들어 1점은 전혀 창의적이지 않은 것을 의미하고 6점은 매우 창의적인 것을 의미하는 1점부터 6점까지의 척도를 사용할 수 있을 것이다. 그 전문가들은 서로 어떤 방식으로도 평가 과정을 논의하지 않는다. 이것은 반직관적일 수 있지만(만일 전문가들이 그들의 의견을 논의한다면 더 좋은 평가를 하지 않을까?), 필수적인 부분이다. Hekkert와 van Wieringen(1998)은 예술가들이 독립적으로 그리고 논의를 한 후에 어떻게 평가하는지 알아보는 연구를 했다. 논의를 한 후에는 한 전문가(목소리가 큰)의 원래 의견만이 일반적으로 전체 의견에 반영되는 것으로 나타났다.

합의평가기술에 사용되는 또 다른 규칙은 산출물을 이상적인 기준 대신에 상대적으로 비교하는 것이다. 그렇지 않으면, 초등학교 2학년이 쓴 400개의 시를 평가하도록 했을 때 평가자는 아마도 모두 1점 혹은 2점을 줄 수 있을 것이다. 결국 2학년이 쓴 가장 훌륭한 시조차 아마도 나쁜 점수를 받을 수 있다. 그밖에 채점자는 자신이 생각하는 그 특수한 영역에서의 이상적인 창의성 기준에 따라서 판단할 수 있다. 산출물들을 서로 비교함으로써, 합의평가기술은 어린 아동부터 지적 장애를 가지고 있는 성인들까지 어떤 표본을 대상으로도 적용할 수 있다.

많은 과거 연구들(예 : Amabile, 1996; Baer, 1993, 1998; Baer, Kaufman, & Gentile, 2004; Baer et al., 2009)은 전문가들의 의견이 놀랍도록 일치한다는 것을 보여준다. 사실 내가 처음으로 이 방법을 사용했을 때(Baer et al., 2004), 실수가 없었는지 확인하기 위해 통계를 다시 처리해야 했다. 이 높은 수준의 일치를 높은 채점자 신뢰도라고 부른다.

이런 일치는 여러 다른 상황에서 일어난다. 예를 들어 채점자들은 문화를 초월하여 동의하는 경향이 있다. 몇몇 연구는 중국인과 미국인 채점자들에 의한 창의적인 작품에 대한 판단을 살펴보았다(예 : Chen et al., 2002; Niu & Sternberg, 2001; Rostan, Pariser, & Gruber, 2002). 일반적으로는 문화들 간에 서로 일치했다. Niu와 Sternberg(2001)는 중국 채점자들이 일반적으로 더 높은 점수를 주는 것으로 나타났지만, Hong과 Lee(2015)가 동아시아 전문가와 미국 백인 전문가들을 비교했을 때는 그 반대로 나타났다. 창의성에 대하여 문화를 초월하여 일치하는 판단을 한다는 것은 일본인과 미국인의 연구에서도 나타났고(Child & Iwao, 1968) 그리스인과 미국인에서도 나타났다(Haritos-Fatouros & Child, 1977). Hennessey 등(2008)은 미국, 사우디아라비아, 한국, 그리고 중국의 평가자들 간에도 높은 신뢰도가 나타나는 것을 발견했다.

어떤 요인이 채점에 영향을 미치는지에 대한 비교문화연구에서, Paletz와 Peng(2008)은 일본, 중국, 미국의 학생들에게 산출물(음식이나 교과서)을 채점하도록 했다. 세 나라 채점자들 모두 새로움에 가치를 부여했으나, 중국 채점자들은 적절성에 대하여 중요성을 덜 부여했다. 별개로 산출물의 바람직성(desirability)(창의성과 대조적으로)을 채점하는 데 있어서는 중국 채점자들이 새로움에 의한 영향을 더 받았다.

Kozbelt와 Serafin(2009; 또한 Serafin, Kozbelt, Seidel, & Dolese, 2011 참조)은 예술가들과 비예술가들에게 작업 중인 그림에 대해 평가하도록 하는 재미있는 접근을 했다. 그들은 이 과정을 역동적 평가라고 했다. 예술가들은 독창적인 작품을 선호한 반면에, 비예술가들은 사실주의에 더 감동했다. 또 다른 재미있는 연구 결과는 덜 창의적인 작품의 경우에 완성된 그림의 평점과 작업 중인 그림의 평점 간의 상관이 더 높았다. 다시 말해서 만일 그 작품이 그저 그렇다면 그것이 얼마나 좋은 작품이 될지 중간 과정부터 완성될 때까지 더 잘 예측할 수 있다는 것이다. 더 창의적인 예술 작품은 갑자기 대폭적으로 좋아질 수 있기 때문에 중간 과정에서 그것의 마지막 품질을 알기가 더 힘들다.

창의성 채점에 대한 비교문화적인 연구 이외에, 다른 연구들은 한 사람의 작품들에 대한 창의성 점수를 연구했다. 한 연구(J. C. Kaufman et al., 2007)는 12개의 다른 사진 시리즈를 설명하는 짧은 글귀들을 살펴보았다. 4명의 전문가가 이 글귀들의 창의성을 채점했다. Kaufman 등(2007)은 전문가들 간의 점수가 일치할 뿐만 아니라 글귀들에 대해서도 일치함을 발견했다. 다시 말해 만일 그들이 그림 1번에 대한 Joe Smith의 글귀가 창의적이라고 생각한다면, 그림 10번에 대한 그의 글귀도 창의적이라고 생각했다(글귀를 쓴 사람이 동일인이라는 것을 몰랐는데도 말이다).

이 연구 결과가 중요한 이유는 만일 당신이 많은 창의적인 작품을 평가한다면 다른 어떤 것보다 더 높은 점수를 주게 되는 어떤 프롬프트(prompt)가 항상 있다는 것이다. 만일 내가 당신에게 '식탐'에 대하여 혹은 '닭고기를 먹고 있다가 잘못 씹어서 1년 전에 해 넣은 앞니에 부딪쳐 이가 다치는 순간의 감각'에 대하여 짧은 이야기를 써보라고 한다면, 아마도 '식탐'에 대하여 더 창의적인 이야기를 쓸 것이라는 것이다.

우연히 본능적으로 더 긴 제목이 창의성에 영감을 줄 수 있을 것으로 생각해서 선택했다면, 그것은 틀린 생각이다. 제목 자체는 창의적이지만(혹은 최소한 다르다고 할 수 있지만), 결국은 매우 비슷한 이야기가 되고 만다(닭 뼈를 씹는 다른 방법을 얼마나 많이 생각할 수 있겠는가?). 좋지 않은 창의적인 작문 프롬프터로 다음과 같은 (유머러스한) 예를 생각해보라. "남편과 아내가 임박한 이혼에 결말을 짓기 위해 식당에서 만나고 있다. 화장실에서 코카인을 흡입하고 있는 남편의 관점에서 그 장면에 대한 글을 써보라"(Wiencek, 2008). 사실 Medeiros, Partlow, Mumford(2014)는 창의성에 대한 최적 수준의 제약이 있다는 것을 발견했다. 어떤 제약은 창의성에 이롭지만(Stokes, 2005, 2007; Haught, 2015와 일치한다), 너무 많은 제약은 과부하를 일으키고 창의성을 감소시킬 수 있다.

Jeffries(2015)는 전문가들에게 평가하기 전에 주는 지시의 영향에 대한 연구를 했다. 그들은 기술적인 능숙함을 고려하지 말라는 지시를 주었을 때(Baer, 1993이 했듯이)가 그런 지시를 주지 않았을 때(J. C. Kaufman, Baer, Cole, & Sexton, 2007에서와 같이 합의평가기술을 사용한 것처럼)보다 일치도가 더 높은 것을 발견했다.

누가 전문가인가?

그다음 문제는 어떤 사람이 전문가인가 하는 것이다. 예를 들어 내가 평가자가 되기 위해서는 어떤 자격이 필요할까? 나는 확실하게 내 자신이 창의성에 있어서 전문가라고 말할 수 있다. 나는 인지심리학뿐만 아니라 일반적인 비인지 구인(성격과 같은)에 대해서도 꽤 전문가라고 할 수 있다. 조금 더 넓게 말해서, 나는 심리학에서 전문가라고 할 수 있다. 나는 뮤지컬광이고 일반 사람들에게 잘 알려지지 않은 〈Birds of Paradise〉, 〈Weird Romance〉, 〈The Fix〉 같은 쇼를 좋아한다. 그래서 나도 전문가라고 할 수 있는가? 사실, 내가 원래 창의성 공부를 시작하기 전에 쓴 〈Discovering Magenta〉[10]가 뮤지컬로 만들어져서 2015년 뉴욕에서 초연을 했다. 공연이 시작된 그 밤에 내가 마술처럼 전문가가 되었는가?

나는 개를 사랑하고 매일 개들과 많은 시간을 보낸다 — 나는 전문가인가? 문제는 어디에 선을 그을 것인가이다. 나는 분명히 나의 개들(Pandora, Kirby, Sweeney)에 대한 전문가이며 나아가 다양한 멍청해 보이는 사냥개들에 대해서도 공부를 했다. 하지만 치와와에 대해서는 나를 좋아하지 않는 작은 개라는 정도밖에 모른다.

아동의 그림에 대한 창의성은 누가 평가해야 하나? 선생님, 어머니, 친구, 전문 화가, 예술사를 전공하는 대학원생, 화랑 주인, 아동 미술 잡지

편집자, 아동 미술 수집가, 혹은 창의성 전문가? 이 모든 사람들이 아동 미술을 평가하는 데 있어서 어떤 형식으로든 전문가라고 타당성을 주장할 수 있을 것이다.

전문성 연구자들에 의하면 한 사람이 처음 어떤 분야에 들어서서 어느 정도의 상당한 공헌을 하기까지는 약 10년이 걸린다고 한다(Ericsson, Roring, & Nandagopal, 2007; Hayes, 1989). 이 10년 동안 미래 전문가는 그 영역의 기초를 다지고 집중적으로 연습하고 책에서 배울 수 없는 실제적인 이슈들을 배운다. 이 10년은 도제 제도(구두 만드는 일을 배우는 옛날 방식)와 달리 전문가로 다듬어가는 적극적인 실험을 하고 새로운 아이디어를 만들어내는 기간이다(Gardner, 1993). 위대하다는 수준까지 올라가기 위해서는 또 다른 10년 이상의 기간이 필요할 수 있다(S. B. Kaufman & Kaufman, 2007; Simonton, 2000).

흥미롭게도 언제 처음 한 분야에 입문했느냐와 관계없이 10년 법칙은 또한 꽤 일관성이 있다. 예를 들어 모차르트는 5살밖에 안 된 1761년에 작곡을 시작해서 1773년에 그의 첫 주요 작품인 〈환호하라, 기뻐하라(Exsultate, Jubilate)〉를 발표했다. 스티븐 스필버그는 그의 첫 가족 영화들(Escape to Nowhere와 Battle Squad)을 촬영한 것은 그가 15세였던 1961년경이었다. 그의 중요한 첫 번째 영화 〈대결〉은 25세였던 1971년에 나왔고 그 후 4년 뒤에 〈죠스〉가 나왔다.

누가 전문가인가 그리고 누가 창의성을 평가할 수 있는가 하는 문제로 돌아가자. 우리가 논의했던 잠재적 평가자들 중에서 아동 자신, 아동의 친구들, 그리고 (아마도) 그 부모들을 제외하고는 모두 10년의 전문성을 가지고 있을 것이다. 많은 연구들은 여러 유형의 전문가들이 서로 동의한다고 했다. 예를 들어 창의성 연구자, 영어 교사, 전문 작가/편집자들은 중학교 2학년의 창의적 글쓰기에 대한 평가에서 서로 일치했다(Baer et al., 2004, 2009).

평가자들이 전문가라야 한다는 것이 정말 중요한가? 만일 누구나 창의성을 평가할 수 있다면 분명히 훨씬 더 쉬울 것이다. 길거리에서 일반 사람들을 울타리 안으로 모으는 것보다 전문가를 찾아내는 일은 훨씬 더 어렵다. 어떤 면에서는, 오스카상(영화 제작에 관여하는 아카데미 회원), 뉴욕영화비평가협회상(대단한 지식인들), 골든글로브상(소수 외국 언론인들), 혹은 피플스초이스상(일반인 누구나) 선정의 논리로 창의성을 측정해야 하는 것이 아닌가 하는 생각까지 할 수 있다.

따라서 첫 번째 질문은 초보자와 전문가의 판단이 일치하는가 하는 것이다. 만일 내가 길거리에 나가 일반 사람들과 영문학 박사들에게 같은 시를 주고 평가를 부탁했을 때 그들이 완전히 같은 평가를 한다면, 창의성 연구자인 나에게 전문가가 필요 없고 내가 조금 더 일하면 될 것이다. 그것은 마치 전문 배관공과 나의 8살 된 아들이 변기를 수리하는 일의 수준이 같다는 것과 같은 논리이고, 그러면 나는 나의 아들을 고용하고 맛있는 런치박스를 보상으로 주면될 것이다.

그런데 완전 초보자와 전문가를 비교한 연구들은 다른 결과를 보여준다. 초보자들은 전문가들보다 꽃꽂이(S. Lee, Lee, & Young, 2005), 시(J. C. Kaufman, Baer, et al., 2008), 짧은 이야기(J. C. Kaufman, Baer, Cropley, Reiter-Palmon, & Sinnett, 2013) 등에서 일관성 있게 훨씬 서로 다른 평가를 했다. 이런 불일치는 초보자들의 수를 늘리면 일부 수정이 가능하다. 특별한 테크닉 없이도 초보 평가자의 수를 늘리면 신뢰도는 더 높아진다. 따라서 예를 들어 초보자 100명의 평가가 전문가 10명의 평가와 대략 같은 가치가 있는 것으로 나타난다.

불행히도 더 복잡한 문제가 있다. 그것은 초보자와 전문가가 반드시 서로 일치하는 것이 아니라는 점이다. 아담 샌들러와 찰리 쉰은 오스카와 에미상을 받을 것 같지는 않다. 일반인들이 창의적인 산출물에서 기대하는 것은 그 영역에서 일하는 사람들이 추구하는 것과 많이 다르다. Mad Magazine 잡지가 주장하듯이 "맥도날드가 빅맥 햄버거에 타라곤 (tarragon)[11]을 넣지 않는 이유가 있다"(Devlin, 2006, p. 48).

S. Lee 등(2005)은, 예를 들어 전문가들(꽃꽂이를 하는 전문 예술가)이 여러 꽃 디자인을 구별할 수 있었던 반면에, 초보자들(대학생들)은 구별하지 못했다. J. C. Kaufman과 Baer 등(2008)의 연구에서 초보자들(대학생들)과 전문가들(시인들)에게 시를 평가하게 했을 때 두 집단 간의 상관이 $r = .22$에 그쳤다. 짧은 이야기에 대해서는 $r = .71$로 눈에 띄게 높은 상관이 나타났다(J. C. Kaufman et al., 2009). 한 가지 이유는 보통 사람들은 시보다 짧은 이야기를 읽는 경험을 할 가능성이 더 많다는 것이다.

일치성을 넘어서, 초보자와 전문가는 창의적 작품을 다르게 해석할 수 있다. 몇몇 연구들은 예술 훈련을 받은 전문가들은 어떤 훈련도 받지 않은 초보자들보다 그림을 더 복잡하고, 다양하고, 재미있고, 다른 방식으로 보는 것을 발견했다(Locher, Smith, & Smith, 2001; Mills, 2001; Silvia, 2006). 그밖에, 전문가와 초보자가 예술에 대해 정서적으로 다르게 반응하며, 예술을 평가할 때 초보자들은 자신의 감정에 더 의존한다 (Leder, Gerger, Dressler, & Schabmann, 2012). Müller, Höfel, Brattico, Jacobsen(2010)은 전문가와 초보자가 음악에 어떤 반응을 할 때 일어나는 생리적 변화를 측정했다. 전문가와 초보자는 화음 진행의 변화에 대한 뇌 반응이 다르게 나타났다. 전문가들은 음악을 더 잘 인식했으며 청음 모드의 유형들 간에 더 쉽게 이동했다.

초보자 평가자들 간에 차이가 있는가? Tan 등(2015)은 초보자들에게 레고로 만든 모형을 평가하도록 했다. 재미있는 것은 초보자들의 전공(예술, 컴퓨터과학, 혹은 심리학)은 그들이 어떻게 평점을 주는가와 관련이 없었다. 더 우호적이거나 스스로 일상생활 창의성이 더 높은 것으로 보고한 평가자들이 더 높은 점수를 주는 경향이 있었다.

초보자들은 창의적인 작품을 판단하는 데 있어서 전문가들과 차이가 있는 것으로 보인다. J. C. Kaufman과 Baer(2012)는 초보 평가자는 자격이 안 되고, 일정한 전문성을 가지고 있는 사람이 평가 할 수 있다고 제안했다. 우리는 이런 사람을 '준전문가'라고 부르며 준전문가는 초보자보다는 분명히 경험이 더 많지만 전문가로는 아직 인정 안 되는(그리고 집중적인 훈련 경험이 10년이 되지 않는) 수준의 사람들이다.

국제영화자료[International Movie Database(IMDb).com]를 활용한 두 가지 연구가 도움이 될 수 있다. 첫째, Plucker, Holden, Neustadter(2008)는 전문 비평가들과 일반 IMDb 사용자들의 평가들을 비교했다. 이 사용자들은 영화광에서 전문가와 웹사이트에 우연히 들른 10대들까지 다양하지만 대체로 준전문가를 대표한다고 할 수 있다. Plucker, Kaufman, Temple, Qian(2009)은 원 연구를 확장하여 초보자들(영화에 대한 특별한 경험이 없는 대학생들)을 또한 포함시켰다. 전문가들(비평가들)이 가장 높은 신뢰도를 보였고, 그다음이 준전문가들(IMDb 사용자들), 그리고 그다음이 초보자들(대학생들)이었다. IMDb 사용자들은 대학생들과 (.65) 그리고 비평가들(.72) 모두와 높은 상관을 나타냈다. 하지만 비평가들과 대학생들 간의 상관은 눈에 띄게 더 낮았다(.43). 흥미 있는 것은 이런 차이는 영화 비평이 사람들에게 어떻게 영향을 미치는가 하는 문제와는 관계가 없다는 점이다. 온라인상의 문외한이 했든 존경받는 전문 비평가가 했든 관계없이 나쁜 비평은 관객의 즐거움을 감소시킨다(Jacobs, Heuvelman, Ben Allouch, & Peters, 2015).

J. C. Kaufman 등(2013)은 창의적 글쓰기와 엔지니어링, 두 영역에 대한 초보자, 준전문가, 전문가를 비교했다. 창의적 글쓰기를 위한 전문가로는 전문작가를 사용했고, 여러 준전문가 집단으로는 경력 초반의 영어교사, 창의성 연구 경험이 있는 대학교 3, 4학년생들이나 대학원생, 초등학교 예비교사, 영어 예비교사를 연구했다. 엔지니어링에 대해서는, 전문 엔지니어가 전문가이고(당연히), 엔지니어링 학생들이 준전문가였다. 글쓰기에 있어서는 짧은 이야기에 대한 준전문가들과 전문가들의 채점자 간 신뢰도도 높고 상관도 높아서, 준전문가들이 적절한 평가자들이었다. 엔지니어들의 경우에는 전문가들과 초보자들이 특히 일치하지 않았다. 준전문가들이 전문가들과 어느 정도 일치를 나타내기는 했지만, 그들은 초보자들과도 그 정도의 일치를 보였다.

다른 연구들은 준전문가들이 전문가에 대한 완전하지는 않지만 타당한 대체자가 될 수 있다는 것을 보여준다. J. C. Kaufman 등(2005)은 영재 초보자들(창의적 글쓰기 능력이 뛰어난 고등학생들)을 대상으로 연구한 결과 시와 이야기에 대한 그들과 전문가 판단이 강한 일치를 나타냈다. Hekkert와 van Wieringen(1996)은 전문가, 준전문가, 초보자가 미술을 평가하는 것을 비교했다. 세 집단은 미술의 어떤 유형(구상미술)에 대해서는 일치했지만, 다른 유형(추상미술)에 대해서는 일치하지 않았다. 전문가와 초보자는 추상화에 대한 선호도에 큰 차이가 있었으며, 준전문가는 그 중간이었다.

또 다른 접근은 초보자에게 창의성 평가를 훈련시켜서 전문가와 가까운 수준으로 올리는 것이 가능한지를 보는 것이다. 이런 테크닉을 사용한 많은 초기 연구에는 결함이 있었다(J. C. Kaufman & Baer, 2002, 2012). 그렇지만 최근 연구는 훨씬 더 엄격한 방법을 사용하였으며 초보자들이 전문가로부터 상호작용적인 피드백을 받으면 향상시킬 수 있다는 것을 보여주었다(Storme, Myszkowski, Çelik, & Lubart, 2014).

비예술 영역들에 대한 더 많은 연구가 필요하다. Simonton(2009)은 가장 꼭대기에 '자연과학'(물리학이나 수학)이 있고, 중간 부분에 '사회과학'(심리학이나 사회학)이 있고, 밑바닥에 예술과 인문학이 위치하는 영역들에 대한 피라미드식 위계를 주장한다. Simonton이 그의 모델에서 사용하는 변인들 중에 영역 수준의 일치성이 포함되어 있다. 만일 새롭고 훌륭한 산출물을 만들기 위해 필요한 성분들에 대한 사람들의 의견 일치가 있다면, 대부분의 전문가들은 이 지식을 가지고 있을 가능성이 높다. 그런 전문성이 없는 초보자들은 그 영역에서 불이익을 당할 것이며, 전문가 수준에서 일치가 부족한 영역보다 일치가 높은 영역에서 초보자가 받는 불이익은 더 많다. 이 개념은 소수만 즐기거나 특화되어 있는 분야일수록 그 분야에 대한 가능한 전문가의 범위가 더 좁아진다고 하는 Amabile(1983)의 제안과 일치한다. 다시 말해 핵물리학 방정식에 대한 창의성을 평가할 수 있는 전문가는 20명밖에 안 되고, 그 외 모든 사람들에게는 의미 없는 허튼소리일 것이다. 그러나 그림이나 이야기는 훨씬 많은 가능한 전문가 집단이 평가할 수 있을 것이다. 물론 주관성은 항상 존재하며, 전문가들이 옳다는 이유로 동의하는 것이 아니기 때문에 주관이 개입될 수밖에 없다. 이런 잠재적 편견에 대해서는 이 책의 후반부에서 논의될 것이다.

다음 장 연결하기

창의성을 측정하는 여러 검사가 있지만, 대부분 확산적 사고를 변형한 것이거나 평가자들을 사용하는 것들이다. 예를 들어 잠재적 창의성 평가 [Evaluation of Potential Creativity(EPoC); Lubart, Besançon, & Barbot, 2011)는 몇몇 연구에서 사용되기 시작했고 전망이 밝지만, 여전히 주로 확산적 사고를 채점하고 평가자들을 사용한다(토런스 검사와 비슷하게 언어성/예술성으로 구분되어 있다). Geneplore 모델에 기초를 둔 또 하나의 검사는 Finke 창의적 발명 검사(Finke Creative Invention Task; Finke, 1990)다. 이 검사는 똑똑하지만(사람들에게 특수한 이름을 가지고 있는 물건을 만들어내도록 한다) 또한 채점을 하기 위해 평가자들이 필요하다. 또한 자기보고식 측정 방법이 있으며 이것에 대해서는 나중에 논의하겠지만 실제로 자신의 능력에 점수를 주는 것에서부터 자신이 창의적 성격을 가지고 있다고 생각하는지까지 광범위할 수 있다. 창의적 성격이란 무엇인가? 질문해주어서 기쁘다. 이제 창의성과 성격을 살펴보는 것으로 제 2부, '창의적인 개인'을 시작하기로 하자.

 역자주

1. 제임스 조이스가 1922년 발표한 장편소설
2. 미국의 작가로 1949년 노벨 문학상을 수상했다.
3. 미국 록 밴드. I don't feel like dancing은 엘튼 존이 피아노 반주를 해주어 화제가 되고 유명해졌다.
4. 미국에서 맛집 등 지역정보 서비스로 유명한 웹사이트
5. 레스토랑 평가 잡지
6. '이런,' '아이쿠!'라는 의미

7. '화 내지 마, 혹은 '진정해'라는 의미

8. dog+wood. 층층나무

9. 개는 색맹이다.

10. 이 책의 저자인 James C. Caufman이 책과 뮤지컬 가사를 썼다. 2015년 뉴욕 Hudson Guild Theater에서 초연된 심리 뮤지컬이다. Michael Bitterman 작곡. Valeria Cossu 감독

11. 사철쑥. 요리에서 허브로 사용된다.

창의적인 개인

창의성과 성격

많은 성격이론이 있지만, 최근 연구에서 가장 널리 사용되고 많은 자료의 뒷받침을 받고 있는 성격이론은 5요인 이론(Five Factor theory)이다(Goldberg, 1992; Hofstee, de Raad, & Goldberg, 1992). 5요인 이론은 모든 가능한 성격 변인들을 다섯 가지 요인으로 간소화시켰다. 이 요인들은 영화 〈대부〉에 나오는 다섯 가족에 빗대어서 가끔 '빅 파이브'라고도 한다. 영화에서는 부하들이 많은데 빅 파이브에는 부하는 적고 자료가 더 많다. 5요인은 각각 행동, 특성, 그리고 경향성의 연속체를 나타낸다. 앞으로 더 자세하게 설명할 빅 파이브는 외향성(extraversion), 신경과민성(neuroticism), 친화성(agreeableness), 성실성(conscientiousness), 경험에 대한 개방성(openness to experience)이다. DeYoung(2006, 2015)의 사이버네틱 빅 파이브(Cybernetic Big Five)에는 가소성(외향성과 개방성으로 구성)과 안정성(신경과민성, 친화성, 성실성)이라는 우선 두 가지 중요한 위계적 요인이 있고, 그 아래에 빅 파이브 요인들, 그리고 맨 아래에 구체적인 요인들(앞으로 논의할 것이다)로 구성되어 있다. 이 위계 모델에서의 가소성 요인이 창의성과 관련성이 높다(Silvia et al., 2009).

요인들 간에 도덕적인 차이는 없다(내향성이 외향성보다 본질적으로 더 좋다거나 나쁘다고 할 수 없다). 그럼에도 불구하고 대부분의 조직들은 어떤 요인들을 더 긍정적으로 판단한다(Kyllonen, Walters, & Kaufman, 2005; McCrae & Costa, 1997). 외향성(내향성과 반대되는)은 사교적이고 주장성이 있는 정도를 말한다(DeYoung, 2015). 외향성은 일반적으로 바람직한 특성으로 생각되지만, 표면적이거나 무례하다는 의미로 생각할 수도 있다. 신경과민성은 긍정적인 면에서 일반적으로 정서 안정성이라고 부른다. 친화성은 수동적이고 순진하면서 아둔함이 있으면서 다정하고 선한 특성이다. 성실성은 자제력, 규칙성, 청렴성(integrity)을 포함하고 있으며, 학업 성취(Conrad & Patry, 2012; Poropat, 2009)나 직장에서의 업무 수행(Brown, Lent, Telander, & Tramayne, 2011)과 연관이 있는 것으로 일관성 있는 연구 결과로 나타난다. 성실성의 덜 긍정적인 측면은 좀 답답하다는 점이다(나의 한 동료는 그것을 '세금계산을 하는 것을 즐기는 사람'으로 표현했다). 마지막으로, 경험에 대한 개방성(줄여서 개방성이라고도 한다)은 개인의 지적 그리고 경험적 호기심을 의미하며 인지적 탐구에 얼마나 관심을 가지고 있는지를 나타낸다(DeYoung, 2014).

다른 이론들에 기초를 둔 인기 있는 성격검사들이 있다. 아이젠크 성격 질문지(Eysenck's Personality Questionnaire)는 외향성, 신경과민성, 정신증적 경향성(공격성, 자기중심성, 독단성 포함)을 검사한다(Eysenck, Eysenck, & Barrett, 1985). 그 외에 자체의 분류 시스템을 사용하는 16 성격 요인 설문지(16 PF), 미네소타 다면성격검사(Minnesota Multiphasic Personality Inventory, MMPI), 마이어스 브릭스(Myers-Briggs)가 있다. 여기에서는 간단하고 좋은 자료도 더 많이 가지고 있는 빅 파이브를 중심으로 창의성과 성격에 대해 살펴보고 빅 파이브의 잠재적 확장이나 개선점에 대해서 탐색할 것이다.

경험에 대한 개방성

창의성과 가장 연관성이 큰 성격 요인은 경험에 대한 개방성이다. 연구자들이 창의성을 연구하는 한 가지 방법은 창의적 성격검사를 하는 것이다. 이런 검사에서 사용되는 질문들은 경험에 대한 개방성을 측정하기 위해 사용되는 것과 놀랍도록 비슷하다. 보통 다음과 같은 문장에 대해 얼마나 동의하는지 점수를 주라고 요구한다.

1. 나는 좋은 상상력을 가지고 있다.
2. 나는 내 아이디어들을 가지고 노는 것을 즐긴다.
3. 미술관에 가는 것은 놀이 시간처럼 재미있다.
4. 나는 깊이 생각하는 것을 정말 좋아한다.
5. 이야기를 만들고 이야기를 따라서 상상의 날개를 펴는 것은 재미있다.
6. 내가 만든 와플이 가게에서 산 것보다 맛있다.

마지막 문장은 내가 만들어낸 것이다(내가 만든 와플을 원한다면 출판사를 통해서 나에게 연락할 수는 있지만 나에게 와플 레시피는 없다). 1번에서 5번까지는 창의적 성격검사에 있는 꽤 보편적인 질문이다. 나의 친구 Maciej Karwowski는 경험에 대한 개방성 점수는 개방성보다 창의성과 훨씬 큰 관련이 있는 것으로 보이는데 왜 경험에 대한 개방성을 그냥 창의성이라고 부르지 않느냐고 돌아가신 Colin Martindale(1989)이 문제를 제기했다고 말했다.

경험에 대한 개방성이 다방면의 창의성과 관련이 있다는 것에 대해서는 세계적인 연구 결과들이 있다. 창의적 활동에 대한 자기보고(Ivcevic & Mayer, 2009; Jauk, Benedek, & Neubauer, 2014), 특히 예술 활동에 대한 자기보고(Hong, Peng, & O'Neil, 2014), 언어적 창의성(King, McKee-Walker, & Broyles, 1996), 전통적으로 창의적인 전문 직업(Domino, 1974)이나 전공(Furnham & Crump, 2013; Silvia et al., 2009), 자기가 평가한 창의성(Furnham, 1999), 창의적 정체성과 자기효능감(Karwowski & Lebuda, 2015; Karwowski, Lebuda, Wisniewska, & Gralewski, 2013), 확산적 사고 검사(McCrae, 1987; Sánchez-Ruiz, Hernández-Torrano, Pérez-González, Batey, & Petrides, 2011), 이야기 속의 창의성(Wolfradt & Pretz, 2001), 자서전적 포토 에세이(Dollinger & Clancy, 1993), 은유(Silvia & Beaty, 2012)에 이르기까지 광범위하다.

경험에 대해 더 개방적인 집단이 또한 더 창의적이다─가장 높은 창의성은 경험에 대한 개방성이 다양한 방면에 걸쳐 있는 다양한 사람들로 구성된 집단에서 발견된다(Schilpzand, Herold, & Shalley, 2011). 또한 개방성은 장기간에 걸친 예측도 가능하다. 27세 때 더 관대했던 사람들이 72세 때 창의적인 성취를 더 많이 한 것으로 나타났다(Feist & Barron, 2003). 창의적 성격은 전 생애에 걸쳐서 지속될 수 있지만 또한 높을 때가 있고 낮을 때도 있다. 네 가지 연령집단을 대상으로 수행한 한 횡단적 연구에서 나이가 많은 성인들은 자신들의 연령이 증가함에 따라서 창의적 성격에서 높아진 부분도 낮아진 부분도 있다고 지각하는 것으로 나타났다(Hui et al., 2014).

"그래, 정말 그런 것 같아"라고 생각할지 모르지만, 실은 좀 더 복잡하다. 만일 "그래 맞아"라는 기분을 계속 유지하고 싶다면 몇 페이지를 넘겨서 다음 제목이 있는 곳으로 건너뛰어도 말리지는 않겠다. 내가 트와일라잇 존 재방송을 봐야 할 시간에 꾹 참고서 이런 복잡한 것들을 이해하기 위해 성격 관련 문헌에 파묻혀 얼마나 많은 시간을 보냈는지 알고서도 그냥 페이지를 넘겨도 미안하게 생각하도록 하고 싶지는 않다.

이제 학구열에 불타는 여러분들과 함께 계속해 나가자. 가장 일반적인 성격 평가에서 경험에 대한 개방성은 환상(좋은 상상력), 미학(예술적), 감정(감정을 느끼고 감정을 중요하게 생각하는 것), 행동(새로운 것들을 시도하고 관심사가 많은), 아이디어(호기심, 똑똑함, 도전을 즐김), 가치관(비관습적, 자유로운)의 여섯 가지 하위요소로 나뉜다(Costa & McCrae, 1992).

어떤 하위요소는 그것 자체가 창의성이기 때문에 분명하게 창의성과 연관되어 있다. 어떤 하위요소는 창의성에 대한 연결이 덜 직접적이다. 예를 들어 행동 하위요소가 매우 높은 사람을 생각해보라. 이 사람들이 새로운 음식을 먹거나 새로운 언어를 배우는 것을 좋아한다는 것은 쉽게 생각할 수 있다. 또한 이런 사람들이 창의적일 것이라는 것은 분명히 이해가 되지만 그 연결은 덜 직접적이다. 가장 분명한 연결은 감각 추구나 위험 감수일 것이다. 가치관과 감정도 이해는 되지만 덜 분명하다(엄격하고, 조용하고, 보수적인 많은 창의적인 사람들이 있다). 그런데 이 연결을 지지하는 연구가 있다. 자신이 더 보수적이라고(사회적/정치적인 면에서) 스스로 보고한 학생들이 더 자유로운 급우들보다 창의적인 업적이 더 적고 그들의 포토 에세이도 덜 창의적으로 평가되었다(Dollinger, 2007). 그 밖에 Kenett, Anaki, Faust(2015)는 창의적인 사람들이 비관습적인 자극을 더 잘 처리하고 이해하는 것을 발견했다.

McCrae(1987)는 하위요소와 몇 가지 확산적 사고(대부분 유창성을 측정)와의 관계를 살펴보았다. 모든 하위요소가 의미 있는 상관이 있었으며, 가장 상관이 낮게 나타난 것은 행동이었다. 이 관계는 McCrae가 어휘 점수와 교육을 통제했을 때조차 의미 있는 것으로 나타났다(비록 그 정도는 약해졌지만). Dollinger와 Clancy(1993)의 성격과 자서전적 포토 에세이(자신의 이야기를 사진을 통해서 말하는 것)에 대한 연구에서, 미학 측면은 여성과 남성 모두에게서 창의성과 유의미한 상관이 있었으며 아이디어 측면에서는 여성에게서 창의성과 관련이 있었다.

Perrine과 Brodersen(2005)은 경험에 대한 개방성, 흥미, 예술적 창의성 대 과학적 창의성을 조사했다(모두 서베이를 사용하여). 6개 하위요소 중 5개(가치관을 제외하고) 모두가 예술적 창의성과 상관이 있었으며 그중에서 미학이 가장 큰 상관이 있는 것으로 나타났다. 오직 아이디어와 가치관만 과학적 창의성과 관련이 있었다. 흥미를 포함시켰을 때, 그 결과는 일관성을 유지했다. 예술적 흥미는 예술적 창의성을 예측하는 데 도움이 되고 탐구적 흥미는 과학적 창의성을 예측하는 데 도움이 되는 것으로 나타났다.

경험에 대한 개방성에 대한 관점과 비슷한 관점을 감각 추구에 대한 Zuckerman(1994)의 연구에서 볼 수 있다. 경험에 대한 개방성이 한 부분은 창의성 그리고 다른 한 부분은 모험 감수로 되어 있듯이, 감각 추구도 비슷하게 혼합되어 있다. Zuckerman은 지루함에 대한 민감성(지루함에 대한 비관대함), 탈억제(과한 알코올 섭취나 하룻밤 정사와 같은 사회적인 위험 행동), 경험 추구(예술이나 박물관과 같은 새로운 경험에 대한 요구), 스릴과 모험 추구(번지점프와 같은 신체적으로 위험한 행동하기) 차원으로 구분했다. 실제로 감각 추구는 창의성과 관련이 있는 것으로 나타났다(Oral, 2008; Rawlings, Twomey, Burns, & Morris, 1998).

경험에 대한 개방성과 창의성의 관계에는 많은 미묘한 것들이 포함되어 있다. 대표적인 것이 영역과의 상호작용이다. Benedek, Borovnjak, Neubauer, Kruse-Weber(2014)에 의한 여러 유형의 음악가들을 비교한 연구에서 재즈 음악가들이 고전 음악가들보다 경험에 대한 개방성이 더 높은 것으로 나타났다(확산적 사고도 더 높았다). 마찬가지로 Fink와 Woschnjak(2011)는 현대 무용가들이 발레나 재즈/뮤지컬 무용가들보다 경험에 대한 개방성이 더 높은 것을 발견했다. Maslej, Rain, Fong, Oatley, Mar(2014)는 작가들과 비작가들을 비교하고 작가들이 개방성의 아이디어 측면과 미학 측면 모두에서 더 높은 것으로 나타났다(그리고 전체적인 경험에 대한 개방성도 높았다).

새로운 경험에 대해 개방적인 성격은 창의적인 사람이 더 생산적이도록 하는 데도 도움이 될 수 있다. King 등(1996)은 창의적이고 경험에 대한 개방성이 높은 사람이 창의적인 성취를 더 많이 보고하는 경향이 있는 것을 발견했다. 그런데 창의적이면서 경험에 대한 개방성이 낮은 사람은 상대적으로 창의적인 성취를 덜 하는 것으로 나타났다. Jauk 등(2014)은 개방성과 창의적 잠재력이 창의적 활동에 참여하는 것을 예측한 반면에, 실제 창의적 성취는 창의적 활동 참여와 지능에 의해 예측된다고 한다.

경험에 대한 개방성의 힘에 대한 일반적인 연구 결과는 비예술 영역까지도 포함하는 여러 영역에서 찾아볼 수 있다. Christensen, Drewsen, Maaløe(2014)에 의한 똑똑한 연구는 어떤 형용사를 사용해서 이상적인 직원을 묘사하는지 알아보기 위해 회사의 사원모집 광고를 샅샅이 뒤져 보았다. 그 결과 그들은 특별히 창의적인 직원을 찾는 회사들은 개방성과 밀접한 관련이 있는 형용사들을 사용하는 것을 발견했다. Feist(1998)는 많은 실증적 연구들을 함께 연구하여 더 큰 형태를 찾아볼 수 있는 방대한 메타분석 연구를 수행했다. 성격과 창의성 간의 관계를 살펴본 결과 그들은 창의적인 과학자는 덜 창의적인 과학자보다 경험에 대해 더 개방적이고, 예술가는 비예술가보다 경험에 대해 더 개방적인 것을 발견했다. Grosul과 Feist(2014)는 전문 과학자들을 대상으로 한 검사에서 개방성이 출판과 인용을 근거로 측정한 창의성을 예측하는 것을 발견했다. 그렇지만 중국의 고등학교 학생들에 대한 한 최근 연구에서는 개방성이 음악, 미술, 글쓰기에서의 자기보고식 창의적 성취와 관련이 있지만 과학이나 테크놀로지와는 관련이 없는 것으로 나타났다(Hong et al., 2014).

DeYoung, Quilty, Peterson(2007)은 일련의 연구에서 빅 파이브의 각 요인을 두 가지 다른 요인으로 분류할 수 있다는 것을 보여주었다. 그들은 경험에 대한 개방성에 대한 15가지 검사를 실시하고 경험에 대한 개방성이 지적 능력과 개방성의 두 가지 하위요인으로 가장 잘 설명되는 것을 발견했다. 개방성 요인에 대한 이 연구를 기초로 해서 Nusbaum과 Silvia(2011b)는 개방성, 지성, 유동성 지능(추리와 공간 능력), 창의성(자기보고식 창의적 활동과 성취) 간의 관계를 조사했다. 예측할 수 있듯이, 개방성(지능은 아니다)은 창의성을 예측했으며, 지성(개방성은 아니다)은 유동성 지능을 예측했다.

S. B. Kaufman(2013)은 이런 연구를 더 확대했다. 그는 여러 가지 성격 척도를 사용하여 개방성/지성으로 구분하는 것을 넘어서 개방성의 4요인 모델을 개발했다. 개방성과 관련된 두 요인은 정서적 전념(engagement, 다시 말해서 자신의 감정과 기분에 얼마나 관여하느냐) 그리고 미학적 전념(아름다움을 추구하는 생각)이다. 지성과 관련된 두 가지 요인은 지적 전념(진리를 탐구하고 아이디어를 사랑하는 것)과 명시적 인지 능력(IQ와 비슷함)이다.

창의적 성취 질문지(Creative Achievement Questionnaire; Carson, Peterson, & Higgins, 2005)를 사용하여 S. B. Kaufman(2013)은 개방성/지성 요인에 기초한 영역 차이를 발견했다. 지적 전념은 발명과 과학에 관련이 있었고, 명시적 인지 능력은 과학과 정적 상관이 있었고 요리와는 부적 상관이 있었다(이것은 바보 요리사라는 편견을 말해주는가?). 정서적 전념은 음악, 무용, 유머, 연극/영화, 전체 창의적 성취와 정적 상관이 있었으며 과학과는 부적 상관이 있었다. 미학적 전념은 시각 예술, 음악, 무용, 연극/영화, 전체 창의적 성취와 상관이 있었다. 큰 표본을 사용한 추후연구에서도 개방성과 예술적 성취가 상관이 있고 지성과 과학적 성취가 상관이 있는 것으로 나타났다(S. B. Kaufman et al., 2015). 지적 전념도 또한 지능 및 확산적 사고 모두와 상관이 있는 것으로 나타났다.

개방성/지성 요인에서의 지성을 이론적으로 확장한 것이 이론적 지능 틀(Theoretical Intellect Framework; Mussel, 2013)이다. 그것은 지성을 조작과 초점의 두 차원으로 나눈다. 초점은 동기에 뿌리를 두고 있다(추구하거나 정복하고 싶어 하는가). 조작에는 사고(추리와 결론 내리기), 학습(지식 습득), 창조(글자 그대로 창조)의 세 가지 조작이 있다. Mussel, McKay, Ziegler, Hewig, Kaufman(2015)은 자기보고식 창의성 점수가 높은 것은 창조 조작과 가장 큰 상관이 있었지만, 수행 기반 창의성 점수(사진 제목 달기 점수)와 원격연합검사 점수는 사고와 가장 큰 상관이 있는 것을 발견했다.

Connelly, Ones, Davies, Birkland(2014)는 개방성 요인에 대한 다른 관점을 소개했다. 우선 그들은 개방성 내에서 Costa와 McCrae의 하위요인들과 비슷하지만 다른 11개 특성을 확인했다. 그것들은 미학, 환상, 혁신, 내성, 감정에 대한 개방성, 감각에 대한 개방성, 다양성 추구, 자율성

(예 : 독립성), 비관습성(예 : 자유로움과 비독단성), 관용, 스릴 추구다. 그다음에 그들은 메타분석을 하여 이 특성들 중에서 서로 다른 네 가지를 찾아냈으며 이것을 네 가지 측면(facet)이라고 했다.

Connelly 등(2014)이 찾아낸 네 가지 측면 중 세 가지는 S. B. Kaufman (2013)의 네 가지 하위요인과 거의 비슷한 것으로 보인다. Connelly 등 (2014)이 말하는 유미주의(aestheticism), 감각에 대한 개방성, 내성 (introspection)은 각각 S. B. Kaufman이 말하는 미학적 전념, 정서적 전념, 지적 전념과 매우 비슷하다. 전혀 관련성이 없는 두 연구가 모두 이 세 가지 핵심 성분을 도출한 것은 그것들의 중요성을 강화한다고 볼 수 있다. 두 연구의 차이점은 4번째 요인에 있다. S. B. Kaufman은 명시적 인지 능력이라고 한 반면에 Connelly 등은 비관습성이라고 했다.

이 차이는 상당한 자료 해석의 차이를 만들어낸다. Connelly 등(2014)은 그들의 유미주의와 감각에 대한 개방성을 DeYoung 등(2007)의 지성과 비교하고 내성과 비관습성을 DeYoung 등(2007)의 지성과 비교했다. 다른 한편, 그들은 궁극적으로 DeYoung 등(2007; DeYoung, 2014, 2015)이 개방성과 지성으로 구분하는 것에 반대하면서 대신에 지성을 개방성 아래에 두었다. 통계적인 문제를 떠나서, 나는 이론적 관점에서 DeYoung 등의 접근을 개념적으로 좋아한다. 그래서 Connelly 등의 모델이 여러 측정치들과 창의성 모델들을 어떻게 예측하는지를 살펴보는 것은 재미있을 것이다(나에게는 재미있지만 나 자신은 따분한 사람이다).

이 연구들은 우리를 어디로 데려갈까? 가장 큰 공통적인 주제는 경험에 대한 개방성과 창의성 간의 연관성이 꽤 강하고 일관성 있게 나타난다는 것이다. 그러나 그 관계는 생각했던 것보다(이 책의 1판에서 내가 생각했던 것도 포함해서) 또한 더 복잡하다. 이 분야에서(그리고 아마도 모든 분야에서) 반복적으로 나타나는 패턴은 특수한 사소한 것들에 따라서, 많은 다양한 차원과 척도를 가지고 있는 두 가지 복잡한 구인 간에는 정적이거나 부적인 그리고 강하거나 약한 혹은 전혀 무관한 관계가 있을 수 있다.

성실성

경험에 대한 개방성은 분명히 창의성과 연결되어 있다. 악마는 작은 디테일 속에 있다. 그러나 성실성에 대한 연구는 영역의 상호작용이 있기 때문에 더 복잡하다. 전통적인 빅 파이브 척도로 측정한 결과는 예술에서 창의성은 성실성과 부적 관계를 보였다. 다시 말해 창의적인 예술가들은 성실하지 않은 경향이 있다(드러머와 피자의 차이가 무엇인가 하는 오래된 농담이 생각난다. 그 답은 피자는 4명 가족의 배를 불릴 수 있다이다).

성실성에 대한 이런 연구 결과는 스토리에 대한 창의성 점수(Wolfradt & Pretz, 2001), 자서전적 자료(Walker, Koestner, & Hum, 1995), 예술을 중심으로 한 창의성 측정치(Furnham, Zhang, & Chamorro-Premuzic, 2006)에서 나타났다. 마찬가지로, Lievens, Coetsier, De Fruyt, Maeseneer (2002)는 예술 전공자들이 다른 전공자들보다 덜 성실한 것을 발견했으며 J. C. Kaufman(2002)은 창의적인 작가들이 언론인들보다 덜 성실한 것을 발견했다. Feist(1998)는 메타분석을 한 결과 예술가들이 비예술가들보다 덜 성실한 것을 발견했으며, Fink와 Woschnjak(2011)는 현대 무용가들이 발레와 재즈/뮤지컬 무용가들보다 덜 성실한 것을 발견했다.

반대로, Feist(1998)는 과학자들이 비과학자들보다 훨씬 더 성실하다는 연구 결과도 발견했다. 이 연구 결과는 대학교 전공 선택에 있어서도 반복적으로 나타냈다. 전공이 과학, 기술, 공학, 수학(STEM) 분야와 관련이 있는 학생들은 예술 전공 학생들보다 더 성실할 뿐만 아니라 사회과학 전공 학생들보다도 눈에 띄게 더 성실했다. 비록 전통적인 빅 파이브 성실성 척도를 사용하지는 않았지만 Furnham과 Crump(2013)는 과학 전공이 예술 전공보다 더 규칙을 잘 지키고 완벽주의인 것을 발견했다.

하지만 과학자와 창의적 과학자는 다르다는 것에 주목할 필요가 있다. Feist(1998)의 메타분석 결과는 창의적인 과학자들이 덜 창의적인 과학자들보다 반드시 더 성실한 것은 아니라는 것을 보여주었다. 사실, 과학자들에게서 낮은 성실성과 높은 창의성 간의 연결을 발견한 연구는 4개뿐이지만, 그 효과는 큰 것으로 나타났다.

Chamorro-Premuzic(2006)은 창의적인 사고와 성실성이 학생들의 성공을 예측하는 데 있어서 어떻게 다른지 살펴보는 흥미 있는 연구를 했다. 그는 창의성은 학생들이 논문을 얼마나 잘 쓰는지와 관련이 있는 반면에 성실성은 시험을 얼마나 잘 치는지와 더 관련이 있는 것을 발견했다. 창의적인 학생들은 구두시험, 집단 프로젝트와 논문 작성을 더 좋아하는 경향이 있었고, 더 성실한 학생들은 선다형과 에세이 시험을 더 선호했다. Moutafi, Furnham, Paltiel(2004)은 덜 지적인 사람들은 성공하기 위해서 매우 성실한 태도로 만회하려고 노력한다고 제안한다. 아마도 창의성에도 이와 비슷한 관계가 존재하는 것 같다. 창의적인 학생들은 창의적인 활동을 할 수 있고 스스로 시간표를 짤 수 있는 활동을 즐기는 반면에, 덜 창의적인 학생들은 (시험공부를 하는 것과 같이) 순수하게 의지력으로 성취할 수 있는 과제를 더 좋아할 수 있다.

이 모든 것은 무엇을 의미하는가? 예술에서는 창의적인 사람들이 훨씬 덜 성실하고 과학에서는 전반적으로 놀라울 정도로 성실한 경향이 있다. 평균적으로 볼 때 보통 과학자는 보통 예술가보다 더 성실한 경향이 있다 (그리고 그들은 이것을 밝혀내도록 우리에게 돈을 준다). 하지만 한 영역

속에서, 과학자들만 살펴보면, 성실성 요인은 특별히 도움이 되지 않고 오히려 해를 끼칠 수도 있다. King 등(1996)은 덜 창의적인 사람들에게는 더 창의적인 업적을 산출하기 위해 성실성이 도움이 된다는 흥미 있는 결과를 발견했다. 이 결과와 Feist의 메타분석을 종합하면, 아마도 진정으로 창의적인 과학자들은, 영감의 순간보다는 밤 늦게까지 땀 흘려 일해서 성공하는 사람들이 필요로 하는 만큼의 성실성을 필요로 하지 않는다는 것이다.

예술과 과학 이외의 분야를 살펴보는 것도 또한 중요하다. 기업에 관심이 있는 사람들(비즈니스 지향적인)은 더 성실한 경향이 있다(Larson, Rottinghaus, & Borgen, 2002). 하지만 과학과 마찬가지로 그렇다고 그 분야에서 더 창의적이라고 말할 수는 없다. George와 Zhou(2001)는 조직 내에서의 경험에 대한 개방성과 성실성을 연구하고, 이 두 가지 성격 요인과 직장에서의 창의적인 행동을 관련시키는 데 있어서 상사의 피드백과 과제의 구조가 핵심적인 역할을 한다는 것을 발견했다. 상사로부터 긍정적인 피드백을 받고 과제가 개방적인 상황에서는, 경험에 대한 개방성이 높은 사람들이 더 창의적인 결과를 내놓았다. 일에 대한 밀접한 감시를 당할 때에는, 성실성이 높은 사람이 덜 창의적인 결과를 내놓았다. 그밖에, 매우 성실한 사람들은 트집을 잡고, 일반적으로 비협조적이고, 부정적인 작업 환경을 조성할 가능성이 더 많다. 이런 요인들은 창의성 수준을 현저히 낮추는 결과를 낳는다.

성실성은 일반적으로 긍정적인 작업 결과와 관련이 있으며(출근시간을 잘 지키고 마감시간까지 프로젝트를 완성하는 일), 따라서 이런 부정적인 연구 결과를 찾기는 쉽지 않다. Gelade(1997)에 의한 광고와 디자인 일을 하는 직장인들에 대한 흥미로운 연구에서도 창의성과 성실성 간에 부적 관계가 있는 것으로 나타났다(그리고 신경과민성, 외향성, 경험에 대한 개방성과는 정적 관계가 나타났다).

경험에 대한 개방성이 개방성과 지성으로 구분되듯이, 성실성도 또한 나뉠 수 있다. 하나는 근면하고 성취에 초점을 두는 것이고, 다른 하나는 질서정연하고 신뢰할 수 있는 것을 의미한다(Roberts, Chernyshenko, Stark, & Goldberg, 2005; DeYoung et al., 2007). 만일 성실한 아이가 숙제를 제시간에 제출한다면, 근면한 아이는 A 점수를 받기 위해서이다. 반면에 질서정연한 아이는 마땅히 규칙을 지켜야 한다고 생각하기 때문이다. 하지만 일반적으로 근면함이 실제 학업 성취와 상관이 더 높다(Corker, Oswald, & Donnellan, 2012).

어떤 메타분석 결과들은 근면함은 창의성과 상관이 있지만 질서정연함은 창의성과 상관이 없다고 한다(Hough, 1992; Barrick & Mount, 1991). Reiter-Palmon, Illies, Kobe-Cross(2009)는 창의성과 성실성에서 협동적 억제 효과가 일어난다는 증거를 발견했다. '협동적 억제 효과'란 매우 복잡한 상황을 의미하는 통계학적 용어이기 때문에 상세하게 설명하지 않기로 한다. 핵심은, 근면함과 질서정연함은 관련이 있다는 것이다(둘 다 성실성의 하위 요인이기 때문에 당연하다). 근면함은 창의성과 정적 상관이 있고 질서정연함은 창의성과 (약한) 부적 상관이 있다. 하지만 그것들은 독립적으로 측정되지 않고 일반적으로 하나(성실성)로 측정되기 때문에 상관이 없는 것같이 보인다. 그것은 마치 당신이 땅콩버터는 좋아하고 바나나는 싫어할 경우에 땅콩버터 바나나 샌드위치가 당신에게 아무런 의미가 없는 개념이라는 것과 비슷하다. 당신은 그 샌드위치를 내버리고 싶지도 않지만 아주 좋아하지도 않을 것이다.

근면함과 질서정연함에 대한 예술과 과학을 비교하는 더 깊이 있는 연구가 나오기를 기대한다. 나 개인적으로는 예술가들은 질서정연함과는 강한 부적 상관이 있고 근면함과는 낮은 정적 상관이 있는 것으로 영역 효과가 나타날 것이라고 생각한다. 창의성에 있어서 인내—완수하기 위해 끈기를 가지고 노력하는 것—에 대한 연구가 아직 부족하다. 오히려 사람들은 실제로 창의적 수행에서 인내의 역할을 평가절하하는 경향이 있다는 흥미로운 연구 결과도 있다(Lucas & Nordgren, 2015).

나머지 성격 요인들

경험에 대한 개방성과 성실성을 제외한 나머지 세 가지 성격 요인들 중 하나인 신경과민성에 대해서는 8장에서 자세하게 설명하겠지만 매우 복잡하다. 창의성과 정신 질환의 관계는, 많은 의견들과 개인적인 느낌을 제외하고 실제 자료들만 다룬다고 해도, 독립적으로 한 장 이상에서 다루어야 하는 복잡하게 연결된 주제다(한 권으로 된 J. C. Kaufman, 2014 참조). 신경과민성의 두 가지 측면은 철회(withdrawal)와 변덕(volatility)이다(DeYoung, 2015).

네 번째 요인인 외향성은 창의성과 연결되어 있는 것 같다. 분명하게, 외향성은 환상적 스토리를 통해서 창의성을 측정하거나(Martindale & Dailey, 1996), 학문적 성취를 통제한 후에 자서전적 자료를 분석하거나(King et al., 1996), 자기보고식 창의적 행동이나(Furnham & Bachtiar, 2008), 확산적 검사에서도(Batey, Chamorro-Premuzic, & Furnham, 2009; Furnham & Nederstrom, 2010) 창의성과 관련이 있는 것으로 나타났다.

연구들은 여러 유형의 창의성을 비교했다. 공연 예술을 하는 학생들은 시각 예술을 하거나 창의성 관련 경험을 하지 않는 학생들보다 더 외향적이었으며(Silvia et al., 2008), 예술 전공자들은 일반 전공자들보다 더 외향적이었다(Silvia & Nusbaum, 2012). 마찬가지로, S. B. Kaufman 등(2015)은 외향성이 과학 관련 창의적 성취보다 예술 관련 창의적 성취와 더 많이 관련되어 있는 것을 발견했다. 그러나 Roy(1996)는 예술가들이 비예술가들보다 더 내향적인 것을 발견했다. 몇몇 다른 연구들(가장 대표적으로 Matthews, 1986; McCrae, 1987)은 유의미한 관계를 전혀 발견하지 못했다. Feist(1998)의 메타분석 결과에서는 과학자들이 비과학자들보다 훨씬 더 내향적인 것으로 나타났다 — 하지만 창의적인 과학자들은 덜 창의적인 과학자들보다 더 외향적이었다. 예술가들의 경우에는 비예술가들보다 더 외향적인 작은 효과가 있었다.

DeYoung(2015)의 사이버네틱 빅 파이브에서 외향성의 두 가지 측면은 열정(enthusiasm)과 주장성(assertiveness)이다. 이와 관련한 소수 연구들 중 하나인 Maslej 등(2014)의 연구에서는 작가들을 대상으로 외향성의 두 가지 측면과 창의성을 살펴본 결과, 주장성에서는 차이가 없었지만 작가들이 비작가들보다 더 높은 활동 수준(이 연구에서는 열정 대신에 활동 수준을 사용했다)을 보여주었다.

빅 파이브의 다섯 번째 요인인 친화성에 대한 연구는 거의 없다. 일반적으로 창의적인 사람과 그중에서도 특히 과학을 좋아하는 창의적인 사람과 친구하면서 노는 것은 재미가 없다고 생각하는 사람이 많다. 친화성의 두 가지 측면은 동정심(compassion)과 공손함(politeness)이다(DeYoung, 2015). 창의성과 상관이 있는 것은 부적 상관이 있는 공손함이다. Feist(1998)의 메타분석 결과에서는 창의적인 과학자들이 덜 창의적인 과학자들보다 친화성이 낮고(또한 Feist, 1993 참조, 특히 오만과 적대감이 연결된 것을 발견함), 예술가들이 비예술가들 보다 친화성이 낮은 것을 발견했다(또한 Burch, Pavelis, Hemsley, & Corr, 2006 참조). 정직성/겸손도 또한 자기보고식 창의적 성취와 부적 상관이 있었다(Silvia, Kaufman, Reiter-Palmon, & Wigert, 2011; 또한 King et al., 1996 참조). 비즈니스와 관련하여 Hunter와 Cushenbery(2014)가 팀을 대상으로 연구한 결과, 비친화적인 사람의 아이디어가 다른 사람들의 아이디어보다 더 독창적이지 않았지만, 그 팀에서 채택될 가능성은 더 많은 것으로 나타났다. 그러나 이 효과는 환경이 새로운 아이디어를 지지할 때는 최소화되었다.

사람들의 여러 정적 특성은 창의성과 연결되어 있다. Batey와 Furnham(2006)은 비록 예술적 그리고 과학적 창의성이 친화성과 부적으로 연결되어 있어도 일상생활 창의성은 친화성과 정적 상관이 있다고 했다.

그 무엇도 간단하지 않다.

여러 요인을 합치거나 분리해서 새로운 모델을 제시한 사람 중에 DeYoung(2006, 2014, 2015)과 S. B. Kaufman(2013)만 있는 것은 아니다. Fürst, Ghislett, Lubart(2014)는 가소성, 확산성, 수렴성의 세 가지 요인을 제안한다. 가소성은 외향성, 개방성, 영감으로 구성된다. 확산성은 불복종, 산만함, 비친화성, 불성실성을 포함한다. 수렴성은 비판적 감각, 인내, 정확성을 포함한다. 가소성과 확산성은 모두 아이디어 생성과 관련이 있고, Fürst 등의 모델에서 일상생활의 창의성 강도와 성취 모두와 관련되어 있다. 수렴성은 아이디어 선택과 연결되어 있으며 일상생활 창의성 성취와 연결되어 있다.

다음 장 연결하기

다음 장에서는 창의성과 동기에 대해 깊이 살펴볼 것이다. 창의성과 동기도 또한 당신의 관점에 따라서 간단하게 보일 수도 있고 복잡하게 보일 수도 있다.

창의성과 동기

성격에 대해서도 그러했듯이, 나는 한 가지 중요한 이슈에 초점을 맞추어 그동안 수행된 방대한 양의 연구를 기초로 해서 자세하게 논의해볼 것이다. 그것은 바로 내재적 동기 대 외재적 동기 그리고 그것들과 창의성 간의 관계에 대한 문제들이다. 성격에 대한 빅 파이브와 마찬가지로 창의성과 동기의 관계도 매우 복잡하다. 이런 복잡한 관계 그리고 이에 관련한 미묘한 차이점들에 대해서도 논의할 것이다.

내재적으로 동기화된 사람은 그것을 즐기기 때문에 혹은 그것으로부터 개인적인 의미를 얻기 때문에 그 활동을 한다. 반대로, 외재적으로 동기화된 사람은 점수, 돈, 혹은 칭찬과 같은 외적인 이유 때문에 무언가를 한다(Deci & Ryan, 1985, 2010; Ryan & Deci, 2000). 간단하게 말하면, 당신은 그것을 좋아하거나 큰 가치가 있기 때문에, 혹은 어떤 방식으로든 보상을 받기 때문에 무엇인가를 하려고 한다. 본질적으로 어느 것이 더 좋거나 더 나쁜 것은 없다. 가끔은 화장실 청소와 같이 내재적으로 동기화되기 어려운 상황이 있다. 화장실 청소에 내재적 동기를 불러일으킬 수 있는 자신의 성취에 대한 자부심, 강한 직업윤리 등의 측면이 있을 수 있다. 하지만 그 경험 자체가 보상이 되기는 어렵다. 만일 당신이 화장실 청소를 한다면 특별한 결과(화장실의 나쁜 냄새 제거와 같은)를 바라거나 누군가 당신에게 돈을 주기 때문일 것이다.

어떤 활동은 그 동기를 분류하기가 쉽다―내가 나의 개 커비와 노는 이유는 내가 좋아하기 때문이다. 누구도 나에게 무언가를 지불하지 않는다(만일 돈을 보내는 누군가가 있다면, 커비가 스위스 은행계좌로 나에게는 말하지 않고 돈을 보내고 있는 것이다). 내가 대학원생이었을 때, 어떤 과제를 수행하는 동안 뇌를 스캔하는 MRI 연구에 가끔 자발적으로 참여했다. 40달러를 받을 수 있었기 때문에 그 연구에 참여하는 것을 선택했고, 그 당시에는 그 돈으로 피자 가게에 가서 가지와 소시지를 넣은 칼조네[1] 8개 정도를 살 수 있었다. 하지만 다른 무엇인가도 그 동기에 포함되어 있었다. 나는 가르치는 일을 일반적으로 즐기지만, 돈을 전혀 받지 않고 가르칠 것 같지는 않다. 만일 수업을 하고 돈을 받지 않는다면 나는 보고서나 시험지를 거의 채점하지 않을 것이다―특히 반복적으로 맞는 답에 동그라미만 하는 선다형 시험이라면. 그러나 나는 멘토로서 학생들과 이야기하는 것을 좋아하고 특별한 보상이 없어도 함께 일하는 경우가 많다.

여기에 어려운 문제가 또 하나 있다―나는 왜 이 책을 쓰고 있는가? 분명히 돈 때문은 아니다. 자기계발서나 심리학개론 교재 이외의 그 어떤 학문적인 책도 시간당 기본임금 이상의 돈이 되지는 않는다. 하지만, 외재적 동기는 칭찬(매혹적인 목소리로, "Kaufman 박사, 창의성에 대한 당신의 책을 정말 재미있게 읽었어요"와 같은) 혹은 외적 평가나 비평이 될 수 있다. 만일 이 책을 쓰는 이유가 쓰는 즐거움만을 위한 순전히 내재적으로 동기화된 것이라면, 이 책을 읽을 사람이 있을까 하는 것은 중요하지 않을 것이다. 그래서 책을 다 쓴 후에 컴퓨터에서 파일을 삭제해버릴 수 있을 것이다(출판사에서는 난리가 나겠지만).

이 책을 다시 쓰는 과정에는 내가 좋아하는 부분도 있고 일처럼 느껴지는 부분도 있으며, 큰 실수가 없는지 내가 쓴 것을 확인하기 위해 다시 읽는 일은 좀 지루하다. 적절한 예를 생각하거나 초판이 나온 이후에 밝혀진 내용(혹은 초판에서 놓친 내용)을 발견하는 일은 재미있다.

선택은 종종 내재적 동기에서 중요한 것으로 보인다(Cordova & Lepper, 1996). 강요를 받아서 하는 일을 사랑하기는 어렵다. 흥미롭게도, 선택의 중요성은 대부분 서양 세계의 현상이다. 아시아 아동들에게는 미국 아동들보다 선택은 내재적 동기를 결정하는 데 훨씬 덜 영향을 미친다(Iyengar & Lepper, 1999). 사실, 집단주의 사고방식을 강조하는 시나리오의 역할놀이를 할 때 선택이 내재적 동기에 더 작은 영향을 미치는 것으로 나타났다(Hagger, Rentzelas, Chatzisarantis, 2014). Paletz, Peng, Li(2011)는 중국, 일본, 그리고 미국 학생들에게 두 가지 직업을 제시하고 어느 직업이 더 창의적인지 물었다. 아시아 학생들은 경험을 통해 창의성을 외현적으로 표현하는 직업(과학자나 발명가와 같이)을 선택하는 경향이 있었다. 반대로 미국 학생들은 그들의 성향을 통해 창의성을 내적인 방식으로 나타내는 직업(철학자 혹은 영적인 사람)을 선택했다.

선택은 문화에 따라서 동기와 관련이 있을 수도 있고 없을 수도 있는 반면에 목표는 분명히 중요한 영향을 미친다(Barron & Harackiewicz, 2001; To, Fisher, Ashkanasy, & Rowe, 2012). 하고 있는 동안에 배울 수 있기 때문에 무엇을 하는 것을 의미하는 학습 목표(또한 숙달 목표라고도 한다)가 있다. 스페인어나 티라미수[2]에 대해 알고 싶기 때문에 퇴근 후 저녁에 배울 수 있는 스페인어 강좌나 티라미수 만드는 강좌를 신청할 수 있다. A학점을 받을지 A⁻를 받을지에 대해서는 신경 쓰지 않는다. 또 다른 목표 유형은 수행 목표다 — 과제를 얼마나 잘 수행하는지에 초점이 맞추어져 있으며 실제로 얼마나 배우는지에 대해서는 관심이 덜하다(Midgely, 2014). 시험에 통과해야만 수학 보강 수업을 안 할 수 있다면, 당신은 얼마나 많이 배우는지보다는 시험 점수를 얼마나 잘 받는지에 훨씬 더 관심을 가질 것이다. 운전면허 시험도 또 다른 좋은 예다. 당신도 나와 같다면, 면허증을 따는 매우 특수한 목표를 가지고 그 시험을 통과하기를 원했을 것이다. 수행 목표는 다시 수행-입증 목표와 수행-회피 목표로 나눌 수 있다. 수행-입증 목표는 당신이 잘할 수 있다는 것을 보여주고 싶어 하는 목표이고, 수행-회피 목표는 무능함을 보여주고 싶어 하지 않는 목표다.

당신의 목표는 과제와 함께 변한다. 요리를 예로 들어보자. 어떤 때는 새로운 것을 배우고 싶어서 새로운 요리를 시도한다. 실제 결과물의 성공보다는 새로운 기술이나 재료를 혼합해서 새로 태어날 요리를 만드는 것에 더 관심이 있다(예를 들어 연어와 꿀은 대개 궁합이 좋지 않다). 어떤 사람에게 좋은 인상을 주기 위해 요리를 할 때와 같이 경우에 따라서는 요리를 하면서 뭔가 배우는 것보다는 완벽한 요리를 해서 내놓는 것이 더 중요하다. 결국 실험을 하기보다는 이미 해봐서 성공한 요리를 할 확률이 더 높을 것이다.

학습 목표는 내재적 동기와 연관이 있다. 만일 당신의 목표가 어떤 것을 하는 방법을 배우는 것이라면 당신은 그 활동이 즐겁거나 의미가 있기 때문에 할 가능성이 높다. 수행 목표는 외재적 동기와 연관이 있다. 당신의 목표가 완벽한 최종 산출물을 얻는 것이라면, 당신은 보상이나 외적 가치를 위해서 그 활동을 할 가능성이 높다. 이 연결은 놀라운 일이 아니다.

목표와 동기는 과제에 따라 변하는 경우가 있지만 우리가 접근하는 방식에는 일관성이 있다. Dweck(1986, 2000)은 사람들이 설정하는 목표 성향은 지능이나 성격과 같은 심리적 특성을 어떻게 보는지에 따라 다르다고 주장하고 그것을 마인드세트(mindset)라고 했다. 예를 들어 어떤 사람들은 지능에 대한 고정적 관점을 가지고 있다. 그들은 자신이 똑똑하거나 바보스럽다고 생각하며 그것은 변하지 않는다고 본다. 반대로 어떤 사람들은 지능에 대한 유연한(malleable) 관점을 가지고 있어서, 만일 계속 노력한다면 더 똑똑해지고 성공할 수 있다고 믿는다. 어떤 두 사람이 있다고 가정하자. 한 사람은 어떤 어려움이 있으면 그것을 성장하고 더 좋아질 수 있는 기회로 본다. 다른 한 사람은 어려움을 만나면, 그의 두뇌로는 어떻게 할 수 없다고 생각한다(Miele, Finn, & Molden, 2011).

당신의 마인드세트와 목표는 당신의 능력에 따라서 다르게 영향을 미친다. 만일 학습 목표와 유연한 마인드세트를 가지고 있다면, 얼마나 많은 능력을 가지고 있느냐 하는 것은 중요하지 않다. 더 잘하기 위해서는 결국 당신의 목표가 중요하며 능력이 부족한 곳에서 시작한다고 해도 그 능력을 향상시키는 것이 가능하다(Elliott & Dweck, 1988). 수행 목표와 고착된 마인드세트를 가지고 있는데 높은 능력도 가지고 있다면, 일반적으로 꽤 잘 해나갈 것이다. 만일 당신이 대단한 시를 쓰거나 연설을 하거나 전기톱 10개로 저글링을 하고 싶어 하는데, 또한 시 쓰기, 연설하기 혹은 전기톱 저글링 하는 능력도 높다면, 세상은 행복한 곳이 될 것이다. 하지만 문제는 당신이 수행 목표를 가지고 있는데 잘 안 될 때 발생한다. 만일 당신이 잘 하지 못한다고 생각한다면, 당신은 포기할 가능성이 훨씬 높을 것이다. 이 상황은 학습된 무력감의 반응을 일으킨다(Elliot & Church, 1997; Middleton & Midgley, 1997). 두 가지 유형의 수행 목표에 있어서는 수행-회피 목표가 낮은 수행과 연결되어 있는 것으로 나타났다

(Cellar et al., 2011).

또 다른 잠재적인 문제는 보상에는 숨은 비용이 있을 수 있다는 것이다(Lepper & Greene, 1975; Lepper, Greene, & Nisbett, 1973). 만일 이미 흥미를 가지고 하고 있는 일에 대해 보상을 주면 내재적 동기가 감소할 수 있다. 만일 당신이 그림 그리는 것을 즐기는데 내가 당신에게 그림을 그리는 것에 대해 돈을 주기 시작하면, 스스로 재미가 있어서 그림을 그리는 일이 줄어들 수 있다. 이 이론에 의하면 칭찬, 보상, 수행 유인가를 과하게 제공하는 것은 이미 헌신적이고 열정적으로 일하는 사람이나 학생들에게 역효과를 일으킬 수 있다(예 : Kohn, 1993). 이 일반 원리를 당신의 개를 짖지 않도록 훈련시키는 데 적용할 수 있다. 너무 많이 짖는 개를 짖지 못하도록 하고 싶다면, 짖는 행동에 대해 보상을 주기 시작하라. 개가 짖으면 비스킷을 주어라. 개가 또 짖으면 또 비스킷을 주어라. 결국 당신의 개는 짖으면 보상을 받는다는 것을 학습하게 되고, 서서히 보상을 받지 않고 공짜로 짖는 행동을 하지 않게 될 것이다. 하지만 당신은 개가 모르게 지적 우세함을 다시 한 번 증명하고 개를 속인 것이다(당신이 치즈를 어디에 보관하는지 당신의 개가 알아도, 개는 곰이 치즈를 기반으로 한 경제체제를 가지고 있다고 잘못 생각하고, 치즈를 횡령해서 곰으로 옮기기 위해 적절한 기회를 기다리고 있다).

창의성과 내재적 동기

이제 한편에는 내재적 동기, 학습 목표, 유연한 마인드세트를 두고, 다른 한편에는 외재적 동기, 수행 목표, 고정적 마인드세트를 두고 자세하게 살펴보기로 한다. 창의성이 내재적 동기와 학습 목표와 유연한 마인드세트와 관련이 있다는 것은 놀랍지 않을 것이다. 무언가에 열정을 가지면 더 창의적으로 된다는 것은 쉽게 생각할 수 있다. 내가 한 스페인 텔레비전 방송과 창의성에 대하여 인터뷰를 한 적이 있는데 방송이 바로 끝나려고 할 무렵 그 사회자는 내가 방금 말한 모든 것을 요약한(실제로 매우 훌륭하게) 후에, 나에게 무엇이든 마지막으로 한마디를 부탁한다고 말했다. 내가 생각한 것을 그가 방금 다 말해버렸기 때문에 나는 조금 난처했다. 내 머리에 유일하게 떠오르는 것은 "당신이 지금 하고 있는 것을 사랑하십시요"였다. 그렇게 말한 후에, 그 말이 얼마나 진부하게 들리겠는가 하고 자신을 책망했지만(내 머리에 새롭게 더 생각나는 것도 없었다), 그 말은 근본적인 진실을 담고 있다.

창의성과 동기에 대해서는 Teresa Amabile과 그녀의 동료들이 많은 연구를 수행했다(Amabile, 1979, 1982, 1983a, 1983b, 1996; Amabile & Gitomer, 1984; Amabile, Hennessey, & Grossman, 1986; Amabile, Hill, Hennessey, & Tighe, 1994). 나는 여기에서 몇 가지 중요한 연구들만 소개하고자 한다. 우선, 내재적 동기와 높은 창의성 간에 관련성이 있다는 기본적인 아이디어는 꽤 자리를 잡고 있다. 예를 들어 20년간의 연구들을 메타분석한 최근의 한 연구는 창의적 산출물과 내재적 동기 간에는 평균 $r = .30$의 상관이 있는 것을 발견했다(de Jesus, Rus, Lens, & Imaginário, 2013). 이 상관은 예를 들어 지능과 창의성에 대한 연구와 같은 대부분의 연구에서보다 더 높다. 논쟁적인 복잡한 문제는 내재적 동기와 창의성의 상관이 높은 이유가 무엇인가 그리고 외재적 동기가 반드시 나쁜 것인가 그렇다면 그 이유는 무엇인가 하는 것에 초점이 맞추어져 있다.

한 부류의 연구는 내재적 동기가 사람들을 더 창의적으로 만드는지 그리고 외재적 동기가 사람들을 덜 창의적으로 만드는지 유도해보았다. 한 고전적인 연구에서, Amabile(1985)은 학부 학생들과 대학원생들의 창의적 글쓰기에 대한 내재적 동기 성향 대 외재적 동기 성향의 효과를 연구했다. 그녀는 창의적 글쓰기의 기준을 설정하기 위해 학생들에게 첫 번째 시를 쓰도록 부탁했다. 그다음에, 그녀는 학생들에게 글 쓰는 이유에 대한 목록을 주었다. 한 집단은 외재적 동기를 강조하는 목록을 받았고 (예 : "당신은 작문 선생님에게 당신이 글쓰기 재능이 있다는 좋은 인상을 주고 싶어 한다.", "당신은 많은 좋은 직장이 훌륭한 글쓰기 능력을 요구한다는 것을 안다."), 또 다른 집단은 내재적 동기를 강조하는 목록을 받았다(예 : "당신은 자기를 표현할 수 있는 기회를 즐긴다.", "당신은 말장난하기를 좋아한다."). 학생들은 이 이유들에 대한 순위를 정하고 그다음에 두 번째 시를 썼다. 그 시들은 4장에서 설명한 합의평가기술(CAT)에 따라 채점되었다. 이유에 대한 목록을 받지 않는 통제집단과 마찬가지로 내재적 이유에 대한 목록을 받은 학생들은 첫 번째 시와 두 번째 시의 점수 간에 유의미한 차이를 나타내지 않았다. 하지만 외재적 목록을 받은 학생들은 두 번째 시에서 유의미하게 낮은 점수를 받았다.

이와 관련된 Greer와 Levine(1991)의 연구에서는 내재적 동기를 소개받은 학생들이 쓴 시가 통제집단이 쓴 시보다 더 높은 창의성 점수를 받는 것을 발견했다. Stanko-Kaczmarek(2012)은 예술가들을 대상으로 비슷한 방법을 사용했다. 내재적 지시를 받은 예술가들이 외재적 지시를 받은 예술가들보다 기분이 더 좋고 자신들이 더 창의적인 작업을 했다고 보고했다.

Prabhu, Sutton, Sauser(2008)도 내재적 동기가 창의성과 정적 상관이 있고 외재적 동기가 부적 상관을 보여주는 같은 패턴을 발견했다. 그들은 또한 성격도 조사했다. 내재적 동기가 경험에 대한 개방성과 창의성의 관계를 중재하는 것을 도왔다. 이 관계는 내재적 동기와 경험에 대한 개방성(도전을 좋아하고, 감정적이고, 취미가 많고) 간에 공통된 배경이 있다는 것을 이해할 수 있게 해준다.

왜 내재적 동기가 창의성에 도움이 되는가? 한 가지 가능한 설명은 내재적 동기가 사람들로 하여금 상황에 대한 염려로부터 자유롭게 한다는 것이다(Amabile, Goldfarb, & Brackfield, 1990). 이 자유는 사람들이 시를 쓰든 새로운 산출물을 개발하든 주어진 주요 과제에 집중할 수 있도록 해준다. 예를 들어 Ruscio, Whitney, Amabile(1998)은 어떤 과제 행동들이 세 가지 영역(문제 해결, 시각 예술, 글쓰기)에서의 창의성을 가장 잘 예측하는지를 조사했다. 가장 중요한 지표는 참여자의 그 과제에 대한 관여(involvement)인 것으로 나타났다. 과제에 대한 관여는 또한 내재적 동기의 결정적인 요소이기도 하다. 많은 연구 결과에서 나타나듯이 이것은 놀라운 개념이 아니다. 어떤 과제에 더 많이 관여하면 더 창의적으로 되는 것은 당연하다.

내재적 동기와 창의성 간의 연결을 설명하는 한 가지 방식은 Csikszentihalyi(1990, 1996)의 플로(flow)[3] 혹은 최적 경험이다. 플로란 강렬하게 좋아하는 것을 적극적으로 추구하는 과정에서 나타나는 감각이나 기분을 말한다. 플로 상태에 들어가기 위해서는 자신의 능력이 그 상황의 잠재적 도전과 잘 맞는다고 느껴야만 한다. 피아노를 쳐 본 적 없는 사람이 라흐마니노프 곡을 마스터하려고 한다면 플로에 들어갈 수 없고, 콘서트 피아니스트가 '비행기' 같은 동요를 연주하면서 플로에 들어갈 수 없다(Csikszentmihalyi, 1990; Csikszentmihalyi & Csikszentmihalyi, 1988). 플로에 대한 Csikszentmihalyi와 동료들의 초기 연구에서는 실험 참여자들에게 전기호출장치를 착용하도록 했다. 참여자들에게 임의적인 시간(낮 시간, 새벽 3시는 아님)에 호출하여 무엇을 하고 있는지 그리고 어떤 기분인지를 조사지에 기입하도록 부탁했다(Csikszentmihalyi, Rathunde,

& Whalen, 1996; Prescott, Csikszentmihalyi, & Graef, 1981). 이 기술로 Csikszentmihalyi와 동료들은 사람들이 언제 창의적이며 플로에 들어 있는지 찾아낼 수 있었다(Csikszentmihalyi, 1996).

사람들은 즐겁기 때문에 플로 상태에 있는 것을 좋아한다. 달리기하는 사람들이 고조된 쾌감을 느끼듯이 어떤 사람들은 격렬한 신체적 수행을 통해서 플로에 들어간다. 어떤 사람들은 창의적 활동과 함께 플로에 들어간다. 그 황홀한 순간에는 시간과 공간의 개념이 사라지고 완전하게 무언가에 빠져 있는 상태가 된다. 이 주제를 연구하기 위해 너무 몰두한 나머지 한 걸음 물러나서 창조의 순수한 기쁨을 기억하지 못할 수도 있다. 이 책의 후반부에서 창의성의 어두운 면을 논의할 때 창의성의 즐거움을 기억하는 것도 또한 중요하다.

창의성과 외재적 동기 : 평가

외재적 동기는 왜 창의성을 해칠 수 있는가? 한 가지 이유는 평가의 위협이다. 일반적으로, 만일 자신의 창의적 결과물이 판단되거나 평가될 것이라고 생각한다면 사람들은 덜 창의적으로 되고(Amabile, 1979, 1996), 자신감이 떨어진다고 느끼게 된다(King & Gurland, 2007).

Chamorro-Premuzic과 Reichenbacher(2008)는 성격과 평가 위협 간의 상호작용을 살펴보았다. 그 연구에서 참여자들이 자신들이 평가받을 것이라는 생각과 관계없이 경험에 대한 개방성과 외향성 모두가 창의성을 예측했다. 비록 이 상관이 대부분 내향성 때문이기는 했지만, 정서적 안정성이 낮은 사람들이 평가 위협 조건에서 더 낮게 나왔다(예 : 신경이 예민하고 내향적인 사람들은 특히 그들의 작업이 평가될 것이라고 생각할 때 수행도가 낮았다).

성격만이 고려해야할 유일한 추가적인 요인이 아니다. 또 하나의 이슈는 창의적이기 위해 특별히 애쓰는가 하는 것이다. Shalley(1995)의 연구에 의하면 창의적인 것을 만들려고 하는 특수한 목표를 가지고 혼자 작업하는 사람에게는 평가를 받을 것이라는 기대가 더 창의적인 작업을 하도록 한다는 것을 발견했다. 그녀는 이런 창의성에 대한 기대는 사람들이 그들의 작품이 평가를 받는다는 것을 알면 그 과제에 더 집중하도록 할 수 있다고 주장했다. 더 나아가서, Shalley와 Perry-Smith(2001)는 통제적 평가와 정보적 평가라고 하는 두 가지 유형의 평가를 제안했다. 통제적 평가는 특수한 과제 수행을 강조하고 외재적 동기를 자극한다. 정보적 평가는 피드백과 배울 수 있는 기회를 더 강조하고 따라서 내재적 동기를 증가시킨다. 그들은 통제적 평가보다 정보적 평가가(그리고 더 높은 수준의 내재적 동기가) 더 창의적인 사고를 할 수 있도록 한다는 것을 발견했다.

하지만 평가 유형의 이 조절 변인 내에 마치 알을 품은 인형[4] 같이 또 하나의 조절 변인이 있다. 구조에 대한 요구가 높은 사람(즉 애매함에 대한 낮은 관대함을 가지고 있는 사람)은 피드백에 대한 요구가 너무 많아서 정보적 평가 대 통제적 평가가 영향을 미치지 않는다(Slijkhuis, Rietzschel, & Van Yperen, 2013). 어떤 답이든 한 가지 답을 원하며 피드백이 오는 것을 아는 것만으로 애매함에서 느끼는 불쾌함을 감소시킬 수 있다. 내가 처음으로 한 소녀에게 데이트 신청한 일이 생각난다. 그녀는 그녀의 부모가 데이트를 못하게 한다고 대답했다(이 일은 옛날에 일어난 일이다). 나는 포기하지 않고 "그러면 가설적으로 만일 부모님이 데이트를 허락한다면 나와 데이트할 거야?"라고 물었다. 잠시 침묵한 후에 그녀는 "… 아니"라고 대답했다. 가끔은 모르는 것이 약일 때도 있다.

마지막으로, 평가와 창의성의 관계에는 중요한 성차가 있는 것 같다. J.

Baer(1997)는 중학교 2학년 학생들에게 독창적인 시와 이야기를 쓰도록 하고 한 조건에서는 평가를 받지 않는다고 하고 다른 한 조건에서는 평가를 받는다고(그리고 평가를) 강조했다. 그 시와 이야기를 합의평가기술을 사용해서 평가한 결과 성별과 동기 간의 유의미한 상호작용 효과가 있는 것으로 나타났다. 소년들은 내재적 조건과 외재적 조건에서 실제로 창의성 점수에서 차이가 없었지만, 소녀들은 이 차이가 꽤 컸다. J. Baer(1998)가 수행한 같은 연령의 학생들을 대상으로 한 추후연구에서도 같은 연구결과가 나타났다. 반복적으로 주로 여학생들에게서만 보상과 기대되는 평가가 모두 부적인 영향을 미치는 것으로 나타났다. 마찬가지로, Conti, Collins, Picariello(2001)는 여학생들은 경쟁적인 상태에서 덜 창의적이고, 소년들은 경쟁적인 상태에서 더 창의적인 것을 발견했다. M. Baer, Vadera, Leenders, Oldham(2014)은 집단 창의성을 요구하는 상황 속에서 이 문제를 조사하고 같은 패턴을 발견했으며 그들은 또한 집단 내 협동이 이 효과에 대한 잠재된 이유인 것을 알아냈다.

창의성과 외재적 동기 : 보상

더 위태로운 논쟁거리는 보상의 역할과 창의성이다. 한 가지 관점은 보상의 숨겨진 비용이라는 개념을 강력하게 지지한다. Amabile 등(1986)은 학생들의 창의적인 수행에 대한 보상의 효과를 살펴보았다. 그들은 우선 '보상' 조건과 '무보상' 조건으로 나누고 무보상 조건에 대해서는 다시 과제가 어떻게 제시되느냐에 따라서 '일', '놀이', 혹은 라벨이 없는 '무라벨' 조건으로 나누었다. '보상' 조건에서는 아동들에게 나중에 재미있는 이야기를 해주기로 약속하면 좋아하는 폴라로이드 사진기를 사용할 수 있다고 했다. '무보상' 조건에서도 아동들에게 폴라로이드 사진기를 사용할 수 있게 했지만, 다음 활동에 대한 보상으로서가 아니라 단지 다른 과제로서 제시되었다. 모든 조건의 아동들이 사진기를 가지고 논 후에 그림책을 보고 그림에 대한 이야기를 해 달라고 부탁했다. '일' 조건에서는, 이야기하기 활동 과제에 '일'이라고 라벨을 붙여 놓은 반면에, '놀이' 과제에서는 '놀이'라고 라벨을 붙여 놓았다. '무라벨' 조건은 이야기하기 활동에 대한 라벨을 사용하지 않았다. 그런 후에 아동들이 한 이야기들을 외부 평가자들이 평가했다. Amabile 등(1986)은 '무보상' 조건의 아동들이 더 창의적인 이야기를 한 반면에 보상 조건에서 어떤 과제 라벨을 붙이는가 혹은 붙이지 않는가 하는 것은 의미 있는 효과가 없는 것을 발견했다.

다른 한 연구에서, 참여자들은 과제를 수행하고 보상을 받기 전에 내재적 동기 훈련(문제의 과제를 수행하는 것에 대한 본질적인 이유에 초점을 맞추도록 계획된 토론 수업)을 받았다. 이렇게 훈련된 사람들에게는 보상을 받는 것이 창의성에 부적 영향을 미치지 않았다(Hennessey, Amabile, & Martinage, 1989). 그렇지만 나중에 나온 한 연구 결과에서는 내재적 동기를 강조하는 상황에서도 보상이 과제 수행에 부적 영향을 미쳤다(Cooper, Clasen, Silva-Jalonen, & Butler, 1999). Hennessey(2015)는 보상이 문화적 차이와 문제 유형에 따라서 창의성에 어떤 영향을 미치는지를 조사했다. 연구 결과가 충분히 일관성 있는 패턴을 나타내지는 않았지만, 그녀가 논문에서 지적했듯이, 내재적 동기의 긍정적인 힘을 의심할 이유는 없다.

지난 몇십 년간에 걸쳐서 보상에 대한 관점은 다방면에서 조금씩 변했다. 보상이 창의성에 방해가 되는 특별한 상황이 있을 수 있지만, 영향을 미치지 않거나 오히려 도움이 될 수도 있다는 더 많은 상황들이 있다. Cameron과 Pierce(1994)는 보상이 내재적 동기에 미치는 영향에 관련한

96편의 실험연구들을 메타분석한 결과 보상이 유형일 때, 보상이 기대가 될 때, 보상이 간단한 과제의 수행에 대하여 주어질 때만 부적 효과가 있다는 것을 발견했다. Eisenberger와 Cameron(1996)은 보상(결과적으로 외재적으로 동기화하는)이 수행에 반드시 해가 되는 것은 아니라고 주장했다. 보상은 제한적이고 회피할 수 없는 조건하에서 부정적 효과가 일어나며 보상이 창의성에 정적 영향을 미치는 경우가 많다고 그들은 말했다.

그 후에 나온 연구들은 내재적 동기와 창의성이 보상(특히 언어적 보상)에 의해 반드시 부적 영향을 받는 것은 아니라고 지적했다. 만일 보상이 덜 분명하게, 특히 확산적 사고를 요구하는 과제에 제공되면 창의성이 실제로 향상될 수 있다(Eisenberger & Selbst, 1994). 사실 사람들이 확산적 사고 훈련을 받거나 창의성을 강조하는 지시를 받거나(Eisenberger, Armeli, & Pretz, 1998) 혹은 학생들이 창의적 활동을 이전에 한 경험이 있다면(Eisenberger, Haskins, & Gambleton, 1999) 보상이 창의성을 증가시키는 것으로 나타났다. Eisenberger와 Rhoades(2001)는 직장인들이 보상을 약속받은 일에서 더 창의적인 제안을 하는 것을 발견했다―그 활동에 대한 내재적 흥미를 이미 가지고 있는 상황에서. 마찬가지로 Malik, Butt, Choi(2015)는 만일 일하는 사람들이 높은 창의적 자기효능감과 보상에 가치를 둔다면 보상이 창의성을 향상시킨다는 것을 발견했다.

Eisenberger와 Shanock(2003)은 보상의 장점과 단점에 대한 많은 연구를 검토한 후에, 대부분의 논쟁은 방법적인 문제에 관련된 것이라는 결론을 내렸다. 그들은 창의적인 수행에 대해 보상하는 것은 내재적 동기와 창의성 모두를 증가시킨다고 주장한다. 관습적인 수행에 대해 보상하는 것은 내재적 동기와 창의성 모두를 감소시킨다.

창의성과 외재적 동기 : 보상과 평가의 미묘한 것들

보상과 평가는 창의성에 영향을 미치는 과정에서 상호작용을 할 수 있다. 예를 들어 Friedman(2009)은 보상이 창의성에 미치는 영향을 이해하기 위해서는 보상 전략을 이해하는 것이 결정적이라고 주장한다. 그의 연구에서 사람들은 어떤 이야기에 대한 제목을 달도록 하고 보상을 무언가 획득할 수 있는 것으로 제시하거나(예 : 당신의 제목이 창의적인 편에 속한다고 판단되면 보너스를 받을 것이다) 혹은 획득할 수 없는 것으로 제시했다(예 : 당신의 제목이 덜 창의적인 것으로 판단되면 아무것도 받지 못할 것이다). 그 외에 세 번째 집단으로 통제집단이 있었다(통제집단은 어떤 보상도 받지 않는다). 사람들은 과거 연구결과와 마찬가지로 창의성과 연결된 보상이 있을 때 가장 창의적이었다. 하지만 구체적으로 획득할 수 있는 것으로 제시되지 않을 때 효과적이었다. 다시 말해서 보상을 획득 가능한 것으로 보면 "보너스를 받기 위해 상위 50%에 속해야 한다"라고 참가자들이 끊임없이 생각하는 반면에, 획득하는 것으로 생각하지 않는 집단은 "내가 완전히 엉망으로 하지 않는 이상 괜찮아"라고만 생각한다.

Byron과 Khazanchi(2012)에 의한 철저한 메타분석 결과는 명시적으로 창의적 작업에 연결된 보상은 창의성을 향상시킬 수 있다는 것에 지지를 보냈다. 이 상황에서 보상은 사람들에게 창의적이도록 허락하는 것일 수 있다. 보상은 특히 선택할 수 있는 가능성이 많을수록 더 정적인 영향을 미치는 것으로 나타났다(메타분석에 포함된 대부분의 연구는 서양 표본을 사용했다는 것에 주목할 필요가 있으며, 따라서 동양 문화에서도 같은 결과가 나타날 수 있는지에 대해서는 분명하지 않다). 그들은 또한 창의적 과제에 특별히 초점을 둔 긍정적인 피드백은 창의성을 향상시킨다는 것을 발견했다.

이 책의 초판에서 이 부분에 대한 결론을 내리면서 내재적 동기는 복잡하지만 분명히 더 도움이 된다고 나는 말했다. 무엇을 할 때 내재적으로 동기화된 사람들이 더 창의적이라는 기본적인 진술에 대해 반박하기는 어렵다. 하지만 실세계에서 우리는 보상이나 평가와 같은 것들이 필요하다. 학생들에게 점수를 주지 않는다면 학생들의 창의성에 도움이 될지 모르지만 학생들의 대학 진학에는 도움이 되지 않을 것이다. 자료들을 종합해보면 적절한 상황과 최적 조건에서는 보상과 평가가 반드시 창의성을 죽이는 것은 아니다.

Amabile(1997)은 기업의 창의성은 동기 상승 효과(synergy)에 있다고 제안했다. 다시 말해 당신이 어떤 일에 대하여 이미 개인적으로 깊은 관심을 가지고 있는데(높은 내재적 동기), 그 일을 해내는 능력에 상응하는 보상을 약속받는다면(외재적 동기) 그것은 당신의 창의성 수준을 더욱더 높여줄 것이다. 거의 20년이 지났는데도 나는 여전히 이와 같은 생각에 변함이 없다(이 연구와 폴란드어로 쓴 비슷한 그의 연구를 소개해준 Maciej Karwowski에게 감사를 표한다). 이상적인 세상에서는 우리가 하고 싶은 것을 선택할 수도 있고 우리의 창의성을 표현하는 방법을 선택할 수도 있을 것이다. 그러나 Mamet(1987)이 유명한 〈House of Games〉[5]에서 말했듯이, 우리 모두는 불완전한 세상에서 살아야만 한다. 사실 나는 이 글을 쓰고 있는 동안에도 등도 아프고 잠도 제대로 못 자고 있다. 우리는 학교에서나 직장에서 그리고 삶 속에서 많은 것들에 대한 보상과 평가를 필요로 한다. 그러나 보상과 평가가 사람들의 창의성을 해치는 경우도 있다. 교실이나 조직의 분위기를 최적화함으로써 그런 영향을 최소화하는 것이 가능하지만(이 책 뒷부분에서 자세하게 논의할 것이다), 때로는 사회적 기대, 집단 요구, 일반적인 무관심의 힘들이 합쳐져서 어떤 사람의 창의적 열정을 짓누르기도 한다.

목표, 마인드세트, 창의성

개념적으로, 학습 목표, 유연한 마인드세트, 내재적 동기는 서로 조화롭다. 이와 마찬가지로 수행 목표, 고정적 마인드세트, 외재적 동기도 함께 하는 것으로 보인다. 그런데 동기와 창의성에 대해서는 방대한 양의 연구가 있지만 마인드세트, 목표, 창의성에 대한 연구는 아직 많지 않다. Reiter-Palmon과 Royston(2015)은 학습 목표 지향성과 창의성에 대한 연구들을 살펴보고 큰 불일치가 있는 것을 발견했다. 어떤 연구들에서는 상관이 있는 것으로 나타났지만 상관이 없는 것으로 나타난 연구들도 있었다. 이런 많은 연구들은 조직 환경 속에서 수행되기 때문에 일반적으로 목표 지향성이 리더십 유형과 팀 행동을 포함하는 더 큰 모델의 한 성분이 된다(예 : Gong, Kim, Lee, & Zhu, 2013). 이 조건은 좋은 것도 아니고 나쁜 것도 아니지만, 목표 지향성이 창의성에 영향을 미치는 구체적인 역할을 구별하기가 더 어렵다.

마인드세트는 어떤가? 지능에 대한 유연한 관점을 가지고 있는 사람들은 창의성에 대해서도 유연한 관점을 가지는 경향이 있다(Yamazaki & Kumar, 2013). 유연한 마인드세트가 창의성과 연관이 있다는 것을 지지하는 2개의 연구가 있다. O'Connor, Nemeth, Akutsu(2013)는 유연한 창의성 마인드세트를 가지고 있는 사람들이 더 높은 자기보고식 창의성, 더 높은 확산적 사고 점수, 그리고 창의성에 대한 더 많은 관심을 가지고 있는 것을 발견했다. 더 유연한 마인드세트를 갖도록 훈련받은 사람들이 더 높은 확산적 사고 점수를 받았다. Karwowski(2014)는 유연한 마인드세트를 가지고 있는 사람들이 통찰문제를 더 잘 해결하고 창의성을 그들의 자기개념의 일부로 생각하는 경향이 더 높았다고 했다.

내재적 동기와 외재적 동기를 넘어서

빅 파이브가 여러 성격을 간소화해 생각하는 방법인 것과 마찬가지로 내재적 동기와 외재적 동기도 동기에 대하여 간단하게 생각하는 한 방법이다. 동기에 대한 연구들이 아직 창의성에 많이 적용되지 않고 있기 때문에 지금까지 적용된 것에 초점을 맞추어 논의하기로 한다. 최근에 나온 매우 유망한 이론이 4G 접근이다. Forgeard와 Mecklenburg(2013)는 내재적 동기와 외재적 동기를 의도한 수익자라는 개념으로 통합한다. 내가 어떤 행동을 한다면, 나에게 미치는 영향(자기 지향적)을 더 많이 생각할까 아니면 청중에게 미치는 영향(타인 지향적)을 더 많이 생각할까? 이 개념은 다른 사람을 도와주는 행동을 설명하는 친사회적 동기에 뿌리를 두고 있다(Grant & Berry, 2011). 물론 마음에 청중을 가지고 있다는 것이 순수하게 이타주의적인 것은 아니다. 이론적으로는, 많은 사람들에게 해를 끼치는 방법을 생각하는 것이 완벽한 타인 지향이 될 수 있다.

Forgeard와 Mecklenburg(2013)는 4G 접근을 제안한다. 이것은 성장(growth), 획득(gain), 지도(guidance), 제공(giving)으로 구성되어 있으며 우리가 창의적 활동에 종사하는 대표적인 이유들이다. 자기 지향적 동기에는 성장과 획득이 포함되며 본질적으로 내재적일 수도 있고 외재적일 수도 있다. 성장은 창의적 과정에서 오는 개인적인 즐거움을 위해 창의적인 활동을 하는 것을 말한다. 획득은 전통적인 보상에 의해 동기화되는 것을 말한다. 지도는 멘토십과 비슷하게 다른 사람을 키우고 성장시키기 위해 자신의 창의적 재능을 제공하는 즐거움이다. 제공은 다른 사람을 돕기 위해 자신의 창의성을 사용하는 것을 말하며, (비록 개인적으로 이득을 얻지 않는다고 해도) 특수하고 손으로 만질 수 있는 결과물이 관여되기 때문에 외재적 동기라고 할 수 있다.

Cooper와 Jayatilaka(2006)는 내재적 동기와 외재적 동기에 덧붙여서 제3 유형의 동기로 의무(obligation) 동기를 제안한다. 의무 동기는 비록 외재적 동기(보상과 같이)에도 연결되어 있지만 과제 수행의 문제는 덜 중요하다. 의무에 의해 동기화된 사람은 과제를 얼마나 잘 하는지는 관심이 없고 단순히 과제를 완성하는 것이 중요하다. Cooper와 Jayatilaka는 내재적 동기, 외재적 동기, 의무 동기가 어떻게 집단 창의성에 영향을 미치는지 연구한 결과 의무 동기가, 외재적 동기와 같은 뿌리를 가지고 있는 것으로 보이는데도 불구하고, 내재적 동기와 비슷한 패턴을 나타내는 것을 발견했다. 그들은 사람들이 의무에 의해 동기화되면 그들의 실제 수행이 아니라 참여에만 초점을 맞추면 되기 때문에 사람들이 더 많은 자유를 느낄 수 있다고 주장했다.

창의성과 동기에 대한 또 하나의 모델이 Unsworth(2001)에 의해 제안되었다. 그녀는 문제의 유형(개방적 혹은 폐쇄적)과 활동에 대한 이유(내적 혹은 외적) 간의 상호작용에 따른 창의성의 네 가지 유형을 연구했다. 첫 번째는 반응적 창의성(responsive creativity)으로 물이 새는 싱크를 고치기 위하여 새로운 방법을 생각하는 것과 같이 외적 이유 때문에 특수한 문제를 처리하는 것이다. 다음은 계획적 창의성(expected creativity)으로 창의적인 무언가를 산출하도록 부탁을 받는 것과 같이 영감을 받아서 창의적 활동을 할 수 있지만 주어진 과제에 대하여 반응하는 것이다(내가 연구를 하면서 실험 참여자들에게 시를 쓰거나 그림을 그리도록 부탁하는 방식과 같다. 참여자들은 그들이 원하는 것을 쓰거나 그릴 수 있지만, 그것은 여전히 연구의 일부분이다). 세 번째로 기여적 창의성(contributory creativity)이 있다. 기여적 창의성에서 당신이 도움을 주는 이유는 자신에게 있지만 해결하는 문제는 정해져 있다. 예를 들어 어떤 사람이 위기를 해결하기 위해 브레인스토밍을 하는 과정에서 당신에게 도움을 요구할 때 발휘하는 창의성이다. 마지막으로, Unsworth는 자기 자신을 위해 새로운 문제 해결을 적극적으로 추구하는 적극적 창의성(proactive creativity)을 제안한다. 진정한 위대함을 위한 가장 큰 가능성을 가지고 있는 것이 이 마지막 유형의 창의성이다.

Unsworth의 접근은 창의성의 필수조건을 강조한다. 즉 우리가 하고 있는 것이 창의성을 필요로 한다고 보고 있는가 하는 것이다. 만일 윗사람이 어떤 일에 창의성이 필요하다고 믿는다면 직원은 더 창의적인 경향이 있으며(Scott & Bruce, 1994), 내재적 동기가 통제될 때조차 그렇다(Yuan & Woodman, 2010). Robison-Morral, Reiter-Palmon과 Kaufman(2013)은 자기 자신의 창의성에 대한 믿음이 강한 사람이 자신의 일이 창의성을 필요로 한다고 믿을 때 가장 창의적인 것을 발견했다. 자신이 특별히 창의적이라고 생각하지 않는 사람조차 만일 그들의 일이 창의성을 필요로 한다고 느끼면 창의적일 수 있었다.

Joy(2005, 2012)는 혁신 창의성을 제안했다. 그것은 달라야 한다는 필요성에 대한 생각과 혁신적으로 행동하면 보상을 받는다는 기대로 구성된다. 혁신 동기의 두 가지 요인 모두가 지능, 개방성, 몇 가지 창의성 측정치와 강한 상관이 있는 것으로 나타났다(Joy, 출판 중).

다음 장 연결하기

이 지점에서 당신은 괴짜 창의성 연구자들은 어떤 것에 대해서도 의견 일치를 할 수 없다고 생각할 것이다. 나도 그것에 동의한다. 다음 장에서는 창의성과 지능에 대해 알아보기로 하자.

 역자주

1. 치즈와 햄을 넣고 피자 반죽을 하여 튀긴 다음에 구운 파이

2. 에스프레소 시럽에 담갔다 꺼낸 스펀지케이크 사이에 마스카포네치즈와 초콜릿 소스를 넣고 쌓은 디저트 요리

3. 우리나라에서 일반적으로 '몰입'으로 번역되고 있다. 역자는 flow를 몰입으로 번역하기에는 부족한 부분이 있다고 생각하지만 다른 좋은 생각도 없어서 이 책에서는 '플로' 그대로 쓰기로 했다.

4. 인형을 품고 있는 모습이 알을 감싼 모습 같다고 해서 '알을 품은 인형'이라고 한다. 여러 개의 인형이 차곡차곡 쌓여 있는 러시아 인형 '마트로시카'를 말한다.

5. 〈위험한 도박〉, 1987. 극작가로 더 유명했던 데이비드 마멧 감독의 연출 데뷔작으로 범죄 미스터리 스릴러

창의성과 지능

베│이컨과 달걀이 함께 가듯이 창의성과 지능도 분명히 함께 가는 것
│같다. 하지만 정확하게 어떤 방식으로 함께 가는지, 혹은 지능이 창
의성의 일부인지 창의성이 지능의 일부인지는 아직 논쟁 중이다. 한때 창
의성과 지능은 IQ 120 정도까지는 정적 상관이 있다고 하는 '역치'이론이
인기가 있었다(예 : Barron, 1963; Getzels & Jackson, 1962). 지능이 높은
IQ 120 이상의 사람들에서는 IQ와 창의성의 관계가 미미하다. 그러나 더
최근에 지능과 창의성에 대한 개념이 더 복잡하게 발전하면서 이 이론은
인기가 떨어졌다. 어떤 최근 연구는 역치이론을 지지하고(Jauk, Benedek,
Dunst, & Neubauer, 2013) 어떤 최근 연구는 지지하지 않는다(Preckel,
Holling, & Wiese, 2006). Karwowski와 Gralewski(2013)는 역치 이론의 가
설이 지지를 받느냐 못 받느냐 하는 문제는 지능을 어떻게 정의하느냐 그
리고 어떤 통계적 기술을 사용했는가에 달려있다고 한다.

Plucker와 Renzulli(1999)가 주장하듯이(그리고 오늘날까지 여전히 진
리다), 지능과 창의성이 관련이 있느냐 없느냐 하는 것은 어떻게 관련이

있느냐를 밝히는 것만큼 의미가 없다. 지능이 창의성 모델에 어떻게 포함되는가 혹은 창의성이 지능 모델에 어떻게 포함되는가 하는 질문은 끊임없이 계속되고 있다(Sternberg & O'Hara, 1999).

지능과 창의성의 관계를 탐구하는 데 있어서 한 가지 문제점은 두 가지 모두 미묘한 차이가 있는 괴물들이라는 것이다. 창의성에 대해서는 영역, 명성의 수준, 그 외 문제점들뿐만 아니라 창의성이 본질적으로 가지고 있는 측정 문제도 앞에서 다루었다. 이제 곧 자세하게 다루겠지만, 지능도 마찬가지의 약한 기반을 가지고 있다(지능에 대해 더 깊이 알아보기 위해서는 Plucker & Esping, 2014 참조). 지능을 일반지능 g로 개념화하는 연구들은 대체로 약하지만 유의미한 정적 관계가 있는 결과를 보여준다(Barron & Harrington, 1981; Wallach & Kogan, 1965). Kim(2005)은 45,000명 이상의 참여자를 포함하는 총 21개 연구에서 측정한 여러 가지 IQ와 창의성 점수를 가지고 메타분석을 했다. 그녀는 지적 능력(g 측정치)과 창의성(주로 확산적 사고 측정치) 간에 매우 작은 정적 상관($r = .17$)이 있는 것을 발견했다.

하지만 Silvia(2008a, 2008b)는 우리가 관찰할 수 있는 지능검사 점수와 같은 제한적인 것만 보기 때문에 그 상관이 저평가되었다고 주장한다. 사실, 그는 동료들과 함께 수행한 더 최근의 연구에서 두 구인이 우리가 생각한 것보다 훨씬 더 가깝게 연관되어 있다는 것을 보여주었다(예 : Silvia, 2015 참조). 두 구인 간의 관계를 생각하는 또 다른 방식이 Jung(2014)에 의해 제안되었는데 그는 만일 일상생활 수준에서의 문제해결을 지능이라고 한다면(예 : S. B. Kaufman, DeYoung, Reis, & Gray, 2011), 창의성은 덜 일반적으로 일어나는 문제 해결이라고 할 수 있다고 말했다(예 : Simonton, 2011).

또한 지능이 무엇을 의미하는지 더 자세하게 탐구하는 것이 중요하다. 창의성이 확산적 사고 그 이상이듯이, 지능도 g 이상이다. 나는 지능에 대한 몇 가지 이론을 소개하고 각 이론 속에서 창의성이 어떤 역할을 하는지 논의할 것이다. 창의성은 초기의 Galton, Binet, Spearman에서 시작해서 확산적 사고와 수렴적 사고의 개념을 탄생시킨 Guilford(1967)의 지능 모델 구조까지, 지능 연구에서 시작해서 여러 가지 방식으로 성장했다. 불행하게도 대부분의 지능 학자들(Guilford 이전과 이후 모두)은 그들의 이론 속에서 창의성에 대해서 비중 높은 중요성을 두지 않았다(J. C. Kaufman, Kaufman, & Plucker, 2013).

성공적 지능이론

창의성을 가장 뚜렷하게 나타내는 지능이론은 Sternberg(1996)의 성공적 지능이론이다. 이 이론의 초기편인 지능의 3원론(Sterberg, 1985a)은 지능에는 세 가지 종류가 있다고 주장한다. 그것은 분석적 지능(전통적인 지능검사에서 측정하는 것), 창의적 지능, 그리고 실용적 지능(혹은 '스트리트 스마트')이다.

삼원론의 개정된 이론은 세 가지 하위이론으로 구성된다. 성분적(componential) 하위이론은 계획, 수행, 평가하는 지적 행동(나는 바보 행동이라고 생각한다)에 사용되는 정신적 메커니즘이다. 경험적(experiential) 하위이론은 새로움에 적응하는 방식과 정보 처리를 자동화하는 방식을 포함한다(다시 말해 운전과 같은 복잡한 행동을 적극적으로 생각하지 않고도 하게 되는 것). 마지막으로 상황적(contextual) 하위이론은 실세계 환경에 우리가 어떻게 적응하고, 선택하고, 조성하는지에 초점을 맞춘다(Sternberg, Kaufman, & Grigoreko, 2008). 창의성은 경험적 하위이론에서 특히 우리가 새롭고 다른 아이디어에 반응하는 방식에서 가장 잘 나타난다.

성공적 지능의 확장판이 Sternberg(2003, 2007)의 WICS 모델(리더십 혹은 교육 모델로 불리기도 한다)로 지혜(wisdom), 지능(intelligence), 창의성(creativity), 종합(synthesized)의 첫 글자들을 따서 이름붙였다. 그것은 지능의 삼원론과 성공적 지능의 요소들을 종합한 것으로 WICS 모델의 핵심 요소로 지혜를 덧붙였다.

Sternberg의 성공적 지능은 (창의성을 포함하는) 표준 입학 시험들보다도 더 정확하게 대학에서의 성공을 예측했으며 또한 인종에 의한 차이가 유의미하게 감소하는 것으로 나타났다(Sternberg, 2006, 2008; Sternberg & Coffin, 2010). 이 이슈와 관련해서는 9장에서 상세하게 논의할 것이다. Sternberg는 성공적 지능 이론을 수업에 적용하기 위해 세 가지 성분을 중심으로 하는 수업 중재 프로그램을 개발했다. 어떤 중재는 주목할 만큼 성공적이었다(예 : Grigorenko, Jarvin, & Sternberg, 2002; Sternberg, Jarvin, & Grigorenko, 2011). 하지만 미국 전국적으로 거의 8,000명의 학생들을 대상으로 한 대규모 연구 결과는 성공적 지능 수업 중재가 종종 통제조건보다 성적이 높았지만, 그 효과는 일관성이 없었고 과거 연구(Sternberg et al., 2014)만큼 효과가 높게 나오지도 않았다. 그와 같은 실망적인 연구 결과가 나온 가장 큰 이유는 아마도 성공적인 교육 중재 방법을 향상시키는 것이 그만큼 어렵기 때문일 것이다.

다중지능이론

Gardner의 유명한 다중지능이론(1999, 2006)은 g에 대해서도 구체적으로 언급하지 않듯이 창의성에 대해서도 구체적으로 언급하지 않는 지능에

대한 다른 접근이다. 뚜렷하게 창의성과 다중지능에 대하여 수행된 연구
는 놀랍도록 거의 없다. 하지만 그의 여덟 가지 지능(대인관계, 개인내적,
공간, 자연 친화, 언어, 논리-수학, 신체-활동, 음악)은 분명히 다양한 수
준의 창의성을 필요로 하는 것처럼 보인다. Gardner(1993)는 또한 그의
지능을 구체화해주는 유명한 창의적인 인물들(프로이트, 아인슈타인, 피
카소, 스트라빈스키, T. S. 엘리어트, 마사 그레이엄, 간디)의 사례연구에
대한 책을 썼다. 분명히 지능에 대한 그의 개념은 '창의성 우호적'이다.

CHC 이론 : 유동성 지능과 결정성 지능

IQ 검사 제작에서 가장 자주 사용되는 지능 이론은 Cattell-Horn-Carroll
(CHC) 이론이다. 그것은 유동성 지능과 결정성 지능의 Cattell-Horn 이
론(Horn & Cattell, 1966)과 Carroll(1993)의 삼층 이론(Three-Stratum
Theory)을 통합한 것이다.

두 이론 모두 Spearman(1904)의 g 요인 이론에서 출발했다. (이 책의 초
반에 소개한 g 이론을 기억한다면 g는 영화 〈다이 하드〉의 주인공 브루스
윌리스같이 결코 죽지 않는 지능의 요소다). 비록 Cattell/Horn과 Carroll
이 g 아이디어로부터 출발해서 다른 경로를 택했지만, 그들은 인지 능력
의 스펙트럼이 어떤 모습인지에 대해서는 놀랍도록 일치한다. Horn과
Cattell은 g를 유동성 지능(Gf)와 결정성 지능(Gc) 두 부분으로 나눈다. 유
동성 지능은 과거 학습이나 경험의 영향을 받지 않는 새로운 문제를 해결
하기 위해 다양한 정신 작용을 적용하는 능력이다. 결정성 지능은 개인이
가지고 있는 한 문화의 누적된 지식의 폭과 깊이 그리고 문제를 해결하기
위해 그 지식을 사용하는 능력이다(Horn & Cattell, 1966).

비록 Horn이 그 모델을 확장하고 Horn-Cattell과 Carroll을 통합하여

더 개선했지만, 지능의 창의성과의 관계를 분석하기 위해서는 유동성 지능(Gf)과 결정성 지능(Gc)을 이해하는 것이 특히 중요하다. 두 가지 유형의 지능을 구분하고 설명하기 위한 한 가지 방법은 우리가 어떻게 나이가 드는지를 살펴보는 것이다. 그것은 또한 앞에서 논의한 창의적 경로를 설명하는 데도 도움이 된다.

앞에서 논의했듯이, Simonton(1994, 1997)의 연구에 의하면 어떤 창의적 분야(수학, 물리학 같은)의 사람들은 특별히 젊은 나이에 정상에 오른다. 어떤 사람의 첫 번째 주목할 만한 공헌(반드시 가장 훌륭한 작품은 아니다)은 더 어린 나이에 일어난다. 대부분의 수학자들이 그 분야에서 처음으로 인정을 받는 것은 25번째 생일 이전이다. 이론 물리학에서 40세 이후에 주요한 발견을 하는 것은 매우 드물다. 왜? 물론 이런 감소 현상에 대한 많은 가능한 이유가 있지만, 그 하나는 유동성 지능과 결정성 지능에 뿌리가 있다.

A. S. Kaufman(2000, 2001; 또한 A. S. Kaufman, 2009 참조)은 웩슬러 성인지능검사의 세 가지 다른 판에서 나온 자료들을 사용하여 여러 연령 집단을 비교했다. A. S. Kaufman은 연령에 따라 교육 수준에서 차이가 나타나는 것을 통계적으로 통제했다('가장 위대한 세대'[1]라고 해서 '가장 좋은 교육을 받은 세대'는 결코 아니다). 그가 발견한 것은 좋은 것도 있고 나쁜 것도 있다. 첫째 좋은 소식은 결정성 지능이 꽤 잘 유지된다는 것이다. 결정성 지능은 45~54세에 가장 정점에 오르고, 약 80세까지는 거의 지루할 정도로 낮아지지 않는다. 이 정보는 꽤 고무적이다 ─ 당신이 방금 이 연구에 대해서 읽은 것은 꽤 오랜 시간 기억할 수 있을 것이다. 나쁜 뉴스는 유동성 지능이 20~24세경에 정점에 오르고, 10년에 IQ 5점 속도로 떨어진다는 것이다. 40세까지 이 점수는 눈에 띄게 낮아진다. 만일 당

신이 20대 후반이거나 그보다 더 나이가 많다면, 당신의 문제 해결 능력과 새로운 자극에 대처하는 능력은 당신이 이 글을 읽고 있는 중에도 떨어지고 있다. 이것은 창의적 진로 변화를 고려하고 있는 사람에게 반드시 좋은 소식은 아니다.

떨어지는 유동성 지능을 경험과 같은 다른 요인들이 보충해주기 때문에 나이가 들어도 최소한 어느 정도 성공적으로 유지할 수 있는 것 같다. Ng와 Feldman(2008)은 직무 수행과 연령을 연구한 대규모 메타분석을 했으며 직무 수행의 열 가지 차원 중 하나가 창의성으로 나타났다. 그들은 자기보고식으로 혹은 상급자 평가로 측정했을 때 연령과 창의성 간에 상관이 없는 것을 발견했다. 그러나 그 연구는 직장에서 수행되었고 최상 연령이 59세인 제한점을 가지고 있다.

Roskos-Ewoldsen, Black, McCown(2008)은 토런스 검사와 창의적 발명 과제에 의해 측정된 창의성을 조사했다. 그들은 토런스 검사에서 연령 차이를 발견하지 못했지만, 젊은 성인들(18~22세)이 나이 든 성인들(61~86세)보다 수행도가 높은 것을 발견했다. 하지만 이 차이는 작업 기억의 차이를 고려했을 때는 사라졌다. 그 이유는 작업 기억과 유동성 기억의 하락이 나이가 많은 사람들이 특정한 분야에서 독특한 공헌을 하는 것을 어렵게 하는 것 같다. 반대로, 결정성 지능은 변함이 없기 때문에 역사가와 철학자들과 같이 특정한 직업에 종사하는 사람들은 50대에 정점에 도달할 수 있는 것 같다(Simonton, 1989, 2012). 보통 사람들의 전 생애에 걸친 창의성 연구들은 대부분의 사람들이 확산적 사고와 창의적 산출물에서 약 40세에 정점에 오르지만, 70세까지 어느 정도 안정적으로 유지된다는 것을 발견했다(Palmiero, 2015). 젊은 성인 대 나이 든 성인의 언어와 도형의 확산적 사고 검사를 비교한 결과, 유일하게 유의미한 차이가 나는 것은 나이 든 사람들이 도형검사에서 유창성이 더 낮은 것이다(Palmiero, Di Giacomo, & Passafiume, 2014). 이 논의에 덧붙일 흥미 있는 점은 연령에 따라 창의성과 연령의 관계에 대한 사람들의 생각이 다르다는 것이다. 한 연구는 젊은 사람들은 창의성이 연령과 함께 급속하게 감소한다고 생각하지만, 중년과 노년은 창의성이 훨씬 더 늦게까지 감소하기 시작하지 않는다고 생각한다는 것을 발견했다. 그 외에, 더 나이 든 사람들은 창의성이 훨씬 더 늦은 연령에서도 실제로 개발된다고 생각했다(Hui et al., 2014).

Cattell-Horn의 유동성-결정성 이론의 초기 단계에서는 유동성 지능과 창의성이 밀접하게 연결되어 있다고 가정했으나(Cattell & Butcher, 1968), 이제는 분명하게 그 관계를 인정하지 않는다. 그럼에도 불구하고 많은 연구들은 창의성-지능 연결을 유동성-결정성 지능의 렌즈를 통해 조사했다. 내 의견으로는 가장 철저한 연구 중 하나가 Sligh, Conners, Roskos-Ewoldsen(2005)에 의한 연구다. 그들은 개별적으로 실시한 IQ 검사[카우프만 청소년 및 성인 지능검사(KAIT); A. S. Kaufman & Kaufman, 1993)와 창의적 발명 과제(여러 형태를 사용하여 가능한 물체를 만들고 그것에 대해 이름을 붙이고 설명하도록 하는 검사; Finke, 1990 참조)를 사용했다. 그들은 결정성 지능은 g에 대한 과거 연구 결과에서와 같이 창의성과 중간 정도의 정적 상관을 나타내는 것을 발견했다. 반대로 유동성 지능은 더 높은 IQ를 가지고 있는 사람들의 창의성과 상관이 있었다.

유동성-결정성 지능(Gf-Gc)과 창의성을 연구한 대부분의 다른 연구들은 집단적으로 실시하는 지능검사를 사용했다. 집단 지능검사는 연구에서 자주 사용되지만 임상이나 심리교육학적 관련성은 부족하다(A. S. Kaufman & Lichtenberger, 2006). 이런 연구들은 일치하지 않는 결과들을 보여주었다. Batey, Furnham과 Safiullina(2010)는 유동성 지능(Gf)은 확산적 사고의 유창성 과제의 수행을 예측했지만 결정성 지능(Gc)은 그렇지 않았다. 유동성 지능(Gf)은 또한 창의적 은유 산출(Silvia & Beaty, 2012)과 관념적 행동(ideational behavior)(Batey, Chamorro-Premuzic, & Furnham, 2010) 모두를 유의미하게 예측하는 것을 발견했다. 하지만 Batey, Chamorro-Premuzic, Furnham(2009)은 결정성 지능이 유동성 지능이나 g 기반 능력, 성격보다 확산적 사고 유창성과 상관이 더 높은 것을 발견했으며, Cho, Nijenhuis, van Vianen, Kim, Lee(2010)에 의한 연구에서도 비슷한 결과가 나타났다.

새로운 한 연구는 이 관계의 기저에 있는 메커니즘을 살펴보았다. Gilhooly, Fioratou, Anthony, Wynn(2007)은 확산적 사고가 본질적으로 집행적 인지 기능이라고 주장한다. Nusbaum과 Silvia(2011)는 확산적 사고 과제에서 Gf와 전략이 하는 역할을 살펴봄으로써 이 아이디어를 실험적으로 연구했다. 그들은 Gf가 창의성을 예측하는 것을 발견했다. Gf는 또한 확산적 사고 과제에 대한 새로운 전략을 사용하는 것으로부터 누가 가장 큰 혜택을 받을 것인지도 예측했다. 높은 Gf를 가지고 있는 사람들이 효율적인 전략을 사용할 때 수행도가 더 많이 향상되었다.

Beaty와 Silvia(2012)는 확산적 사고에서 유동성 지능(Gf)의 역할을 더 자세히 살펴보았다. 그들은 사람들에게 10분 이상 확산적 사고 검사를 실시했다. 당연히 시간이 더 많을수록 창의적인 아이디어가 더 많았다. 그러나 유동성 지능이 더 높은 사람들은 훨씬 더 낮은 향상을 보였다. 그들의 초반부 아이디어들이 꽤 창의적이었으며, 시간을 더 많이 주는 것이 새로운 아이디어를 생각하는 데 덜 영향을 미쳤다. Gf 점수가 낮은 사람들은 그들의 창의적 잠재력에 도달하기 위한 여분의 시간을 필요로 했다. 그러나 나의 친구 Zorana Ivcevic Pringle이 지적하듯이, 그 연구의 표본이 대학생들이기 때문에 Gf 점수가 '낮은' 사람이라고 해도 보통 사람들과는 다르다는 점에 주목할 필요가 있다.

Batey와 Furnham(2006)은 유동성 지능(Gf)과 결정성 지능(Gc)의 역할은 창의적인 사람의 전 생애에 걸쳐서 변할 수 있다는 재미있는 제안을 했다. Gf는 미니 c와 리틀 c(Beghetto & Kaufman, 2007, 2014; J. C. Kaufman & Beghetto, 2009)와 같이 초기 단계에 더 중요하다고 그들은 주장한다. 반대로 프로 c 수준의 경력의 후반에 나타나는 창의성은 결정성 지능(Gc)에 더 의존한다. 이 부분에 대해서 잠시 후에 몇 가지 차원을 덧붙여서 다시 논의할 것이다.

Benedek, Jauk, Sommer, Arendasy와 Neubauer(2014)는 확산적 사고와 유동성 지능(Gf) 뒤에 있는 집행 기능을 조사했다. 그들은 갱신(updating), 이동(shifting), 억제(inhibition)의 세 가지 집행 기능을 연구했다(Miyake & Friedman, 2012). 갱신은 오래된 정보를 더 관련성이 있는 정보로 대체함으로써 단기 기억을 효과적으로 관리하는 것이다. 이동은 숫자 쌍이 짝수인지 홀수인지 혹은 글자쌍이 모음인지 자음인지를 결정하는 것과 같이 과제의 유형들 간 이동이 유연한 것을 말한다. 그리고 억제는 스트룹(Stroop) 과제에서와 같이 분명한 반응을 말하지 않고 억제하는 능력이다. 스트룹 과제에서 글자와 그 글자색이 다를 때, 즉 분홍색으로 쓰인 '파란색' 글자를 보여주고서 그 글자가 무엇인지 말하지 않고 색깔을 말하도록 하는 과제다. Benedek 등은 갱신 집행 기능만이 유동성 지능(Gf)을 예측하고, 갱신과 억제 기능 모두가 확산적 사고를 예측하는 것을 발견했다.

만일 당신이 세밀한 주의를 기울이고 있다면, 당신은 탈억제(혹은 낮은 수준의 억제)가 창의성과 관련이 있는 감각 추구와 연결된다는 것을 기억할 수 있을 것이다. Martindale(1999)은 탈억제가 창의성과 관련이 있다고 말했다. 또한 매우 밀접하게 연결되어 있는 잠재 억제(latent inhibition)라는 개념이 있다. 만일 일반(regular) 억제가 우세한 반응을 걸러낼 수 있다면, 잠재 억제는 관련이 없어 보이는 어떤 것이든 걸러낼 수 있는 더 광범위한 능력이다. 또한 낮은 수준의 잠재 억제가 경험에 대한 개방성 및 창의성과 관련이 있으며, 다음 장에서 다루게 될 정신분열형(schizotypy)과도 관련이 있다는 연구들도 있다(Carson, 2011).

탈억제가 창의성에 도움이 될 수 있다는 것을 보여주는 연구들이 있다. 스트룹 과제와 비슷한 과제를 사용하여 비슷한 연구 결과를 발견했다(Edl, Benedek, Papousek, Weiss, & Fink, 2014). 그밖에 탈억제를 연구할 수 있는 또 다른 방법은 사람들에게 무선적으로 한 자리 숫자를 연속적으로 나열하라고 하고(3, 7, 2, 9, 1, 4) 그들이 패턴 사용의 함정을 회피할 수 있는지 보는 것이다(피보나치[2] 팬들이 생각하듯이 2, 4, 6, 8 혹은 1, 1, 2, 3, 5, 8). 다시 말하지만, 탈억제는 확산적 사고와 관련이 있었다(Benedek, Franz, Heene, & Neubauer, 2012; Zabelina, Robinson, Council, & Bresin, 2012).

무슨 뜻인가? 나는 대답할 수 있을 정도로 충분히 똑똑하지 않지만 다행히도 Mathias Benedek이 친절하게 이 주제에 대해 나를 코치해주었을 뿐만 아니라 가능한 답도 제안했다. 그는 Zabelina, O'Leary, Pornpattanananangkul, Nusslock, Beeman(2015)이 청각 과제를 주고 ERP(당신이 ERP가 무엇인지 안다면 대단한 사람이다. 실은 나도 모른다. 우리 함께 모르고 넘기도록 하자)를 측정하여 탈억제[그들은 느슨한 감각 게이팅(gating)이라고 부른다. 훨씬 멋있는 용어다]를 연구했다고 말해주었다. 그들은 억제는 확산적 사고와 정적 상관이 있는 반면에 탈억제는 실세계의 창의적 성취와 정적 상관이 있는 것을 발견했다. 특수한 목표와 시간제한이 있는 확산적 사고 검사에서는 초집중을 하고 방해가 되는 생각을 차단하는 능력이 도움이 될 수 있다. 그러나 실세상에서는 이런 필터 작용이 부족한 것(특히 더 높은 지능과 짝을 이룰 때; Peterson, Smith, & Carson, 2002)이 더 높은 수준의 창의성을 나타내는 데 도움이 된다. 느슨한 필터를 가지고 있어서 관련성이 없는 잡음을 무시할 수 없는 것이나 혹은 높은 수준의 억제를 해서 중심 과제 이외의 모든 것을 차단할 수 있는 것은 전적으로 당신의 통제에서 벗어나는 일이라는 것이 중요하다. 이 것은 8장에서 이 이슈와 정신 건강을 논의할 때 기억하고 있어야 할 중요한 문제점이다.

CHC 이론 : 통합 모델

통합된 CHC 모델은 유동성 지능(Gf)과 결정성 지능(Gc)에 몇 가지 지능을 추가한 모델이다. Horn은 1980년대와 1990년대에 걸쳐서 그 모델을 확장하고 수정하면서 그 당시 그의 대학원생들에게 그의 생각을 기록해서 정리하도록 했다(Horn & Hofer, 1992; Horn & Noll, 1997). 운 좋게도 John Horn은 나의 학부 지도교수였으며, 그의 아이디어가 얼마나 많은지 믿기 어려울 정도였다. 그는 아이디어에 도취되어서 그것들을 적어 놓거나 출판하는 것에 대해서는 거의 생각하지 않았다 — 그의 생각이 모두 다 출판되지 않은 것이 우리에게는 다행이다.

원래 Cattell-Horn 모델, Horn의 확장 모델, Carroll의 연구가 Gc와 Gf와 그 외의 요인들을 합친 하나의 큰 모델로 통합되었다(Flanagan, Ortiz, & Alfonso, 2013). 그 외의 요인들에는 Gq(특히 수학과 관련한 양적 지식), Grw(읽기와 쓰기), Gsm(단기 기억, 측정한 결과는 작업 기억에 더 가까웠다), Gv(시각처리), Ga(청각처리), Glr(장기 저장과 인출), Gs(처리속도), Gt(결정속도/반응시간)이 포함된다.

이 확장된 모델에서 창의성은 정보를 장기 기억에 저장하고 필요할 때에 인출할 수 있는 능력을 말하는 장기 저장/인출(Glr)과 우선 관련되어 있다(Flanagan et al., 2013). 당신이 당신 아들의 3학년 선생님의 이름을 알게 되고 그때 당신 자신의 3학년 선생님 이름을 생각해낼 때 Glr을 사용하고 있는 것이다. 당신 아들의 숙제를 도와줄 때 오래전에 배웠던 주도를 회상할 수 있고 하트퍼드가 코네티컷 주의 주도라는 것을 어제 저녁 뉴스에 소개된 하트퍼드에 있는 마크 트웨인의 집과 연결시킬 수 있을 때 또한 Glr을 사용하고 있는 것이다. Glr과 창의성의 연관이 약하게 보이지만, Mednick(1968)의 연합 이론을 생각해보라. 원격 연합을 하기 위해서는 연결에 필요한 것을 장기 기억에서 끌어올리는 능력이 있어야 한다. "아하" 하는 통찰의 순간은 종종 과거 지식을 새로운 방식으로 생각할 때 일어난다. 한 가지 예를 들면 석탄, 당근, 목도리가 어떤 집 앞마당에 왜 고스란히 놓여 있는지 직접적인 이유를 묻는다고 생각해보라. 만일 당신이 "눈사람이 녹아서"라고 답을 할 수 있다면, 그것은 오래된 지식('눈사람은 석탄, 당근, 목도리로 장식한다')과 새로운 정보를 통합하고 있기 때문이다. 당신은 이 연결을 만들기 위해 지식과 좋은 기억력 모두를 필요로 한다. 새로운 아이디어를 떠올리는 것에 비해서 기억에서 반응을 끄집어내는 것은 덜 창의적으로 보일 수 있다. Silvia, Nusbaum, Beaty(2015)는 오래되고 기억되는 확산적 사고 반응과 즉흥적으로 생산되는 확산적 사고 반응을 비교했다. '오래된' 아이디어는 외부 평가자에 의해 덜 창의적인 것으로 판단되었다. 그러나 '오래된' 반응과 '새로운' 반응이 개방성과 같은 다른 창의성 관련 능력들을 예측하는 데는 차이가 없었다.

장기 저장과 인출(Glr)은 두 가지 다른 성분을 가지고 있다. 그것은 학습 효율성(새로운 정보를 얼마나 잘 학습하고 유지하는가)과 유창성(많은 것을 신속하게 기억할 수 있는 능력)이다. 위계적으로 그 아래에는 이 성분들을 구성하는 '좁은 능력들'이 더 있다(Schneider & Flanagan, 2015; Schneider & McGrew, 2012). 이 좁은 능력들 중 하나가 아이디어 생산이며 그것은 유창성, 융통성, 독창성을 포함한다(J. C. Kaufman, Kaufman, & Lichtenberger, 2011). 그것들은 만일 당신의 Glr을 사용하여 4장(특히 확산적 사고에 대한 부분)을 기억한다면 익숙하게 들릴 것이다.

Gabora(2010)는 분석적 사고는 표준 뉴런을 활성화하는 반면에(개-고양이를 연합하는 것 같은), 연합적 사고는 추가적인 뉴런[그녀는 '너드(neurds)'라고 이름붙였다]을 자극한다고 제안했다. 활성화된 '너드'는 그 특수한 상황에 가장 관련성이 있는 것들과 함께 온다. 예를 들면, 개와 고양이를 연결하는 것은 꽤 직접적인 반면에, 개와 색맹을 연결하는 것은 거리가 멀다. 만일 시력에 대해 생각하고 있는 어떤 상황에서 개라는 말을 듣는다면, '개는 색맹이다'라는 개념을 포함하고 있는 '너드'가 활성화될 수 있다. 연합적 사고를 하면 실제로 인지 능력의 보너스를 받을 수 있다.

그 밖에도, 기억의 특수한 측면을 강화하면 창의성을 신장시킬 수 있다. 최근에 일어난 사소한 일들을 더 잘 기억하는 방법을 배운 사람들은 통제집단의 사람들보다 확산적 사고 과제에서 더 잘 수행하는 것으로 나타났다(Madore, Addis, & Schacter, 2015).

당신의 기억을 더 창의적으로 사용한다는 것은 어떤 정보를 잃어버릴 것인지를 안다는 것(아마도 무의식적으로)도 의미한다. 인출이 유도한 망각(retrieval-induced forgetting)이란 특별한 정보를 기억하기 위해서 관련된 정보들이 망각되거나 인출하기 어려워지는 것을 말한다(MacLeod & Macrae, 2001). Bristol과 Viskontas(2016)는 이 과정이 대뇌피질 억제의 감소와 관련이 있으며 인출이 유도한 망각이 쉽지 않은 사람일수록 창의성이 더 높다고 주장한다. 연구 문헌을 갈등적으로 만들고 해체하기를 좋아하는 나는 여기에서 다른 연구 결과를 하나 소개하겠다. 그것은 Storm, Angello, Bjork(2011)에 의한 연구로 그들은 사람들이 원격연합검사를 수행할 때 다른 일반적으로 연결된 단어들을 더 잘 잊어버리는 경향이 있는 것을 발견했다. 목표 지향적 망각(Bjork, Bjork, & Anderson, 1998)이라고 부르는 이 경향성은 더 좋은 창의적 문제 해결과 연결되어 있다. Storm과 Patel(2014)은 또한 4개 실험에 걸쳐서 확산적 사고 검사를 가지고 이 효과를 발견했다. 그들은 사람들에게 가정용 물품(물통이나 숟가락 같은)에 대한 몇 가지 흔하게 사용할 수 있는 방법을 생각하라고 한 후에 같은 물품에 대한 많은 다른 사용법을 생각해보라고 했다(다르게 사용하기 검사와 같이). 가장 창의적인 반응을 한 사람들은 원래 생각했던 일반적인 사용법을 망각할 수 있는 사람들이었다. 사랑이 그러하듯이, 기억하는 것이 좋은 때가 있고 잊어버리는 것이 좋은 때가 있다.

하지만 실제 연구를 모방한 이론의 좋은 사례에서, 장기 저장/인출(Glr)이 창의성과 경험적으로 관련되어 있다는 것을 보여주는 몇 가지 연구가 있다. Avitia와 Kaufman(2014)은 그림과 글쓰기에서 창의적 수행 점수를 가지고 Glr 점수(아동용 카우프만 검사의 네 가지 하위검사로 측정한 것; A. S. Kaufman & Kaufman, 2004)와 결정성 지능(Gc) 점수를 비교했다. 창의적 글쓰기는 Glr이나 결정성 지능(Gc)과 (이상하게도) 상관이 없는 것으로 나타났다. 그림 그리기는 Glr과 유의미한 상관이 있었으며 이것은 Gc와의 상관보다 더 높았다.

Silvia, Beaty, Nusbaum(2013)은 확산적 사고가 어떻게 여러 가지 언어 유창성(유창성과 관련된 낮은 순위 Glr 요인들)과 관련이 있는지 조사했다. Silvia 등은 주된 Glr 요인이 독창성과 유창성 모두에 유의미한 효과가 있는 것을 발견했다(Gf와 마찬가지로). Benedek, Könen, Neubauer(2012) 의 연구는 Glr과 비슷한, 예를 들어 연합적 유창성과 같은 인지적 과제 점수는 확산적 사고 점수와 높은 상관이 있는 결과를 보여주었다. Benedek 과 Neubauer(2013)에 의한 연구는 창의성과 관련된 핵심적인 변인은 정보를 저장하는 방식이 아니라 기억으로부터 정보를 효과적으로 인출하는 방법이라고 제안했다. Beaty, Silvia, Nusbaum, Jauk, Benedek(2014)은 장기 저장과 인출(Glr)과 결정성 지능(Gc)이 어떻게 창의성과 의미의 차이와 상호작용하는지 탐구했다. Mednick(1968)의 연합 이론을 생각해보면 의미의 차이가 더 크다는 것은 더 먼 원격연합을 의미한다. Glr과 의미적인 차이만 확산적 사고에서의 더 창의적인 반응을 예측했지만, 세 가지 모두가 유창성을 예측했다. 비슷하게, Kenett, Anaki, Faust(2014)는 창의성이 높은 사람들과 낮은 사람들의 의미 기억 네트워크를 비교했다. 창의성이 낮은 사람들은 더 낮은 하위성분들로 나누어지는 엄격한 네트워크를 가지고 있었다. Mednick(1962)이 주장하는 것과 마찬가지로, 네트워크가 더 많이 분리되어 있을수록 창의적 문제 해결에 도움이 되는 적절한 기억을 인출하기가 더 어렵다(잔디밭에서 공을 줍는 것과 배수로에 굴러 들어간 공을 찾는 것을 비교해서 상상해보라).

추가된 CHC 성분들 중에서 장기 저장/인출(Glr)만 창의성과 관련이 있는 것은 아니다. Martindale(1999)은 처리 속도(Gs)와 창의성 간의 차별적인 관계를 제안하였으며, 그의 이론이 검증되었다(Dorfman, Martindale, Gassimova, & Vartanian, 2008; Vartanian, Martindale, & Kwiatkowski, 2007). Martindale의 모델에 의하면, 창의적인 사람들은 정보를 다양한 속도로 처리한다. 창의적인 문제 해결의 초기 단계에서는 집중을 방해하는 정보로부터의 간섭이 특히 많기 때문에 주의폭이 넓어지고 많은 양의 정보가 처리될 수 있도록 한다. 그 결과 처리 속도는 늦어지게 된다. 나중에 문제 공간이 잘 이해되고 간섭이 줄어들면, 주의폭이 좁아지고 따라서 반응 시간은 더 빨라진다. 이 이론을 검증하기 위해, Vartanian, Martindale과 동료들은 사람들에게 두 가지 유형의 반응 시간 과제를 수행하도록 했다. 하나는 애매함과 간섭의 수준이 높은 과제고, 다른 하나는 그 반대였다. 예상한 대로, 두 연구 모두에서 창의적인 사람들은 애매함과 간섭의 수준이 높은 과제에서는 속도가 느렸지만 두 번째 과제에서는 더 빨랐다. Martindale은 창의적인 사람들에게 있어서 처리 속도의 변화는 의도적으로 조절되는 것이 아니라 문제 공간의 특성에 따라 다른 반응이 나타난다고 했다. 다시 말해 창의적인 사람들은 창의적이지 않은 사람들보다 문제 공간에서의 애매함과 간섭의 수준에 반사적으로 더 민감한 반응을 나타낸다.

다른 요소들도 창의성과 관련이 있는 것으로 보인다. 읽기와 쓰기(Grw)는 창의성과 관련된 능력, 특히 확산적 산출을 포함한다고 한다(J. C. Kaufman et al., 2011). 그 외에, 단기 기억(Gsm)도 관련될 수 있다. 한 심도 깊은 연구에서, 작업 기억 수준이 더 높은 첼리스트가 즉흥연주를 더 잘하고, 또한 작업 기억은 독립적으로 높은 독창성과 상관이 있었다(De Dreu, Nijstad, Baas, Wolsink, & Roskes, 2012).

PASS 모델

지능과 창의성에 대한 대부분의 최근 연구들은 g나 CHC 모델을 사용하지만, 결코 이 접근들만 논의의 대상인 것은 아니다. 계획(Planning), 주의(Attention), 동시적 처리(Simultaneous), 순차적 처리(Successive)

의 첫 글자를 따서 이름붙인 PASS 이론(Das, Naglieri, & Kirby, 1994)은 Luria(1970)의 신경심리학 연구에 뿌리를 두고 있는 인지적 처리 접근이다. 이 모델에 의하면 뇌에는 세 가지 기능적 단위(units)가 있다. 첫 번째 단위는 집중하고 유지하는 주의를 담당한다. 두 번째 단위는 동시적 처리나 순차적(혹은 연속적) 처리를 해서 정보를 받고 저장한다. 동시적 처리는 정보를 함께 통합하는 것을 말하며 마치 그림을 보고 갑자기 인식되듯이 조각들이 통합된다. 순차적 처리는 조각들을 각각 독립적으로 연속해서 해석하는 것이다. 처음으로 가는 길을 다른 사람이 어떻게 설명해주면 좋을지 생각해보라. 만일 누군가가 지도를 그려주기를 원한다면, 당신은 모든 것을 한꺼번에 볼 수 있는 동시적 처리를 선호한다고 할 수 있다. 만일 어떤 사람이 하나하나 방향을 적어주기를 원한다면("10번 고속도로 출구에서 우회전하고 몬스터 트럭[3] 판매 대리점 앞에서 좌회전해"), 당신은 연속적 처리를 선호한다고 볼 수 있다. 만일 GPS가 지도, 방향, 그리고 음성을 사용해서 당신에게 말해주는 것을 좋아한다면, 당신은 간단히 말해서 게으르다.

세 번째 기능적 단위는 의사결정, 자기감시, 계획을 담당한다. 창의성과 관련이 있는 것으로 가정되는 것은 마지막 능력인 계획이다(Naglieri & Kaufman, 2001). 이미 논의했던 문제 인식과 창의성에 대한 연구에서와 마찬가지로, 더 많은 시간을 들여서 프로젝트를 계획하고 재계획하는 사람들이 더 생산적이고 더 창의적이었다(Redmona, Mumford, & Teach, 1993). 마지막으로, 산만한 정신(mind-wandering)이 계획과 창의성 모두에 결정적인 역할을 한다(Mooneyham & Schooler, 2013). 창의성과의 관련성은 직접적인 것으로 보인다(정신 산만은 창의적 문제 해결 과정의 부화 단계에서 일어날 수 있으며 일반적으로 상상력과 관련이 있다). 정신이 산만할 때 사람들은 미래 지향적인 생각을 많이 하기 때문에 계획 활동이 일어날 수 있다고 Mooneyham과 Schooler는 주장한다. 회의 중에 집중력을 잃기 시작하는 사람은 환상적인 생각을 하고 있거나 주말계획을 짜고 있을 수 있다.

창의성과 능력 검사

분명히 창의성은 많은 지능 이론과 연관이 있지만, 어떤 주요 IQ 검사에도 특별히 포함되어 있지 않다(J. C. Kaufman et al., 2011). 사실 창의성은 실제로 어떤 검사들에서는 수행을 방해할 수도 있다. 예를 들어 웩슬러 성인용 지능검사-IV의 한 하위검사에 '유사성'이 있다. 유사성에 대한 질문의 한 예로(실제 질문은 아니다) "도도새와 공룡의 공통점은 무엇인가?"가 있다. 2점짜리 반응은 "모두 다 멸종되었다"가 될 수 있다. 1점짜리 반응은 "모두가 동물이다"가 될 수 있다. 그러나 만일 완전히 새로운(그리고 적절한) 답으로 "그것들은 모두 디즈니 영화(이상한 나라의 앨리스와 토이 스토리)에 나오는 캐릭터다"라고 답한다면 0점을 받을 것이다.

이 현상에 대하여 뉴욕타임스 베스트셀러 작가 Daniel Tammet[4]은 다음과 같이 아름다운 코멘트를 했다. "그런 종류의 질문에 대해서 매우 시적이고, 재미있고, 창의적인 반응들을 상상할 수 있지만, 만일 간단하고 직설적으로 그것들은 생물이라고 대부분의 사람들이 생각할 필요조차 없는 너무나 명백한 답을 하지 않는다면 … 그렇게 말하지 않는 답은 감점을 당하게 될 것이다. 실제 기대한 반응보다 더 재미있고 창의적인 다른 답은 0점을 받는다"(S. B. Kaufman, 2009, n. p.에서 인용). 창의적인 반응에 대하여 무심코 벌을 주는 이런 방법이 창의성과 지능 간의 상관이 생각하는 것보다 더 낮게 나오는 이유일 수 있다.

표준화 검사와 능력 검사에 창의성이 포함되어 있지 않다는 것은 사람들이 알고 있다. 일반적으로 사람들이 생각하는 지능에 대한 개념의 핵심 요소는 문제 해결과 언어 유창성이며, 둘 다 창의성과 관련이 있다(Sternberg, 1985b; Sternberg, Conway, Ketron, & Bernstein, 1981). 상위 100개 인문대학들 중에서 SAT를 요구하지 않는 대학은 46개다("Colleges and Universities," 2015). 그중에서 Bates College는 SAT 점수를 제출하지 않는 학생들이 더 독창적이고 창의적인 활동을 추구할 것이라는 이유를 제시하고 있다(Bates College Office of Communications and Media Relations, 2004).

지식과 학문적 성취

9장에서 창의성과 공정성, 입학허가를 논의할 때 다시 이야기하겠지만, 대학 입학전형에 창의성을 포함시키자는 주장에 대한 근거는 창의성이 기존의 측정치들과 잘 중첩되지 않는다는 점이다. SAT와 그와 비슷한 검사들에 대해 초기에 비판한 사람들은 그 검사들이 확산적 사고와 상관이 낮다는 점을 들어서 반대하는 주장을 펼쳤다(Wallach & Wing, 1969; Wing & Wallach, 1971).

표준화 검사와 창의성의 관계에 대해 살펴본 대부분의 연구들은 지능 검사와 창의성의 관계에서와 마찬가지로 낮은 상관을 발견했다—표준화 검사와 IQ가 높은 관련성이 있기 때문에 그것은 당연한 패턴이다(Frey, Detterman, 2004; Koenig, Frey, & Detterman, 2008). 이 낮은 수준의 상관($r = .20 \sim .26$)이 SAT나 ACT 점수를 그림 그리기, 사진, 자기보고식 창의적 행동으로 측정한 창의성 점수들과 비교한 연구들에서 발견되었으며(Dollinger, 2011), 상상력 과제와 자기보고식 창의적 성취에서도 나타났다(Dollinger & Skaggs, 2011). GRE도 또한 자기보고식 창의성과 상관이 있었다(Powers & Kaufman, 2004). Kuncel, Hezlett와 Ones(2001)는 메타분석을 사용한 연구 결과에서 밀러 유추검사(Miller Analogies Test)가 학업 수행뿐만 아니라 창의성도 예측할 수 있다고 주장했다(직무 수행, 경력 잠재력, 그리고 도롱뇽같이 사지를 재생산하는 능력도 예측 가능한 것 같다).

평균학점과 창의성 간에도 비슷한 결과가 나타났다(Grigorenko et al., 2009). 어떤 연구들은 비록 창의성이 평균학점을 예측하기는 하지만, 사고 유형(Niaz, Nunez, & Pineda, 2000), 정신 속도와 단기 기억(Vock, Preckel, & Holling, 2011) 혹은 추리력(Freund & Holling, 2008)과 같은 다른 변인들이 더 잘 혹은 더 직접적으로 예측한다는 것을 발견했다.

Grigorenko 등(2009)의 연구에서는 두 가지 창의성 과제(쓰기와 과학)에서 높은 점수를 받은 사립학교 학생들이 또한 평균학점도 높은 것으로 나타났다. 창의적 글쓰기는 그렇지 않았지만 창의적 과학 과제는 1학년의 평균학점을 유의미하게 예측했다. 그밖에, 창의성 점수(입학관리처에 의해 평가된)는 첫해의 평균학점을 역시 예측하지 못했다. Grigorenko 등(2009)은 입학관리처 평가의 예측 타당도가 낮은 것은 수행 기반 검사가 필요하다는 신호라고 주장한다(여기에는 또한 입학관리처가 진정한 전문 평가자인가 하는 의문이 있다). Altman(1999)은 확산적 사고와 평균학점을 조사하고 쌍봉분포를 발견했다. 다시 말해 창의성이 입문 교과목 점수 그리고 수준이 높은 교과목 점수와 상관이 가장 높았다. Gralewski와 Karwowski(2012)가 평균학점과 창의성의 관계가 큰 학교 그리고 큰 도시에 위치한 학교에서 훨씬 강한 것으로 나타난 것을 발견한 것도 또한 흥미롭다. 그들은 더 큰 도시의 학생들은 약한 강도의 사회적 관계를 많이 맺을 수 있기 때문에 다양한 많은 아이디어를 가질 것이라고 가정했다.

또 다른 접근은 표준화 검사 점수가 미래의 창의적 성취를 예측하는지 알아보는 것이다. 이 주제에 대한 일련의 종단연구들은 13세 영재들을 대상으로 SAT를 실시하고 그 후 추후연구를 실시했다. 대부분의 아동들보다 훨씬 일찍 SAT 시험을 본 이 아동들의 SAT 점수는 수년 후의 광범위한 성인기 성취를 예측했다 ― 그것은 그들이 하고 있는 분야 내에서 창의성 관련 성공으로 확대되었다(Wai, Lubinski, & Benbow, 2005). 사실 수학 SAT 점수는 특허권이나 출판(Park, Lubinski, & Benbow, 2007)과 같은 과학 분야에서의 창의적 성취를 예측했으며, 더 높은 점수는 교육 수준을 통제했을 때조차 더 높은 창의적 업적을 예측했다(Park, Lubinski, & Benbow, 2008). 높은 SAT 점수 이외에 높은 공간 능력까지 더해지면 테크놀로지 분야에서의 창의성까지 예측할 수 있었다(Kell, Lubinski, Benbow, & Steiger, 2013).

우리는 학교 학습을 중심으로 지식에 대해 이야기해왔지만, 지식의 유형은 여러 가지다. 특정한 주제에 대한 일상생활 지식을 말할 수도 있다. 어떤 학자들은 너무 많은 지식은 융통성을 감소시킬 수 있기 때문에 창의성을 질식시킬 수 있다고 주장한다(예 : Frensch & Sternberg, 1989). 하지만 Bilalić, McLeod, Gobet(2008)은 전문성이 실제로 그런 부정적인 부작용을 가져오는지 의심했다. 그들은 비록 전문 체스 선수 중에 융통성이 없는 선수도 있지만, 더 높은 수준의 전문성을 갖게 되면 더 융통적으로 되는 것을 발견했다. 그런 연구 결과는 엄격한 전문가 고정관념이 도시괴담일 수 있다는 것을 말해준다.

지식이 창의성에 방해가 될 수 있다는 또 다른 해석 방법은 최소 저항 경로 모델(path-of-least-resistance model)에 의한 것이다(Ward, 1995;

Ward, Dodds, Saunders, & Sifonis, 2000; Ward & Kolomyts, 2010). 이 이론에 의하면, 한 영역 내에서 새로운 아이디어를 생성하기 위해서 사람들은 그 영역 내의 표준 사례에 의존하는 경향이 있다. 그래서 만일 내가 당신에게 한 색깔을 말해보라고 하면 당신은 '자홍색'보다는 '파란색'이라고 할 확률이 높다. 만일 명예의 전당에 들어간 야구 선수를 말해보라고 한다면 당신은 트리스 스피커(Tris Speaker)보다는 베이브 루스(Babe Ruth)[5]라고 말할 것이다. 이 원리는 우리의 상상력을 사용할 때도 적용된다. Tom Ward와 그의 동료들은 이런 연구를 많이 했다. 예를 들어 Ward(1994)는 학생들에게 다른 행성에 살고 있는 동물을 상상해보라고 했을 때 거의 모두 가 지구에 살고 있는 동물 특성들(눈과 다리 같은)을 기준으로 외계 생물체를 생각했다. 지구 생물체와 완전히 다른 외계 동물을 묘사해보라고 했을 때도 이와 같은 결과가 나왔으며(Ward & Sifonis, 1997), 다양한 다른 개념들에 대해서도 비슷한 형태가 나타났다(음식이나 도구와 같은; Ward, Patterson, Sifonis, Dodds, & Saunders, 2002). Dow(2015)는 이 개념을 우연한 표절(좀 더 쿨한 의미로 말하자면, 잠복기억)에 적용했다. 몇몇 연구에 걸쳐서 그녀는 예를 제공하는 것이 특히 초보자와 높은 인지적 부담을 가지고 있는 사람들에게 우연한 표절을 할 가능성을 높인다는 것을 발견했다.

그 외에, 우리는 최근에 자극받은 단어들을 더 많이 사용하는 경향이 있다. Ward와 Wickes(2009)는 사람들에게 과일(사과, 바나나, 무화과, 질경이와 같은)이나 도구(나사돌리개, 렌치, 쇠스랑, 갈퀴)를 얼마나 좋아하는지를 평가하도록 했다. 그들은 그 후에 과일이나 도구와 관련하여 창의적인 것을 만드는 과제를 주었다. 그들은 사람들이 두 가지 다른 방식으로 게으르다는 중요한 점을 발견했다. 사람들은 과일이나 도구 중에서 그들이 평가 과제에서 방금 본 것을 사용하여 과제를 수행하는 경향이 있었다. 사람들은 또한 인기 있는 항목들을 더 많이 사용했다─그래서 사과와 바나나가 무화과나 질경이보다 더 많이 나타났고, 나사돌리개와 렌치가 쇠스랑과 갈퀴보다 더 많이 나타났다.

이와 같은 현상은 우리가 팀 속에서 어떻게 행동하는가에서도 볼 수 있다. 사람들은 집단 속에서 그 집단의 다른 사람들과 비슷하다고 느낄 때 집단의 믿음을 반영하는 방식으로 행동하는 경향이 더 높다. Adarves-Yorno, Postmes, Haslam(2007)은 먼저 사회적(집단) 정체성이나 개인적 정체성을 주입시켰다. 사회적 정체성이 주입된 사람들은 집단행동과 일치하는 방식으로 창의적이었고 다른 사람들의 작업에 대해서도 집단 규범과 일치할 때 더 창의적으로 평가했다. 개인적 정체성이 주입되었을 때 사람들은 집단과 다른 방식으로 창의적이려고 애썼다. 그들은 집단 규범과 일치하지 않는 작업을 더 창의적인 것으로 평가했다. 두 번째 연구에서는 집단 규범이 세워진 후에 사람들에게 혼자서 일하도록 했다. 사회적 정체성이 주입된 후에는 혼자 작업을 할 때에도 집단과 일치하는 방식으로 창의적이었다. 사회적 규범의 힘이 무난한 길을 따르도록 하는 또 하나의 힘이다.

우리는 왜 무난한 방식에 빠지는가? 음, 더 쉬우니까. 우리는 더 쉬운 것(혹은 더 싼 것)을 하는 경향이 있다. 이 마인드세트는, 특히 그 과제에 대하여 더 추상적으로 생각하라는 지시를 받을 때, 빠져나오는 것이 가능하다(Ward, Patterson & Sifonis, 2004). 하지만 추상적인 사고는 독창적이지만 실용성이 떨어지는 아이디어를 끌어낼 수도 있기 때문에 주의할 필요가 있다. Ward(2008)는 이 아이디어를 가지고 실험한 결과 기존의 스포츠(미식축구와 같은)를 기초로 해서 새로운 스포츠를 개발한 사람들이 더 추상적으로 생각한 사람들보다 독창성은 부족하지만 더 실용적인 아이디어를 생각해내는 것을 발견했다. 영화 〈BASEketball〉[6]을 본 사람이 있다면(그 영화에 오스카상 수상자 어네스트 보그나인이 나왔다는 것을 나도 이제 알게 되었다), 독창적인 스포츠가 반드시 당신이 해보고 싶거나(혹은 보고 싶은) 스포츠로 되는 것은 아니라는 것을 증명할 것이다.

반대로, 고정관념을 깨는 것이 창의적 사고를 깨우치게 할 수 있다. Gocłowska, Crisp, Labuschagne(2013)는 사람들에게 고정관념을 탈피하도록 하는 자극(히피 변호사 그림과 같은)을 주었을 때 인지적 융통성이 증가한다고 했다. 사실, Gocłowska와 Crisp(2013)은 관용을 증가시킬 수 있는 그와 같은 중재를 사용했을 때 또한 창의성을 증가시킬 수 있는 것을 발견했다. 특히 조직성에 대한 요구가 낮은 사람들에게서 그와 같은 결과가 크게 나타났다(Gocłowska, Baas, Crisp, & De Dreu, 2014). 이와 같은 선상에서, 또 다른 연구는 인종적 고정관념(인종에 대한 엄격한 관점)을 가지고 있는 사람들은 덜 창의적인 것으로 나타났다. 그 사람들이 문화적 주류에 속하든 비주류에 속하든 관계없이 그 결과는 같았다(Tadmor, Chao, Hong, & Polzer, 2013). 이 주제에 대해서는 9장에서 다시 논의할 것이다.

창의성과 학습장애

창의성과 지적 능력의 관계를 생각하는 또 하나의 방법은 창의성과 학습장애(learning disability, LD)와의 관계를 살펴보는 것이다. 우선, 학습장애는 지적장애와 같지 않다는 것이 중요하다. 영재이면서 학습장애를 가지고 있을 수 있다. 이 주제에 관심이 많다면, 나의 친구인 Scott Barry Kaufman이 쓴 *Ungifted*(2013)를 강력하게 추천한다.

심화(enrichment) 프로그램은 영재와 학습장애 학생들 모두의 창의성을 신장시킬 수 있다(Baum, 1988; Nogueira, 2006). 창의성에 있어서는 여러 가지 차이가 있다. 한 연구는 학습장애를 가지고 있는 초등학교 아동이 통제 아동보다 과제 지속성(persistence)이 낮고 결과적으로 토런스 창의성 검사(TTCT)의 정교성 점수가 더 낮은 것을 발견했다. 그러나 TTCT의 나머지 세 가지 요인에서는 학습장애를 가지고 있는 학생과 보통 학생의 차이가 없었다(Argulewicz, Mealor, & Richmond, 1979). 학습장애를 가지고 있는 영재 아동과 학습장애를 가지고 있지 않은 영재 아동에 대한 또 다른 연구는 두 집단 간에 창의성 점수에서 유의미한 차이가 없는 것을 발견했다(Woodrum & Savage, 1994). 반대로, 학습장애를 가지고 있는 아동들(영재로 분류되지 않은)은 통제집단 아동들보다 확산적 사고 과제에서 더 독창적인 반응을 나타냈다(N. L. Kaufman & Kaufman, 1980).

Cox와 Cotgreave(1996)는 경학습장애(mild learning disabilities, MLD)를 가지고 있는 10살 아동과 MLD를 가지고 있지 않은 6살과 10살 아동의 사람 얼굴 그림을 조사했다. 그들은 MLD 아동이 그린 그림은 다른 10살 아동이 그린 그림과 쉽게 구별되었지만 6살 아동의 그림과는 구별되지 않았다. 이 연구 결과는 MLD 아동이 예술적 능력과 창의적 능력 발달에 있어서 그 속도가 느릴 수 있지만, 그 발달은 여전히 정상적인 패턴에 접근한다는 것을 의미한다.

난독증은 창의성과 관련이 있는 또 하나의 학습장애다. 난독증을 가지고 있는 사람이 통제집단보다 언어와 도형의 확산적 사고 검사에서 모두 높은 점수를 얻었다(Everatt, 1997). 창의성이 난독증을 가지고 있는 영재를 확인하는 데 도움이 될 수 있고(LaFrance, 1997), 좌절감을 감소시키고 자신감을 향상시킬 수 있는 한 방법이 될 수 있다고 했다(Burrows

& Wolf, 1983). 하지만 한 최근의 발달성 난독증(developmental dyslexia)을 가지고 있는 성인 연구에서는 창의성이 높은 것으로 나타나지 않았다(Łockiewicz, Bogdanowicz, & Bogdanowicz, 2014).

창의성과 관련이 있는 또 다른 학습장애는 윌리엄스 증후군이다. 윌리엄스 증후군을 가지고 있는 아동은 발달이 늦고 공간 인지에서 심각한 장애가 있는 경우가 많다(Bellugi, Lichtenberger, Jones, Lai, & St. George, 2000). 하지만 윌리엄스 증후군을 가지고 있는 아동들은 그들의 인지 능력 수준에 비해서 예외적인 내러티브 기술을 가지고 있다. 비록 구문(syntax)이 간단하고 보통 아이들보다 형태론적인 실수가 더 많지만, 그들은 또한 더 평가적인 방법을 사용하고―창의성 연구에서 가장 큰 관심을 가지고 있는―내러티브 속에 훨씬 많은 정교성을 사용했다(Losh, Bellugi, Reilly, & Anderson, 2000). 윌리엄스 증후군과 연관된 과잉사회성(hypersociability)과 내러티브 기술이 함께 작용하여 이 아동들은 자주 스토리텔링을 한다(Jones et al., 2000). 그들의 이야기는 일반 아동에 비해서는 덜 복잡한 구문을 사용하지만, 비슷한 인지 능력에 다운 증후군을 가지고 있는 아동들보다는 훨씬 더 복잡하다(그리고 더 표현적이다)(Reilly, Klima, Bellugi, 1990). 윌리엄스 증후군을 가지고 있는 아동들은 그들의 인지 패턴이 예측하는 것보다 더 훌륭한 음악 능력을 가지고 있다는 어떤 증거가 또한 있다. 그들은 그런 장애가 없는 통제집단만큼 리듬을 잘 따를 수 있었고, 그들의 실수는 독창적인 비트 때문일 가능성이 높았다. 다시 말해 이론적으로 그들의 실수는 창의적인 즉흥연주의 활동으로 생각될 수 있다(Levitin & Bellugi, 1998).

자폐 스펙트럼에 대한 창의성을 살펴본 연구들도 있다. 비록 경학습장애(MLD)와 통제집단보다는 점수가 낮았지만, 자폐 스펙트럼 아동들은 현실에 기초한 자극을 제시했을 때는 순수하게 상상적인 아이디어에 기초한 자극을 제시했을 때보다 더 창의적이었다(Craig & Baron-Cohen, 1999). 또 다른 연구에서 Diener, Wright, Smith, Wright(2014)는 자폐 스펙트럼 학생들의 시각적-공간적 창의성을 측정하기 위한 도구를 개발했다.

관련된 연구로 연구자들은 다운 증후군을 가지고 있는 아동들을 대상으로 인물 그림을 살펴보았다(Cox & Maynard, 1998). 다운 증후군 아동이 같은 연령이나 더 어린 연령의 아동보다 더 낮은 점수를 얻었다. 하지만 그들의 그림은 실물을 보고 그리거나 상상으로 그리거나 다르지 않은데 비해, 다운 증후군이 없는 두 집단의 아동들은 실물을 보고 그릴 때 더 잘 그리는 흥미 있는 결과가 나타났다. 이 연구 결과는 다운 증후군을 가지고 있는 아동이 창의적 과정에서 상대적으로 강점을 가지고 있다는 것을 보여준다고 할 수 있다.

Dykens, Schwenk, Maxwell, Myatt(2007)는 윌리엄스, 다운, 그리고 프래더-윌리 증후군[7]을 가지고 있는 사람들에게 세미프로젝트 검사를 실시했다. 그들은 문장 완성하기 과제(예 : 나는 _____ 하는 것을 좋아한다)와 세 가지 소망 과제(예 : 세 가지 소망을 가지고 무엇을 할 것인가)를 사용했다. 비록 창의성을 측정하는 것은 아니지만 이 검사들은 그들의 상상하는 능력과 자기지각을 표현할 수 있도록 해주었다(그 연구는 반응에 대한 창의성을 검사하는 것이 아니라 반응의 내용을 검사했다). 또 다른 연구는 자폐와 프래더-윌리 증후군을 가지고 있는 아동들을 대상으로 놀이와 상상력을 연구했다(Zyga, Russ, Ievers-Landis, & Dimitropoulos, 2014). 그들은 두 집단 모두 창의적 능력에서는 장애가 있었지만 그럼에도 불구하고 상상 놀이를 하고 상상한 것을 표현할 수 있었다.

창의성과 가장 눈에 띄는 연관성을 가지고 있는 학습장애는 주의력

결핍 과잉행동장애(attention-deficit hyperactivity disorder, ADHD)
다. 영재성과 재능을 가진 학생들이 ADHD 진단을 받는 사례가 많다
(Baum & Olenchak, 2002; Silverman, 2009). 한 가지 이유는 발달에 대
한 Dąbrowski(1964)의 아이디어에서 찾을 수 있다. 그는 심리운동적, 감
각적, 상상적, 지적, 정서적인 것을 포함하는 다섯 가지 과흥분성이 있다
고 했다(Daniels & Piechowski, 2009). 과흥분성을 가지고 있는 아동은 자
극을 크게 받고 과반응을 하거나 너무 많은 에너지를 표출할 수 있다. 그
러나 이 아동들은 지적으로 혹은 창의적으로 예외적일 수도 있다. Rinn
과 Reynolds(2012)는 과흥분성을 가지고 있는 영재 아동은 ADHD 아동
과 매우 비슷한 행동을 나타낼 수 있다고 주장한다. 한 탐색적 연구에서
그들은 여러 과흥분성과 ADHD 양상들 간에 유의미한 관계가 있는 것
을 발견했다. 그런 중첩이 잘못된 진단을 내리게 할 수도 있다고 Rinn과
Reynolds는 말한다.

어떤 학자들은 민감성, 자극 추구, 상상력과 같은 ADHD와 관련한 행
동과 특성들이 창의적인 행동과 매우 흡사하다고 제안했다(Cramond,
1994; Shaw, 1992). ADHD를 가지고 있는 IQ가 높은 아동이 ADHD를 가
지고 있지 않은 IQ가 높은 아동보다 도형 창의성 검사에서 더 높은 점수
를 얻었다(Shaw & Brown, 1990). ADHD 성인에 대한 한 연구는 더 분산
된 사고를 요구하는 확산적 사고 검사에서는 통제집단보다 더 수행을 잘
했지만, 집중된 사고를 요구하는 원격연합검사에서는 수행을 잘 못하는
것을 발견했다(White & Shah, 2006). 한 추후 연구(White & Shah, 2011)
는 확산적 사고 연구 결과를 반복적으로 나타냈고 ADHD를 가지고 있는
성인들이 ADHD를 가지고 있지 않은 성인들보다 더 창의적인 업적을 보
고한 결과를 덧붙였다.

Abraham, Windmann, Siefen, Daum, Güntürkün(2006)은 ADHD 청소년들이 통제집단과 비교할 때 창의적인 강점과 약점을 다 가지고 있는 것을 발견했다. 그들은 제한적인 것을 더 잘 극복했지만 기능적인 발명품을 만들도록 요구했을 때는 잘하지 못했다. 마찬가지로, Fugate, Zentall, Gentry(2013)는 ADHD 특성들을 가지고 있는 영재 아동과 가지고 있지 않는 영재 아동을 비교했다. ADHD 특성들을 가지고 있는 아동들이 작업기억의 성능은 낮았지만 창의성은 더 높은 것으로 나타났다.

Healey와 Rucklidge(2006)는 비록 창의적인 집단의 40%가 ADHD 증후를 나타냈지만, 누구도 실제로 진단을 받는 수준은 아닌 것을 발견했다. Healey(2014)는 문헌을 조사하는 과정에서 ADHD와 창의성 간에 유사점이 있기는 하지만, 창의적인 아동은 IQ, 처리 속도, 사회적ㆍ정서적 기능이 ADHD 아동에 비해서 특별히 높은 점수를 받는 경향이 있다고 주장한다. 그녀는 대부분의 창의적인 아동이 ADHD가 아닐 가능성이 높으며, 대부분의 ADHD 아동은 특별히 창의적이지 않을 가능성이 높다고 결론지었다. 그러나 ADHD 증후를 가지고 있는 창의적인 아동들은 이 증후가 진단을 받을 수준이 아니라고 해도 중재를 받을 필요는 있다(Healey, 2014).

사고 유형

사고 유형(인지 유형이라고도 한다)은 또 하나의 다른 괴물이다. 그것은 인지적 능력이 아니라 사람들이 인지적 능력을 어떻게 사용하는 것을 좋아하느냐 하는 인지적으로 선호하는 사용 방법을 말한다(Sternberg, 1999; Zhang & Sternberg, 2006). 사고 유형이란 우리가 어떻게 문제를 해결하고 정보를 해석하는 경향이 있는지를 말한다. 아마도 가장 고전적인 사고 유형 이론은 장 의존성 대 장 독립성일 것이다. 상태의 상황이나 외적 단서에 의존하는 사람들을 장 의존적이라고 하고, 내적 단서에 더 의존하고 구체적인 소상한 것에 집중하는 사람을 장 독립적이라고 한다(Witkin & Goodenough, 1981). 비록 장 독립적인 사람들이 더 창의적이라는 것을 보여주는 연구들도 있지만(Miller, 2007), 이 이론은 오늘날은 많이 연구되지 않는다. 한 가지 이유는 장 독립성이 유동성 지능과 너무 비슷하기 때문이다(Sternberg & Grigorenko, 1997).

사고 유형에 대한 또 다른 이론으로 Sternberg(1997)의 정신적 자기정부(Mental Self Government, MSG) 이론이 있다. 이것은 입법적, 행정적, 사법적인 세 가지 기본적인 기능적 성분을 포함하고 있다. 입법적 사고가는 무언가를 만들고 스스로 방향을 정하는 것을 선호한다. 행정적 사고가는 지시를 따르고, 지시를 수행하고, 잘 조직된 구조하에서 일하는 것을 선호한다. 사법적 사고가는 일을 판단하고 평가하는 것을 좋아한다. 사실, 입법적 사고가 더 창의적인 경향이 있다(Davis, Kaufman, & McClure, 2011; J. C. Kaufman, 2002).

정신적 자기정부(MSG) 이론 내에 여러 가지 하위성분이 있다. 형태에는 네 가지가 있다. 군주적(한 번에 한 가지에만 집중), 위계적(정해진 우선순위에 따라 여러 가지 과제에 주의를 집중하는), 과두제적(정해진 우선순위 없이 여러 가지 과제에 주의를 집중), 무정부적(체계 없이 과제를 작동) 형태가 있다. 수준에는 지방 수준과 세계 수준의 두 가지가 있다. 지방 수준은 사소한 것에 주의를 집중하는 수준이고 세계 수준은 큰 그림을 보는 수준이다. 수준은 Bruner(1986)의 내러티브 사고와 패러다임적 사고로 구분한 것과 비교할 수 있다. 패러다임적 사고는 논리적이고 과학적인 반면에 내러티브 사고는 연결성을 추구하고 세상을 한 스토리로 본다. 만일 패러다임적 사고가 '무엇이 어떠하다(what is)'를 중요하게 생각한다면 내러티브 사고는 '무엇이 어떠할 수 있다(what may be)'에 더 초점을 맞춘다. 정신적 자기정부(MSG) 이론에 더 깊이 들어가면 두 가지 범위가 있다. 내재적 범위는 독립적으로 일하는 것에 더 적합하고 반면에 외재적 범위는 사람들과 일하는 것과 연결되어 있다. 마지막으로 두 가지 학습이 있다. 자유주의는 새롭고 애매한 것을 선호하고 보수주의는 규칙과 절차를 따르는 것을 선호한다.

Zhang과 Sternberg(2006)는 MSG 이론과 다른 것들을 세 가지 지적 유형 모델로 통합시켰다. 유형 1 사고가는 창의적 사고가로 입법적, 사법적, 세계적, 위계적(그리고 장 독립적) 유형이다. 유형 2 사고가는 더 보수적이고(집행적, 지방적, 군주제적, 보수적)인 반면에, 유형 3 사고가는 더 현실적이다(과두제적, 무정부적, 내재적, 외재적). Zhu와 Zhang(2011)은 투자 이론 틀(Investment Theory framework; Sternberg & Lubart, 1995)을 사용하여 선호하는 사고 유형에 따라 사람들이 가지고 있는 창의성에 대한 생각을 비교했다. 유형 1 사고가들은 창의성에 대해 사고와 동기가 중요하다고 생각하는 경향이 있었다. 유형 2 사고가들은 지식과 지능을 중요하다고 생각하고, 유형 3 사고가들은 환경의 역할에 더 큰 가치를 부여하는 경향이 있었다.

다음 장 연결하기

지금까지 우리는 창의적인 사람에 대한 분석에서 몇 가지 측면을 살펴보았다. 성격에서는 창의적인 사람은 어떤 사람인가를 살펴보고, 동기에서는 왜 창의적인 무엇을 하는가를 살펴보고, 지능에서는 창의적인 무엇을 어떻게 하도록 하는 그 뒤에 있는 힘에 대해서 살펴보았다. 다음 장에서 알아볼 정신 건강은 좀 미묘하다 — 어떤 사람들은 정신 건강이 창의성에 도움이 되는 것이라고 주장하고, 어떤 사람들은 창의성을 방해하는 것이라고 주장하고, 어떤 사람들은 관계가 거의 없다고 주장하고, 또 어떤 사람들은 그냥 논쟁하는 것을 즐긴다.

 역자주

1. The Greatest Generation. 톰 브로커(Tom Brokaw)의 베스트셀러 가장 위대한 세대(*The Greatest Generation*)의 제목에서 따온 용어로, 1911~1924년 사이에 태어난 미국인들을 일컫는다. 이 세대는 대공황의 여파 속에서 성장해서 제2차 세계대전을 겪고 이후 미국의 전후 부흥을 이끌어냈다.

2. Fibonacci(1170~1250). 이탈리아 상인, 수학자. 피사(Pisa)의 상업 중심지에서 태어나 '피사의 레오나르도(Leonardo)'라고 불렸다. 피보나치 수열이란 처음 두 항을 1과 1로 한 후, 그다음 항부터는 바로 앞의 두 항을 더해 만드는 수열을 말한다.

3. 초대형 바퀴를 장착한 픽업 트럭. 특히 미국에서 스포츠 엔터테인먼트나 경기에 사용되며 인기가 있다.

4. 영국 작가. 베스트셀러 작가일 뿐 아니라 세계 기억 선수권 대회 우승자이며, 5시간 9분에 걸쳐 원주율을 22,514자리까지 암기한 신기록을 보유하고 있다.

5. 미국에서 가장 인기가 많았던 프로야구 선수로 메이저리그 최다 홈런을 기록한 메이저리그를 대표하는 홈런 타자

6. 1988년 스포츠 코미디 영화. 야구와 농구가 결합된 이색 스포츠로 농구 코트와 야구공 모양의 농구공을 이용하며 경기의 규칙은 야구 규칙을 따르는 다소 엉뚱한 스포츠

7. 1956년에 처음 보고되었다. 15번 염색체 이상 질환으로, 신생아 초기에 비만, 저신장, 성선기능저하증, 정신지체, 근육긴장저하 등을 특징으로 하며 출생아 10,000~15,000명 중 1명의 빈도로 발생하고, 남녀 간 유병률은 비슷

하다. 아동기 이후부터 비만이 중요한 문제가 되는데, 시상하부의 문제로 식욕이 증가하고 포만감이 결여되어 비만이 초래된다. 이 아동들의 비만증은 75%에서 나타나며, 그중 1/3에서는 정상체중의 200% 이상 되는 경우도 있다. 비만을 조절하지 못하여 대체로 고혈압, 심혈관 장애, 인슐린 비의존성 당뇨병(2형 당뇨병) 등 비만의 합병증으로 사망한다.

창의성과 정신 건강

이 책의 초판에서 이 장의 제목은 "창의성에 어두운 면이 있는가?"였
다. 1장부터 4장까지 쓴 후에 창의성과 정신 건강이 머리에 떠올랐
다. 이 주제를 파헤치기 위해서 나는 바로 책 쓰는 것을 중단하고 2년 동
안 연구를 했다. 그것은 논쟁적인 주제이고 아직까지 여전히 뜨거운 주제
다. 나는 접근 방법을 변화시켜서 정신 건강을 더 큰 그림 속에서 보기로
하고 이 책에서는 12장에서 악의적 창의성을 다루는 부분에서 다루기로
했다.

어떤 사람들은 창의성과 정신 질환이 전혀 연관이 없다고 믿고, 어떤
사람들은 양극성 장애(또한 조울증이라고도 한다)와 조현병이 창의성과
특별한 관련성이 있다고 주장하고, 또 어떤 사람들은 그들이 좋아하는 창
의적인 천재들이 헛소리하고, 귀를 자르고, 큰소리로 꽥꽥거리며 미치는
것을 그냥 좋아한다. 오스카 남우주연상 후보자인 로버트 다우니 주니어
는 처방 약물이나 불법 약물을 남용하고 총기를 소지해서 체포된 적이 있
다. 이제 마약과 알코올에서 해방된 그는 "이제 생각해 보니 나의 악습

(vice)이 창의성인 것 같다"라고 말했다(Stoynoff, 2008).

'미친 천재'라는 개념은 플라톤과 아리스토텔레스와 같은 위대한 사람들이 제기한 것이다(Becker, 2014). 창의성을 처음으로 연구한 사람들 중 하나도 창의성과 정신 건강의 문제에 대하여 같은 생각이었다(Lombroso, 1894). Simonton(1994)에 의하면 이 고정관념은 1800년까지 정설로 받아들여졌다. 오늘날도 대부분의 사람들이 이 관계를 여전히 진실로 받아들이고 있으며, 창의성에 대한 '외로운 미치광이(lone nut)' 관점이라고 말하기도 한다(Plucker, Beghetto, & Dow, 2004). 흥미롭게도 미친 천재라는 아이디어는 자신을 매우 창의적이라고 보거나 전혀 창의적이지 않다고 보는 사람들이 가장 강하게 믿는다(Kaufman, Bromley, & Cole, 2006).

일반적으로 진실은 단순한 고정관념보다 덜 선정적이면서 더 복잡하기 때문에 사람들은 고정관념에 머무는 것을 일반적으로 만족스럽게 생각한다. 하지만 분명하게 해야 할 첫 번째 질문은 (a) 우리가 의미하는 창의성이란 무엇인가 그리고 (b) 우리가 의미하는 정신 질환이란 무엇인가 하는 것이다. 이 두 가지를 분명하게 구분하는 것은 매우 중요하다. 창의적인 천재와 양극성 장애가 연관이 있을 가능성이 크다고 주장하는 것은 소설을 쓰는 당신 오빠가 좀 이상해질 것 같다고 예측하는 것과는 완전히 다르다. 사실, 복잡한 연구들 속에서 일치하지 않은 연구들이 이상하게 연결되어 있다. 자살한 유명한 시인들에 대한 연구 결과를 가지고 보통 대학생들의 확산적 사고와 불안의 수행 측정치를 해석하기 위해 적용하는 연구도 있다.

그런 비교는 앵무새가 버터를 묻힌 팝콘 냄새를 맡고 더 슬퍼한다는 연구와 핀치(finch)가 포도를 먹고 더 많이 웃고 슬픔에서 벗어난다는 다른 연구와 연결해서 새들은 음식에 의해 정서가 조절될 수 있다는 결론을 내리는 것이나 마찬가지다. 이렇게 통합한 연구 결과는 유용한 정보를 제공하는가? 아니면 그 이슈에 대한 혼란스러움만 가중시키는가?

이상적인 세상에서라면, 노벨상을 수상한 화학자에서 시집을 출간한 시인, 지도교수가 특별히 창의적이라고 추천하는 대학원생들까지 포함하는 광범위한 창의적 인물들로 구성된 커다란 표본을 대상으로 심층적인 임상 면접과 사정을 한 결과를 가지고 이 질문에 대하여 알아보아야 할 것이다. 또한 그들과 비교하기 위하여 특별히 창의적일 수도 있고 아닐 수도 있는 큰 통제집단이 있어야 한다. 통제집단에는 줄을 수집하는 취미를 가지고 있는 사람이나 코스트코에서 물건 사는 것을 좋아하는 어린 아동이나 성인 혹은 낮잠을 하루에 두 번 이상 자는 사람까지 포함되어야 한다. 창의적인 능력과 정신 건강을 대표할 수 있는 다양하고 많은 사람들을 검사할 것이다.

그러나 실세계에서는 유명하고 업적이 많은 사람들은 심리학자를 좋아하지 않는다. 그리고 좋아하지 않는 타당한 이유도 있다. 심리학자들은 많은 질문을 하고 많은 시간을 필요로 하지만, 돈이나 과자와 같은 제공할 수 있는 좋은 것을 가지고 있지 않다. 이런 종류의 연구를 하기 위해 필요한 질문은 무례하고, 난처하고, 일반적으로 매력이 없는 것들이다. 그래서 창의적인 천재에 대한 대부분의 연구가 불평을 덜 하는 죽은 사람에 대한 것이다.

지금까지 연구된 것들을 살펴보기 전에 몇 가지 기초적인 사실들을 살펴보자. 정신장애 진단 및 통계편람 최신판(DSM-5; American Psychiatric Association, 2013)에 의하면, 18세 이상 미국인 5명 중 약 1명(18.5%)이 정신 질환을 가지고 있다. 25명 중 약 1명(4.2%)은 심각한 정신 질환(양극성 장애나 조현병과 같은)을 앓고 있다[National Institute of Mental

Health(NIMH), n.d.]. 이 비율을 생각하지 않고는 어떤 비교도 의미가 없게 된다. 한 유명한 이디시어(yiddish)[1] 속담에 "예를 들면은 증거가 아니다"란 말이 있다. 창의적이면서 정신 질환을 가지고 있는 10명, 20명, 혹은 200명의 일화적인 예를 들기는 쉽다. 나는 창의적이면서 키가 작은 사람들의 명단을 쉽게 뽑을 수 있다. 영화배우인 마이클 제이 폭스, 닥터 루스, 가수 프린스, 화가 로트렉, 내 아내, 배우 톰 크루즈, 배우 피터 딘클리지 등. 그러므로 창의적인 사람들은 키가 작다고 주장할 수 있을지 모른다. 하지만 그것이 사실인 것은 아니다.

질환의 종류부터 유명한 정도와 연구 방법까지 구별해야 할 많은 중요한 것들이 있다. 그래도 아마 가장 중요한 것은 당신이 하고 있는 질문이 정확하게 무엇인가 하는 것이다. 미친 천재 고정관념이 사실인지를 알고 싶은지, 정신 질환이 있는 사람이 더 창의적일 가능성이 있는지를 알고 싶은지, 혹은 좀 모자란데 창의성이 있는 사람이 정신 질환에 걸릴 가능성이 높은지에 대해 알고 싶은지. 이것들은 각각 매우 다른 질문이다. 더 깊이 알고 싶은 사람들에게는 이 주제에 대하여 특별히 편집한 책(Kaufman, 2014)이 있다. 다음에 제시하는 것은 그 책의 내용 중에서 중요한 것들을 소개하고, 종합하고 해석한 것이다.

모든 사람이 인용하는 3대 연구

나는 창의성과 정신 질환에 대한 세 가지 '고전적' 연구로 시작할 것이다. 고전적이라고 하는 이유는 세 가지 연구가 반드시 훌륭하기 때문이 아니라 모든 사람이 항상 인용하기 때문이다. 그 첫 번째는 Jamison(1993)의 연구이며, 논문이 아니라 책이라는 점이 중요하다. 그것은 그녀가 수행한 한 작은 연구(Jamison, 1989)도 포함하고 있지만 주로 일화, 의견, 이야기들을 섞어 놓았다. 그녀는 양극성 장애와 창의성의 관계에 초점을 두었다. Jamison(1997)은 나중에 자신이 겪고 있는 질환에 대한 내용으로 베스트셀러가 된 회고록을 썼다.

두 번째는 Andreasen(1987)으로 그는 30명의 창의적 작가, 30명의 대응 통제집단, 각 집단의 직계가족을 분석하기 위해 구조화된 면접을 사용했다. 작가들은 정신 질환 비율이 높았고 특히 양극성 장애와 그외 정서장애를 가지고 있는 경향이 있었다. 작가들의 직계가족들도 창의적이고 또한 정서장애를 가지고 있는 경향이 있었다. 이 연구는 추가적인 자료가 보고되지 않는데도 불구하고 대중의 관심을 받게 되고(Andreasen, 2014), Andreasen은 마치 창의성과 정신 질환에 대한 논쟁이 끝난 것처럼 그 사실을 제시하고 있다(Bartlett, 2014). 그의 입장은 관련된 자료와 그 분야의 일반적인 의견을 모두 크게 잘못 대변하고 있는 것이다. 나는 Andreasen(그리고 Jamison)이 그렇게 많은 청중에게 다가가서 잘못된 정보를 널리 확산시키게 된 것은 매우 잘못된 일이라고 생각한다. 그들이 전하는 메시지는 모든 창의성 수준이 정신 질환과 연관이 있다고(전혀 사실이 아닌데) 쉽게 가정하게끔 한다. 실은 훨씬 좁은 범위의 천재 수준의 창의적 사람들이 정신 질환을 가지고 있는 경향이 있다(훨씬 섬세하고 특수한 방법을 사용함에도 불구하고 결과로 나타났다).

세 번째 주요 연구는 역사측정학적 기법을 사용한 Ludwig(1995)의 연구다. 역사측정학이 개발된 것은 수 세기 전이지만, 현대 역사측정학의 선구자는 Dean Keith Simonton(1990, 1994, 2009a)이다. 전통적인 연구 방법은 유명한 사람들의 전기를 읽고 인생사들(결혼, 비극적인 경험, 수상, 바다 괴물과 싸우기)에 주목해서 창의성이나 천재성에 대한 통찰을 얻는다. 한 대표적인 연구는 대통령 취임 연설의 언어 내용을 분석하거나 셰익스피어 소네트에 나타나 있는 테마를 분류한다(Simonton, 1990). Ludwig는 1960~1990년 사이에 발표된 주요 전기의 주인공들인 1,000명 이상의 유명한 인물들을 조사했다. 다른 많은 발견들 중에서도, 그는 비예술 직업에 종사하는 사람들(예 : 기업, 정치, 과학)보다 예술 직업에 종사하는 사람들(예 : 문학, 예술, 연극)에서 정신 질환의 비율이 높은 것을 발견했다.

세 연구 모두가 심각한 비판을 받았다. 예를 들어 Rothenberg(1990)는 Andreasen의 통제집단은 선택된 작가들과 대응이 잘 되지 않는다고 주장했다. 창의적 집단은 창의적 글쓰기 학과의 교수들로 구성된 반면에 통제 집단은 다양한 사람이 섞여 있었다. Andreasen은 혼자서 인터뷰를 했으며 그 작가들의 건강에 대해 확인해줄 자료가 없었다. Schlesinger(2009, 2012, 2014)는 이 세 연구의 결점을 밝히는 방대한 연구를 했다(그녀는 그것을 '불안정한 삼각대'라고 부른다, 2014, p. 64). 방금 지적한 비판점 이외에, 그녀는 Andreasen이 연구에 참여한 사람들을 개인적으로 알고 있었으며 타당한 이유 없이 일반 모집단의 결과를 추정했다고 지적한다. 그녀는 Jamison이 단순하게 기분장애에 대한 치료를 받았는지 여부를 가지고 그런 장애가 있다는 증거로 계산했다고 지적하며, Ludwig의 연구에 대해서는 연구 대상자들을 분류하는 방식과 여러 애매하거나 불분명한 방법론적 측면을 비판한다. 개인적으로 나는 Ludwig의 연구는 결점이 있음에도 불구하고 높은 가치가 있다고 생각한다. 반대로 Jamison의 연구와 Andreasen의 연구는 잡음 이외에 논쟁거리가 거의 없다고 생각하며, 최근에는 심각하게 논의조차도 되지 않고 있다.

물론 이 세 연구가 끝이 아니다. 수백 개 이상의 갈등적인 연구 결과들이 있다.

유명한 창조자들과 정신 질환

역사측정학과 빅 C

빅 C 창조자들에 대한 많은 연구들은 Ludwig의 연구와 비슷한 역사측정학 테크닉을 사용한 연구들이다. 어떤 연구들은 유명한 창조자들이 더 높은 비율의 정신 질환을 보인다고 주장한다. 그런 연구들에는 재즈 음악가와 정신병리(Willis, 2003), 유명한 남성 화가 및 작가와 성격장애(Post, 1994), 작가와 정서장애(Post, 1996)에 대한 연구들이 있다. Ludwig(1998)는 한 역사측정학적 연구에서 예술 분야에 종사하는 창조자들이 다른 직업에 종사하는 사람들보다 정신 질환 비율이 더 높은 것을 보여주었다.

또 다른 연구들은 정신 질환의 비율이 창의적 영역에 따라 어떻게 다른지 살펴보았다. 나는 이 분야에 대해 주로 작가들을 중심으로 연구했다. 예를 들어 여성 시인들은 다른 영역의 여성 작가들(픽션 작가, 극작가, 논픽션 작가)이나 남성 작가들(픽션 작가, 시인, 극작가, 논픽션 작가)보다 정신 질환(자살 시도, 입원, 혹은 일정한 기간 겪은 우울증으로 측정함)을 앓는 경향이 유의미하게 높았다(Kaufman, 2001a). 추가적인 연구에서는 여성들만을 대상으로 해서 시인을 언론인, 정치가, 배우, 소설가, 시각 예술가들과 비교했다. 또다시, 시인들이 다른 어떤 집단보다 정신 질환이 유의미하게 더 많았다(J. C. Kaufman, 2001a). 이 연구 결과를 '실비아 플래스[2] 효과(Sylvia Plath Effect)'라고 말한다. 많은 연구들이 또한 유명한 시인들이 다른 작가들보다 정신 질환이 더 많은 경향이 있는 것을 발견했으며(Kaufman, 2005) 인지적 왜곡도 더 높은 것으로 나타났다(Thomas & Duke, 2007).

작가들은 또한 예술 관련 직업을 포함한 다른 직업에 종사하는 사람들보다 수명이 짧다(Cassandro, 1998; Kaun, 1991; Ludwig, 1995; Simonton, 1975). 거의 2,000명에 달하는 미국, 중국, 터키, 동유럽의 작가들에 대한 연구에서 평균적으로 시인들이 픽션 작가와 논픽션 작가들보다 네 문화 모두에 걸쳐 더 젊은 나이에 죽는 것으로 나타났다(Kaufman, 2003). 그 이전의 연구에서도 시인들이 모든 작가 중에서 가장 젊은 나이에 죽는 것으로 나타났다(예 : Ludwig, 1995; Simonton, 1975). 일반 창의성(경험에 대한 개방성과 연관된)은 짧은 수명과 연관이 없다는 점에 주목하는 것이 중요하다(Roberts, Kuncel, Shiner, Caspi, & Goldberg, 2007).

다른 연구들은 작가들이 사용하는 실제 언어가 어떻게 정신 건강과 관련이 있는지 살펴보았다. Stirman과 Pennebaker(2001)는 자살 충동을 느끼는 시인들은 그렇지 않은 시인들과는 반대로 그들의 시에 자신(집단적인 것과 대조적으로)과 연관된 단어를 사용하는 경향이 있는 것을 발견했다. 그 연구자들은 이 경향성은 내부적으로 초점을 맞추고 사회적 통합의 결여를 나타내는 것이라고 제안했다. Forgeard(2008)는 유명한 양극성 작가, 단극성 작가, 양/단극성이 모두 없는 작가들의 언어 패턴을 조사했다. 양극성 작가들이 단극성 작가들보다 죽음과 관련한 단어를 더 많이 사용한 반면에, 단극성 작가들은 통제집단 작가들보다 자신과 관련한 단어를 덜 사용하는 경향이 있었다. 그녀의 연구 결과는 단극성 우울증인 사람이 양극성 우울증인 사람(자기와 연관되는 단어를 더 많이 사용)보다 자살하는 경향성이 낮다는 점에서 Stirman과 Pennebaker의 연구 결과와 다소 일치한다. Djikic, Oatley, Peterson(2006)은 창의적인 작가와 물리학자들의 언어 패턴을 조사한 깔끔한 연구를 했다. 작가들은 감정과 관련된 단어들과 구체적으로는 더 부정적인 감정과 관련한 단어들을 사용했다(예 : 분노, 불안, 우울과 관련된). 이 연구 결과는 작가들이 단지 이런 단어들을 더 많이 사용하는 경향이 있다는 것이지, 작가들이 이 감정들을 반드시 더 느낀다는 것을 의미하지는 않는다.

역사측정학적 연구에는 많은 문제점이 있으며 연구자의 능력에 따른 문제인 경우가 많다. 유명한 창조자를 객관적인 기준(어떤 사람이 자살을 시도한 회수와 같은)이 아니라 주관적인 기준(개인적인 서신의 어조)에 따라 진단하는 경우가 있다. 나는 나 자신의 삶이 그렇게 자세하게 해석되는 것을 원치 않는다는 것을 알고 있다. George Carlin은 '의심스러운 행동의 역사'를 가지고 있는 범죄자에 대해 이야기하면서 그와 같은 배경을 가지고 있지 않은 사람이 어디 있겠는가라고 했다.

또 다른 문제는 창의적인 인물이 완벽하게 정상적이라는 이유로 그 사람에 대한 전기를 쓰는 사람은 아무도 없다는 점이다. 사실 정상적인 보통 사람들은 최소한 전기의 대상으로는 지루해 보일 수 있다. 내가 쓴 책이 출판되거나 팔리기를 원한다면 내가 찾을 수 있는 가장 이상한 사람에 대해 쓸 것이다. 따라서 만일 연구자가 어떤 창조자에 대한 정보를 얻기 위해 전기를 사용한다면, 그 전기는 완전하게 객관적이지는 않을 것이다. 별나거나 이상하거나 정신 질환을 앓는 창의적인 사람이 지루하고 열심히 일하고 행복한 결혼생활을 하는 창의적인 사람보다 더 재미있는 이야깃거리가 될 것이다. 그런 창의적인 천재에 대한 전기가 행복하고 안정적이면서 창의적인 천재에 대한 전기보다 더 쉽게 찾아볼 수 있다(Silvia & Kaufman, 2010).

마찬가지로, 예를 들어 100명의 전설적인 시인과 100명의 전설적인 양치기를 비교하는 것은, 양치기에 대한 전기를 쓰는 사람이 없기 때문에 불가능하다. 또 다른 문제는 표본 선택이다. 구체적이고 잘 정의된 사람들로부터 표본을 추출하는 것이 중요하다. 50명의 시인이나 50명의 음악가를 뽑아서 그들의 삶을 분석하는 것은 이 사람들이 어떻게 선택되었는가 하는 질문을 하게 한다. 만일 자료의 점수(혹은 사람)를 선택적으로 뽑는다면, 무엇이든 증명이 가능하다.

종합적으로 말하면, 연구자가 신중하고 과주장이나 과추정을 하지 않으면 그 증거는 완전히 무시하기는 어렵다고 생각한다. 나는 Simonton이 정신 질환과 빅 C의 관계에 대한 역사측정학적 연구를 더 많이 했으면 한다. 그가 이 문제에 대한 많은 글을 썼지만(예 : Simonton, 2009, 2014a), 이 문제를 심각하게 생각하고 연구에 박차를 가하기 시작한 것은 최근의 일이다. 한 훌륭한 연구(Simonton, 2014c)는 영역에 따라서 정신 질환과 명성의 관계가 어떻게 나타나는지를 조사했다. 작가와 예술가들은 더 높은 정신 질환 비율이 더 높은 명성 비율과 관련이 있다(Kaufman, 2001b; Ludwig, 1995에서도 같은 결과가 발견되었다). 그러나 과학자, 작곡가, 사고가들은 창의적 업적과 정신 질환 간의 관계에서 특수한 정점을 보여주었다. 이 정점이 Simonton(2014c)이 말하는 '정신병질의 최적절량'(p. 57)을 나타낸다. 과학자들은 특별히 날카로운 정점을 가지고 있어서 심한 질환을 가지고 있는 사람이 질환이 없는 사람보다 특히 성취도가 낮았다. Damian과 Simonton(2014)은 유명한 미국 흑인들에 대한 최근의 한 연구에서 주류 문화에 대한 과거 연구와 같은 비슷한 관계를 발견했다(예를 들어 예술가와 작가는 과학자보다 더 높은 수준의 정신 질환을 보였다). 마지막으로 Simonton(2014b)은 수학적 법칙을 사용하여 창의성과 정신 건강이 상관이 있는데도 불구하고 어떻게 창의적인 천재에게 정신 질환이 더 많은지를 설명하고 있지만, 여기서는 설명하지 않고 나중에 자세하게 살펴보도록 할 것이다.

프로 c에 대한 실증적 연구

유명한 창조자에 대한 모든 연구가 역사측정학적 방법을 사용한 것도 아니고 빅 C만을 대상으로 연구된 것도 아니다. 많은 연구들이 전문적인 창조자들을 탐색하기 시작했다. 몇몇 연구는 위에서 언급한 빅 C 연구자들에 의한 것이다. 예를 들어, Jamison(1989)은 47명의 영국 예술가와 작가들을 인터뷰 결과 그들이 일반 사람들에게서 기대되는 것과 비교해서 특히 정서장애(양극성과 같은)와 같은 정신 질환을 앓고 있는 비율이 유의미하게 높은 것을 발견했다. 하지만 이 연구에는 결점이 있다. Schlesinger(2014)가 지적하듯이 Jamison의 연구에는 통제집단이 없으며 47명의 창조자를 선택해서 인터뷰를 했기 때문에 이런 결과는 신뢰도가 떨어진다. Ludwig(1994)는 59명의 여성 작가와 59명의 대응 통제집단을 연구하고 작가들이 기분장애(양극성 포함)와 일반 불안을 포함한 정신 질환을 겪고 있는 비율이 높은 것을 발견했다.

프로 c 창조자들에 대한 연구(정신 건강 연구든 아니든)는 많지 않다. 신기하게도, 몇 안 되는 연구들 중에서 2개가 미출판 논문이다. Staltaro(2003)는 43명의 시집을 출판한 시인들을 조사한 결과 그들 중 약 1/3이 최소한 정신이상 병력을 가지고 있고 반 이상이 치료를 받은 경험이 있다는(이것은 일반인의 비율보다 뚜렷하게 더 높다) 것을 발견했다. 하지만, 시인들이 현재 우울증 측정에서는 평균보다 유의미하게 높지 않았다. Colvin(1995)은 음악 영재 학생들과 대응 통제집단을 비교했을 때 음악가들에게 기분장애가 더 많은 것을 발견했다.

Nettle(2006)은 시인, 수학자, 시각 예술가, 일반인들을 조사한 결과 시인과 시각 예술가들의 정신분열형[3] 수준이 더 높고 수학자들은 더 낮은 것을 발견했다. 영역 간 차이를 발견한 Rawlings와 Locarnini(2008)에 의한 또 다른 연구는 예술가와 과학자들에게 잠재적 정신병과 자폐증에 대한 낮은 점수를 주었다. 예술가 집단에서는 창의성이 정신분열형과 경조증과 연결되어 있었다. 과학자 집단에서는 이 연결이 발견되지 않았지만 창의성과 자폐적 성향 간에 약한 상관이 있었다.

몇몇 연구는 정신 질환을 측정할 수 있는 미네소타 다면인성검사(Minnesota Multiphasic Personality Inventory, MMPI)나 아이젠크 성격 검사(Eysenck Personality Questionnaire, EPQ)와 같은 성격 측정 도구를 사용했다. 이 분야에서 가장 잘 알려진 것은 전설적인 연구자 Frank Barron(1969)의 연구로, 그는 많은 유명하고 창의적인 인물들을 성격 평가와 연구 센터(Institute for Personality Assessment and Research)에서 일하면서 연구했다. 대부분의 창조자들은 MMPI에서의 병리 관련 점수에서 더 높은 점수를 얻었다. 하지만 건강과 관련된 점수와 자아 강도 점수도 더 높았다. 이렇게 엇갈리게 보이는 결과들은 창의성과 정신 질환 문제(그리고 아마도 창의성 연구 자체)에 내재되어 있는 수수께끼를 나타낸다. Barron의 유명한 한 인용문(그리고 나의 친구인 Zorana Ivcevic Pringle도 좋아하는)에 의하면 창의적인 사람은 "언뜻 보면 보통 사람보다 순진하고 지식이 풍부하고 … 더 원시적이고 더 교양이 있고, 더 건설적이고 더 파괴적이며, 때때로 더 미친 것 같지만 확실히 정신이 온전하다"(1963, p. 224).

프로 c 창조자들 연구에는 제한점이 있지만 스웨덴의 국가등록을 사용하여 직업과 건강 진단을 조사하는 창의적인 한 방법이 있다(Kyaga et al., 2011, 2013). 첫 번째, 그들은 양극성 장애를 가지고 있는 사람과 조현병이나 양극성을 가지고 있는 사람의 (건강한) 친척들이 창의적인 직업을 더 많이 가지고 있는 경향을 발견했다(Kyaga et al., 2011). 규모가 더 큰 두 번째 연구에서 그들은 광범위한 장애를 조사했다(Kyaga et al., 2012). 양극성 장애만 창의적 직업을 가지는 것과 관련되어 있었으며, 조현병, 우울증, 불안, 알코올 중독, 자폐증은 관련이 없었다. 여러 진단과 관련이 있는 특수한 직업은 유일하게 글쓰기였으며, 이 결과는 실비아 플래스 효과 그리고 다른 역사측정학적 연구들과 일치했다. 여기에서 내가 강조하고 싶은 점은 어떤 직업도 창의적인 직업이 될 수 있다는 것이다—창의적인 배관공, 창의적인 전기 기사, 창의적인 자산관리사. 비록 Kyaga 연구들이 많은 장점을 가지고 있지만, 직업 하나만을 창의성의 측정 기준으로 사용하는 것은 상당히 조심해야 한다.

실은 대부분의 이 연구들(거의 모든 연구들)은 상관을 보여준다—인과관계와는 다르다. 많은 것들은 많은 이유로 연결되어 있을 수 있다. 예를 들어 Tyler Vigen의 놀라운 웹사이트인 거짓된 상관관계(Spurious Correlation)를 잠깐 들여다보면, 1인당 치즈 소비량이 지난 10년간 침대 시트에 엉켜서 죽은 사람의 수와 놀랍게도 $r = .95$ 상관이 있었다. 마찬가지로 니콜라스 케이지의 한 해 수입이 *Harvard Law Review*의 여성 편집자 수와 $r = .86$의 상관이 있었다(Vigen, 2015). 분명히 당신은 어떤 일련의 숫자들(혹은 창의적인 사람 목록)을 가지고 무엇이든 주장할 수 있다. 이 예들이 물론 모든 자료 분석을 의심해야 한다는 것은 아니다. 그러나 현명한 소비자가 되어야 한다. 마치 만일 어떤 자몽을 골라야 할지 모르면, 누구에게 물어보아야 하듯이, 만일 통계에 대해서 아무것도 모른다면(몰라도 괜찮다), 이 영역의 과거 연구에 대해 진지하게 알아보기 위해서는 최소한 전문가의 의견을 찾아보아야 한다.

일상생활 창조자들과 정신 질환

훨씬 더 일반적인 접근은 보통 사람들을 살펴보고 그들의 창의성과 정신 건강을 측정해보는 것이다. 연구자들은 주로 준임상적 장애라고 하는 것을 살펴본다 — 다시 말해서 임상적으로 심각하지 않은 장애를 말한다.

준임상적 장애 대 임상적 장애

예를 들어 경조증은 양극성 장애와 관련이 있지만(상승 기분이 덜 강하고 더 짧다), 반드시 '정신 질환'으로 진단하지는 않는다. 약한 경조증을 가지고 있는 사람은 더 창의적일 수 있다(Furnham, Batey, Anand, & Manfield, 2008; Lloyd-Evans, Batey, & Furnham, 2006). Zabelina, Condon, Beeman(2014)은 확산적 사고를 그 검사요람에 따라 채점했을 때(반응의 수를 말하는 유창성이 점수에 큰 영향을 미친다) 창의성과 경조증 간에 상관이 없는 것을 발견했다. 같은 검사를 반응의 수에 무게를 두지 않는 합의평가기술을 사용하여 평가자들이 채점했을 때는 상관이 있는 것으로 나타났다.

경조증 연구 결과를 양극성 장애까지 확장하는 문제는 논쟁거리다. Richards, Kinney, Lunde, Benet, Merzel(1988)은 양극성 장애를 가지고 있는 17명, 심각한 기분 변화를 가지고 있는 16명, 정상적인 직계가족 11명, 통제집단 33명을 살펴보았다. 그들은 정신 질환을 가지고 있는 33명과 그들의 직계가족들이 통제집단에 비해 창의성(Lifetime Creativity Scale로 측정)이 더 높은 것을 발견했다. Strong 등(2007)은 창의적인 통제집단과 비창의적인 통제집단뿐만 아니라 양극성 우울증과 단극성 우울증 환자들에 대한 창의성과 성격을 연구했다. 그들은 두 가지 다른 요인을 발견했다. 하나는 신경증과 기분장애(순환 기질과 기분 부전증)에 강한 기반을 두고 있었던 반면에, 다른 하나는 대부분 경험에 대한 개방성과 창의성으로 구성되어 있었다. 비록 두 가지 요인 모두가 자기보고식 창의성 측정치와 연관이 있었지만, 둘 다 토런스 검사 점수와는 상관이 없었다.

진단받은 장애에 따라서 창의성이 다르게 나타난다. 극심한 양극성 장애를 가지고 있는 사람은 더 창의적일 수 있다(Richards & Kinney, 1990 참조). 예를 들어 Rubenstein(2008)은 조현병, 중증 우울증, 불안, 성격장애(자애성 성격장애, 경계선 성격장애, 분열성 성격장애) 진단을 받은 정신과 입원환자들의 확산적 사고 검사 점수를 비교했다. 조현병 환자는 다른 집단보다 유의미하고 눈에 띄게 유창성 점수(반응의 수)가 더 낮았으며 독창성에서는 집단 간에 차이가 없었다.

특성 대 상태를 구분하는 것도 중요하다. 당신은 특성(초콜릿을 묻힌 치즈를 정말 좋아한다)을 가지고 있지만 그런 상태에 있을 수도 있고 없을 수도 있다(초콜릿을 묻힌 치즈를 좋아할 때도 있고 그렇지 않을 때도 있다). 이와 마찬가지로 당신은 일반적으로 화를 내거나 불안해하는 사람일 수도 있고 특별한 때에만 화를 내거나 불안해하는 사람일 수 있다. Vellante 등(2011)은 전통적으로 창의적인 학문을 전공을 하는 학생들이 짜증을 잘 내고, 빨리 기분이 변하거나 조증 기질이 있는 경향이 있지만 심한 고통을 겪고 있는 것은 아니라고 했다. 따라서 창의적인 사람들이 준임상적 장애를 더 가지고 있을 수 있지만, 가장 창의적일 때는 가장 건강하다고 느낄 때이다. Wadeson(1980)은 우울증을 경험하고 있는 양극성 환자들이 단극성 우울증 환자들과 마찬가지로 그림을 그릴 때 더 적은 색깔을 사용하는 것을 발견했으며, 조증 단계에 있는 양극성 환자들은 더 많은 색깔을 사용하고 더 표현적인 것을 발견했다.

Taylor(준비 중)는 창의성과 기분장애에 대한 방대한 자료를 검색하고 일상생활 창의성 수준에서 창의적인 사람들이 덜 창의적인 사람들보다 약간 더 높은 수준의 기분장애를 나타내는 것을 발견했다(예외로는 창의성과 부적 상관이 있는 기분 부전 장애가 있었다). 하지만 기분장애를 가지고 있는 사람들이 가지고 있지 않은 사람들보다 더 창의적이지는 않았다. 기분장애와 수학 관련 영역의 창의성은 상관이 낮았고 언어 창의성과 시각 창의성과는 상관이 더 큰 것으로 나타나 작은 영역 효과가 있었다.

창의성과 연결되어 있는 또 다른 준임상적 장애는 정신분열형이다(Abraham & Windmann, 2008; Karimi, Windmann, Güntürkan, & Abraham, 2007). 정신분열형은 정신 질환이라기보다는 성격에 더 가까운 장애다(Kwapil, Barrantes-Vidal, & Silvia, 2008). 정신분열형의 증상은 높은 독창성과 갑작스러운 새로운 생각과 같이 창의성과 비슷할 수 있다. 정신분열형과 창의성은 고조된 정서와 같이 어느 정도 같은 인지적 그리고 정서적 기저를 가지고 있다(Fisher et al., 2004). 하지만 정신분열형에는 여러 유형이 있다. 정적 정신분열형은 마술같은 사고, 충동적 행동, 이색적인 경험, 비동조를 포함하는 경향이 있는 반면에 부적 정신분열형은 위축된 행동이나 무쾌감증과 더 가깝다(Acar & Sen, 2013; Claridge, 1997).

창의성과 정신분열형의 논의에는 또한 신경심리학적 연결이 있다. Fink 등(2014)은 기능성 자기공명영상(fMRI)을 사용하여 정신분열형의 수준이 높은 사람과 낮은 사람의 뇌 활동을 조사했다. 모든 참여자에게 두 가지 과제를 주었다. 다르게 사용하기(Alternate Uses) 검사를 사용하여 아이디어를 생성하도록 하는 것과 한 가지 물건에 대해서 일반적으로 사용할 수 있는 방법을 생각하도록 했다(통제 과제로 사용). 구체적인 뇌 영역까지 자세하게 설명하지 않아도, 아이디어를 생성하고 있는 사람들과 높은 수준의 정신분열형을 가지고 있는 사람들이 같은 패턴을 보이는 것으로 나타났다.

Burch, Pavelis, Hemsley, Corr(2006)는 비예술가들보다 시각 예술가들이 정신분열형과 창의성 모두가 더 높은 것을 발견했다. 하지만 내가 특히 흥미롭다고 생각하는 것은 예술가들이 더 충격적이고 도발적인 반응을 했다는 것이다(예 : 의자에서 섹스를 한다거나 칼날로 코카인을 흡입하는 등). (이 연구에서 사용된 것과 같은) 전형적인 창의성 검사들은 창의적인 행동만큼이나 반사회적인 혹은 비일상적인 행동에 대해서 보상을 한다. 따라서 창의성 검사에서 높은 점수를 받는 사람들이 또한 반사회적이거나 비일상적인 행동을 나타내는 것은 이상한 일이 아니다. 그와 같은 연구 결과는 반사회적 행동과 진짜 창의성에 대한 더 깊은 통찰을 주기보다는 사용된 창의성 검사에 대한 한 진술이라고 할 수 있다.

정신분열형과 창의성의 관계에 대한 반대 의견이 없는 것은 아니다. Miller와 Tal(2007)은 비록 경험에 대한 개방성과 지능이 언어 창의성과 도형 창의성을 예측했지만, 정적 정신분열형이나 부적 정신분열형은 그렇지 않았다(비록 정적 정신분열형이 창의성과 작은 상관이 있었지만). 그 밖에, 정신분열형과 창의성의 관계는 문화에 따라 다른 것으로 나타났다(Landgraf et al., 2015).

많은 연구들이 정신분열형과 창의성 간의 관계를 발견했지만, 그 관계의 강도가 과장된 것이 아니라는 것이 중요하다. Acar와 Sen(2013)은 메타 분석을 한 결과 평균 효과의 크기가 약한 것을 발견했다($r = .07$). 정신분열형의 유형이 핵심적인 결정 요인이었다(창의성의 측정 방법이나 다른 변인들보다). 정적이고 충동적 정신분열형($r = .14$)과 미분류형 정신분열형($r = .11$)은 유의미하게 창의성과 상관이 있었다. 하지만 부적 정신분열형과 쾌감 상실증[anhedonia, 쾌락을 못 느끼는 무능력 — 우디 앨런의 영화 〈애니홀〉의 원 제목이기도 하다]은 창의성과 실제로 부적 상관이 있었다($r = -.09$).

중요한 것은 (경조증 대 양극성 장애와 비슷하게) 실제 조현병이 있는 사람들이 통제집단보다 덜 창의적인 경향이 있으며, 그 이유는 그들의 사고 장애가 창의성에 필요한 일관성 있는 인지 능력을 감소시키기 때문인 것으로 보인다(Abraham, Windmann, McKenna, & Güntürkün, 2007). 구체적인 진단이 중요한 것 같다. 한 다른(그리고 다소 갈등적인) 연구에서 Keefe와 Magaro(1980)는 10명의 편집성 조현병, 10명의 비편집성 조현병, 10명의 정신병이 아닌 정신과 환자, 10명의 통제집단으로 구성된 총 40명에게 확산적 사고 검사를 실시했다. 그 결과 비편집성 정신분열증 환자들이 다른 세 집단보다 확산적 사고 점수가 더 높은 것으로 나타났다. Fischer(1999)는 작가와 배우로 구성된 집단을 조현병 집단 및 통제집단과 비교했다. 창의적인 집단과 조현병 집단 모두가 단어 연상 과제에서 더 많은 반응을 했지만, 작가와 배우들은 관련성이 더 높은 반응을 했고 그들이 수행한 것을 더 잘 평가할 수 있었다.

또 하나의 재미있는 연구에서 Kinney, Richards, Lowing, LeBlanc, Zimbalist(2001)는 정신분열증 부모에게서 태어나 일반 부모에게 입양된 성인들과 일반 부모에게서 태어나 다른 일반 부모에게 입양된 성인들을 비교했다. 그들은 (다른 연구들과 마찬가지로) 분열성이나 정신분열형 장애가 있는 사람들이 그런 장애가 없는 사람들보다 더 창의적인 것을 발견했다 — 하지만 생부모의 조현병 존재 여부는 창의성에 영향을 미치지 않았다.

많은 다른 준임상적 장애들이 연구되었다. Silvia와 Kimbrel(2010)은 창의성에 대한 불안, 우울, 사회적 불안의 효과는 무시해도 될 정도인 것을 발견했다. Byron과 Khazanchi(2011)는 불안과 창의성 간의 관계와 함께 상태 불안 대 특성 불안의 역할을 알아보기 위해 방대한 메타분석 연구를 수행했다. 대략적으로 불안은 창의적 수행과 부적 상관이 있었다. 그러나 특성 불안은 상태 불안보다 창의성과 더 강한 부적 관계를 나타냈다. 불안은 특히 언어 창의성 과제와 복잡한 창의성 과제에서 창의성과 부적 상관을 보여주었다.

잠재 억제 그리고 공통적 취약성

7장 창의성과 지능에서 억제에 대해 잠시 언급했는데 여기에서 억제의 역할을 자세히 살펴볼 것이다. 많은 연구에 의하면 조현병이나 조현병과 비슷한 장애(정신분열형과 같은)를 앓고 있는 사람들은 잠재 억제 수준이 낮다고 한다. 다시 말해 그들은 관련성이 없는 정보를 잘 걸러내지 못한다. Peterson과 Carson(2000)은 낮은 수준의 잠재 억제가 높은 수준의 경험에 대한 개방성과 강한 연관이 있는 것을 발견했다. 그밖에, 앞에서 언급했듯이, 그들은 지능이 높은 사람들에게 있어서 낮은 잠재 억제가 높은 창의성과 상관이 있는 것을 발견했다(Peterson, Smith, & Carson, 2002). 그들은 낮은 잠재 억제를 가지고 있는 사람들이 아마도 부딪쳐야만 하는 많은 다른 자극들을 대처할 수 있는 기제로 지능이 사용될 수 있다고 제안한다. 말하자면 지능이 대처 장치로 기능할 수 있다. 높은 지능이 잠재적으로 위험한 충동을 더 잘 관리할 가능성이 있다. Fink, Slamar-Halbedl, Unterrainer, Weiss(2012)는 배우, 학생(통제집단으로 사용), 마약 중독자들을 비교했다. 그들은 배우와 마약 중독자들이 창의성이 높고, 잠재 억제가 낮고, 정신증적 경향성이 높은 것을 발견했다.

Carson(2011, 2014)은 이 연구들과 아이디어들을 통합해서 공통적 취약성 모델을 제안했다. 그녀는 창의성과 정신 병리가 공유하는 세 가지 특성을 내놓았다. 물론 하나는 잠재 억제다. 두 번째 공통적인 특성은 경험에 대한 개방성의 핵심적인 측면 중 하나인 신기성에 대한 선호다. 창의적인 사람은 새로운 경험과 감각을 추구하는 경향이 있지만 감각 추구는 또한 도박, 약물 사용과 같은 덜 바람직한 행동들과도 관련이 있다(Leeman, Hoff, Krishnan-Sarin, Patock-Peckham, & Potenza, 2014). 그것은 또한 자살에 대한 생각(Ortin, Lake, Kleinman, & Gould, 2012), 공격성(Wilson & Scarpa, 2011), 양극성 장애(Bøen et al., 2015)와도 관련이 있다.

세 번째 공통적 특성은 과연결성(hyperconnectivity)이다 — 일반적으로는 연결이 안 되는 뇌의 영역들이 연결되는 것. 과연결성은 절대 음감을 가지고 있는 음악가들에게서 발견되었다(Loui, Li, Hohmann, & Schlaug, 2011). 그것은 또한 종종 감각이 서로 넘나드는 공감각과 연관이 있다(Zamm, Schlaug, Eagleman, & Loui, 2013). 음악 속에서 색깔을 보거나 소리를 냄새 맡을 수도 있다. 공감각은 창의성과 연관이 있는 것으로 오래전부터 알려져 있다(Ramachandran & Hubbard, 2001). 예를 들어 공감각을 가지고 있는 사람들은 원격연합검사에서 더 높은 점수를 받았다(Ward, Thompson-Lake, Ely, & Kaminski, 2008). 공감각을 가지고 있는 사람들 중에는 관념적인 연합을 하는 사람도 있고 실제로 색깔은 지각하는 사람도 있으며, 실제로 색을 보는 사람이 창의성이 더 높다(Domingo, Lalwani, Boucher, & Tartar, 2010).

이 공통된 특성을 가지고 있는 사람들을 보호해주거나 혹은 질환의 위험에 더 빠뜨릴 수 있는 추가적인 요인들이 있다(Carson, 2011, 2014). 높은 IQ와 좋은 작업 기억은 보호하는 요소로 작용할 수 있는 반면에, 낮은 IQ와 잘 작동하지 않는 작업 기억은 위험 요소들이다. 또 하나의 보호 요소는 문제에 대한 접근을 전환하고 문제의 다른 측면에 집중할 수 있는 능력을 말하는 인지적 융통성이다. 그것은 종종 전형적인 행동 양식이나 사회적 규범까지 파괴하기도 한다(Ritter et al. 2012). 부서진 나무 상자를 가지고 가구를 만들거나 타자기의 키를 사용하여 액세서리를 만드는 것과 같이, 인지적 융통성은 오래된 자료를 가지고 새롭게 사용할 수 있는 방법을 생각할 수 있도록 해준다. 분명히 작동하지 않는데도 불구하고 옛날 전략이나 방식을 고수하는 것을 의미하는 기능적 고착을 인지적 융통성이 예방하는 역할을 할 수도 있다(Agogué, Poirel, Pineau, Houdé, & Cassotti, 2014; Öllinger, Jones, & Knoblich, 2008).

우리는 일반적으로 인내하는 것이 좋다고 생각하지만, 기능적 고착은 좋은 정도를 넘어서까지 인내하는 것이다. 그것은 갇혀 있으면서 벗어나는 방법을 생각하려고도 하지 않는 것을 의미한다. 예를 들어 2014년 내셔널 리그 챔피언십 시리즈에서 Bruce Bochy와 Mike Matheny가 서로 격돌 중이었다. Bochy는 교과서와 반대로 가서 그 상황에서 가장 가능성이 있는 투수를 선택하기로 결정했다. 대조적으로 Matheny는 교과서대로 갔다. 그는 5차전 동점 상황에서 그의 최종병기를 꺼내는 것을 거부했다. 기능적 고착을 보였다. 결과적으로 그는 최고 투수를 벤치에 앉혀 두고 다른 투수를 기용해서 그 시리즈의 끝을 장식했던 홈런을 주고 말았다(Keown, 2014).

창의성과 정신 질환 모두와 연결되어 있는 특성을 연구하는 몇 가지 다른 모델이 있다. 하나는 자기중심성과 지각 처리를 강조한다(Winston, Tarkas, & Maher, 2014). 다른 하나는 개방성의 성격 구인을 강조한다

(DeYoung, Grazioplene, & Peterson, 2012). 개방성의 가장 이질적인 두 가지 성분은 지적 능력과 아포페니아[4](apophenia, 의미 없는 정보들의 배열 속에서 패턴을 보는 것)이다. 따라서 지적 능력은 매우 높으면서 아포페니아가 낮은 사람도 있고 아포페니아는 매우 높으면서 지적 능력이 낮은 사람도 있지만, 두 사람 모두 개방성이 높을 수 있다. Carson 모델과 비교해서 DeYoung과 동료들은 따라서 어떤 방식으로 경험에 대해 개방적인가 하는 것이 그 사람이 더 똑똑할지 혹은 아포페니아가 더 높을지(예 : 좀 괴짜 같은)를 결정하는 데 도움이 된다고 주장한다.

창의성과 정신 질환을 넘어서

창의성과 정신 질환에 대하여 지금까지 논의한 것을 읽고 난 후에 당신이 혼란스럽게 느낀다면 나는 충분히 이해할 수 있다. 만일 당신이 간단한 요점 하나만 원한다면 그 하나를 찾기는 불가능하다. 모든 것을 감안해야 하기 때문에 하나만을 생각할 수는 없기 때문이다. 일반 사람들의 관심을 너무나 많이 받고 있는 주제이기 때문에, 대충 연구된 것들도 많고 일치하지 않는 많은 연구 결과들이 있다. 그것은 부분적으로는 두 가지 애매한 구인들이 서로 어떻게 관련된다고 보는가 하는 문제이다.

또한 창의성과 정신 질환의 문제는 특수한 장애나 질환을 연구하는 것으로 끝나지 않는다. 나는 이 장을 기분과 정서지능에 대한 창의성의 관계에 대해 논의함으로써 마무리할 것이다. 그리고 창의성의 치료의 힘을 다루는 12장에서 정확하게 반대 관점을 가지고 이 문제를 다시 논할 것이다.

창의성과 기분

우리는 자신의 기분이 '좋다' 혹은 '나쁘다'로 생각하는 경향이 있지만 기분을 실제로 연구하는 연구자들은 '정적' 혹은 '부적'이라는 용어를 선호한다. 많은 연구들은 정적 기분이 창의적 수행에 도움이 된다는 것을 발견했다. 초기 연구는 Alice Isen과 동료들(Estrada, Isen, & Young, 1994; Isen, Daubman, & Nowicki, 1987; Isen, Labroo, & Durlach, 2004)에 의해 수행되었다. 전형적인 연구 방법은 참여자들에게 긍정적인 기분을 유도하고(주로 코믹 영화를 보여주거나 과자를 준다) 그 후에 문제 해결 과제나 확산적 사고 검사를 수행하도록 하며, 그 결과는 종종 통제집단보다 수행도가 높은 것으로 나타났다.

Amabile, Barsade, Mueller와 Staw(2005)는 직원들을 대상으로 창의성과 기분의 관계를 연구했다. 그들은 매일 참여자들에게 이메일을 보내서 그날 일어났던 일들에 대해 답하도록 했다(Csikszentmihaly가 초기에 플로 연구에서 사용했던 방법과 비슷하다). 이 이야기들에 대한 정서적 그리고 창의적 생각을 모두 부호화했다. 그 외에, 이 직원들의 창의적인 수행에 대하여 동료들이 매달 평가하도록 했다. 정적 기분 상태에 있는 것과 창의적인 수행(자기 평가와 동료 평가) 간에 유의미한 상관이 있었다. 창의적인 수행과 부적 기분 상태는 상관이 없었다. Amabile 등(2005)은 정적 기분과 창의성 간의 관계를 강조하고 창의성 개념 연구에서 정적 정서의 역할에 대하여 더 많이 다루어야 한다고 역설했다.

다른 연구들은 그 관계가 더 복잡하다고 제안한다. Hirt, Levine, McDonald, Melton, Martin(1997)은 정적 기분과 창의성 관계를 쾌락적 수반 이론으로 설명한다. 행복한 사람들은 행복한 기분을 유지하고 싶어하고 행복을 유지할 수 있도록 의식적으로 행동한다. 그러나 슬픈 사람들은 무슨 행동을 해도 더 나쁠 것 같지는 않기 때문에 그렇게 조심스럽게 행동하지 않는다(Wegener & Petty, 2001). 그러므로 행복한 사람은 확산적 사고 유형의 검사를 하게 되면 가능한 한 더 창의적인 수행을 함으로써 그 과제를 재미있고 즐길 수 있는 것으로 만들려고 한다.

Hirt, Devers, McCrea(2008)는 기분을 변화시키는 것이 가능하다고 믿는지 혹은 가능하지 않다고 믿는지, 기분 변화에 대한 사람들의 신념을 조작했다. 사람들은 일반적으로 기분은 변할 수 있다고 믿으며, 기분이 비교적 좋은 상태에서도 정강이를 차이거나 옷차림에 대해 놀림을 당하면 좋던 기분이 금방 나빠지는 것에서도 쉽게 알 수 있다. 사실, 조작을 하지 않아도 사람들은 좋은 기분일 때는 대체로 더 창의적이었다. 하지만 Hirt 등(2008)은 사람들에게 그들의 기분은 변하지 않는다고 믿게 했을 때는 기분과 창의성 간의 관계를 발견하지 못했다. 그런 연구 결과는 만일 자신의 능력이 변할 수 없는 것이라고 믿는 사람들은 포기하기가 더 쉽다고 하는 Dweck(2000)의 마인드세트 연구를 생각나게 한다.

정적인 기분이 창의적 수행에 도움이 된다는 단단한 연결 관계가 확립되었음에도 불구하고, 이 명료한 메시지와 충돌하는 증거가 있다(만사가 결코 그렇게 간단하지 않다). 예를 들어 Kaufmann과 Vosburg(1997)는 정적인 기분이 외재적 피드백이 없을 때(예 : 자신의 수행에 대한 창의성이나 해결 방법에 대해 질을 평가하는 외부 검토 없이 스스로 평가하도록 했을 때)는 창의적 수행에 방해가 되는 것을 발견했다. 사실 Kaufmann(2003)은 분노나 슬픔과 같은 부적인 기분이 어떤 상황에서는 창의성에 도움이 될 수 있다고 주장한다. Kaufmann과 Vosburg(2002)는 창의적 문제를 해결하고 있을 때의 정적 그리고 부적 기분을 살펴보았다. 흥미롭게도 그들은 초기의 아이디어 산출에서는 정적 기분이 더 높은 점수와 상관이 있고(과거 연구 결과와 일치하는 결과이며 가장 최근 연구로는 Gasper, 2004가 있다) 후반의 아이디어 산출에서는 부적 기분이 더 높은 점수를 나타냈다(또한 Verleur, Verhagen, & Heuvelman, 2007 참조).

Kaufmann과 Kaufmann(2014)은 문헌을 종합적으로 분석한 결과 좋은 기분 상태에 있는 사람들은 덜 신중하고 곧장 많은 다른 아이디어를 생각할 수 있다고 주장한다(그리고 이 아이디어들은 좀 더 가볍고 과한 자신감을 고취할 수 있다). 기분이 나쁜 상태에 있는 사람은 더 많이 되씹고, 분석하고, 심사숙고하는 경향이 있다. 그들은 자신의 반응을 덜 만족스럽게 생각하고 태평스럽게 행복한 사람들이 수행을 끝낸 후에도 그들은 계속할 것이다. 이 효과의 한 가지 함의는 정적 기분은 제약이 적은 문제 해결에 더 좋다는 것이다. 다시 말해 문제를 해결하기 위한 많은 다른 시도를 하는 것이 가장 도움이 되는 상황일 때 가장 효과적이다. Baas, De Dreu, Nijstad(2011)는 긍정적인 정서를 가지고 있는 사람들에게 폭넓게 혹은 좁게 정의된 문제를 해결하도록 했다. 이 사람들은 더 창의적이었으며 더 높은 인지적 융통성을 보였지만 폭넓게 정의된 문제에서만 그런 결과를 나타냈다.

이 개념은 Nijstad, De Dreu, Rietzschel, Baas(2010)가 제안한 창의성의 이중 경로 모델과 일치한다. 그들은 정적 기분이 활성화될 때 인지적 융통성이 높아져서 더 창의적일 수 있다고 말한다. 부적 기분이 활성화되면 인내 때문에 더 창의적으로 될 수 있다. De Dreu, Bass, Nijstad(2008)는 내가 곧 논의할 중요한 한 논문에서 또 다른 가능성을 제안한다. 기분-수반성 아이디어는 정적 기분 상태에서 사람들은 과제를 더 조심스럽게 수행하며 따라서 정적 기분은 인지적 융통성과 연합 사고와 연결되어 있다. 이 능력들은 창의적인 아이디어를 빠르게 연결하도록 할 수 있는 반면에, 되씹고 심사숙고하는 것과 함께 하는 인내는 시간을 더 많이 소비한다.

기분에 대한 연구는 다른 그리고 종종 모순되는 연구 결과들을 내놓았다. 정적 기분과 부적 기분 모두가 창의성에 도움이 되기도 하고 해가 되기도 하는 것처럼 보인다. Baas, De Dreu, Nijstad(2008)는 정적 기분 대부적 기분의 역설을 파헤치기 위해 심도 깊은 메타분석을 했다. 그들은 기분을 간단하게 '정적' 혹은 '부적'으로만 나누는 틀을 사용하지 않고, 기분이 '활성화' 혹은 '비활성화' 될 수 있다고 했다. 예를 들어 활성화된 정적 기분은 행복하고 신나는 기분인 반면에 비활성화된 정적 기분은 조용하거나, 평화롭거나 혹은 편안한 기분이다. 다른 한편 부적 기분도 활성화될 수도 있고(분노와 같은) 비활성화(슬픔과 같은)될 수도 있다. 이 부적 기분들은 또한 촉진(혹은 접근) 혹은 예방(혹은 회피)을 강조하는 동기를 가질 수 있다. 촉진은 육성을 추구하는 반면에 예방은 안정을 추구한다. 그래서 예를 들면 A를 받으려고 노력하는 학생이 초점을 촉진(성공을 획득하기 위한 동기)에 맞출 수도 있고 예방(실패를 회피하기 위한 동기)에 맞출 수도 있다. 만일 A를 받았는데 그것이 그 학생의 '이상적' 목표(희망과 포부를 나타내는)에 도달한 것일 때, 그 학생은 스스로 성공을 획득했다고 생각한다. 만일 A를 받았는데 그 학생이 스스로 실패를 회피했다고 생각한다면, 그는 '해야만 하는' 목표(책임감과 의무를 나타내는)을 달성한 것이다. 촉진에 초점을 두고 성공하면 결과적으로 기쁨을 느끼고, 실패하면 낙담이나 슬픔을 느끼게 된다. 예방에 초점을 두면 성공하면 편안한 만족감을 느끼고, 실패하면 불안을 느끼게 된다(Higgins, 2006; Higgins, Shaw, & Friedman, 1997).

Baas 등(2008)은 이런 부적 기분을 분류하면서 비활성화된 부적 기분에 슬픔, 낙심, 혹은 실망이 포함된다는 것을 발견했다. 활성화된 부적 기분은 초점을 예방(불편함, 긴장감, 공포, 혐오)에 두거나 혹은 촉진(분노와 불만)에 둘 수 있었다. 그들은 정적인 활성화된 기분이 창의성을 향상시키는 것을 발견했다(비록 사람들이 창의적인 과제에 더 많은 시간을 소비하면서 기분이 창의성에 미치는 영향이 감소했지만). 반대로 정적인 비활성화된 기분은 창의성과 관련이 없었다. 부적 기분 중에서, 비활성화된 기분은 창의성과 무관했다. 이 메타분석에서 그들은 예방에 초점을 둔 부적 기분은 창의성과 부적 상관이 있었으며, 제한된 연구들은 촉진에 초점을 둔 부적 기분은 창의성과 정적 상관이 있는 것을 발견했다. 다시 말해서, 행복하거나 화가 나는 것은 당신을 더 창의적으로 만들 수 있지만, 편안한 기분은 영향을 미치지 않고, 슬픔과 두려움은 당신의 생각을 더 구조화할 수 있다(Baas, De Dreu, & Nijstad, 2012). 이 연구 결과들과 일치하는 것으로, Gaspar와 Middlewood(2014)는 촉진 초점을 강조했을 때(정적 혹은 부적 정서와 관계없이), 사람들이 창의성 관련 연합 과제를 더 잘 수행하는 것을 발견했다. 그들은 그 효과가 나타나는 부분적인 이유는 촉진에 초점을 두는 사람들이 새로운 경험을 추구하기 때문이라는 것을 발견했다(그것은 앞에서 언급했듯이 경험에 대한 개방성 중 개방성 측면의 핵심 성분이다).

같은 팀에 의한 또 다른 연구(Baas, De Dreu, & Nijstad, 2011b)는 초점보다는 활성화가 더 중요하다고 제안했다. 만일 스트레스를 받고 있다고 느낀다면, 당신의 창의성을 위해서라면, 휴식하고 원기를 찾기보다는 그대로 있는 것이 더 낫다. 행복과 분노를 포함한 고도로 활성화된 기분 상태는 창의성과 연관되어 있다(De Dreu et al., 2008). 분노에 대한 특별한 한 연구(Baas, De Dreu, & Nijstad, 2011a)는 화난 사람이 슬프거나 중성적인 기분 상태인 사람보다 처음에는 더 창의적이라는 것을 확인했다. 하지만 분노가 슬픔보다 더 많은 인지적 자원을 소모하기 때문에 슬픈 사람보다 화난 사람에게서 창의적 산출이 더 빨리 감소한다. 공포도 방금 내가 특별히 창의성과 관련이 없다고 했지만 한 역할을 한다. Baas와 De Dreu(2013)는 위협의 역할과 창의성을 조사했다. 사람들은 그 위협과 관련된 영역에서 자신의 아이디어에 더 잘 접근할 수 있었으며 결과적으로 더 높은 창의성을 나타냈다(그리고 7장에서 논의한 장기 저장/인출과 창의성의 연결을 생각나게 한다). 하지만 창의성은 한 기능을 하는 것으로 보아야 한다.

경험 표집 방법(Experience Sampling Method)을 사용한 최근 연구는 대학생들을 휴대전화로 그들의 활동, 기분, 성격을 반복적으로 조사했다(Silvia et al., 2014). Amabile 등(20005)과 마찬가지로, 그들은 실험실 밖 실세계의 창의적 행동을 연구했다. 이런 유형의 연구 결과들은 특별히 강력한 힘을 가지고 있다고 생각한다. 그들이 발견한 것은 무엇일까? Baas 등(2008)과 마찬가지로, 정적 그리고 적극적인(active) 기분이 창의성을 예측했다. 그밖에 개방성은 실제 창의적 행동과 연결되어 있었다. 이 연결은 놀라운 것이 아니지만 성실성도 또한 창의적인 무엇인가를 하는 기회를 증가시켰다. 전체적으로, 참여자들은 그들이 조사를 받는 기간의 22%의 시간 동안 창의적 활동을 했다.

다른 연구들은 기분이 성향이나 성격과 어떻게 상호작용하는지 조사했다. Forgeard(2011)는 기존의 원래 기분이 감정 유도와 창의성의 상호작용을 결정한다는 것을 발견했다. 원래 우울하지 않은 사람들은 정적이거나 중성적인 기분을 유도했을 때보다 부적 기분을 유도했을 때 더 창의적으로 평가되는 제목을 달았다. 우울 성향이 있는 사람들은 그런 효과를 나타내지 않았다. Leung 등(2014)은 신기하게도 거의 반대되는 결과를 발견했다. 신경증이 높은 사람들이 부정적인 사건을 기억하도록 유도했을 때 더 창의적이었다(비록 신경증과 우울증을 구분하는 것이 중요하지만).

Leung 등(2014)은 나아가 내재적 동기와 과제 흥미도가 이 관계를 중재한다는 것을 발견했다(다시 말해 신경증적인 사람들은 대체로 부정적인 사건에 대해 생각하는 것을 즐기고, 그리고 다시 이 즐거움 때문에 더 창의적으로 된다).

창의성과 정서지능

정적인 정신 건강의 한 성분으로 흔히 생각하는 정서지능(emotional intelligence, EI)은 창의성과 묘한 관계를 가지고 있다. 정서지능이 처음 탄생했을 때 한 핵심적인 능력이 정서지능을 활용하는 능력이었다. 이 능력의 네 가지 요소 중 하나가 창의적 사고였다(Salovey & Mayer, 1990). 비록 더 창의적으로 생각하기 위하여 개인의 정서를 사용하기가 한 성분으로 포함되어 있지만, 최근 모델은 정서지능과 창의성의 관계를 강조하지 않는다(Mayer & Salovey, 1997). Guilford의 (120개의 능력으로 구성되는) 지능의 구조 모델(Structure of Intellect model)의 내용 차원 중 하나가 행동, 즉 사람들과 상호작용하기라는 것도 주목할 가치가 있다. 창의성과 마찬가지로 정서지능은 정서지능의 개념화에 뿌리를 두고 있는 측정의 문제를 가지고 있다. 대부분의 검사는 자기보고식이며 정서지능이 성실성과 같은 한 가지 특성이라는 아이디어에 기초를 두고 있다. 이 검사들은 성격검사들과 겹치는 경향이 있으며, 더 중요한 것은 정서지능이 높은 어휘력과 비슷하게, 능력으로 개념화되었다. 능력 기반 검사는 비용도 더 들고 시간도 더 걸리는 경향이 있다.

정서지능과 창의성의 관계에 대한 강력한 실증적 연구는 놀랍도록 적다. Ivcevic, Brackett, Mayer(2007)는 정서지능(한 능력으로 측정한), 창의성, 정서적 창의성을 조사했다. 정서적 창의성이란 새롭고, 적절하고, 진정한 정서의 조합을 경험하고 표현할 수 있는 것이다(Averill, 1999, 2004). 그들은 자기보고식 정서적 창의성이 자기보고식 창의적 행동과 다양한 창의적 수행 모두와 상관이 있는 것을 발견했다. 하지만 정서적 창의성의 능력 측정치는 자기보고식 정서적 창의성 측정치하고만 상관이 있었다. 정서지능은 어떤 창의성 측정치와도 상관이 없었다.

분명히 정서지능과 연관된 성분들은 창의성과 관련이 있다. Carmeli, McKay, Kaufman(2014)은 특성 기반 정서지능을 너그러움(generosity) 과 활력(vigor)의 조절 변인들을 통해 창의성과 연결시켰다. Parke, Seo, Sherf(2015)는 특성 기반 정서의 두 가지 성분인 정서 조절과 정서 촉진이 직장에서의 창의성과 관련이 있는 것을 발견했다. Hoffman과 Russ(2012) 는 초등학교 학생들의 가장놀이가 창의성과 정서 조절과 관련된 것을 발견했다. 이것은 또한 어린 아동을 대상으로 정서 조절이 창의성과 관련이 있는 것을 발견한 Yeh(2008)의 연구 결과와 일치한다. Sanchez-Ruiz, Hernandez-Torrano, Perez-Gonzalez, Batey, Petrides(2011)는 정서지능과 창의성 간에 영역 특수성의 미묘한 차이가 있는 것을 발견했다. 예를 들어 자기조절은 과학자들의 창의적 성격과 정적 상관이 있었지만 예술가들에게 있어서는 확산적 사고와 부적 상관이 있었다.

나의 동료인 Jessica Hoffman은 정서지능, 특히 정서 조절이 창의성과 기분이나 정서에 대한 연구에서의 어떤 차이점들을 설명할 수 있다고 한다. 자신의 정서를 특별히 잘 다스리는 사람들은 대부분의 기분 유도에 대해 저항할 수 있다. 그들은 슬픈 영화를 보여주어도 슬퍼하지 않고, 자신의 가장 행복했던 순간에 대한 글을 쓰도록 해도 기뻐하지 않을 수 있다. 그런 사람들은 노이즈나 집중을 하지 않는 사람으로 분류되는 경우가 많다. 기분 유도가 효과가 없는 사람들에 대한 자료를 사용하지 않는 것을 인정하는 것이 일반적이다. 그러나 이 사람들은 에러가 아니라 정서지능(특히 정서 조절)이 높은 사람들일 수 있으며, 이런 경우에는 중요한 개인차로 다루어져야 한다.

나의 친구인 Zorana Ivcevic Pringle이 설명하듯이, 정서지능과 창의성의 관계는 복잡한 것 같다. 정서지능은 그것 자체로는 사람을 더 창의적으로 만들지는 않는다. 정서를 정확하게 인식하고, 이해하고, 혹은 조절하는 능력이 독창적인 아이디어를 제공하지 않는다. 하지만 이 능력들은 개인의 창의적 잠재력을 실현하는 데 도움이 될 수 있다. 한 최근 연구에서 Ivcevic과 Brackett(2015)은 정서지능의 한 성분인 정서 조절 능력이 상대적으로 경험에 대한 개방성(5장에서 논의했듯이 이것은 창의성과 밀접한 관계가 있다)이 높은 사람의 높은 창의성과 관련이 있다는 것을 발견했다. 높은 정서 조절 능력은 장애를 만났을 때 인내심을 증가시키고 개인의 관심사에 대한 열정을 증가시키고 결과적으로 높은 창의성을 예측한다.

복잡하게 얽힌 주제에 대한 최종적인 생각

Richards(2007)는 정신 질환을 가지고 있는 환자들에게서 더 높은 수준의 창의성을 발견한 Richards 등(1988)의 연구를 논의하면서 흥미로운 점을 지적한다. "우리 연구가 … 우리 연구자들은 정반대로 생각하는데도 불구하고, 이 부정적 성향을 지지하는 것으로 인용되는 것은 아이러니다. 우리는 일상생활 창의성에는 이익에 대한 보상이 있을 것이라는 그 가능성을 탐구했다"(p. 28).

내가 실제로 말한 적도 없고 지금도 말하지 않는데도 불구하고, 내 연구(Kaufman, 2001a, 2001b, 2003, 2005; Kaufman & Baer, 2002b)가 창의적인 사람들이 정신 질환을 가지고 있을 가능성이 높다는 증거로 자주 인용되고 있다. 나는 작가들에 관심을 가지게 되면서 연구를 시작했다. 나는 처음에 정신 질환뿐만 아니라 멘토, 최고의 작품, 첫 출판한 나이 등을 포함한 여러 다른 범주를 사용하여 정보를 찾아 들어갔다. 나는 과거에도 그리고 지금도 내가 진단자라고 말한 적이 없다. 나는 단지 정신 질환이 있을 가능성에 대하여 이분법적인 예-아니요로 기본적인 정보만 찾았을 뿐이다. 내가 실제로 발견한 것은 시인들, 특히 여류 시인들이 다른 유형의 작가들보다 정신 질환이 있을 가능성이 높았다. 나의 두 번째 연구에서, 나는 유명한 여류 시인들이 다른 유명한 여성들보다 정신 질환을 많이 가지고 있는 경향을 발견했다. 나는 이 두 가지 결과가 흥미롭다고 생각했고 그래서 발표를 했다. 예상치 못하게, 매체들은 나의 연구 결과를 가지고 시인들이 젊어서 죽는다고 발표하고(Lee, 2004), 나는 세계 언론을 상대로 이 이상한 연구 결과를 설명하기 위해 15분간 유명세를 지불했다. CNN.com의 게시판에는 "이 연구는 이것을 발견했다/하이쿠(haiku)[5]는 죽음의 위협을 가지고 있다/산문을 쓰고 오래 살아라"라는 익명의 글이 올라오기도 했다.

대부분의 사람들이 오해했다. 나는 모든 시인이 젊은 나이에 죽는다거나, 모든 시인이 정신 질환이 있다고 말한 것이 아니고, 단지 매우 유명한 시인들을 연구했을 뿐이었다. 사람들은 시가 어떻게 건강에 해롭고, 누구누구가 시를 썼고 그래서 그는 곧 죽을 것이라는 등의 글을 온라인에 게시했다. 사람들이 받은 충격에 나는 놀랐다. 어떤 사람들은 정말 화가 치솟고 치욕스러워했으며 나도 마음이 상했다. 특히 나는 주로 시인, 소설가, 극작가, 그리고 논픽션 작가를 비교했기 때문에 온라인에서 흐뭇해하는 언론인의 반응이 상대적으로 없는 것도 뜻밖이었다. 자신의 주장을 증명하려는 사람이나 분노로 반응을 표현하려는 사람이나 대부분의 사람들은 내가 시인들은 모두 정신이 나갔고 그러므로 창의적인 사람들은 일반적으로 미쳤다고 내가 주장한다고 생각했다.

그것은 WGASA 요인이라고 내가 부르는 것을 상기시켜준다. WGASA란 샌디에이고에 있는 야생동물공원(Wild Animal Park)의 WGASA Bush Line을 따서 붙인 이름이다. 그 공원은 방문객들을 태워서 많은 동물들을 볼 수 있게 해주고 또 그 공원의 중심이 될 수 있는 모노레일의 이름을 무엇으로 할까 고민 중이었다. 오랜 시간 논의를 해도 진전이 없자 한 간부가 낙담해서 'WGASA'라고 썼다. 지금 그 공원에서 일하고 있는 사람들에게 물어보면, 그것이 무엇의 약자인지 모른다고 하거나, 혹은 '행복'과 비슷한 의미를 가진 아프리카 말이라거나, 혹은 '세계 최대의 동물 쇼(World's Greatest Animal Show Anywhere)'의 약자라고 말할 것이다. 사실 그 글자는 완전히 다른 것에서 나왔다. 공모한 새 모노레일의 이름들을 보고서는 야생동물공원의 한 간부가 난감한 생각에 칠판에다 WGASA라고 썼다. 그것은 일반적으로 사용하는 "도대체 누가 신경을 쓴단 말이냐(Who gives a spit anyhow)?"라는 문장의 첫 글자를 따온 것이었다(Mikkelson & Mikkelson, 2015). 나는 많은 심리학 — 실제로, 많은 인생 — 이 WGASA와 같은 감상에 빠질 수 있다고 종종 생각한다. 어떤 주제에 대해서 연구를 했는데 연구의 목적이 무엇인지 혹은 핵심이 무엇인지 잊어버리기 쉽다. 어떤 연구나 이론이 왜 중요한지 학생들이 질문할 때 당황하게 되는 교수가 나뿐만은 아닐 것이다. 보통 사람들이 관심이 없거나 이해하지 못하는 것을 전공하는 것이 더 쉬울 수 있다. 관심을 불러일으키는(분노든 공포든 영감이든) 무엇을 연구하는 것은 어떤 무게를 함께 짊어지는 것이다.

사실 나는 WGASA 요인에 대한 당연한 귀결이 있다고 생각한다. 그것은 이상적으로 연구는 부정적인 결과보다는 잠재적인 긍정적인 결과를 가져올 수 있어야 한다는 것이다. 분명히 이 법칙이 항상 진리일 수는 없다. 하지만 유익한 점은 거의 없고 사람들에게 해가 되거나 상처를 줄 수밖에 없는 것으로 보이는 연구 영역들이 분명히 있다(다른 집단과 비교해서 한 집단의 우수성을 강조하는 수없이 많은 연구들과 같은). 나는 창의성과 정신 질환에 대한 연구가 분명히 도움이 된다고 생각한다. 그러나 이 영역에 관심을 가지고 있는 심리학자들은 질환을 미화하거나, 창의적인 사람에게 오명을 씌우거나, 혹은 진실이나 헤드라인이라는 이름으로 큰 혼란을 일으키지 않도록 조심해야 한다.

다음 장 연결하기

다음 장에서는 창의적인 개인의 특수성으로부터 벗어나서 창의성에 대한 범위가 더 큰 문제에 대하여 논의할 것이다. 입학, 채용, 그리고 공정성에 대한 문제들로 시작할 것이다.

 역자주

1. 히브리 문자로 표기하는 이디시어는 세계에서 가장 넓은 지역에 분포되어 있는 언어 가운데 하나다. 이디시는 히브리어, 아랍어와 함께 유대 역사상 가장 중요한 3대 문어이다.
2. 미국의 대표적 여성 시인. 1956년에 영국의 시인 테드 휴즈와 결혼했다. 영국 데번의 작은 마을에서 살던 실비아와 테드는 아들 니콜라스가 태어난 해인 1962년 10월부터 별거에 들어갔다. 이때의 고통은 오히려 실비아의 시 세계에 생명을 불어넣은 듯 그녀는 그 무렵 한 달에 서른 편의 시를 써내는 열정을 보여주다가 마침내 1963년 2월 11일 서른 살의 나이로 자신의 삶을 마

감했다. 2003년 기네스 펠트로가 주연을 맡고 〈실비아〉라는 제목으로 영화가 만들어졌다.

3. 사회적으로 고립되어 있으며 기이한 생각이나 행동을 나타내어 사회적 부적응을 초래하는 성격장애

4. 서로 연관성이 없는 현상이나 정보에서 규칙성이나 연관성을 추출하려는 인식 작용. 주변 사물에 대한 망상과 환각, 착란과 같은 정신 분열 증상의 원인으로 나타나기도 한다.

5. 일본의 전통적인 짧은 시

창의성의 큰 그림

창의성과 입학, 채용, 공정성

누 가 대학에 입학하고 누가 회사에 채용되는지는 어떻게 결정되는
가? 나는 우선 대학 입학 문제부터 따져보겠다. 어떤 경우에 입
학 입시는 간단 그 자체(혹은 정신박약 수준)라고 할 정도로 간단하다. 많
은 대학들이 공식을 사용한다. 평균학점과 SAT 점수를 곱해서 특정한 선
을 넘으면 합격이고 넘지 못하면 불합격이다. 물론 평균학점과 SAT 점수
이외에도 추천서, 자기소개서, 학업 계획 등이 일반적으로 사용되고 있다
(Briel et al., 2000). 하지만 평균학점과 SAT 혹은 GRE(Graduate Record
Examination) 점수가 가장 중요하다(Zwick, 2013). 어떤 엘리트 대학들은
면접도 사용한다(Soares, 2012). 높은 학제로 올라갈수록 입학 기준이 더
엄격하다고 생각할지 모르지만, 반드시 그런 것은 아니다. 심리학 전공의
대학원 입학위원회의 조사에 의하면 대학원 입학에서 가장 중요한 두 가
지 기준은 학부 평균학점과 GRE 점수인 것으로 나타났다(Keith-Spiegel,
Tabachnick, & Spiegel, 1994; Landrum, Jeglum, & Cashin, 1994).

이렇게 검사 점수를 강조하는 것이 옳은가? 이것은 까다로운 질문이

다. 오랜 기간의 연구 결과에 의하면 GRE가 대학원 학점을 완벽하게 예측한다는 것을 보여준다(예 : Kuncel & Hezlett, 2007; Kuncel, Hezlett, & Ones, 2001; Sackett, Borneman & Connelly, 2008). 하지만 점수가 결과를 가장 잘 예측하는 변인일까? J. C. Kaufman과 Agars(2009)는 예측하기를 원하는 것에 대한 기준을 확대하고 실세상과 관련된 변인을 찾기 시작해야 한다고 주장한다. Sternberg와 Williams(1997)는 이 문제점들을 살펴보기 위해 작은 연구를 수행한 결과 GRE가 대학교 1학년 점수는 예측하지만, 그 밖의 것들은 거의 예측하지 못한다는 것을 발견했다. GRE 점수는 예를 들어 지도교수가 예측하는 대학원생들의 교수 활동, 연구, 혹은 논문의 질을 예측하지 못했다(하지만 그 연구는 똑똑한 대학원생들을 대상으로 했기 때문에 문제 범위의 제한이라는 문제점을 가지고 있다). 창의성과 논문의 질과 선호도를 관련시킨 Chamorro-Premuzic(2006)의 연구도 일치하는 결과를 나타냈다.

GRE와 SAT가 학생들의 잠재력을 넓게 보지 못하고 충분한 지표도 되지 못한다고 주장하고 싶을 수도 있을 것이다. 하지만 이 검사를 개발한 사람들은 바보가 아니다. 만일 창의성과 같은 구인을 포함시킨 표준화 검사를 개발하는 것이 쉽다면 그렇게 했을 것이다. 창의성 측정에 따른 위험에 대해서 앞에서 논의했었다. 창의성을 포함시키지 않는 또 다른 이유는 창의성 검사는 코치를 하거나 날조하기가 쉽다고 하는 일반적인 믿음(진실이든 혹은 거짓이든)이다(Kyllonen, Walters, & Kaufman, 2014). 이런 우려는 타당할까?

분명히 바라는 결과가 있다(어떤 학교가 창의적이지 않은 학생을 특별히 찾으려고 하겠는가?). 대부분의 검사 문항은 기만적이지 않기 때문에 어떠한 자기보고나 성격 유형 문제에 대해서도 코치를 받거나 거짓으로 답할 수 있다. 몇 가지 잠재적인 해결 방법이 있지만(예를 들어 똑같이 바람직한 문장 중에서 강제적으로 하나만 선택하도록 하는 방법), 그것은 끊임없이 계속되는 이슈다. 마찬가지로 확산적 사고 검사도 이론적으로 코치할 수 있다. 이 책만 읽어도 창의성 검사 뒤에 있는 채점 기제를 이해하고(혹은 어렴풋이 기억할 수도 있고) 유창성이나 독창성을 높이기 위해 연습할 수 있을 것이다. 토런스 창의성 검사(TTCT)는 다른 확산적 사고 검사들보다는 훈련의 영향에 덜 민감하다. 사실 한 연구는 토런스 창의성 검사에 대한 훈련을 하는 것은 일반적인 창의성 훈련보다 혹은 훈련을 받지 않는 것보다도 효과가 나타나지 않는 것을 발견했으며 모든 집단이 두 번째 실시한 검사에서 점수가 조금 향상되었다(Fairweather, Cramod, & Landis, 2015).

GRE와 SAT 검사들을 개발하는 Educational Testing Service(ETS)에서 일하는 연구자들은 50년 이상 창의성 검사에 대해 고민해왔다(Stewart, 1953). Frederiksen(1959; Frederiksen & Evans, 1974; Frederiksen, Evans, & Ward, 1975)은 과학적인 창의성 검사 하나를 개발하여 사람들이 그래프나 차트를 보고 얼마나 많은 가설을 만들어낼 수 있는지 시험해보았다. 비록 ETS가 연구를 위한 목적으로 아직도 가끔 이 과제를 사용하고 있지만(지금은 컴퓨터 사용을 위해 수정되었다) 아직 실제 검사에는 실시되고 있지 않다. 한 가지 이유는 그것과 다른 검사들과의 상관이 극히 낮기 때문이다(Bennett & Rock, 1995).

창의성 검사가 돈 장사가 되는 집단검사에 포함되려면 불안해하면서 시험을 보는 수험자의 마지막 No. 2 연필이 다 닳아 없어진 후라야 가능할 것이라 장담한다. ETS가 두 가지가 서로 배타적인 것이 아니라고 주장할 가능성도 높고, 6장에서 언급했듯이 표준화 검사들(그리고 평균학점)

과 창의성 간에 강한 상관이 있다는 것을 보여주는 연구들도 많다. 이 관계는 창의성이 지능과 상관이 있기 때문에 당연하다.

그럼에도 불구하고 표준화 검사에서 창의성을 찾는 것은 흑멧돼지에게서 정서적 헌신을 찾는 일과 마찬가지일 것이다. 당신이 마음의 상처로 아파하고 허전해하면, 그 흑멧돼지는 무언가 중요한 일이 일어났다는 것을 어렴풋이 알아챈다. 창의성이 입학 전형에 포함될 수 있도록 하는 어떤 다른 방법이 없을까?(우선, 창의성을 포함시키는 것이 타당한 일이기는 할까?)

영재성과 창의성

입학과 관련해서 창의성이 이미 사용되고 있는 영역은 영재 교육이다. 이 영역에서는 영재 수업, 영재 프로그램, 혹은 영재를 위한 방과 후 활동에 참여할 학생들을 뽑기 위해 창의성을 사용한다. 미국 연방정부가 실제로 제안했던 영재성에 대한 Marland 정의는 모든 학교의 절반 정도가 사용하고 있으며 가장 일반적으로 사용되는 정의다(Callahan, Hunsaker, Adams, Moore, & Bland, 1995). 이 관점은 영재성과 재능은 여섯 가지 영역에서 나타난다고 주장한다. 그 여섯 가지는 일반적인 지적 능력, 특수한 학문 적성, 창의적이거나 생산적인 사고, 지도력, 시각예술과 공연예술, 그리고 심리운동 능력이다(Marland, 1972). 이 정의는 지속적으로 수정 및 개선되고 있다(McClain & Pfeiffer, 2012).

미국의 각 주는 대부분 Marland 정의에 기초한 영재성에 대한 정의를 사용하고 있다. McClain과 Pfeiffer(2012)는 모든 주의 정의를 조사하여 2010년에 27개 주가 영재성의 정의에 창의성이 포함되어 있는 것을 발견했다(2000년에는 30개 주였으며 아직 안정적인 추세가 아니다). 상대적으로,

지능을 포함시킨 주는 45개였고, 높은 성취를 포함시킨 주는 39개였다.

영재성을 판별하기 위해 두 번째로 많이 사용하는 방법은 간단하게 일정한 IQ 점수를 사용하는 것인데, IQ 검사는 IQ는 잘 측정하지만 창의성을 잘 측정할 수는 없다(Hunsaker & Callahan, 1995). 사실 그 기준 점수에 따라서 영재 서비스를 받을 아동을 추천하는 것이 일반적이며 만일 아동의 IQ 점수가 기준 점수에서 1점이라도 낮으면 거부된다(McClain & Pfeiffer, 2012; Pfeiffer, 2008). 이 장의 마지막 부분에서 다루게 될 내용을 잠깐 소개하기로 한다. 이 개념 속에는 오늘날 단순히 IQ를 사용하는 많은 사람들이 모르고 있는 추한 과거를 보여주는 사회적 근간이 있다. 많은 사람들은 1950년대에 미국에서 창의성 연구가 폭발한 것은 스푸트니크(Sputnik)가 큰 이유라고 지적하며, 그때 미국인들은 우주 탐색에서 러시아가 앞선 것에 충격을 받았다(A. J. Cropley & D. H. Cropley, 2009; D. H. Cropley, 2015).

창의성과 영재성의 이 연결에는 분명히 많은 진실이 있다. 그러나 영재성에 대해서는 … 그것이 전부가 아니다. 많은 사람들은 영재성에 대한 탐색이 1950년대에 폭발한 계기에 대하여 학교 통합이라는 또 다른 중요한 사건을 지적한다. 어떤 영재 프로그램들은 재판부에서 학교 통합을 지시한 이후로 학교를 계속 분리시키기 위한 한 방법으로 마련되었다(Ford, 2003). IQ 기반 영재성 정의가 사용되는 것은 영재 프로그램이 오늘날까지 이런 학교 분리를 할 수 있도록 하기 위해서라는 것이 일반적인 주장이다(예 : Baldwin, 2011). 이 점을 강조하고 영재성 개념에 창의성을 포함시켜 확대시킨(그리하여 영재 프로그램들을 더 잘 통합시킨) 선구자가 E. Paul Torrance였다(Grantham, 2013).

또 다른 널리 사용되는 정의는 Renzulli의 세 고리 정의다. Renzulli

(1978)는 고성취('학업') 영재성과 창의적-생산적 영재성이라는 두 종류의 영재성이 있다고 제안했다. 고성취 영재성은 더 분석적인 성질이 있으며 고성취 영재는 시험을 잘 친다. 창의적-생산적 영재성은 생성과 산출을 강조한다(이 책의 앞부분에서 논의된 Guilford의 연구와 비슷하다). 많은 이론가들과 달리, Renzulli는 열정적으로 그의 아이디어를 교실에 적용하기 위해 노력했다. 많은 그의 연구는 직접적으로 교사들을 목표로 하고 있다(예 : Renzulli, 1994; Renzulli, Gentry, & Reis, 2014). 그의 3부 심화 모델(Enrichment Triad Model; Renzulli, 1977; Reis & Renzulli, 2003)은 학생들의 경험을 심화하는 데 도움이 되는 탐색 학습을 위한 즐거움(enjoyment), 참여(egagement), 열정(enthusiasm)의 세 가지 핵심적인 요소(3 E's)를 제안한다. 그가 제안하는 속진은 세 가지 유형으로 구성된다. 유형 1은 학생들을 새로운 아이디어와 개념에 노출시키고, 유형 2는 학생들이 어떻게 사고하고 느끼는지를 목표로 하고, 유형 3은 학생들이 특별히 열정을 가지는 것에 대해 적극적으로 탐색하도록 한다(Renzulli, 2012).

Marland 정의나 Renzulli 정의를 사용하는 대부분의 학교는 토런스 검사나 Guilford 이론에 기반을 둔 검사 혹은 Scales for Rating the Behavioral Characteristics of Superior Students(SRBCSS; Renzulli et al., 2004)와 같은 체크리스트를 사용하여 창의성 검사를 포함시키는 사례가 많다. 메릴랜드 주 워싱턴 카운티에 있는 Governor's School of the Arts and Gifted and Talented와 같은 학교들은 전문가들에 의한 합의평가기술(CAT)과 같은 방법을 사용하기도 한다(Baer & McKool, 2009).

불행하게도, 모든 학교가 조심스럽게 창의성에 대한 평가를 하고 있지는 않다. 이미 언급했듯이, 어떤 학교는 학생들의 창의성을 측정하기 위해 집단 지능검사나 성취검사와 같은 잘못된 선택을 하고 있다(Callahan et al., 1995; 더 긴 논의를 위해서는 J. C. Kaufman, Plucker, & Baer, 2008 참조). 영재성에 대해 특별히 관심을 가지고 있는 사람들에게 (앞에서도 이야기했듯이) Scott Barry Kaufman의 *Ungifted*(2013)나 Steven Pfeiffer의 *Essentials of Gifted Assessment*(2015), 혹은 심리학 101 시리즈 중 한 권인 Linda Silverman이 쓴 영재성 101(2009)을 추천한다.

대학 입시

줄리어드와 같은 예술 중심 학교나 예술 관련 학과(뉴욕대학교의 Tisch School of the Arts 같은)는 종종 창의성과 관련한 평가를 입학 전형에 포함시키고 있다. 창의적 수행 점수와 예술적 포트폴리오 점수가 입학 전형에서 중요한 부분을 차지한다. 예외가 있기는 하지만, 예술을 중심으로 하지 않는 대부분의 학교들은 창의성을 평가하지 않는다. 창의성을 대학교 입학 전형에 포함시키는 문제에 대한 선구자들 중 한 사람이 Robert Sternberg다.

앞에서 언급했듯이, Sternberg와 그의 동료들은 성공적 지능(실용적 지능과 창의성 같은)을 보조 점수로 사용했을 때 대학교 입학에 어떤 영향을 미치는지를 알아보았다. 이 평가 방법은 Sternberg의 개방식 창의성 검사에 대한 연구에 그 기초를 두고 있다. 구체적으로, Sternberg와 동료들 (Sternberg, 2008; Sternberg & the Rainbow Project Collaborators, 2006)은 세 가지 유형의 개방식 검사를 사용했다. 학생들에게 만화에 캡션을 쓰게 하고, '낙지의 운동화'와 같은 제목을 가지고 짧은 이야기를 쓰게 하고, 주어진 이미지들을 기초로 해서 이야기를 하도록 했다. 이 반응들은 합의평가기술(CAT)과 비슷한 방식을 사용하여 평가되었다. 훈련받은 평가자들이 만화 캡션에 대해서는 영리함, 유머, 독창성, 과제 적절성을 채점하고 글로 쓰거나 말로 한 이야기에 대해서는 독창성, 복잡성, 감정을 불러일으킴, 서술 능력을 채점했다(Sternberg & Lubart, 1995; Sternberg & the Rainbow Project Collaborators, 2006).

관련된 연속선상에서, Sternberg 팀은 분석적, 창의적, 실용적, 기억 기반 하위척도들을 통하여 그 정보를 평가하는 심리학, 통계학, 물리학에 대한 AP[1] 검사[Advanced Placement(AP) Test for Psychology, Statistics, and Physics]의 '증보판'을 만들었다(Stemler, Grigorenko, Sternberg, & Jarvin, 2006; Stemler, Sternberg, Grigorenko, Jarvin, & Sharpes, 2009). 많은 대학교에서 수행된 그 프로젝트의 첫 번째 단계를 '무지개 프로젝트'라고 부른다.

Sternberg는 이 작업을 터프츠대학교와 그 외 대학교에서 계속했다(Sternberg, 2010; Sternberg, Bonney, Gabora, & Merrifield, 2012; Sterberg & Coffin, 2010). 그는 새로운 검사[성공적 지능 이론과 WICS(Wisdom, Intelligence, Creativity, Synthesized, 지혜/지능/창의성/종합) 모델을 기반으로 하고 창의성을 포함시켜서]를 사용한 그의 작업을 '만화경 프로젝트'라고 불렀다. 초기 연구와 비슷하게, 학생들에게 이야기를 쓰도록 하고('중학생 불량배의 고백'과 같은 제목으로), 로사 파크스[2]가 그녀의 버스 좌석을 포기하는 내용으로 대안적인 역사를 기술하도록 하고, 새로운 산출물을 설계하고 홍보하도록 했다. 이 검사들을 2006~2007년 터프츠대학교의 예술, 과학, 엔지니어링 전공을 지원한 15,000명의 학생들에게 (자유 선택적으로) 실시했다.

방대하게 실시한 이 검사에서 얻은 결과는 흥미롭고 고무적이었다. 창의성뿐만 아니라 성공적 지능의 모든 성분의 점수가 표준화 입시 성적보다 더 정확하게 대학에서의 성공을 예측했다. 그밖에 나중에 다시 논의하겠지만 인종차가 유의미하게 감소했다(Sternberg, 2006; Sternberg & the Rainbow Project Collaborators, 2006; Stemler et al., 2006). 터프츠대학교에서는 지원자의 질이 높아졌고(사실 SAT 점수를 약화시켰는데도 불구하고 지원자의 SAT 평균점수가 증가했다), 소수민족의 입학이 많아졌다(Sternberg, 2008).

그런 결과에도 불구하고 창의성 분야에서조차 Sternberg의 접근에 대한 비판이 있는 것은 흥미롭다. Howard Gardner는 미국 공영라디오방송에서 이런 에세이는 "내 생각으로는 … 창의성을 평가하는 적절한 방법이 아닌 것 같다"고 말했다(Smith, 2007). Gardner는 나아가 개인적인 일대일 인터뷰가 그런 정보를 얻기 위한 가장 좋은 방법이라고 주장한다. 하지만 면접이 실제로 과학적인 엄격성을 가지고 있다고 보기 어렵다. 비록 개선을 위한 몇 가지 시도를 보여주고 있기는 하지만(Hamdani, Valcea, & Buckley, 2014), 면접을 통해 특별히 가치 있는 정보를 얻을 수 없다. 그리고 개인적인 면접은 창의성을 평가하기 위해 상당한 투자를 해야 하는 것을 의미하는데, 그런 미묘한 구인을 평가하기 위해서 일대일로 모든 지원자를 면접하는 데 드는 비용을 생각해보라. 그와 같은 비판 때문에 어떤 학교도 실제로 창의성을 평가할 엄두도 못 내게 되지 않을까 우려된다.

어떤 학교들은 천천히 입학 전형에 창의성을 보조 도구로 포함시키기 시작하고 있다. 예를 들어 Jean Pretz는 엘리자베스타운대학에서 연구에 기초를 둔 노력을 하고 있다. 한 연구에서 전통적인 입학 전형 요인들이 창의성과 약한 상관을 보이는 것을 발견했다(Pretz & Kaufman, 2015).

많은 노력을 한다면 입학 전형의 일부로 창의성을 포함시키는 것이 가능할 수 있다. 하지만, 창의성이 입학 전형의 일부가 되어야만 할까? 분명히, 지원자들의 여러 가지 특성에 대하여 점수를 주거나 기술하도록 하는 추천서를 요구하는 대부분의 대학원 지원서에는 여러 변인 중 하나로 창의성을 포함시키고 있다(Walters, Plante, Kyllonen, Kaufman, & Gallagher, 2004). 지금은 중단되었지만 ETS가 개발한 개인 잠재력 인덱스[Personal Potential Index(PPI), 초기에 나도 참여했다]는 교수나 그 외 추천인이 기입할 수 있도록 만든 표준화된 추천서다(Kyllonen, 2008). PPI에 포함된 여섯 가지 핵심적인 능력 중 하나로 지식/창의성(하나의 요인으로 합쳐져 있다)이 포함되어 있다.

교수들에게 대학원 공부를 잘하기 위한 중요한 요인에는 어떤 것들이 있느냐고 질문하면 답변에 창의성이 항상 포함되어 있다(Walpole, Burton, Kanyi, & Jackenthal, 2001). 많은 학교들의 입학 지원 웹사이트를 찾아보면 전체 지원 서류나 특수한 에세이 답변에서 창의성이 중요하게 평가된다고 명기하고 있다. 물론 입학 사정관이 생각하는 창의성에 대한 답은 개방적이어서, 약강 5보격(iambic pentameter)[3]으로 쓴 에세이를 쓰는 것일 수도 있고, 과학 공식에 따라 문제를 해결하는 것일 수도 있고, 혹은 지원을 거부하는 학교의 컴퓨터 시스템을 파괴하는 소프트웨어를 개발하는 것일 수도 있다.

하지만 (터프츠나 엘리자베스타운과는 달리) 창의적인 학생들을 특별히 찾지 않는 대학교들은 그런 괴짜 같은 일을 싫어할 수도 있다. 사실, 창의적인 전략이 지원자들에 도움이 되는가 하는 문제를 논의하는 과정에서 스미스대학 입학처장인 Debra Shaver는 "그것은 분명히 직원들을 즐겁게 해주지만, 학생이 입학하는 데는 도움이 되지 않는다"(Wertheimer, 2008)고 말했다. 전통적인 지원 서류에 매우 영리하고 독특한 부가적인 것들을 첨부하는 것은 최소한의 도움이 된다고 일반적으로 생각하지만 어떤 경우에는 오히려 역효과를 낳을 수도 있다. 옷을 입지 않은 채로 자전거를 타고 있는 자신의 모습을 찍은 사진을 보내는 학생에 대해서 입학심사위원회는 판단력의 부족을 나타내는 것이라고 보았다(내 친구인 Vlad Glăveanu는 그 사진이 독창적이라고 주장할 수 있겠지만 적절하지는 않다고 말했다 ─ 따라서 창의적이지 않다).

사실, 아마도 유별나게 튀어 보이는 것을 두려워하기 때문에 최근에는 이런 현상이 감소했다고 입학 사정관들은 말했다. 듀크대학교의 학부 입학처장인 Christoph Guttentag은 "17세 지원자가 완전하게 갈고닦은 산출물로 나타나야 한다는 생각은 잘못된 것이다. 왜냐하면 그럴 나이가 아니니까"라고 보스턴 글로브와의 인터뷰에서 말했다(Wertheimer, 2008). 그런 두려움은 특히 의사가 되고 싶어 하는 사람들에게서 나타날 수 있다. Daivid Muller(2013)는 *New England Journal of Medicine*에서 "최근 사례들은 학문적/지적 엄격함, 창의적 사고, 협동, 사회적 양심이라는 의학 전문인의 계율과 반대로 점수를 위한 과격한 경쟁 문화를 뜻하는 '의학예과 증후군'을 남겼다"(p. 1568)고 말했다.

현 상태에 반대되는 흐름이 일어나고 있다. 미국심리학회의 학교와 교육심리학 연합(The American Psychological Association's Coalition for Psychology in Schools and Education, 2015)은 유치원에서 고등학교까지의 교수와 학습에 영향을 미치는 심리학적 원리 20개에 대한 성명서를 발표했으며, 그 여덟 번째 원리가 창의성을 개발할 수 있다는 것이다. The Partnership for 21st Century Skills는 모든 학생들이 숙달해야 하는 네 가지 핵심 기술인 협동(collaboration), 의사소통(communication), 비판적 사고(critical thinking), 창의성(creativity)을 주장하는 4C 모델을 발표했다. 이 운동과 많은 창의성 지지자들이 관심을 받기 시작하고 있기 때문에 변화를 일으킬 수 있을 것이라고 생각한다. 교육에서의 창의성은 TED, 뉴스위크, 월스트리트 저널과 같은 매체가 다루는 주제가 되었다. 이렇게 창의성은 좋은 읽을거리도 되고, 실용적이고 실천할 수 있는 개선 방법을 제안하지 않으면서 학교를 비난하는 재미있는 이슈가 되었다.

그러나 당분간은 기대할 만한 변화가 없을 것이다. 예외적인 몇몇 사례를 제외하면, 대학교 입학 전형에 창의성을 포함한다는 것은 저녁 식사에 푸른 잎줄기채소를 포함시키라고 하는 훈계와 마찬가지로 인식되고 있다. 그것은 분명히 좋은 아이디어이고 만일 마술같이 그렇게 된다면 대단히 좋겠지만… 현실에서는 먹다 남은 강냉이나 으깬 감자로 SAT 점수를 높이도록 하라는 것이 더 쉽다. 창의성 평가는, 매일 신선한 케일을 요리하는 것과 같이, 노력이 필요하고, 질에 일관성이 없고, 부자들이 먹을 수 있다는 것은 도움이 안 된다. 그렇다면 회사 조직에서는 다를까? 다음에서 살펴보자.

직원 채용 과정

교육과 비즈니스는 모두 창의성(그리고 혁신)에 대하여 말만 크게 앞세우고 있다. Puccio와 Cabra(2010)는 창의성과 조직에 대한 문헌을 조사하고 기업에서 몇 해에 한 번씩 발표하는 보고서에서 창의성의 중요성을 강조하고 있다고 한다. 그들의 논의에서 미국 노동부, 델, 마이크로소프트, 버라이즌[4]은 혁신의 힘을 강조하는 영향력 있는 집단들 중 일부일 뿐이라고 했다. 그들은 창의성이나 혁신을 꾸준히 최고 우선순위에 두고 있는 경영자들을 조사한 연구들을 발표한다.

분명히 말하지만 나는 그런 성명이 모두 나쁘다고 말하는 것이 아니다. 그것은 굉장히 좋은 일이다. 그리고 회사홍보 책자에는 회사에서 창의성을 지원하는 방법이 잘 소개되어 있고 이것을 위해 자문위원들에게 많은 돈을 지불하고 있다(돈을 많이 버는 것은 다르지만 나도 그중 한 사람이다). 그런 좋은 뜻이 채용 과정에 반영되고 있는가?

학교마다 자체의 입학 전형 방법이 있듯이 각 회사는 자체의 채용 전형 방법이 있다. Schmidt와 Hunter(1998)는 고전적인 직원 채용에 대한 문헌연구를 검토하고 가장 일반적으로 사용되는 19개 평가 유형을 확인했다. 무엇보다도 가장 일반적으로 사용되는 것은 일반 정신 능력 검사이며, 그것을 때로는 인지 능력이라고도 한다(그러나 기본적으로는 지능과 마찬가지다). 이것들에는 IQ 검사들이 포함되며 개인적으로 측정하기보다는 집단검사를 실시하는 경우가 많다. Wonderlic은 National Football League(NFL)에 의해 사용되고 있기 때문에 유명해진 직무검사다 (Solomon, Haase, & Kuhn, 2013).

또 하나의 인기 있는 평가 도구에는 작업 표본 검사(work sample test)가 있다. 이것은 실제 직무의 모의실험이다. 만일 어떤 사람이 자동차 정비 일을 지원한다면 회사는 그 사람에게 실제로 고장 난 차를 고쳐보라고 할 것이다. NFL은 Wonderlic 이외에 선수 지원자들에게 달리기, 점프, 역기 들기, 몸 유연성 실력을 검사한다(Kuzmits & Adams, 2008).

실제 직무 현장에서 부딪치는 것과 비슷한 가상적인 질문을 주고 해결하도록 하는 검사들도 많다. 예를 들어 고객이 내일 아침까지 해결해달라고 요구하는데 다음 주까지는 제대로 된 결과를 내놓기가 불가능 하다는 것을 안다면 어떻게 하겠느냐는 질문을 준다. 이런 검사는 짧은 답을 요구하는 유형일 수도 있고 선다형일 수도 있다[예 : (a) 고객에게 상황을 설명한다, (b) 고객에게 무엇이든 제공하기 위해 일을 서두른다, (c) 고객에게 알아서 하라고 한다].

일반 정신 능력과 작업 표본 검사는 직무 수행과 매우 강한 상관을 보여준다(Schmidt & Hunter, 1998). 또한 성격검사도 매우 일반적으로 사용되며(입학 전형과는 달리), 그중에서도 성실성이 가장 바람직하고 또한 가장 직무 수행을 잘 예측하는 요인이다(Hough, 1992; Mount & Barrick, 1995). 비록 최근 연구는 여러 측면이 특수한 상황에서만 도움이 되고 더 넓은 요인과의 연관성을 실제로는 숨길 수 있다고 하지만(Salgado, Moscoso, & Berges, 2013), 성실성을 사용하는 것이 좋은가 혹은 넓은 요인을 사용하는 것이 좋은지에 대한 논쟁이 있다(예 : Paunonen, Rothstein, & Jackson, 1999). 성실성은 대부분의 회사들이 찾는 주요 요인이며 이 특수한 요인만 측정하고 빅 파이브의 나머지 요인들(하찮은 4요인?)은 신경 쓰지 않는 회사들이 많다.

성실성과 관련된 다른 검사 요인은 진실성(integrity)이다. 이 검사들은 정직한 행동에 대한 관점, 부정직했던 과거 경험, 대부분의 사람들이 부정직하다고 혹은 정직하다고 생각하는지 등에 대하여 피험자에게 직접적으로 질문한다(Wanek, Sackett, & Ones, 2003). 이런 질문의 기저에는 행동과 사고는 일치하는 경향이 있으며(인지부조화 이론) "부정직한 사람이 멋있어"라고 생각하는 사람은 사무실의 스테이플러를 훔칠 확률이 높다는 아이디어가 깔려 있다. 또 다른 접근은 성격에 기반 한 검사를 하고 정직성과 관련된 특성을 찾는 것이다(사회적 동조와 같은 것. 사회적 동조와 창의성에 대한 질문은 이 책의 후반부에서 상세히 다룰 것이다). 두 가지 방식 모두 적절한 타당도를 나타냈다(Van Iddekinge, Roth, Raymark, & Odle-Dusseau, 2012).

그래서 도대체 창의성은 어디에서 찾아볼 수 있는가? 분명히, 회사가 성격검사를 활용할 때는 경험에 대한 개방성이 그 요인 중 하나이고 또한 긍정적이고 바람직한 성질로 간주한다(Moy & Lam, 2004). 그밖에도 인

사 선발에 사용되는 절차들 중에서 면접부터 신상 자료와 추천서까지 창의성을 포함시킬 수 있다. 하지만 Hough와 Dilchert(2010)는 (창의성은 고사하고) 개방성을 면접에서 평가하는 것도 찾아보기 어렵다고 주장한다. 마찬가지로, 비록 Hunter, Cushenbery, Freidrich(2012)는 윗사람이 아랫사람들이 나타내는 창의성을 실제로 항상 보기는 어렵다고 말하지만, 상사나 동료에 의한 평가는 많이 사용되고 있으며 이런 정보에는 창의성이 포함될 수 있다.

창의성에 관심을 가지고 있는 많은 회사들은 자체적으로 사용하는 방법을 가지고 있다(비밀스러운 경향이 있다). 이런 방법들에는 면접 과정에서 물어보는 질문, 문제 해결 과제, 혹은 특수한 심리측정 검사가 있다. 이런 검사들은 사내 제작이나 주문 제작을 하거나 상업용을 사용할 수도 있다.

회사들이 선택하는 상업용 검사에는 어떤 것들이 있는가? 온갖 잡다한 것들이 많이 나와 있다. 우리가 이미 논의한 것들도 있다(TTCT와 그 외의 확산적 사고 검사들). 상업용으로 나와 있는 검사들 중에 Mark Runco가 새로 개발한 룬코 창의성 검사(Runco Creativity Assessment Battery; rCAB)가 있으며, 이것은 자동 컴퓨터 채점도 가능하다(예, Acar & Runco, 2014, 2015).

확산적 사고 검사가 아닌 검사는 어떨까? Basadur Profile과 같은 것들(예 : the Creative Problem Solving Profile[CPSP] Inventory)은 실증적 연구에 기반을 두고 있다(Basadur & Gelade, 2005; Basadur, Gelade, & Basadur, 2014). 어떤 검사들은 의문스럽고 소개하는 웹사이트를 보면 인상적이지만 무슨 말을 하는지 해독하기가 어렵다. 그런데 이런 검사들의 구체적인 효과에 대하여 발표된 연구는 거의 없다.

Guilford와 Torrance에 뿌리를 둔 검사들을 제외하고, 상업적으로 그리고 학문적으로 성공한 창의성 검사는 놀랍도록 거의 없다는 것이 더 큰 문제다. 상업적인 자문 회사들은 많이 있다. 그런데 Creative Problem Solving(CPS; Isaksen & Treffinger, 2004)과 같이 연구를 기반으로 한 자문 회사도 있지만, 많은 다른 회사들은 가짜 약장수들이다. 한 걸음 물러나 생각해보면, 창의성 검사는 지능 검사와 성격 검사 그리고 정서지능 검사와도 비교가 안 될 정도로 초라하다.

지금까지 논의한 것으로 보면 절망적으로 보이지만 희망을 가질 만한 이유가 있다. 회사가 창의성을 가치가 있다고 생각하고 인사 선발 과정에 창의성을 포함시키면 결과적으로 그 회사에 큰 이익이 된다(Huter et al., 2012). 직원을 채용할 때 다양한 자원을 사용하는 것과 같은 간단한 일조차 조직의 혁신을 촉진하는 것과 관련이 있다(Jiang, Wag, & Zhao, 2012). 그밖에, 학자들은 이 이슈를 잘 인식하고 있으며 Montag, Maertz, Baer(2012)는 일반적으로 창의성을 예측치로 강조하는 것과 반대로 준거로 사용하는 것에 초점을 맞춘 상세한 직장 창의성 모델을 제안했다.

심각한 문제 : 인종과 성

Murphy, Cronin, Tam(2003)은 조직심리학자들을 대상으로 조사연구를 한 결과 일반 정신 능력 검사가 타당하고 유용하다는 것에 대해서는 일치된 의견을 가지고 있는 것을 발견했다. 그러나 이 검사들에 대해 조직이 얼마나 신뢰하고 있는지에 대해서는 여전히 갈등이 있었다. 왜 그럴까? 그 이유는 IQ 검사, Wonderlic, SAT가 열띤 논쟁거리가 되고 있는 것과 마찬가지다. 즉 이 검사 도구들은 인종과 성별에 따른 큰 차이를 나타내고 있다. 구체적으로, 미국인들 중에서 흑인과 히스패닉계는 Woodcock

-Johnson 지능검사(Edwards & Oakland, 2006)와 웩슬러 성인 지능검사(Weiss, Chen, Harris, Holdnack, & Saklofske, 2010)와 같은 주요 IQ 검사에서 낮은 점수를 받는다. 그밖에도, 그런 차이는 SAT나 GRE와 같은 주요 표준화 검사에서도 계속 나타나고 있다(예 : Bleske-Rechek & Browne, 2014). 미국 소수민족들은 Wonderlic에서도 더 낮은 점수를 받는 것으로 나타났다(Lyons, Hoffman, & Michel, 2009).

남자와 여자의 지능검사에서 비록 남자가 정신적 회전 과제에서 더 높은 점수를 받는 경향이 있기는 하지만, 지능검사에서 성차는 인종차만큼 크게 나타나지 않는다(S. B. Kaufman, 2007). 여자는 언어성 검사에서 더 높은 점수를 받는 경향이 있다(Hedges & Nowell, 1995). 남자는 SAT, GRE, Graduate Management Admissions Test(GMAT), AP 시험, 그중에서도 특히 양적 문제나 과학, 테크놀로지, 엔지니어링, 수학(STEM)과 관련된 문제들에서 여자보다 더 높은 점수를 받았다(Ackerman, Kanfer, & Calderwood, 2013). 여자들이 STEM 분야에 더 많이 입문하고 있는데도 불구하고 여전히 그 경향에는 변함이 없다(Bleske-Rechek & Browne, 2014).

이런 차이의 뒤에 숨어 있는 이유에 대한 논쟁이 있다. 어떤 연구자들은 이 수치가 실제 차이를 반영한다고 주장한다(예 : Hernstein & Murray, 1994; Jensen, 1998). 어떤 연구자들은 인종 간의 사회경제적 지위와 기회의 차이를 지적하기도 하고(Sternberg, 1996), 현재 능력에 대한 지능 점수는 지능의 여러 가지 측면을 통합하지 못하기 때문에 한 사람의 '전체적인' 능력을 반영하지 못한다고 주장한다(Sternberg, Kaufman, & Grigorenko, 2008).

표준화 검사에서는 남자들이 높은 점수를 받지만, 여자들이 더 높은 학점을 받는 경향이 있다(Hyde & Kling, 2001; Noftle & Robins, 2007). 이 차이에 대한 이유로는 여자들은 부담이 큰 시험에서 짐작해서 답하는 경향이 낮고(Baldiga, 2014), 문제 해결을 위해 더 느리지만 더 정확한 전략을 사용하려고 하고(Gallagher & DeLisi, 1994), 성실성이 여자들이 더 좋은 점수를 받는 데 영향을 미친다고 한다(Kling, Noftle, & Robins, 2013). 나는 또한 여자들의 가장놀이와 확산적 사고 점수들이 4년 후의 수학적 성취를 예측했다는 것을 지적하지 않을 수 없다(Wallace & Russ, 2015).

집단 평균점수들 간에 기본적인 차이가 있다는 그 자체로 그 검사가 편향되었다고 말할 수는 없다. 만일 한 인종이나 성별, 혹은 문화가 어떤 검사에서 더 잘했다면 그 검사는 나쁘다고 쉽게 말할 수 있다. 사실 공정해 보이지만 편향된 검사를 만드는 것이 가능하다. 예를 들어 도시들에 대한 당신의 지식을 알아보는 검사를 만든다고 생각해보자. 당신에게 버밍햄, 터스컬루사, 디케이터, 모빌, 헌츠빌, 오번, 몽고메리의 인구를 어림해보라고 물어볼 수 있을 것이다. 이 도시들은 모두 앨라배마 주에 있다. 따라서 앨라배마에 살고 있는 사람들은 (아마도) 캘리포니아나 뉴욕에서 온 사람들보다 이 검사에서 더 높은 점수를 받을 것이다. 만일 그 검사가 의도한 것이 도시(혹은 미국 도시)에 대한 일반 지식을 측정하는 것이라면, 그 검사는 성공하지 못했을 것이다.

지능이든 축구 실력이든 신장이든 실베스터 스텔론이 나오는 영화 지식이든, 상황에 관계없이 개인의 능력을 정확하게 나타내는 마술같은 '진짜 점수'가 있다고 상상해보자. 하지만 어느 때 검사를 받는다고 해도 당신의 '진짜 점수'를 받지 못하는 많은 이유들이 있으며 일반적으로는 더 낮은 점수를 받는다. 피곤했거나 집중을 할 수 없었을 수도 있고 슬펐거나 혹은 앞에 앉은 사람이 너무 매력적이라 눈을 떼지 못했을 수도 있을 것이다. 심리측정가들은 집단 구성원의 예측되는 정확한 점수에 대한 오차를 체계적으로 최소화할 수 있는 공정한 측정이 되도록 노력한다. 만일 어떤 검사가 지속적으로 특정한 집단(여성이나 소수 집단과 같이)에서 그 집단의 진짜 점수보다 더 낮은 점수를 보여준다면, 그 검사는 편향되었다고 할 수 있다(Mackintosh, 2011). 이것은 매우 난해하고 반직관적일 수 있기 때문에 조금 더 자세히 설명하도록 하겠다.

공정한 어휘검사에서 만일 어떤 사람이 다른 사람들보다 잘했다면, 그 이유는 그 사람이 진짜 어휘력이 좋거나 우연에 의한 결과 두 가지뿐이다. 예를 들어 시험 전날 밤에 〈The Newsroom〉[5]과 같은 Aaron Sorkin 쇼를 보고 많은 새로운 단어들을 배웠을 수 있다. 일반적으로 전날 그 쇼를 본 사람이 원래 더 많은 단어를 알고 있는 사람보다 점수가 더 높았을 수 있겠지만, 그 차이는 그 쇼를 본 것이 무작위 오차의 한 예가 되어 나타난 결과다. 만일 언어성 검사가 진짜로 백인들의 언어 능력을 측정하지만 히스패닉계 미국인 모집단에게는 실제로 다른 무엇(미국 문화에 대한 노출과 같은)을 측정하는 것이 된다면 무작위 오차가 아니라고 할 수 있을까(Reynolds, 2000)? 앨라배마 주와 캘리포니아 주의 차이는 무작위 오차가 아니다. 그것은 지리적인 차이를 반영하는 것이다.

Cattell-Horn-Carroll(CHC) 지능 이론으로 돌아가서, Gf(유동적 지능/새로운 문제 해결)에 대해 생각해보라. 내가 만일 Gf를 검사하고 싶다면, 새로운 문제 해결 과제를 제시해야 할 것이다. 나는 수평적 사고 수수께끼(예 : DeBono, 1992)를 풀라고 요구할 수도 있을 것이다. 이 수수께끼들은 주고받는 대화를 통해 추론이 가능한 특별한 답이 있는 애매하거나 있을 것 같지 않은 상황이나 갈등적인 문제들이다(Sloane, 1992). 나는 내 동생이 20년 전에 나에게 질문해서 내가 처음으로 해결했던 수수께끼 문제를 당신에게 풀어보도록 제시할 수 있을 것이다. 그 문제는 다음과 같다.

> 한 사람이 식당으로 걸어 들어와서 알바트로스[6] 수프를 주문한다. 그는 한 입 먹고 나서 총을 끄집어내 자살한다. 왜?

일반적으로 주고받는 대화를 보여주기 위해서는 약 30페이지 정도의 지면이 더 필요하기 때문에(또는 당신이 추측하는 데 몇 시간이 걸릴 것이니까) 바로 답을 보여주겠다. 그는 선원이었고 그의 배는 난파되었다. 그는 눈이 멀게 되었고, 그의 동생은 죽었다. 한 선원이 그에게 알바트로스 수프라고 말하면서 그에게 먹여주었다. 구조된 후에, 그는 알바트로스 수프를 먹어보려고 하는데 맛이 달랐다. 그리고 그는 그의 동생의 시체를 먹었었다는 것을 깨달았다. 그래서 그는 자살했던 것이다.

질문이 바보같다거나 이 문제를 가지고 실제로 유동적 지능을 측정할 수 있는가 하는 생각을 하지 말고, 당신의 대답이 어떻게 영향을 받을 수 있는지 살펴보자. 아마도 당신은 늙은 선원의 노래(Rime of the Ancient Mariner)[7]를 읽은 적이 있거나 알바트로스가 바다에 사는 새라는 것을 알고 있었을 수 있다. 이런 경우에는 Gc(결정성 지능/획득된 지식)만 조금 자극하면 되니까 이 수수께끼는 당신에게 더 쉬울 수 있다. 혹은 당신이 다른 비슷한 수수께끼를 푼 적이 있다면 더 쉽게 그 이야기를 이해할 수 있을 것이다. 가장 극적인 상황은 그 수수께끼를 풀기 하루 전날 똑같은 수수께끼를 풀었다면, 당신은 그 답을 단순히 기억만 하고 있으면 되는 것이다. 이 경우에, 당신은 Glr(장기 저장과 인출)을 사용하고 있는 것이다. 같은 질문이라도 어떤 사람이 답하느냐에 따라 다른 결과가 나올 수 있고, 검사가 항상 잘못된 것이라고만 말할 수는 없다.

이미 7장에서 창의적인 사람은 창의적이기 때문에 IQ 검사에서 어떻게 문제를 빼먹을 수도 있는지에 대해 논의했다. 어떤 사람들은 이 주장을 특별히 미국 흑인에게 적용했다. 이 연구자들은 이야기의 상세한 부분을 기억하는 것과 관련된 IQ 하위검사나 성취 하위검사에서 미국 흑인과 백인 간에 큰 차이가 나는 부분적인 원인은 흑인들이 과제에 접근하는 방법이 다르기 때문이라고 했다(Heath, 1983; Manly et al., 1998 참조). 이 이론에 의하면 백인은 시험 출제자가 의도한 대로 그 과제에 접근한다고 한다. 다시 말해 백인들은 가능한 한 많은 적절한 세세한 것들을 기억하고 제시된 이야기에 집중하려고 노력한다. 반대로 흑인들은 이야기를 창의적으로 말하는 것에 중점을 둘 수 있다. 사실, 또 다른 가능한 요인은 미국 흑인들이 수업에서 그들의 창의적인 행동에 대해 불이익을 당할 수 있다는 점이다. Baldwin(2003)은 교사들과 권위자들이 미국 흑인 학생들의 창의성을 제멋대로의 혹은 불량한 행동으로 잘못 받아들일 수 있다고 주장한다.

Baldwin(2001)은 또한 창의적인 특성과 능력에 대한 목록을 분석했다. 이 능력들에는 경험에 대한 개방성, 확산적 사고 능력이 같은 잘 수행된 연구에서 나온 것들과 반권위주의적, '익살스러운' 유머 감각, 지루함에 대한 낮은 관대함과 같은 이론적인 것들이 포함되어 있었다(Clark, 1988). Baldwin(2001)은 이런 능력들 중 많은 것들은 부적절하게 보이는 경우가 많고 특히 미국 흑인들에게서 흔히 나타난다고 주장했다. 이 주장은 미국 흑인의 인지 스타일에 대한 Shade(1986)의 이론과 일치한다. 그녀는 인지 유형 검사에서 미국 흑인들이 자발적이고, 융통성 있고 개방적인 경향이 높은 것을 발견했다. 반대로, 백인들은 더 규제되고 구조화되어 있었다. Jenkins(2005)는 나아가 미국 흑인들이 역사를 통해서 그들의 회복력을 강화하기 위해서 상상력과 창의성을 사용해왔다고 제안한다.

능력과 성취 검사에서 인종차와 성차가 나타나는 또 하나의 가능성은 고정관념 위협이다. 많은 연구들은 자신이 속한 집단(예 : 인종)에 대한 부정적인 고정관념을 확인하는 위험이 있는 상황에 처할 때 사람들은 스트레스를 느낀다고 한다. 이 스트레스는 종종 낮은 수행의 원인이 된다 (Steele & Aronson, 1995). 지능에 대한 고정관념은 널리 알려져 있으며, 그 고정관념의 타깃인 사람들과 그것을 인정하지 않는 사람들 사이에도 알려져 있다(Devine, 1989). 그 결과, 예를 들어 시험을 치는 미국 흑인은 부정적인 고정관념을 확인하는 것에 대해 걱정할 수 있고, 그것은 스트레스를 가중시키고 나아가 그 시험에서 낮은 수행으로 나타난다. Schmader 와 Johns(2003)는 고정관념 위협이 작업 기억을 감퇴시킨다고 주장한다.

그다음에 일어날 수 있는 현상은 전통적으로 IQ 검사에서 낮은 점수를 받는 인종의 구성원들은 이 영역에서 '비동일시'를 경험하는 것이다. 다시 말해 그들은 점차적으로 이 영역(이 사례에서는, 분석적 능력과 'IQ 검사'와 같은 검사에서 측정하는 능력)을 그들의 자기개념에서 제외한다 (Crocker & Major, 1989; Steele, 1997). 자신을 이런 유형의 능력들과 동일시하는 대신에, IQ 검사와 연관이 없는 다른 중요한 인지 능력들과 자신을 동일시할 수 있다. 이 능력들 중 하나가 창의성이 될 수 있다고 내가 제안한다면 당신은 놀라지 않을 것이다.

자신이 생각하는 자기개념은 다른 사람들이 생각하는 것과 어떻게 비교할 수 있는가? 높은 지위에 있는 사람들을 더 능력있다고 보고 경쟁력이 없다고 생각되는 낮은 지위에 있는 사람들을 더 따뜻하다고 보는 똑똑함–따뜻함의 고정관념을 생각해보라(Fiske, Cuddy, Glick, & Xu, 2002). 따뜻함이란 위협적으로 보이지 않는 사람(특히 여성)에게 주는 2등 상으로 가치가 덜한 특성이다. 창의성을 똑똑함만큼 중요하다고 생각하지 않기 때문에 소수집단의 구성원을 더 '창의적'으로 보는 경향이 있는가? 이것은 무섭지만 생각해야만 하는 중요한 문제다.

표준화 검사는 모든 사람을 똑같이 정확하게 측정하는가? 그렇지 않다. SAT 점수는 미국 흑인(Mattern, Patterson, Shaw, Kobrin, & Barbuti, 2008), 히스패닉계 미국인(Ramist, Lewis, & McCamley-Jenkins, 1994), 아시아계 미국인(Mattern et al., 2008)보다 백인의 대학교 1학년 평점을 더 정확하게 예측한다. 특히 미국 흑인 남자에 대한 1학년 평점을 잘 예측하지 못한다(Bridgeman, McCamley-Jenkins, & Ervin, 2000). 인사 채용 검사는 더 높은 타당도가 있는 경향이 있으며 GMAT조차도 그런 경향이 있고, 소수집단의 점수가 더 낮지만(Wonderlic, NFL 선수들), 예측 정확성은 인종에 따라 일관성이 나타난다(Gill & Brajer, 2012).

이 이슈에 대해서 우리는 무엇을 할 수 있는가? 어떤 집단이 낮은 점수를 받는 이유가 넓고 깊게 뿌리박힌 사회적 문제 때문일 수 있다. 그렇다고 입학과 채용 시험을 더 공정하게 만들기 위해서 온 세상을 바꿀 정도의 노력이 필요한 것이 아니다(그렇게 노력할수록 더 좋겠지만). 일반적으로 평가되지 않던 다른 측면의 능력을 측정하는 추가적인 검사를 입학이나 채용 과정에서 실시하는 것과 같이 비교적 간단한 일일 수 있다. 다시 말하지만, 내가 창의성이 그 이상적인 대안이라고 제안한다면 당신은 놀라지 않을 것이다. 창의성 검사에서 나타나는 인종차와 성차에 대해 알아보기로 하자.

인종차와 창의성

인종차와 창의성에 대한 이 부분은 J. C. Kaufman(2010)에서 다룬 내용을 중심으로 요약했으며, 세세한 수치에 대해 알고 싶은 독자를 위해서는 그 논문을 추천한다. 창의성의 인종차에 대한 대부분의 연구는 확산적 사고 검사를 사용했다. 확산적 사고 검사에서는 미국 흑인과 백인 아동들 (Glover, 1976b; Iscoe & Pierce-Jones, 1964)이나 성인들(Glover, 1976a)에서 차이가 거의 나타나지 않았다. 몇몇 연구에서는 미국 흑인이 조금 더 잘하는 것으로 나타났다. 예를 들어 Torrance(1971, 1973)는 미국 흑인 아동은 TTCT 도형 검사의 유창성, 융통성, 독창성에서 백인 아동보다 더 높은 점수를 얻고, 백인은 도형 검사의 정교성과 모든 언어성 하위검사에서 더 높은 점수를 받는 것을 발견했다. 초기 연구에서는 조지아 주에 살고 있는 미국 흑인 아동들과 미네소타 주에 살고 있는 사회경제적 수준이 더 높은 아동들을 표집해서 비교했다. 후속 연구에서 조지아 주의 백인을 사용했을 때 모든 차이는 유의미하게 감소했으며 같은 지역이라는 점이 영향을 미쳤을 것으로 보인다.

Price-Williams와 Ramirez(1977)는 인종과 성 간의 흥미 있는 상호작용을 발견했다. 미국 흑인과 히스패닉계 남자들이 백인 남자보다 독특한 사용법 검사(Unusual Uses Test)에서 유창성이 더 높았다(융통성에서는 미국 흑인과 히스패닉계 남자들이 약간 높았다). 여성에서는 그 결과가 반대로 나왔다. 백인 여성이 흑인과 히스패닉계 여성보다 유창성과 융통성이 높았다.

미국 히스패닉계와 백인의 확산적 사고에 대한 비교는 언어 창의성을 측정하느냐 비언어 창의성을 측정하느냐에 따른 다른 결과가 나타나는 경향이 있다. 예를 들어 Argulewicz와 Kush(1984)는 백인이 히스패닉계보다 네 가지 TTCT 언어성 유형 중 세 가지에서 더 높은 점수를 얻는 것을 발견했지만, 도형 검사에서는 유의미한 차이가 없었다. 여러 연구들에 의하면 이중 언어 학생들(두 언어를 같은 수준으로 잘 구사하는)이 창의적 능력에서 유리한 점을 갖고 있다고 한다(Ghonsooly & Showqi, 2012; Lee & Kim, 2011). 한 최근 연구는 영역 특수적 창의성 검사(언어와 수학)에서는 차이를 발견했지만 영역 일반적 창의성 검사에서는 차이를 발견하지 못했다(Leikin & Tovli, 2014).

Kharkurin(2012)은 다중언어가 왜 창의성에 유리한지에 대한 몇 가지 이유를 설명한다. 첫째, 여러 언어를 말하는 것은 지적 능력을 증가시키는 것으로 보인다. 둘째, 그리고 더 중요한 것은, 여러 가지 말을 하기 위하여 더 정교한 인지 구조를 사용하기 때문에 결과적으로 인지적 융통성을 향상시킨다. Kharkurin은 이 영역의 연구에 대한 몇 가지 문제점을 제기한다. 그는 확산적 사고 검사에 너무 의존하는 것에서부터(다른 가능성들이 확산적 사고 때문에 제한되는 것) 실제로 다중 언어를 구사하는 무작위 샘플을 구하는 것은 거의 불가능하다는 문제점까지 제기한다. 무작위 샘플이란 하나가 한 집단에 포함될 확률과 다른 한 집단에 포함될 확률이 동일하고, 한 사람이 다중 언어거나 아닐 때에 가능한데, 연구를 위해서 당신 손가락을 마음대로 찍어서 그 사람을 다중언어를 구사할 수 있도록 하는 것은 불가능하다. 그는 다중 언어를 하는 것이 유리하지만 많은 다른 방식으로도 유리한 점을 얻을 수 있다고 결론을 내렸다.

다민족 혈통인 사람도 상대적으로 창의성이 뛰어날 가능성이 있다(Gaither, 2015). 한 연구는 자신들의 정체성을 생각하도록 지시를 받은 다민족 혈통인 사람들이 같은 지시를 받은 단일민족 혈통인 사람보다 더 창의적이었을 뿐만 아니라, 그런 지시를 받지 않은 다민족 혈통인 사람보다 더 창의적인 것을 발견했다(Gaither, Remedios, Sanchez, & Sommers, 2015). Tendayi Viki와 Williams(2014)는 다민족 혈통인 사람들이 그들의 여러 민족 정체성들을 더 잘 통합할수록 창의성 점수가 더 높다고 지적했다.

동양문화와 서양문화 간 확산적 사고의 차이에 대한 많은 연구가 있다. Jellen과 Urban(1989)은 몇몇 나라의 아동들에게 창의적 사고 검사와 그림 그리기를 실시했다. 그들은 일반적으로 서양 국가들(독일, 영국, 그리고 미국과 같은)이 동양 국가들(중국, 인도와 같은)보다 점수가 더 높은 것을 발견했다. Zha, Walczyk, Griffith-Ross, Tobacyk, Walczyk(2006)은 중국 대학원생들이 미국 대학원생들보다 GRE 점수는 높았지만 미국 대학원생들은 중국 대학원생들보다 확산적 사고 검사 5개 중에서 4개 점수가 더 높았다. 일반적으로 대부분의 연구에서 서양 문화에서 온 사람들이 동양 문화에서 온 사람들보다 창의성 검사에서 더 높은 점수를 보여주었다. 그 이유에 대해서는 10장에서 논의하기로 한다. 물론 그 반대의 결과나 혼합된 결과를 보여주는 연구들도 많다. 예를 들어 Jaquish와 Ripple(1984)은 TTCT의 언어 검사에서는 서양인이 동양인보다 우수했지만 도형 검사에서는 동양인이 서양인보다 우수한 것을 발견했다.

확산적 사고 과제에 대한 아시아계 미국인과 여러 인종의 미국인들을 비교한 연구는 더 적다. Yoon(2005)은 TTCT를 유럽계와 아시아계 미국 중학생들에게 실시했다(아시아계에는 중국계, 한국계, 일본계, 동남아시아계 미국인들이 포함되었다). 유럽계와 아시아계 간에도 유의미한 차이가 없었고 아시아계 미국인들 간에도 유의미한 차이가 없었다.

확산적 사고를 넘어선 세상은 어떤가? J. C. Kaufman, Baer, Gentile (2004)은 중학교 2학년 미국 흑인, 히스패닉계, 아시아계, 백인이 쓴 시와 이야기, 그리고 개인적인 내러티브를 연구했다. 창의성 점수에서 인종 간의 차이는 없었다. 비슷한 한 연구에서 J. C. Kaufman, Niu, Sexton,

Cole(2010)은 백인, 흑인, 히스패닉계, 아시아계 미국인들이 쓴 시나 스토리에 대한 초보자가 채점한 창의성에서 인종 간 차이가 없는 것을 발견했다. 하지만 그들은 채점된 스토리에 대한 흥미 있는 결과를 발견했다. 백인과 흑인 초보자 평가자들은 전체적으로 차이가 없는데도 불구하고(히스패닉계와 아시아계 미국인들에 의한 점수를 포함해서) 백인(다른 인종이 아니라)이 쓴 이야기를 선호했다. 채점자들은 글쓴이의 인종을 몰랐다.

이와 비슷한 연구로, J. C. Kaufman, Baer, Agars, Loomis(2010)는 일반사람들에게 고정관념적인 미국 흑인 작가나 백인 작가 이름이 있거나 원저자 이름이 없는 시를 무작위로 주고 시에 대한 점수를 주도록 요구했다(표시한 이름은 실제 이름이 아니다). 저자 이름이 있을 때, 평가자들은 백인 여성의 작품을 조금 더 선호하는 것으로 나타났다. 비록 편향이 있기는 했지만, 창의적인 산출물보다 간단한 설명을 이용해서 비교할 수 있는 작품이 훨씬 더 큰 차이를 나타냈다(Bertrand & Mullainathan, 2004; King, Madera, Hebl, Knight, & Mendoza, 2006). Lebuda와 Karwowski(2013)는 작가의 추정되는 이름(전형적인 이름이나 독특한 이름)과 성별이 네 가지 영역(미술, 음악, 시, 과학)의 창의적인 작품 평가에 어떤 영향을 미치는지를 조사했다. 남자 이름을 가지고 있는 작품을 선호하는 일반적인 편견이 있었으며, 작가의 이름이 독특한 음악과 시 모두가 더 높은 점수를 받았다(또한 Proudfoot, Kay, & Koval, 2015 참조).

창의성과 인종에 대한 이런 연구 이외에도 그 이슈는 복합적으로 연결되어 있다. '내집단(in-group)'의 일부라고 생각되는 사람이 더 창의적이라고 생각하는 경향이 있었다(Haslam, Adarves-Yorno, Postmes, & Jans, 2013). Adarves-Yorno, Haslam, Postmes(2008)는 두 가지 연구에서 사람들은 그들의 내집단의 어떤 사람(외집단 구성원과 반대되는)이 산출한 것이라고 생각하면 그 산출물을 창의적이라고 평가하는 경향이 있는 것을 발견했다. 더 나아가서, 만일 어떤 사람의 사회적 정체성이 분명하고 그 집단의 규범이 보수적/비진보적으로 확립되어 있으면, 비창의적인 아이디어가 더 선호되고 더 창의적인 것으로 선택되었다(Adarves-Yorno, Postmes, & Haslam, 2006).

인종문제로 돌아가서, 아시아계 미국인들 간에는 창의성의 차이가 덜 분명하다. 대부분의 연구는 문화적 비교이며 아시아계 미국인들이 아니라 아시아 국가 출신의 사람들에 초점을 둔다(10장에서 논의될 것이다). 물론 몇몇 연구들이 있다. 미국인과 중국인 평가자들 모두가 미국 대학생들이 만든 예술작품이 중국 대학생들이 만든 예술작품보다 더 창의적이라고 평가했다(Niu & Sternberg, 2001). 그러나 미국 학생과 중국 학생이 그린 기하학적 형태를 비교한 비슷한 연구에서는 미국인과 중국인 평가자들에 의한 창의성 점수가 비슷했다(Chen et al., 2002). 주말 미술학교를 다녔던 중국 아동들이 더 높은 점수를 받은 것을 제외하고는, 중국과 영국의 학령기 아동들의 미술작품 점수에서 차이가 없었다(Cox, Perara, & Fan, 1998). 또 다른 연구에서는 일본 아동의 그림이 영국 아동의 그림보다 더 높은 점수를 받는 것으로 나타났다(Cox, Koyasu, Hiranuma, & Perara, 2001).

Niu와 Sternberg(2003)는 아시아계와 비아시아계 미국인들의 창의적인 수행을 비교하고, 그 두 집단 간에 차이가 없는 것을 발견했다. Rostan, Pariser와 Gruber(2002)는 중국계 학생과 백인 학생들을 대상으로 특별한 미술 훈련과 수업을 받은 집단과 그런 수업을 받지 않은 집단으로 나누어 그들의 미술작품을 조사했다. 각 집단의 미술작품(실물을 그린 것과 상상해서 그린 것)을 중국인 심사원들과 미국인 심사원들에게 평가하도록 했다. 심사원들 간에는 문화적인 유의미한 차이가 없었다. 발견된 유일한 차이는 (인종과는 관계없이) 미술 전공 학생들이 미술 비전공 학생들보다 더 높은 점수를 받은 것이다. Paletz와 Peng(2009)은 대규모 연구의 일부로, 문제 구성 과제에서의 창의성과 인종을 살펴보았다. 그들은 아시아계와 백인 대학생들 간에 유의미한 차이가 없는 것을 발견했다.

Cheng, Sanchez-Burks, Lee(2008)는 아시아계 미국인들을 대상으로 자신의 이질적인 사회 정체성(아시아인으로서 그리고 미국인으로서)이 상호 보완적이라고 느끼는 정도를 말하는 정체성 통합성과 창의성의 관계를 조사했다. 그들은 연구의 한 부분에서 요리 시뮬레이션을 사용하여 참여자들에게 아시아 식재료, 미국 식재료, 아시아 음식과 미국 음식을 모두 만들 수 있는 식재료를 참여자들에게 주었다. 다중 문화의 자극을 주었을 때, 높은 통합된 정체성을 가지고 있는 아시아계 미국인들이 더 창의적이었으며, 이 결과는 아시아 식재료만 혹은 미국 식재료만 주어진 환경에서는 나타나지 않았다. 이 연구 결과는 균형 잡힌 이중 언어 사용자들과 미국 문화에 잘 동화된 히스패닉계 미국인들이 더 높은 창의성을 나타냈던 앞에서 논의한 연구 결과와 비슷하다.

Pfeiffer와 Jarosewich(2007)는 Gifted Rating Scales-School Form(GRS; Pfeiffer & Jarosewich, 2003)을 사용하여 영재 아동에 대한 교사 평가를 조사했다. 창의성이나 예술적 재능에서 인종(미국 흑인, 아시아계, 백인, 히스패닉계)에 의한 차이는 없었다. 이 연구 결과는 몇 가지 영재성 검사에서 인종차(미국 흑인과 백인)를 연구한 Harty, Adkins, Sherwood(1984)의 연구 결과와 일치한다. 교사가 평가한 창의성은 인종차가 없는 것을 보여주는 몇 안 되는 측정치들 중 하나다. 하지만 반대로, 또 다른 연구는 교사들이 백인 학생들이 히스패닉계 학생들보다 더 창의적이라고 평가하고, 더 잘 동화된 히스패닉계 학생들을 잘 동화되지 못한 히스패닉계 학생들보다 더 높게 평가하는 것을 발견했다(Masten, Plata, Wenglar, & Thedford, 1999).

자기평가에 대한 연구는 11장에서 다시 다룰 것이기 때문에 여기에서는 간략하게만 소개하기로 한다. 여러 가지 영역에 걸친 창의성에 대한 수많은 시리즈 연구 중 한 연구에서 J. C. Kaufman(2006)은 3,500명 이상의 사람들에게 56가지 다른 영역에서의 5요인(사회적 의사소통, 시각-예술, 언어-예술, 과학-분석, 스포츠)에 대한 자신을 평가하도록 했다. 그는 미국 흑인들이 영역에 관계없이 자신들에게 가장 높은 창의성 점수를 주는 경향이 있는 것을 발견했다. 미국 원주민들도 또한 자신들을 과학-분석 영역에서 더 높은 점수를 주었고, 히스패닉계 미국인들은 의사소통 영역에서 더 높은 자기평가 점수를 주었다. Ivcevic와 Kaufman(2013)은 백인, 흑인, 히스패닉계 미국인들의 자기보고식 지능과 창의성을 비교했다. 그들은 백인과 교육 수준이 높은 사람들이 자신에게 모두 더 높은 점수를 주었지만, 사회경제적 수준과 상호작용이 있는 것을 발견했다. 중산층과 노동자층 간의 차이는 백인보다는 소수집단에서 더 높았고, 인종차는 창의성보다 지능에서 현저하게 더 큰 차이가 있었다. 중산층에서, 흑인들은 백인들보다 자신들의 창의성이 더 높은 것으로 평가했으며, 지능에 있어서는 그것과 반대되는 효과가 나타났다.

경험에 대한 개방성이 창의성과 밀접한 관련이 있다는 것을 여러분은 기억할 것이다(너무나 여러 번 이야기를 해서 한 번 더 한다면 반복상반복상을 수상할 정도!). 어떤 성격 요인에도 문화 간에 유의미한 차이가 없다는 것이 일반적인 경향이다(예 : Goldberg, Sweeney, Merenda, & Hughes, 1998; McCrae & Costa, 1997). 하지만 Heuchert, Parker, Stumpf와

Myburgh(2000)는 백인 남아프리카인들이 흑인 남아프리카인들보다 경험에 대한 개방성 점수가 더 높은 것을 발견했다(가장 큰 차이는 하위 요인인 감정의 개방성). Allik과 McCrae(2004)는 유럽과 백인 문화의 사람들이 아시아와 아프리카 문화의 사람들보다 경험에 더 개방적인 경향이 있는 것을 발견했다. D. Schmitt, Allik, McCrae, Benet-Martínez(2007)는 56개국 17,837명의 대규모 연구에서 남아메리카와 유럽 국가 사람들이 가장 경험에 개방적이고(칠레가 가장 높았다), 남아시아 국가 사람들이 일반적으로 경험에 덜 개방적인 것을 발견했다. 아프리카 국가들은 그 중간이었다. 그러나 Saucier와 Goldberg(2001)는 13개 언어(영어를 포함한)에서 성격을 설명하는 용어들을 조사한 결과 빅 파이브 성격 요인들 중에서 4요인은 모든 언어에서 찾아볼 수 있지만 유일하게 경험에 대한 개방성은 예외였다. 따라서 경험에 대한 개방성은 앵글로 문화에서 더 쉽게 받아들이는 개념으로 생각할 수 있다(Benet-Martínez & Oishi, 2008).

미국인들을 대상으로 한 성격의 인종차에 대한 연구는 더 적다. 일반적으로 아시아계가 백인보다 경험에 대한 개방성이 더 낮은 것이 발견되었으며(예 : Benet-Martínez & Karakitapoglu-Aygün, 2003), 같은 연구에서 아시아계 미국인들 중에서도 1세대가 그 후세대보다 개방성이 더 낮은 것으로 나타났다. Eap 등(2008)은 이에 더해서 개방성이 동화와 유의미한 상관이 있는 비슷한 결과를 발견했다. 불행하게도 성격 요인들을 사용하여 문화적인 혹은 인종적인 차이에 대해서 깊이 연구된 것은 아직 없다.

성차와 창의성

창의성 검사에서 성차를 보고하는 많은 연구들을 살펴보면 간단한 결론을 얻을 수 없다. 어떤 연구들은 여자가 더 잘한다. 어떤 연구들은 남자가 더 잘한다. 그리고 또 다른 연구들은 차이가 없다는 결과를 보여준다. Baer와 Kaufman(2008)은 성차에 대한 방대한 문헌을 검토하고 대부분의 연구에서 차이가 없거나 혼합된 결과가 나타난 것을 발견했다. 한 최근 연구는 대부분의 차이는 성별과 관련된 인지적 스타일이나 문제 해결 전략의 차이 때문이라고 했다(Abraham, 2015).

일반적으로, 여자들은 언어성 검사에서 그리고 남자들은 도형/수 검사에서 더 높은 점수를 나타내는 경향이 있다(더 많은 성취검사들에서도 인지적인 면에서 이런 성차가 나타났다). 예를 들어 Hong, Peng, O'Neil, Wu(2013)의 연구는 영역 일반적인 확산적 사고에서는 차이가 없었지만, 여자들이 영역 특수적인(중국 현대사) 확산적 사고의 유창성, 융통성, 정교성에서 더 높은 점수를 받았다. He와 Wong(2011)은 학령기 아동 약 1,000명을 검사한 결과 창의적 능력에서 대체로 성차가 없는 것을 발견했다. 하지만 그들은 남자아이 간에 훨씬 더 큰 차이가 있는 것을 발견했다. 다시 말해 소년들은 매우 높거나 매우 낮은 극단 점수를 받는 경향이 더 높았다.

흥미롭게도 양성성이 창의성과 연결되어 있다. 몇몇 연구들은 높은 남성적인 특성과 높은 여성적인 특성을 동시에 가지고 있는 사람들이(예를 들어 야망이 있으면서 또 동정심이 있는) 더 높은 창의성을 보이는 경향이 있는 것을 보여주었다(Keller, Lavish, & Brown, 2007; Norlander, Erixon, & Archer, 2000). 최근 연구에 의하면 양성성이 남성보다 여성에게 창의적으로 더 유리하다고 한다(Stoltzfus, Nibbelink, Vredenburg, & Hyrum, 2011). 다른 연구들은 테스토스테론 노출과 관련이 있는 신체적 특징을 조사했다. Karwowski와 Lebuda(출판 중)는 노벨상 후보에 오른 작가들의 얼굴 폭과 얼굴 윗부분의 길이(윗입술에서 눈썹까지)의 비율을 조사했으며, 더 높은 비율이 사춘기 이후의 더 많은 테스토스테론과 연관이 있다고 한다. 비율이 더 높은 작가들이 더 젊은 나이에 후보로 지명되었다. 하지만 더 높은 비율을 가지고 있는 수상자들은 그 상을 받기 위해 더 오래 기다려야 하는 경향이 있었다. Karwowski와 Lebuda는 이 결과를 더 높은 수준의 테스토스테론이 충동적이고 지배적인 것과 연결되어 있어서 일찍이 인정을 받지만 실제로 선택될 수 있는 기회는 더 적기 때문이라고 해석한다. 배우들에 대한 한 연구에서 Karwowski와 Lebuda(2014)는 두 번째와 네 번째 손가락(검지와 약지)의 비율을 조사했다. 이 사례에서 여성성과 더 연관된 패턴이 창의적인 업적과 상관이 있었다.[8]

대부분의 대단위 성격연구에서 경험에 대한 개방성의 성차가 없는 것으로 나타났다(Collins & Gleaves, 1998; Goldberg et al., 1998). 이미 논의했듯이 보상이 여성과 남성에게 다르게 영향을 미치는 경향이 있다(여성들에게 보상이 제공되면 덜 창의적으로 된다). 또한 교육과 상호작용이 있다. 교육 수준이 높은 여성은 교육 수준이 낮은 여성보다 더 창의적인 경향이 있으며, 남성에게는 그런 차이가 나타나지 않는다(Matud, Rodriguez, & Grande, 2007).

창의성 검사와 실제 창의적인 성취에서의 성차에는 커다란 불일치가 있다는 것을 주목할 필요가 있다. 비록 창의성 검사에서 성차가 미미하거나 존재하지 않는다 할지라도, 현실적인 창의적 성취에서의 차이는 크고 유의미하다(Simonton, 1994). Murray(2003)는 인간 성취에 대한 조사에서 '중요한' 인물로 분류된 4,002명의 사람들 중 여성은 88명(2%)뿐이었다고 한다. 그는 나아가 1901년에서 1950년까지 노벨상 수상자 중에서 여성은 4%밖에 되지 않으며, 1951~2000년 동안의 모든 수상자 중 여성은 3%이다. 문제는 단순히 오래된 자료나 편향된 계산의 문제가 아니다. 최근 수상에서도 남성이 그 정도로 주류를 이룬다.

왜 여성은 남성과 같은 수준의 창의적 정점에 오르지 못하는가? Helson(1990)은 문화적 가치, 사회적 역할, 그리고 성차별적인 사고가 여성의 창의적인 성취가 상대적으로 낮은 핵심적인 원인이라고 한다. Piirto(1991)는 소녀들이 고등학교나 대학교까지는 창의적 성취에서 뒤떨어지지 않으며 중요한 이슈는 개인적 요구와 직업적 요구 간의 갈등이라고 지적한다. 앞에서 논의한 Baer의 연구에서 여성들은 창의성 평가의 부정적인 효과에 더 민감할 수 있다고(그리하여 내재적 동기를 잃는) 지적한 것에 대해서도 주목할 필요가 있다.

물론, 오래전의 심리학자들은 꽤 다른 의견을 가지고 있었다. 미국심리학회에서 여성이 실질적으로 높은 행정적인 지위에 선출되지 않은 것에 대한 불평에 대하여, E. G. Boring(1951)은 '여성문제'라는 제목의 논문에서 다음과 같이 반응했다.

처음부터 끝까지 결혼문제는 여성의 보장된 미래 계획을 방해한다. 여성들이 자신의 직업에 광신적으로 헌신하면서 결혼생활을 유지할 수 있을까? 그럴 수 있고 또한 내가 알고 있는 사람들 중에 그런 사람도 있지만 여성이 매력과 집중을 겸비하기 위해서는 비상할 정도로 똑똑해야만 한다고 생각한다. 이런 여성들은 마력적으로 열광적임으로써 두 가지를 다 이룰 수 있다. … 어떤 여성 독자들은 분명히 내가 타인의 좌절감에 대해 매정하다고 생각하겠지만, 나는 단지 현실을 이야기하고 싶을 뿐이다. (p. 681)

놀라운 것은 아직도 많은 남자들(학계, 기관, 많은 곳에서)이 Boring의 논리를 믿고 있다는 점이다.

창의성뿐만이 아니다

나는 창의성이 전통적인 입학전형 패키지에 추가할 여러 변인 중의 하나라는 것을 밝혀두어야 한다는 의무감을 느낀다. 사실, SAT와 평균학점 이외의 것을 포함시킬 것을 강력하게 주장하는 사람들 중 한 사람이 제시하는 목록에도 창의성이 포함되어 있지 않다. N. Schmitt(2012)는 12가지 비인지적 구인들에 초점을 맞추어 그것들을 입학전형에 포함될 때가 무르익었다고 주장한다. 이것들에는 지식을 습득하는 능력(분명히 이것은 인지적인 것이다), 지적 호기심, 예술적/문화적 감상, 적응력(네 가지 모두 창의성과 관련된 것으로 보인다)이 포함되고, 그리고 나머지 여덟 가지의 타당하고 중요한 특성들인 다문화 이해, 지도력, 대인관계 기술, 사회적 책임감, 신체적/심리적 건강, 진로 지향성, 인내, 윤리가 포함된다.

Schmitt의 대부분의 연구는 이 변인들을 사용했으며, 따라서 그것은 창의성과 관련은 있지만 분명히 똑같은 것은 아니다. 그의 연구팀과 함께 그는 이 변인들이 표준화 검사보다 평균학점을 더 잘 예측하고 나아가 그외 가능한 결과 변인들과 상관이 있다는 것을 발견했다(Oswald, Schmitt, Kim, Ramsay, & Gillespie, 2004). 그밖에 이 변인들을 사용하면 입학전형에서 인종 편향을 감소시킬 것이라고 그와 그의 팀은 주장한다(Sinha, Oswald, Imus, & Schmitt, 2011).

다음 장 연결하기

인종과 성별에 따른 창의적 능력의 패턴은 지적 성취 패턴과 다른가? 대학 입학에서 일반적으로 SAT와 평균학점을 공식같이 사용하기보다 인지적 능력에 대한 더 좋은 검사로 창의성 검사를 사용하는 것이 고려될 수 있을까? Sternberg(2008)의 연구 결과와 내가 강조했던 여러 연구 결과에 의하면 모든 사람이 창의적인 어떤 가능성을 가지고 있으며, 나는 이 개념이 고무적이라고 믿는다. 그러나 앞으로 연구해야 할 더 많은 것들이 남아 있다. J. Alfred Prufrock이 질문하듯이, 그럴 만한 가치가 있을까?

내가 창의성 검사에서는 인종 간의 차이가 덜한 것으로 나타난다고 나의 동료에게 말했을 때, 그는 지적 성취와 창의성 간에 차이가 나타나는 것은 간단하게 말해서 실수라고 했다. 모든 IQ 검사나 성취 검사는 실제로는 일반 지능 g를 측정하는 것이며, 누군가가 만일 창의성 검사에서 다른 결과를 발견했다면, 그 검사는 g를 잘못 측정했다고 볼 수 있으며 따라서 그 결과는 가치가 없다고 그는 주장했다.

나의 아버지(A. S. Kaufman, 1999)가 논의한 지능에 미치는 어머니의 영향, 구체적으로는 태반을 공유했거나 공유하지 않은 일란성 쌍둥이들에 대한 연구가 생각난다(예 : Rose, Uchida, & Christian, 1981). 짧게 말하면, 한 태반을 공유한 쌍둥이들은 언어성 지능과 비언어성 지능 모두가 비슷한 반면에, 한 태반을 공유하지 않은 쌍둥이들은 비언어성 지능에서 덜 비슷했다(이 문제에 대해 더 많은 정보를 원한다면, A. S. Kaufman & Lichtenberger, 2006, 2장 참조). 그 연구 결과는 그 당시에 특이한 것이었으며 그 이후로 연구된 것이 거의 없다. 사실, 그 분야의 다른 학자들은 설명을 회피하거나 간단하게 발육상의 이상이라고 하면서 무시했다. 나는 쌍둥이에 대한 상세한 연구가 부족한 것보다는 나의 아버지의 반응에 더 놀랐다. 그는 "하지만 그 연구 결과는 지능과 성격에 대해서 알려져 있는 유전 가능성의 추정치에 대하여 도전하는 충분히 물의를 일으키는 것이었다"(pp. 627-628)라고 썼다. 그것은 부드럽게 표현한 것이며 그가 말하려고 한 것(예 : A. S. Kaufman, 2004)은 만일 이 연구 결과가 진실이라고 한다면, 어떻게 감히 그것의 함의를 고려하지 않을 수가 있겠는가 하는 것이다.

이제 본 질문으로 돌아가 서, 입학과 채용에 창의성이 어떤 역할을 할수 있을까? 그리고 창의성이 이런 결정에서 공정성과 공평성을 높이기 위해 도움이 될 수 있을까? 분명하고 정확한 하나의 답은 없다. 나는 모든 연구가 이 논점을 지지한다고 주장하고 있는 것이 결코 아니다. 연구들은 드문드문 산재해 있고 가끔 엉성하게 수행된 것들도 있다. 연구마다 다른 창의성 측정치를 사용하는 것으로 보일 수 있다. 성차에 대한 연구 결과는 고무적일 수 있고 혹은 인지적 성취에 대한 연구 결과와 일치할 수 있다. 특수교육에 대한 연구 결과는 전혀 의미가 없을 수 있다.

하지만, 나는 무엇인가 거기에 있다고 생각한다. 너무나 많은 연구들이 창의성은 성취 검사나 배치 검사에 취약한 사람들이 실제로 가지고 있거나 가지로 있다고 생각되는 강점일 수 있다고 지적한다. 나는 앞으로 더 많은 연구 결과가 나오기를 기대한다. 더 많은 대학이 입학 전형의 보조적 혹은 대안적 도구로 창의성을 고려하기를 바란다. 그러나 무엇보다도, 뛰어나지만 현재의 전형적인 방식으로만 학생을 선발할 경우에 탈락해버릴 학생들이 대학이나 대학원에 진학하게 되는 것을 보고 싶다. 이렇게 할 수 있는 힘이 우리에게 있다면 이 문제를 어떻게 감히 탐색하지 않겠는가?

우리가 마법같이 입학과 채용 갈등을 해결하고 일하는 방식을 변화시킬 수 있다고 가정하자. 창의성이 이제는 중요한 기준으로 사용되고 있으며, 대학과 기업들이 하나같이 더 창의적인 인재들을 끌어들이려고 노력한다고 상상해보자. 공정성이 충분히 보장된다. 이제 무엇을 할 것인가? 넓은 의미의 환경이 어떻게 창의성을 고무할 수 있을까? 가정생활, 교실환경, 조직환경, 혹은 문화, 지리, 그 어떤 환경이든 어떻게 하면 창의성을 가장 잘 개발할 수 있을까?

 **역자주**

1. AP는 미국의 비영리 교육기관인 대학위원회(College Board)가 1955년 처음 시작했다. AP 수업은 주로 고등학교에서 이루어진다. 대신 대학위원회가 1년에 한 번(5월) 미국 전역의 고교생을 대상으로 AP 시험을 실시하고 학점을 부여한다. 학생들이 받은 학점은 대학 입시에도 그대로 반영된다. 미국 대학들은 SAT 성적을 자격 기준으로 활용하고 지원자의 AP 과목 이수 여부와 성적, 면접 결과 등을 종합적으로 고려해 학생을 선발한다.

2. 미국 의회는 그녀를 '현대 민권 운동의 어머니'라고 칭송했다. 1955년 12월 1일, 그녀는 앨라배마 주 몽고메리에서 백인 승객에게 자리를 양보하라는 버스 운전사의 지시를 거부하였고, 결국 이것 때문에 경찰에 체포되었다. 이 사건은 382일 동안 계속된 몽고메리 버스 보이콧으로 이어졌고, 인종 분리에 저항하는 큰 규모의 운동으로 번져 나갔다. 이때 마틴 루터 킹 목사가 여기에 참여하게 되었고 결국 아프리카계 미국인의 인권과 권익을 개선하고자 하는 미국 민권 운동의 시초가 되었다.

3. 영미시에서 한 줄당 5개의 iambi meter가 사용됨.

4. 미국에서 가장 큰 무선 전기 통신 네트워크를 운영한다. 미국 최대의 무선 회사이자, 최대의 무선 데이터 공급 업체이다.

5. 2012년 미국 HBO 편성, 아론 스킨 연출. 뉴스 보도국을 배경으로 중립 성향의 대중에게 사랑받았던 앵커가 자신의 변화하는 의견을 뉴스로 풀어나가는 과정을 그린 드라마

6. 날개를 편 길이가 3~4m이며 활공을 통해 날갯짓을 하지 않고도 몇 미터에서 몇십 킬로미터까지 비행한다. 골프에서 사용되는 용어인 알바트로스도 여기에서 따온 것이다.

7. 콜리지가 쓴 서사시로 한 늙은 선원의 회한에 잠긴 노래이다. 그가 결혼식에 초청받은 하객들 중 한 사람을 만나 자기가 겪은 경험담을 이야기하는 것으로 시작한다. 총 일곱 부분으로 나뉘어 있고, 선원의 죄로 인한 결과와 이를

회개하여 구원을 얻은 것으로 이를 발라드 형식을 통해 초자연적이고도 환상적인 내용으로 그려내고 있다.

8. 자궁 내에서 14주째에 테스토스테론 수치가 정점에 이르게 되고, 이 정점에 이르게 될 때 테스토스테론이 약지의 길이에 반영된다고 한다. 약지가 검지보다 긴 경우 출생 전 테스토스테론에 많이 노출이 되었다고 보기 때문에 남성적인 신체와 뇌를 가졌으며, 약지보다 검지가 긴 경우 에스트로겐에 민감하며 여성적인 성향을 타고나게 되는 것이라고 한다.

창의적인 환경 :
가정, 교실, 직장, 세상

나는 여러 가지 면에서 이 장을 쓰기가 두려웠다. 일반인들이 읽는 창의성에 대한 대부분의 책들은 당신을! 더! 창의적으로! 만드는! 것에 초점이 맞추어져 있기 때문에 아마도 내가 이 주제에 대한 흥미가 덜한 것 같다. 당신을 더 창의적으로 만들 수 있는 간단하고 쉬운 방법이 있다고 하는 연구가 나오기만 하면(치즈를 더 먹어라! 재즈를 들어라! 배우인 모건 프리먼의 사진을 쳐다보라!), 방송매체가 그것을 다루고 그 작은 흥밋거리 정보는 '더 창의적인 당신이 될 수 있는 10가지 쉬운 방법'이라는 목록을 만들어내면서 창의성 개발이 마치 간단한 대수문제 풀이인 것처럼 취급된다.

　그렇지만 창의적인 환경에 대한 타당한 연구들도 많이 있다. 환경이라고 하면 많은 것을 의미할 수 있으며, 가정생활부터 직접 공부하고 있는 교실이나 일하고 있는 직장, 그리고 당신의 문화/나라까지 그 범위가 넓다. 이 주제는 심리학에서 성장하고 있는 주제다(Davies et al., 2013;

Glăveanu, 2010a, 2010b; Sawyer, 2012).

가정환경

지능 분야에서 '자연 대 양육' 논쟁은 아직까지 뜨겁다. 사람들은 어떤 일정한 양의 지능을 가지고 태어나는가? 만일 자신이 바보라고 생각된다면 '바보' 유전자를 물려준 것에 대해 부모를 원망해야 하는가, 혹은 적절하게 고무시키는 환경을 조성해주지 못한 것에 대해 부모를 원망해야 하는가? 그런데 부모를 탓하지 않을 수만은 없다는 것은 분명하다.

지능 분야에서 이 문제는 격렬한 논쟁을 일으키고 있는 주제다. 사실, 지능을 처음 연구한 사람은 Francis Galton이며 그는 천재가 유전된다는 것을 보여주기 위해 연구를 했다. Galton의 접근법은 대부분 틀렸으며, 자세한 내용은 101 시리즈 중에서 지능 101(Plucker & Esping, 2013), 천재 101(Simonton, 2009), IQ 검사 101(A. S. Kaufman)에서 찾아보기 바란다.

창의성 분야에서는 이 자연 대 양육 문제에 대한 연구도 적고 논쟁이 지능만큼 심하지도 않다. 어떤 연구들은 쌍둥이 연구 접근법을 사용하여 창의성의 유전에 대해 살펴보았으며, 창의적 능력의 비슷한 정도를 알아보기 위해 일란성 쌍둥이와 이란성 쌍둥이를 비교한다(Grigorenko, LaBuda, & Carter, 1992; Reznikoff, Domino, Bridges, & Honeyman, 1973). 이 연구 결과들은 불일치했지만 낮은 수준에서 보통 수준까지 창의성의 유전 가능성을 발견했으며, 지능연구에서 전형적으로 발견되는 수준보다 더 낮았다(Barbot, Tan, & Grigorenko, 2013; A. B. Kaufman, Kornilov, Bristol, Tan, & Grigorenko, 2010). 이런 연구들은 창의적인 수행을 조사하지 않고, 자기보고식이나 서베이 방법을 사용하는 경향이 있으며, 따라서 알 수 없는 부분이 많다. 사실 유전적 효과는 분석된 특수한 창의성 과제에 따라 다를 수 있다(Velázquez, Segal, & Horwitz, 2015). 창의성과 관련된 특수한 유전자에 대한 연구들도 있다(Kéri, 2009; Wolf, Kulikov, Bortsov, & Popova, 2009). 하지만 나의 무식이 탄로 나는 것이 두려워서 이 연구에 대하여 자세하게 들어가지 않겠지만, 관심이 있는 독자들을 위해 Barbot 외(2013)를 추천한다.

유전자와 유전 가능성 문제 이외에 어떤 환경이 다른 환경보다 창의성에 더 도움이 된다고 주장하는 것은 타당하다. 한 부류의 연구는 출생 순서에 초점을 두었다. 어떤 연구들은 첫째 아이가 더 큰 성취를 하는 경향이 있다는 것을 보여주지만(Roe, 1952; Simonton, 1987), 성취가 곧 창의적이라는 것을 의미하지는 않는다(분명히 중첩되기는 하지만). 사실, Sulloway(1996)는 첫째 아이가 세력과 특권을 획득하는 경향이 높지만, 나중에 태어난 아이가 더 경험에 개방적이고 혁명적인 것을 발견했다. 첫째 아이는 가업을 잇게 되는 반면에 나중에 태어난 아이는 새로운 분야에 도전하고 전통에 반항하는 경향이 있다. 이런 성향은 많은 영역에 확장되어 나타난다. 다윈이 그의 대표적인(그리고 논란의 소지가 있는) 자연 선택 이론을 제안했을 때 그 이론을 지지한 유명한 과학자들 중에서 83%가 나중에 태어난 사람들이었고, 17%만 첫째였다(Sulloway, 1996).

또 다른 접근은, 출생 순서나 형제자매의 수뿐만 아니라 터울이나 성별도 함께 고려한 형제자매 구성 형태를 살펴보는 것이다. M. Baer, Oldham, Hollingshead, Costa Jacobsohn(2005)은 출생순서 효과가 형제자매 구성 형태의 영향을 크게 받는 것을 발견했다. 첫째 아이들이 가장 큰 영향을 받았으며 그 형제자매 간의 터울이 클수록 첫째 아이들의 창의성이 낮아졌다. 이 결과는 아마도 첫째에게 동생을 돌보는 책임감이 더 많이 주어지기 때문인 것으로 보인다. 하지만 다른 성의 형제자매를 가지는 것은 첫째의 창의성을 높이는 데 도움이 되었다. Szobiová(2008)는 성별 효과를 발견했으며, 남녀 두 가지 성의 형제자매가 있는 여성이 가장 창의적인 것으로 나타났다.

첫째로 태어나거나 나중에 태어나는 것이 전적으로 유전자가 결정하는 것은 아니지만, 또한 연구자가 전적으로 통제할 수 있는 것도 아니다. 가족을 잃거나 다른 개인적인 슬픈 사건도 마찬가지로 통제할 수 있는 것이 아니다. Simonton(1994, 2009)은 많은 연구들을 살펴본 결과 유명한 사람들이 보통 사람들보다 10세 이전에 부모 중 한 명을 잃는 사람이 더 많은 것을 발견했다. 그 외에 유명한 사람들이 많이 경험하는 참사에는 기아, 신체적 질병, 그리고 정신 질병 등이 있다. 하지만 빅 C와 리틀 c(혹은 미니 c)에 따라 다르다는 것을 염두에 두어야 한다. Dai 등(2012)은 예를 들어 중학교 2학년생들 중에서 사회경제적 지위가 높은 학생들이 사회경제적 지위가 낮은 학생들보다 창의성이 높은 것을 보여주는 '창의성 격차'를 발견했으며 이것은 성취 격차와 비교할 만하다.

교실환경

나는 이 주제에 대한 많은 연구를 발표했다(Beghetto, Kaufman, & Baer, 2014; Beghetto & Kaufman, 출판 중). 따라서 만일 이 주제에 대해서 특별한 관심을 가지고 있다면 그 책들을 읽어보기를 추천한다.

교실환경에 대한 많은 중요한 연구들은 내재적 동기에 대한 Amabile과 Hennessey에 의한 연구에서 나왔다(Amabile, 1996; Hennessey, Amabile, & Martinage, 1989; Hennessey, 2010, 2015b). 내재적 동기와 창의성에 대한 그들의 연구 결과(6장에서 다루었다)를 기초로 해서 교실에서 창의성을 죽이는 잠재적 요인들을 확인할 수 있다. 부적인 방식으로 외재적 동기를 자극하는 것은 이론적으로 학생들의 창의성을 감소시킬 수 있다. 시간제한, 사회적 비교와 경쟁, 일상적인 행동에 대한 분명한 보상, 공개적 평가, 칭찬까지도 모두 학생들의 창의성을 잠재적으로 해칠 수 있다 (Hennessey, 2010).

우리가 눈여겨보아야 할 것은 수업 중에 계획에 없는, 예기치 않은 일이 벌어질 때 아주 짧은 순간에 나타나는 교사의 반응이다(Beghetto, 2013). Beghetto에 의하면 이런 경우에 많은 교사들은 무시하는 반응을 함으로써 의도하지 않았다 하더라도 '아이디어들을 부드럽게 죽일 수 있다'고 한다. 교사와 학생은 지적 숨바꼭질 게임을 하곤 한다(Beghetto, 2010). 그 숨바꼭질에서 교사는 정답을 알고 있고 학생들은 그것이 무엇인지 추측한다. 미국 독립선언문에 대한 수업을 한다고 가정하고 "선언문을 작성한 5명의 위원은 누구인가?"라고 질문한다고 하자. 5개의 정답이 있다(John Adams, Benjamin Franklin, Thomas Jefferson, Roger Sherman, Robert Livingston). 이런 수업은 실제로 의논할 기회도 없고 창의성을 발휘할 기회도 없으며, 기껏해야 학생들에게 정답을 전달할 뿐이다.

더 나쁜 것은 창의적인 것을 수치스러운 것으로 받아들일 수도 있다는 점이다(Beghetto, 2014). 교사나 멘토가 비현실적인(예 : 프로 c 혹은 빅 C) 기준을 가지고 너무 날카롭고 부정적인 평가를 하는 경우에 그런 결과가 나타날 수 있다. 학생들에게 그러한 수치심을 느끼게 하면 창의적 정신이나 욕구를 죽일 수 있다(Beghetto, 2013). Beghetto와 Kaufman(2007)은 따라서 이상적인 피드백은 너무 심하지도 않고 너무 약하지도 않아야 한다는 피드백의 골디락스 원리를 제안했다. 심한 피드백이란 창의성을 굴욕의 원인으로 느끼게 할 수 있는 격한 어조를 말하며 그것은 분명히 해를 입힌다.

또한 과분하게 칭찬하고 진짜 잘못된 것을 무시하는 부드러운 피드백도 마찬가지로 나쁘다는 것을 인식해야 한다. 과한 자신감을 가지게 하는 것도 좋지 않다. 이런 학생들은 아메리칸 아이돌과 같은 쇼에서 볼 수 있으며 그동안 자라면서 과한 자신감을 갖게 하는 말만 들었기 때문에 자신들의 재능이 아주 뛰어나다고 확신한다. 언젠가는 현실을 직면하게 되고 이야기 속 임금님의 새 옷과 같은 자신의 재능에 대해서 왜 그 누구도 진실을 말해주지 않았을까 생각하게 될 것이다. 혹은 반대로 왜 세상이 그들의 재능을 알아주지 못하는가라고 생각할 수도 있다. 자기애자들은 자신이 다른 사람들보다 더 창의적이라고 생각하겠지만 동의하는 사람은 아무도 없다(Furnham, Hughes, & Marshall, 2013; Goncalo, Flynn, & Kim, 2010). 피드백의 궁극적인 목적은 비판과 칭찬을 건설적인 방법으로 조합하여 절묘한 균형을 찾는 것이다.

Beghetto(2005)는 몇 가지 특별한 충고를 한다. 교사는 학생들을 위한 도전적인 목표를 세워야 한다. 교사는 학생들에게 과제에서 개인적으로 관련성이 있는 것을 찾아볼 수 있도록 해야 한다. 교사는 외재적인 평가의 영향을 최대한 최소화해야 한다. 교사는 학생들이 실패를 회피하지 않고 실패로부터 배울 수 있도록 격려해야 한다. 그리고 교사는 학생들이 과제의 성패에 초점을 두지 않고 수행과정에 초점을 두도록 해야 한다. 좋은 뜻이 있다고 해도 너무 심한 비판은 학생들의 창의적인 문제 해결에 부정적인 영향을 미친다(Gibson & Mumford, 2013).

Davies 등(2013)은 창의적인 학습환경에 대한 연구들을 검토하고 창의성을 지원할 수 있는 몇 가지 요인을 확인했다. 이미 앞에서 논의한 것들 이외에, 동료들과 협동할 수 있는 기회, 학교 밖에서 공부하기, 게임을 기초로 한 학습 방법, 그리고 지역 단체와 협력하기 등이 있다.

Karwowski(2015)는 나아가 창의적 자기개념이 높은 친구를 가지고 있는 학생들이 자신에 대해서도 높은 창의적 자기개념을 가지고 있는 것을 발견했다.

학교가 창의성을 중요하게 생각하지 않으면 어떤 부작용이 있을까? 학생들의 창의적 발달에 흔히 슬럼프가 나타나난다. Torrance(1968)는 4학년 슬럼프에 대한 증거를 발견했으며, 더 최근에 Yi, Hu, Plucker, McWilliams(2013)는 4학년 슬럼프를 중국 학생들에게서 발견했다(학교 분위기의 중요성과 함께). 다른 연령에서 슬럼프가 나타난다고 지적하는 연구자들도 있으며 Lau와 Cheung(2010)은 6학년에서 창의성 슬럼프가 나타나는 것을 발견했다.

직장환경

Amabile과 Gryskiewicz(1989)는 직장환경 속에서 창의성을 고무하는 여덟 가지 요인을 확인했다. 그것은 충분한 자유, 도전적인 일, 적절한 자원, 지지적인 상사, 다양하고 소통이 잘 되는 동료, 인정, 협동심, 그리고 창의성을 지원하는 구조다. 직장에서는 상사의 지지가 직원들의 창의성에 특히 중요하다(Amabile, Schatzel, Moneta, & Kramer, 2004). 훌륭한 상사는 직원들과 의논하고, 잘한 일에 대해 인정해주고, 사회적·정서적 지지를 보여줌으로써 창의성을 고무할 수 있다.

Amabile과 Gryskiewicz(1989)는 또한 창의성을 저해하는 네 가지 요인을 확인했다. 그것은 시간 압박, 너무 많은 평가, 현상 유지 강조, 그리고 너무 많은 조직 정치다. 기구 축소와 같은 외적 사건도 직장에서의 창의성에 부정적인 영향을 미칠 수 있다(Amabile & Conti, 1999). 심각한 경제 침체 기간에는 테크놀로지 분야와 같이 혁신을 필요로 하는 기업들이 전

세계적으로 고통을 받을 수 있다(Amabile & Conti, 1997).

기본적인 지원이 또한 중요한 역할을 한다. (동기와 조직적 격려 이외에) 직원의 창의성을 위한 핵심 요인은 과제를 마칠 수 있는 충분한 시간을 주는 것이다(Unsworth & Clegg, 2010). 이와 마찬가지로 직장에서 자원(펀드, 재료, 설비와 같은)을 충분히 제공하는 것이 창의성과 높은 상관이 있다(Amabile, Conti, Coon, Lazenby, & Herron, 1996).

창의성에 영향을 미치는 직무와 관련한 특수한 사례는 집단 수행에서 얼마나 많은 갈등이 있느냐 하는 것이다. 과제 응집력과 대인관계 응집력을 혼동하기가 쉽다. 대인관계 응집력은 높고 과제 응집력이 낮은 집단의 구성원들은 서로 좋아하지만 특별히 함께 일을 잘하는 것은 아니다. Craig와 Kelly(1999)는 과제 응집력과 대인관계 응집력이 모두 높은 집단이 가장 창의적인 집단 작업을 하는 것을 발견했다. Karwowski(2011; Karwowski & Lebuda, 2013)는 이상적인 창의적 분위기를 조성하기 위해서는 세 가지 기본적인 요인이 필요하다고 주장한다. 과제와 대인관계 응집력 이외에 역동적인 에너지, 그리고 세 번째는 전체 시스템의 안정성이다. 시스템의 안정성이란 무엇보다도 도전을 허락하는 충분한 융통성과 관련된다. 만일 당신이 폴란드어를 할 줄 안다면, 이 주제에 대하여 Karwowski(2009)가 쓴 책을 추천한다.

Kurtzberg와 Amabile(2000)은 과제에 대한 중간 정도의 갈등이 있을 때 더 창의적인 결과를 이끌어낸다고 제안한다. 그렇지만 그 이외의 개인적인 관계나 실제 함께 일하는 과정에서의 갈등이 있는 경우에는 창의적 수행 수준이 낮아진다(그리고 일반적으로 재미도 없다). 마찬가지로 De Dreu(2006)는 과제 갈등과 팀 혁신의 관계가 곡선으로 나타난다는 증거를 발견했다. 협력적인 문제 해결이 부정적인 갈등의 영향을 중재하는 데 도움이 되었다. Harvey(2013)는 다양성이 매우 큰 집단이 다양성이 적은 집단보다 더 많은 아이디어를 생성했지만, 최종 아이디어가 선택되었을 때에는 차이가 없었다.

비슷하게, 도전을 허락하는 집단 내에서의 공통된 생각을 뜻하는 '심리적 안전'이 중요한 한 요인으로 제안되었다(Edmondson, 1999). 심리적 안전을 증가시킬 수 있는 한 가지 방법은 리더가 팀 구성원들과 의논하고 정직하고 개방적으로 이야기하는 것이다(Roussin, 2008). 또 다른 방법은 직원들에게 이야기를 하고 불만을 표시할 수 있도록 하는 것이다(Detert & Burris, 2007). Ford와 Sullivan(2004)은 심리적 안전을 경험하는 것은 혁신적 헌신과 개인적인 만족감 모두에 도움이 된다고 주장한다.

어떤 사람들에게 직관적으로 창의성의 방해 요소로 보이는 정치적 정당성(political correctness)[1]이 왜 반대로 창의성에 도움이 되는지를 심리적 안전과 창의성의 관계로 설명할 수 있다. 한 연구는 아이디어를 내놓기 전에 정치적 정당성 규범을 확립하는 것이 어떤 영향을 미치는지를 살펴보았다. 그 집단이 동성으로 구성되어 있을 때(모두 남성이거나 모두 여성)에는 정치적 정당성이 창의성을 감소시키는 결과로 나타났다. 그러나 그 집단의 성별이 섞여있을 때에는 정치적 정당성 조건의 사람들이 더 창의적이었다(Goncalo, Chatman, Duguid, & Kennedy, 2015). 그 저자들은 정치적 정당성 규범이 여성과 남성 모두의 불안감을 감소시킬 수 있고 따라서 더 창의적인 모험을 할 수 있다고 한다.

또 다른 계열의 연구는 집단 구성 내에서의 인종차를 살펴보았다. McLeod, Lobel, Cox(1996)는 같은 인종 집단(모두 백인)과 다양한 인종 집단(흑인, 히스패닉계, 아시아계 미국인들을 포함)의 브레인스토밍을 비교했다. 이질 집단의 아이디어가 더 효과적이고 가능성이 있다고 평가 되었다. Milliken과 Martins(1996)도 또한 인종의 다양성이 집단 과제에서의 더 좋은 질의 아이디어와 연결되어 있는 것을 발견했다. Cady과 Valentine(1999)은 인종과 성별의 다양성이 브레인스토밍 과제에서 나온 아이디어의 질과 어떤 관련이 있는지 살펴보았다. 그들은 인종이 더 다양할수록 아이디어의 질이 더 높았지만, 성별 다양성은 아이디어의 낮은 질과 연관되어 있는 것을 발견했다.

Paletz, Peng, Erez, Maslach(2004)는 2명이 백인이고 1명이 소수 인종이거나, 2명이 소수 인종이고 1명이 백인으로, 각 3명의 이질 인종으로 구성되는 집단을 연구했다(대부분의 소수 인종 참여자들은 아시아계 미국인들이었다). 그들은 각 집단에게 애매한 이야기를 주고서 이야기의 끝 부분을 만들어보도록 하고 그것을 적절한 전문가들이 평가하도록 했다. 창의성 평가에서 그 집단의 주류 구성원(백인, 아시아계 혹은 다른 소수 인종)에 따른 유의미한 차이가 발견되지 않았다. 재미있는 것은 주류 구성원이 소수 인종인 집단이 과제를 더 많이 즐겼다고 보고했다. Chatman, Polzer, Barsade, Neale(1998)은 조직 문화가 개인주의적일 때보다 집단주의적일 때에 인구 통계적 다양성이 창의적 집단 작업에 가장 도움이 되는 것을 발견했다(이것은 균형 있게 잘 동화된 이중 언어를 하는 사람들의 창의성이 높은 결과와 일치한다). 다른 연구들도 또한 다양한 배경을 가진 구성원들로 이루어진 팀이 더 혁신적이고(Choi, 2007; Yap, Chai, & Lemaire, 2005), 다양한 문화적 경험을 가진 구성원들로 구성된 집단이 더 창의적인 것을 발견했다(Tadmor, Satterstrom, Jang, & Polzer, 2012).

리더도 직장환경을 조성하는 데 핵심적인 역할을 한다(Mumford, Scott, Gaddis, & Strange, 2002). 한 가지 방법은 훌륭한 리더가 창의적인 행동의 모델이 되어서 창의적인 것이 좋다는 생각을 강화하는 것이다

(Jaussi & Dionne, 2003). 사실, 높은 창의적 자기효능감을 가지고 있는 상사는 직원들이 더 창의성을 발휘할 수 있도록 격려하고, 결과적으로 직원들이 더 창의적으로 일한다(Huang, Krasikova, & Liu, 2016). 전문가들과 마찬가지로 리더들도 다른 사람이 가지고 있는 창의성을 알아본다(West et al., 2003). 그들은 Amabile과 Gryskiewicz(1989)가 기술하는 것과 비슷하게 분위기를 조성하도록 도움을 줄 수 있다(Amabile et al., 2004; Mumford & Hunter, 2005). 그밖에, 리더들은 충분한 시간을 주고 프로젝트와 관련한 정보를 제공하여 직원들이 충분한 자원에 접근하도록 할 수 있다(Reiter-Palmon & Illies, 2004; Mumford, Hunter, Eubanks, Bedell, & Murphy, 2007).

직원들의 높은 창의성과 강한 관련성이 있는 특별한 리더십 유형은 변혁적 리더십이다(Shin & Zhou, 2007). 변혁적 리더는 직원들이 창의성을 발휘할 수 있도록 동기화하고 그들의 창의성 개발을 위한 지원을 제공한다(Gong, Huang, & Farh, 2009). 변혁적 리더는 직장을 심리적 안전을 느낄 수 있는 장소로 만든다(Carmeli, Reiter-Palmon, & Ziv, 2010; Carmeli, Sheaffer, Binyamin, Reiter-Palmon, & Shimoni, 2014). 반대로 능력이 부족한 리더는 직원들이 일하면서 느끼는 의미를 약화시키고 결과적으로 조직의 창의성을 질식시킬 수 있다(Amabile & Kramer, 2012).

직접적인 물리적 환경

창의적인 환경은 흔히 비유적으로 생각해볼 수 있다. 직장환경을 간단하게 묘사하는 방식은 상사, 동료, 그리고 일반적인 사무실 분위기를 이야기하는 것이다. 그러나 창의적인 환경이라고 하면 당신을 둘러싸고 있는 직접적인 물리적 배경이 될 수도 있다(Dul, Ceylan, & Jaspers, 2011).

Steidle과 Werth(2013)는 밝은 불빛 대 어두운 불빛이 어떻게 사람들을 더 창의적으로 혹은 덜 창의적으로 만들 수 있는지에 대해서 연구했다. 그들은 사람들에게 밝거나 혹은 어두운 상황에 있을 때의 느낌을 묘사하도록 함으로써 밝은 혹은 어두운 개념을 떠올리도록 하는 일련의 연구를 수행했다. 정신적으로 어두움을 생각한 사람들은 정확하게 하기보다는 더 빠르게 하려고 했으며(다시 말해 더 모험을 하려는 경향이 있었다) 창의적인 아이디어를 더 많이 생각해냈다. 다음에, 그 저자들은 방안에서 불빛의 양을 물리적으로 조절하는 일련의 연구를 했다. 흐린 불빛 속의 사람들은 창의적인 과제는 더 잘했고 분석적 사고 과제는 더 못했다. Steidle과 Werth(2013)는 방이 더 어두워질 때 방 변화에 의한 시각적 메시지가 전달되고 사람들이 속박으로부터 해방감을 느낀다고 주장한다.

다른 한 연구는 관리자들에게 여러 종류의 사무실 사진을 보여주고 사진 속의 물리적 환경에 대한 창의적 잠재력을 평가하도록 부탁했다. 그들의 평가에는 조명이 밝고, 색깔이 차고(파랑, 초록, 혹은 보라), 너무 복잡하지 않은 환경이 창의적 잠재력을 자극한다는 믿음이 반영되어 있었다(Ceylan, Dual, & Aytac, 2008). Stone과 Irvine(1994)도 창문이 있는 것이 창의적 수행에 약한 정적 효과가 있는 것을 발견했다. 하지만 대학생들의 한 연구에서는 찬 색깔이 창의성과 부적 상관이 있는 것으로 나타났다(McCoy & Evans, 2002).

Ijzerman, Leung, Ong(2014)은 온도와 과제 유형 간의 상호작용을 조사했다. 그들의 연구는 상황적인 창의 인지 모델을 토대로 해서, 개념들 간의 관계를 확인하고 개념들을 연결하는 것을 강조하는 창의적 과제(그들은 관계적 창의성이라고 불렀다)와 카테고리의 제한을 받지 않고 현재 알려져 있는 것을 파괴할 수 있는 융통성을 요구하는 과제(그들은 참조적 창의성이라고 불렀다)를 제안했다. 그들은 물리적인 따뜻함은 관계적 창의성에 도움이 되고 차가움은 참조적 창의성에 도움이 될 것이라고 추정하고 온도와 같은 물리적 환경이 수행에 도움이 되거나 방해가 된다고 주장했다. 그들은 따뜻하거나 차갑게 온도를 조작하여(실제로 온도를 변화시키는 때도 있고 실험 참여자에게 따뜻하거나 차가운 물체를 안고 있도록 할 때도 있었다) 관계적 창의성 검사(그림 그리기, 친구에게 줄 선물 생각하기, 물건 분류하기 등)나 참조적 창의성 검사(은유를 인식하기 혹은 생산품 이름 생각하기)를 수행하도록 하는 네 가지 실험을 실시했다. 이론과 같이, 열은 관계적 창의성에서 더 좋은 수행을 나타냈고 차가움은 참조적 창의성 점수와 연관이 있었다. 나의 동료인 Jessica Hoffman은 많은 이런 연구들 속에 있는 매개 요인은 분위기라고 지적하지만, 찬 것 혹은 따뜻한 것 중에서 어떤 라테 커피를 주문할 것인지 결정하기 전에 한 번 더 생각해보아야 할 것이다.

식물과 단어 연합(유창성 및 원격연합과 관련된) 관계를 특별히 조사한 두 가지 연구가 있다. 남자들은 식물이 있을 때 눈에 띄게 잘했지만 여자들은 차이가 없었다(Shibata & Suzuki, 2002). 그렇지만 후속연구에서는 여자들이 잡지꽂이가 있거나 아무것도 없을 때보다 식물이 있을 때 더 잘 수행한 반면에 남자들에게서는 차이가 없었다(Shibata & Suzuki, 2004). 나는 이런 다소 갈등적인 연구 결과를 어떻게 해석해야 할지 모르겠다. 단지 내가 좋아하는 영화 House of Games에 나오는 "어떤 사람은 이렇게 말하고… 또 어떤 사람들은 저렇게 말하고"(Mamet, 1987)라는 말이 기억날 뿐이다. 또 다른 한 연구는 채식주의자들이 더 창의적이라고 하거나, 혹은 과일과 채소를 먹는 사람들은 더 창의적으로 느끼는 것으로 보고한다고 한다(Conner, Brookie, Richardson, & Polak, 2015).

완전히 식물 속에 잠기는 야외생활을 하는 것도 더 큰 영향을 미칠 수 있다. Atchley, Strayer, Atchley(2012)는 4일 동안 기계문명생활을 접어두고 자연 속에서 야외생활을 하는 집단을 조사했다. 그들은 그 집단을 둘로 나누어 한 집단에는 야생 체험을 하기 전에 그리고 한 집단에게는 야생 체험이 끝난 후에 원격연합검사(RAT)를 실시했다. 숲에서 시간을 보낸 후에 검사를 한 집단이 훨씬 높은 점수를 받았다. 원격연합검사는 기억하겠지만 지적 능력과 혼동될 수 있고, 그 연구의 표본 크기도 작다(각 집단에 26명씩). 그러나 그것은 흥미로운 연구다.

Oppezzo와 Schwartz(2014)는 자연 속에서 산책하는 효과를 살펴보았다. 네 가지 (작은) 실험에서 그들은 야외에서 산책하는 것이 창의성을 증가시키는 것을 발견했다(그냥 야외에 나와 있거나 실내에서 걷는 것 이상으로). 열쇠는 자연이 아니라 걷기인 것 같다. Colzato, Szapora, Pannekoek, Hommel(2013)은 격렬한 운동이 선수들의 확산적 사고를 약간 증가시키는 것을 발견했다(그러나 선수가 아닌 사람들에게는 훨씬 나빴다). 다른 한 역행적 연구는 유아기에 조직적인 운동에 참여하는 것(어린이 리그와 같은)이 확산적 사고 점수와 부적 상관이 있고, 비구조적인 스포츠(친구와 공놀이 하기와 같은)와 정적 상관이 있는 것을 발견했다(Bowers, Green, Hemme, & Chalip, 2014).

A. Leung 등(2012)은 '상자 밖으로 사고하기' 그리고 이와 비슷한 은유법을 사용하여 실험 참여자들에게 은유를 신체적으로 표현하도록 하는 일련의 실험을 했다. 그들의 어떤 연구에서는 '한 손 위에서' 그리고 '다른 손 위에서'를 표현하기 위해 두 손을 사용하도록 했고, 다른 연구에서는 상자의 안과 밖에 있는 문제를 실제로 해결하도록 했다. A. Leung 등(2012)은 참여자들이 창의성 글을 체화(embodied)할 때 인지적 융통성을

더 잘 나타내고 더 창의적인 것을 발견했다.

한편 Vohs, Redden, Rahinel(2013)은 가까운 주변환경이 정돈되어 있는가 혹은 정돈되어 있지 않은가에 관련한 일련의 연구를 수행했다. 깔끔함은 건강에 좋은 음식 선택과 자선을 베푸는 것과 같은 변인들과 정적 상관이 있었지만, 주위가 정돈되지 않은 사람들이 더 창의적이었다. 그 논문에 대한 날카로운 비판들이 있지만 그중에서도 가장 큰 이슈는 지저분함의 정도 그리고 붐박스가 있거나 책들이 어지럽게 널려 있는 것과 같이, '정돈'과 '지저분함' 간에 많은 잠재적 혼란 변수들이 있다는 것이다(Zwaan, 2013).

이런 종류의 많은 최근 연구들은 언론매체를 통해 많이 알려져 있으며 배경 색깔과 창의성에 대한 연구도 그것들 중 하나다. R. Mehta와 Zhu(2009)는 빨간색은 세밀한 과제의 수행도를 높이고 파란색은 창의성의 향상과 연관이 있는 것을 발견했다. 그러나 Lichtenfeld, Elliot, Maier, Pekrun(2012)은 초록색이 창의성을 향상시킨다는 증거를 발견했다.

이런 연구들 뒤에 있는 연구자들을 폄하하지 않고 언론매체가 그런 연구를 반기는 데 한 가지 이유가 있다. 그들은 창의성은 쉬운 것이라고 생각하게끔 한다("산보를 하고 벽지가 초록색인 공간의 지저분한 책상에 앉아 있기만 하면 된다!"). 하지만 노력이 없는 창의성은 몽상이다(Cropley, 2006; J. C. Kaufman, 2015). 창의성은 힘든 일이다. 내가 이런 모든 연구를 비판하고 있는 것으로 들릴지 모르지만 그것은 내 목표가 아니다. 꽤 훌륭하고 중요한 연구들도 많다. 하지만 나는 그런 반복된 연구들을 보고 싶다. 파일 서랍에는 얼마나 많은 연구들이 남아 있을까? 나는 누군가 다음과 같은 검사들을 수행하는 것을 상상할 수 있다. 초콜릿이 창의성을 향상시키는가? 아니다. 딸기는 창의성을 향상시키는가? 아니다. 계피는 창의성을 향상시키는가? 아! 하지만, 농담은 접어두고, 이 연구들 중에서 지속적으로 반복되고 이론으로 통합되고 실제로 적용된다면, 그것은 매우 의미 있는 연구가 될 것이다. 하지만 그때까지는 어떤 만병통치약이라고 해도 나는 안 믿는다.

환경에는 시각적 배경뿐만 아니라 청각적 배경까지 포함될 수 있다. Hillier, Alexander, Beversdorf(2006)는 청각적 스트레스원(작은 양의 백색 소음)이 인지적 융통성에 미치는 영향을 연구했다. 그들이 발견한 것은 기본적인 인지적 기능(언어성 과제와 도형 과제로 측정된)은 영향을 받지 않았지만, 원격연합검사(창의성을 어느 정도 측정하는) 점수는 영향을 받았다. 지적 수행에 영향을 미치지 않은 백색 소음 수준이 사람을 더 느리게 만들고 창의성 관련 과제 수행을 방해했다. R. Mehta, Zhu, Cheema(2012)는 고, 중, 저의 주변 소음을 조사했다. 당연히 높은 수준의 주변 소음(시끄러운 교통 소음)은 창의적 수행을 감소시켰다. 하지만 중간 수준의 소음(차량 한 대가 지나가는 소리)는 낮은 수준(보통 대화하는 소리)에 비해서 더 높은 창의성과 상관이 있었다. 사람들은 또한 중간 정도의 주변 소음이 있을 때 창의적인 물건을 사는 것을 더 좋아하는 경향이 있었다. 가끔은 사람들의 소음을 처리하는 방식이 인지와 상호작용을 나타낸다. 학부 학생에 대한 한 연구는 더 넓은 주의가 더 창의적인 시를 짓는 것과 상관이 있지만, 주의를 분산시키는 큰 소음은 더 넓은 주의를 가지고 있는 학생들의 창의적 수행을 방해했다(Kasof, 1997).

물리적 환경은 신체가 환경과 어떻게 잘 대응하는가 하는 것까지 확장될 수 있다. 한 연구에서, Abe(2010)는 플라스틱 접시를 가지고 '특이한 사용법 검사'의 실제적인 검사를 만들었다. 그는 두 가지 크기의 접시를 사용해서 사람 손의 크기와 그 손이 만지고 있는 물체의 크기가 더 잘 맞을 때 더 창의적인 것을 발견했다. 한편, (어둠 속에서) 부유 탱크[2] 속에서 휴식하는 것이 창의성을 높일 수 있다는 두 연구가 있다(Forgays & Forgays, 1992; Suedfeld, Metcalfe, & Bluck, 1987). Vartanian과 Suedfeld(2011)는 4주 동안 부유 탱크 속에 있었던 학생들이 재즈 연주에서 기술적인 능력이 향상된 것을 발견했다. Norlander, Bergman, Archer(1998)는 부유 탱크가 독창성은 향상시켰지만 창의적인 문제 해결에는 부정적 효과가 나타나는 것을 발견했다.

창의성을 자극하기 위한 지시와 기타 방법

창의적으로 하라는 지시를 주면 특히 확산적 사고나 창의성 과제의 수행을 향상시킬 수 있다(Harrington, 1975). Katz와 Poag(1979)는 창의적으로 하라고 말해주는 것이 남자 대학생들의 유창성 점수를 향상시켰지만, 여자 대학생들에게는 영향이 없는 것을 발견했다. 그들의 한 가지 설명은 그 과제가 언어성 과제였기 때문이라고 한다. 즉 일반적으로 도형과 공간 과제를 더 잘하는 남자들에게는 언어성 과제에 대한 격려가 필요했을 수 있다는 것이다. 또 다른 가능성은 J. Baer(1997, 1998)의 연구와 일치하는 것으로, 여자 참여자들은 그 지시에 내포되어 있는 평가에 대한 생각을 많이 한다. 따라서 지시가 남자와 여자 모두의 창의성을 향상시켰을 수 있지만, 평가에 대한 생각이 여학생들의 창의성을 감소시키고 따라서 원래 언어성 과제를 더 잘하는데도 불구하고 지시의 효과가 나타나지 않게 된다.

차후 연구들은 지시의 구체성이 창의성에 어떻게 영향을 미칠 수 있는지 탐색했다. 한 연구는 사람들에게 창의적, 실용적, 혹은 분석적으로 생각하라는 지시가 그 영역에서의 수행을 높이는 것을 발견했다(9장에서 논의한 Sternberg의 중재와 비슷하다). 지시와 어떤 사람이 선호하는 사고 유형과 일치할 때 특히 큰 향상을 보였다. 따라서 원래 창의적인 사고 유형을 가지고 있는 사람이 창의적으로 하라는 말을 들을 때 창의성이 가장 많이 증가하는 것으로 나타났다(O'Hara & Sternberg, 2001). 창의적으로 하라고 간단하게 말해주는 효과가 여러 문화(미국과 중국)와 영역(언어, 예술, 수학)에 걸쳐서 나타났다(Chen et al., 2005). Runco, Illies와 Reiter-Palmon(2005)은 구체적으로 창의적으로 하라고 말하는 것(예 : "다른 사람들이 생각하지 않는 방식으로 생각해보라")이 그냥 일반적인 방식으로 창의적으로 하라고 말하는 것보다 확산적 사고 점수의 향상에 더 효과가 있는 것을 발견했다. Runco, Illies, Reiter-Palmon(2005)은 지시(독창성, 적절성, 독창성과 적절성 모두, 혹은 지시 없음)와 확산적 사고 과제 유형(현실적 혹은 비현실적) 간의 상호작용을 발견했다. 적절성을 강조하는 지시를 받은 현실적 과제에서는 더 적절한 아이디어들이 나왔고, 독창성을 강조하는 지시를 받은 비현실적 과제에서는 더 독창적인 아이디어들이 나왔다.

Nusbaum, Silvia와 Beaty(2014)는 "많은 아이디어를 내라"는 지시(많은 다른 아이디어를 생각하기)와 "창의적으로 생각하라"는 두 가지 유형의 지시를 주었다. 유창성을 강조하는 지시를 받은 사람들은 창의성을 강조하는 지시를 받은 집단보다 더 많은 반응을 했고, 창의성을 강조한 집단은 더 창의적인 반응을 했다. 그들은 또한 유동성 지능을 검사하고, 유창성 조건에서는 약한 상관이 있고 창의성 조건에서는 강한 상관이 있는 것을 발견했다. Nusbaum 등(2014)은 이 연구 결과가 확산적 사고의 기저에 있는 메커니즘과 관련이 있으며 특히 우리가 창의적으로 생각할 때는 하향식(top-down) 접근을 사용한다고 한다. 다시 말해 우리는 우리의 창의성을 어느 정도 통제할 수 있으며 어떤 방식으로 창의적일 것인지에 대해 서도 어느 정도 통제할 수 있다. 우리는 어떻게 창의적일 수 있는지에 대 하여 우리가 생각하는 것보다 더 잘 조절할 수 있는 것 같다. 이것에 대해 서는 11장에서 더 자세하게 논의할 것이다.

창의성을 향상시키는 또 하나의 방법은 향수를 느끼게 하는 것이다. 향 수를 느낄 수 있도록 자극을 받은 집단은 통제집단보다 더 창의적이었다 (Ye, Ngan, & Hui, 2013). 여기에서 향수를 느끼는 상태와 향수를 느끼는 특성을 구별하는 것이 중요하며 그 열쇠는 순간적으로 향수를 느끼게 만 드는 것이다. 향수를 느끼는 특성을 가진 사람들에게는 특별히 유리하거 나 불리한 점이 없었다. 왜 향수를 느끼는 상태가 창의성을 증가시킬까? 한 후속연구는 경험에 대한 개방성이 연결고리가 되는 조정자라는 것을 발견했다(van Tilburg, Sedikides, & Wildschut, 2015). 5장에서, 개방성이 창의성과 높은 상관이 있고 개방성의 한 성분이 자기성찰(introspection) 이라고 한 것을 기억할 수 있을 것이다(Connelly, Ones, Davies, & Birkland, 2014).

사람들의 창의성을 변화시킬 수 있는 어떤 다른 방법이 있을까? 분명히 어떤 도구들은 창의성을 향상시키는 데 도움이 될 수 있다. 비디오 게임 이 어떻게 창의성 개발을 위한 교육적 목적으로 사용할 수 있는가에 대한 많은 연구들이 발표되고 있다(Fabricatore & López, 2013; Shute, Ventura, & Kim, 2013). 만일 비디오 게임(혹은 스마트폰 앱과 같은 다른 종류의 테 크놀로지)이 사람들로 하여금 창의성에 도움이 되는 방식으로 행동하도 록 할 수 있다면(새로운 경험에 개방적이거나 과정을 관찰하는 데 도움이 되도록), 이런 종류의 연구들은 창의성 분야에 흥미진진한 발전을 가져다 줄 수 있을 것이다.

마지막으로, 빠뜨릴 수 없는 방법이 처방약을 사용하여 창의성을 증가시키는 것이다. 어떤 유망한 신경과학 연구에 의하면 프로프라놀롤[3]과 같은 베타 차단제를 복용하면 안드로겐이나 도파민 효능제 혹은 말초신경계 베타 차단제(나돌롤)와 같은 다른 약들보다 창의성과 인지적 융통성을 향상시킨다고 한다(Beversdorf, Hughes, Steinburg, Lewis, & Heilman, 1999; Beversdorf, White, Chever, Hughes, & Bornstein, 2002; S. Smyth & Beversdorf, 2007). 하지만 원격연합검사에서는 프로프라놀롤이 위약보다 수행 수준을 더 높이지 못했다. Campbell, Tivarus, Hillier, Beversdorf(2008)는 프로프라놀롤을 복용한 후에 검사를 받은 사람들이 더 어려운 문항에서 더 높은 인지적 융통성을 나타내는 것을 발견했다. 옥시토신[4] 또한 인지적 융통성과 높은 상관이 있고 창의성과 약한 상관이 있는 것으로 나타났다(De Dreu, Baas, & Boot, 2015).

최근에 Polner, Nagy, Takáts, Kéri(2015)는 도파인 약물 치료를 받고 있는 파킨슨병 환자들을 대상으로 매우 흥미로운 연구를 했다. 그들은 도파민 효능제 단일요법을 받고 있는 환자들과 통제집단을 비교했다. 두 집단은 모두 처치를 받기 전에 검사를 받았다. 그 약의 부작용은 충동성과 특이한 경험이 모두 증가하는 것으로, 가벼운 환각, 지각 왜곡, 혹은 미신적인 믿음으로 나타날 수 있다. 처치를 받은 12주 후에 그 환자들은 통제집단보다 더 높은 수준의 정신분열형을 나타냈으며 확산적 사고 점수도 더 높았다. 이 연구는 파킨슨병 환자들의 예술적 그리고 언어 창의성이 높아졌다고 하는 많은 보고서들을 이해할 수 있는 근거를 제공한다(예 : Canesi, Rusconi Isaias, & Pezzoli, 2012).

애더럴 그리고 리탈린과 같은 주의력결핍과잉행동장애(ADHD) 약들이 인지 능력에 긍정적 영향을 미친다고 한다(White, Becker-Blease, &

Grace-Bishop, 2006). 한 연구는 ADHD 소년들을 그들이 약(이 사례에서 는 리탈린)을 복용하지 않고 있는 동안에 살펴보았다. 그들은 통제집단 보다 창의성이 조금 떨어졌지만, 리탈린을 다시 복용하자 그 차이가 사라 졌다. 애더럴은 창의성과 흥미 있는 관계를 가지고 있다(Farah, Haimm, Sankoorikal, & Chatterjee, 2008). 원래 창의성이 낮은 사람들은 약을 복 용하는 동안 원격연합검사에서 점수가 더 높아진 반면에, 원래 창의성이 높은 사람들의 점수는 더 낮아졌다. 또 다른 약품인 모다피닐은 인지 능 력을 향상시키는 것으로 나타났으며, 창의성에도 효과가 있는 것으로 나 타났지만 유의미한 수준은 아니었다(Muller et al., 2013). 따라서 통계를 싫어하는 또 하나의 이유가 추가되는 결과다.

우리는 카페인(Childs & de Wit, 2008)과 리탈린(M. Mehta et al., 2000) 과 같은 약이 일반적 각성과 인지를 상승시킨다는 것을 이미 알고 있으 며, 프로프라놀롤은 시험 불안을 약화시키고 SAT 점수를 높이기 위해 사 용되어 왔다(Faigel, 1991). 합법적으로 사용되는 약들도 많지만 수행을 향 상시키기 위한 목적으로 많은 약들이 남용되고 있다. 인지 능력을 향상시 키는 약 중에는 창의성에 부정적 영향을 미치는 약도 있지만(Mohamed, 2014), 창의성을 위한 긍정적 효과를 가지고 있는 약도 분명히 있다. 현 재, 선수들의 스테로이드 남용을 비난하는 글을 쓰고 있는 사람들이 언젠 가는 그들 자신의 창의성을 높이기 위해 많은 약을 복용하지 않을까?

그러나 기분 전환 약제와 알코올 사용은 완전히 다른 주제이기 때문에 11장에서 자세하게 다루기로 한다.

문화적 환경

환경은 당신이 살고 있는 문화만큼 넓을 수 있다. 국가나 문화를 비교하는 여러 가지 방법이 있다. 예를 들어 Karwowski와 Lebuda(2013)는 재정 자원과 기후(이상적인 온도)가 국가 수준의 창의적 생산을 예측할 수 있는지 조사했다. 문화는 많은 것을 의미할 수 있다. 여기에서 논의하는 문화는 대부분 '빅 C' 수준의 문화이며 국가의 중심적인 아이디어, 기반, 원리를 의미한다(예 : Hennessey, 2015a). 그러나 Vlad Glăveanu가 강조하듯이 문화는 우리가 항상 상호작용하는 일상의 대상과 사람들을 의미할 수도 있다. 문화에는 여러 가지 의미가 있으며, 여기에서는 소위 말하는 빅 C 문화라고 부를 있는 문화에 더 초점을 맞추겠지만, 넓은 의미의 문화는 모두 중요하다.

가장 많이 연구된 문화적 차이는 동서양의 차이일 것이다. 가장 일반적인 접근(가장 좋은 접근은 아닐지라도)은 9장에서 이미 논의했듯이 간단하게 창의성 점수를 가지고 동양문화와 서양문화의 차이를 비교하는 것이다. 대부분의 연구에서 창의적 산출물과 자신의 창의성 평가는 물론 확산적 사고 검사에서도 서양문화가 동양문화보다 우수한 것으로 나타났다.

왜 이런 경향이 나타나는가? 이런 비교를 위해 사용된 검사들이 거의 대부분 서양에서 만들어졌다는 것이 부분적이 이유가 될 수 있다. 그러나 동양문화에서의 창의성에 대한 정의가 다를 수 있다. 중국에서 초기에는 '창의성(creativity)'을 번역할 수 있는 일치하는 중죽어가 없었기 때문에 서양의 관점을 그대로 받아들였다(Lan & Kaufman, 2012). 중국과 그외 국가들이 창의성에 대한 그들의 정의와 이론을 개발하면서, 일반적으로 높은 도덕 기준과 명예의 의미가 더해지게 되었다(Niu, 2012). 서양문화는 신기성과 개인주의에 대한 요구가 강하지만, 동양문화는 자신의 환경 내에서 협동하고 변해가는 환경에 적응하는 것을 더 중요하게 생각할 수 있다(Niu & Kaufman, 2013). 어떤 사람들은 동양문화는 창의성을 목적을 위한 수단으로 보며 창의성의 성분 중에서 적절성을 강조한다고 주장한다(K. Leung & Morris, 2011). 또 어떤 사람들은 미국 문화와는 반대로 중국 문화에서는 창의성을 덜 중요하게 생각할 뿐이라고 한다(Niu & Sternberg, 2001).

Li(1997)는 창의성에 대한 수평적 전통과 수직적 전통을 제안했다. 서양문화가 선호하는 수평적 전통은 기존의 구조를 바꾸고 수정하는 경향이 있다. 끊임없이 미술 형태의 한계에 도전한 피카소와 같은 화가를 생각해보라. 하지만 수직적 전통에서는 작품의 성격이 훨씬 더 제한적이고 과거 작품과 일관적이다. 그러므로 Li(1997)는 한 작품의 가치는 주로 그 예술가가 대상을 얼마나 잘 포착할 수 있는지에 달려있다고 주장한다. 마찬가지로 Averill, Chon, Hahn(2001)은 동서양 모두가 창의적인 작품의 효과성을 중요하게 생각하지만, 서양은 동양보다 작품의 신기성에 더 가치를 둔다고 한다. 동양문화에서 훨씬 더 큰 가치를 두는 것은 창조자의 개인적인 가치관과 신념을 제대로 표현하는 것이다.

왜 동양과 서양 간에 이런 차이가 일어날까? 상호 의존성(집단주의) 대 독립성(개인주의) 이론에서 한 가지 답을 찾을 수 있다. 이 이론은 북미인과 서유럽인은 자신을 독립적으로 본다고 주장한다. 이에 따라서 그들의 동기와 목표도 결정된다. 반대로 아시아 문화는 상호 의존성과 집단 책임감이 더 높다. 아시아 문화는 집단 융화와 같은 변인들에 의해 동기화된다(Markus & Kitayama, 1991). 사실, 동양의 창의성에 대한 개념에는 흔히 윤리와 도덕성이 포함된다(Lau, Hui, & Ng, 2004).

Ng(2001; 또한 Ng & Smith, 2004 참조)은 창의성에 대한 동서양의 차이가 생기는 이유를 설명했다. 집단 응집성을 중요하게 생각하고 '착한(nice)'(Ng은 착하다는 말에 특별히 긍정적인 의미를 부여하지 않는다)

사람은 덜 창의적이고, 창의적인 사람은 덜 '착한' 사람이다. Goncalo와 Staw(2006)는 개인주의적이거나 집단주의적인 자극을 준 결과 개인주의 집단이 집단주의 집단보다 더 많은 아이디어와 더 창의적인 아이디어를 내놓는 것을 발견했다. 하지만 Bechtoldt, Choi, Nijstad(2012)는 개인주의 −집단주의가 드러날 수 있는 방법에는 여러 가지가 있다고 주장했다. 사람들은 자신을 집단주의자(나는 다른 사람들과 같다!)로 생각하거나 개인주의자(나는 특별한 눈송이야!)로 생각할 수 있으며, 그것을 자기구성 개념(self-construal)이라고 부른다. 그런데 자기구성 개념과 가치관이 일치하지 않을 수 있다. 즉 어떤 사람이 다른 사람들과 같다고 생각하지만 독특한 사람이 되고 싶어 할 수 있다. Bechtoldt 등은 사람들에게 자기구성 개념과 가치관을 독립적으로 자극했다. 그들은 집단주의 가치를 자극받은 집단이 개인주의 가치를 자극받은 집단보다 더 많은 아이디어를 산출했지만, 가장 독창적인 아이디어는 집단주의 가치를 자극받았지만 개인주의적인 자기구성 개념을 가지고 있는 집단에서 나왔다(예 : "나는 나야. 하지만 함께 일하는 것이 좋아").

다른 연구들은 더 자연적인 상황 속에서 그 문제를 연구했다. Walton과 Kemmelmeier(2012)는 시나리오를 사용해서 개인주의 대 집단주의 조직 지향성이 어떻게 창의성에 영향을 미치는지 조사한 결과 성별과 지각된 위협의 존재 간에 상호작용이 있는 것을 발견했다. 위협이 없는 상황에서 남성은 개인주의 조직에서 더 창의적이고 여성은 집단주의 조직에서 더 창의적이었다. 하지만 인지된 위협이 있을 때는 남성과 여성 모두가 가상적인 집단주의 조직에서 더 창의적이었다. 다른 연구들은 개인주의 혹은 집단주의 문화에서 살고 있는 사람들을 조사했다. Rinne, Steel, Fairweather(2013)는 국가 창의성 지표와 개인주의가 연결되어 있는 것을 발견했다. G. Saad, Cleveland, Ho(2015)는 개인주의 문화 혹은 집단주의 문화에 살고 있는 사람들을 연구한 결과, 개인주의적인 사람들이 더 많은 아이디어를 생성했지만, 집단주의자들의 반응의 질이 더 높은 것을 발견했다.

창의성의 동양적 관점은 서양적 관점보다 '지위(status)'와 더 많은 관련성을 가지고 있는 것 같다. 중국인들은 창의성을 영향력이 있고 중요한 지위에 있는 사람들과 더 많이 연결하며(Yue, 2004), 또한 창의성을 기업과 정치와 관련시키는 경향이 있다(Rudowicz & Hui, 1998). 체면을 중요하게 생각하는 것이 동양인의 창의성이 더 낮은 한 요인이 될 수 있다. 체면 논리의 믿음이 3개 문화권에서 더 낮은 창의성과 관련이 있었으며, 사람들의 사회적 이미지가 상승할 때 창의성의 차이가 감소했다(Miron-Spektor, Paletz, & Lin, 2015).

중국인들은 미니 c와 프로 c 수준 모두에서 자신들이 서양인들보다 덜 창의적이라는 고정관념을 지지하는 것으로 나타났다(Wang & Greenwood, 2013). 흥미 있게도 이런 차이가 없다는 증거가 나타났을 때조차 그들은 그 신념을 버리지 않을 것이다(Wong & Niu, 2013). 사실, 이 고정관념은 중국 정부가 국가 교육 계획에서 창의성을 최우선에 두었는데도 계속 지속된다(Pang & Plucker, 2012). 대한민국에서도 비슷한 국가적 노력이 실시되고 있다(Choe, 2006).

Yuan과 Zhou(2015)는 지위와 집단주의 문제들을 통합하는 이론을 제안한다. 그들은 지위와 권력이 불평등하게 분산되어 있는 정도를 말하는 권력간격(power distnace)을 강조한다(Hofstede, 2001). 동양문화에는 서양문화보다 더 큰 권력간격이 있는 경향이 있다. Yuan과 Zhou는 권력간격이 더 커지면 그 집단은 아이디어를 공유할 확률은 더 낮아지고 소수의 높은 지위에 있는 사람들에 의해 지배될 확률이 더 높아지게 된다고 주장한다. 나아가, 불일치하는 의견을 조율하지 않고 일치된 의견으로 결론 날 수 있으며, 이것은 자연스럽게 발생하는 갈등을 해소하는 문제 해결 방식이 적용되지 않는다는 것을 의미한다. Yuan과 Zhou가 제안하는 잠재적인 개입은 리더가 창의적 행동의 모델이 되고 논쟁을 허락하는 전략을 사용하는 것이다.

또 다른 가능성은 그 차이가 부풀려진 것이라는 점이다. Plucker, Runco와 Lim(2006)은 한국 학생과 미국 학생 간에 창의적 잠재력에서 차이가 없는 것을 발견했으며, Lim과 Plucker(2001)도 한국인과 미국인이 창의성의 성격에 대한 비슷한 개념을 가지고 있는 것을 발견했다. 동서양 문화의 창의성 관점이 어떻게 다른지에 대한 많은 연구들은 암묵적 믿음을 살펴본다(이것에 대해서는 11장에서 상세하게 다룬다). Lim, Plucker, Im(2002)은 한국인과 미국인의 지능에 대한 관점을 비교하는 연구를 했다. 사람들에게 여러 행동이 얼마만큼 지능과 관련되는지 점수를 주도록 하는 전통적인 방식을 사용하여 지능의 관점을 측정했을 때, 한국인들은 지능의 핵심 성분으로 사회적 융합에 가장 높은 가치를 부여했다. 하지만 여러 행동 특성을 나타내는 가공인물의 프로파일에 대한 점수를 주도록 했을 때는, 한국인과 미국인의 믿음이 수렴되기 시작했다. 이 질문들이 어떻게 평가되느냐 하는 미묘한 차이에 따라 결과가 크게 달라진다는 것을 알 수 있다.

Sundararajan과 Raina(2014)는 창의성의 비교문화 연구는 창의성에 미치는 사회적 영향을 과추정한다고 주장하면서 창의성은 개인 수준에서의 선택이라고 했다. 만일 두 가지 문화를 연구한다면 차이를 발견해야 (출판이 가능한) 이야깃거리가 된다는 점은 절대 무시할 수 없는 중요한 문제다. 모든 사람이 같다는 결과는 행복하고 빛나는 발견일 수 있지만, 좋은 학술지에 발표되기는 훨씬 더 어렵다. 그것이 과학적 연구의 현실이다.

창의성의 문화적 차이에 대한 또 다른 주목할 점은 다른 문화에 대한 기본적인 지식을 가지면 창의성을 높일 수 있다는 것이다. A. Leung, Maddux, Galinsky, Chiu(2008)는 다른 문화(중국)에 대한 정보를 제공받은 학생들은 그런 정보에 노출되지 않은 학생들보다 또 다른 문화(터키)를 배경으로 한 더 창의적인 이야기를 쓰는 것을 발견했다. A. Leung과 Chiu(2010)는 해외여행을 하지 않은 백인 학생들을 연구했다. 그들은 A. Leung 등(2008)의 연구 방법에 두 가지 새로운 조건을 더했다. 하나는 학생들에게 중국과 미국 문화 모두에 노출되도록 하는 조건이고 다른 하나는 두 가지가 혼합된 한 문화에 노출되도록 하는 조건이다. 이 두 가지 새로 첨가된 집단들도 통제집단이나 미국 문화에만 노출된 집단보다 더 높은 수행을 보였다. 사실 이 향상된 창의성은 일주일 후에도 지속되었다. de Bloom, Ritter, Kühnel, Reinders, Geurts(2014)는 짧고 재미있는 여행의 잠재적인 유익한 효과를 살펴보았으며 그들은 여행 후에 사람들의 인지적 융통성(독창성에서는 차이가 없었다)이 증가한 것을 발견했다.

다른 연구들은 실제 다문화 경험을 조사했다. 다른 나라에 노출되면 아이디어 감수성(경험에 대한 개방성과 관련된다)과 아이디어 생성이 증가했다(A. Leung & Chiu, 2010). 다른 한 연구에서는 경험에 대한 개방성이 높은 사람의 다문화 노출은 창의성과 정적 상관이 있었지만, 개방성이 낮은 사람에게는 부적 상관이 있는 것으로 나타났다. 특별하게 폐쇄적인 사람이 해외를 여행한다면 실제로 창의성이 감소할 수도 있다.

Maddux와 Galinsky(2009)는 단순히 다른 나라를 여행하는 것이 아니라 다른 나라에 사는 것에 대하여 다섯 가지 실험을 수행했다. 그들은 해외에 거주한 기간과 개인의 창의성 간에 상관이 있는 것을 발견했으며, 해외에 살았던 사람들에게 그 경험을 생각하도록 하는 것만으로도 창의성이 향상되는 것을 발견했다(또한 Lee, Therriault, & Linderholm, 2012 참조). 사람들이 다른 문화에 적응하는 정도도 또한 창의성과 관련이 있었다. 그밖에 Maddux, Adam, Galinsky(2010)는 외국 문화 속에서 살면서 창의성을 키울 수 있는 다문화 교육의 중요성을 강조했다.

개인적으로 유익한 점을 넘어서, Godart, Maddux, Shipilov, Galinsky(2015)는 경영자들이 외국에서 일한 경험과 회사 전반의 혁신과의 관계에 대하여 연구했다. 그들은 폭(얼마나 많은 다른 문화에서 일했는가), 깊이(다른 문화에서 일한 시간), 그리고 문화적 거리(자신의 문화와 얼마나 많은 차이가 있는 문화에서 일했는가)를 분석했다. 깊이가 조직 창의성과 가장 상관이 높았고 항상 정적인 예측치였다. 폭과 문화적 거리는 깊이가 낮을 때 중요한 요인들이었으며, 극히 높은 수준에서는 창의성과 부적 상관이 있었다.

Hempel과 Sue-Chan(2010)은 국외 거주자들이 비교문화 창의성을 연구하기 위한 중요한 대상이라고 했다. 사람들이 새로운 나라에 동화할 때 현지 수용 국가는 그 사람들을 덜 새롭지만 더 유용하다고 볼 것이라고 그들은 주장한다. 반대로 그들의 모국은 이제 그들을 덜 유용하지만 더 새롭다고 볼 것이다. 마찬가지로, Tadmor, Galinsky, Maddux(2012)는 '이중문화인들(biculturals)' — 해외에 살면서 모국과 수용국 모두에 대해 동일시할 수 있는 사람(완전히 동화되거나 완전히 분리되는 사람과 반대로) — 을 연구했다. 그런 이중문화인들은 확산적 사고 과제에서 더 창의적일 뿐만 아니라 직무에서도 더 창의적이었다(그리고 승진도 더 빨랐다). C. S. Saad, Damian, Benet-Martínez, Moons, Robins(2013)는 문화적 정체감이 혼합된 정도에 따른 이중문화인들을 비교했다. 더 많이 혼합된 이중문화인들이 이중문화적인 상황 내에서 더 높은 영역 일반적인 창의성을 나타냈으며 단독 문화 속에서는 차이가 없었다.

다른 문화들에 대한 이 모든 논의도 중요하지만, 우리 문화 속에서의 상호작용도 또한 중요하다. 더 큰 기본적인 사회적 네트워크 — 실생활 속에서 실제로 알고 지내는 친구들과 같은 — 를 가지고 있는 사람들이 더 창의적인 것으로 나타났다. 불행하게도 페이스북과 같은 더 크고 폭넓은 사회적 네트워크를 가지는 것은 창의성과 관계가 없었다(Kéri, 2011).

다음 장 연결하기

환경은 여러 가지 방식으로 창의성에 영향을 미친다. 아마도 환경은 사람들에게 더 창의적이도록 혹은 인지적으로 더 융통성 있도록 혹은 경험에 더 개방적이도록 허락함으로써 도움이 될 수 있다. 또 다른 방식은 어떤 환경이든 창의성에 대한 우리의 지각(우리 자신의 창의성, 다른 사람의 창의성, 혹은 일반 주제로서의 창의성에 대한 우리의 지각)을 조성하는 것이다. 우리가 자신이 창의적이라고 생각하지 않았더라도 좋은 교사나 상사는 우리가 창의적이라고 생각하도록 만들 수 있다. 다음 장에서는 창의적 지각에 대해 깊이 살펴볼 것이다. 우리는 우리 자신의 창의성에 대해 어떻게 지각하는가? 우리는 창의적인 사람에 대해 어떻게 생각하는가? 자신의 창의성에 대한 자기평가는 도대체 얼마나 믿을 수 있는가?

역자주

1. 정치적 정당성. 차별적인 언어 사용이나 행동을 피하는 원칙
2. 몸을 물 위에 떠 있게 해서 스트레스를 해소하는 데 도움을 주는 소금물 탱크
3. 베타 차단제 계열의 고혈압, 협심증, 부정맥 치료제
4. 뇌하수체 후엽(後葉) 호르몬의 일종으로 분만 시의 진통을 감소시키고 모유 분비를 촉진한다.

창의적 지각
(자신과 타인의 창의성에 대한 지각)

창의적인 사람에 대해 우리는 어떻게 생각하는가? 우리는 창의적인 사람을 좋아하는가? 그들을 싫어하는가? 이상한 냄새가 나는 사람들이라고 생각하는가? 우선 암묵적인 믿음과 명시적인 믿음을 구분하는 것이 중요하다. 명시적 믿음이란 우리가 말로 표현할 수 있는 것이다. 나는 사람들이 개를 잘 돌봐주어야 한다고 생각한다. 스티븐 손드하임[1]은 천재다. 타르트 쿠키는 맛있지만 칼로리가 너무 높아서 집에 사두고 자주 먹으면 안된다. 과학자들은 그들의 믿음을 명시화하는 하는 것을 잘한다. 그래서 만일 그들이 주장하는 이론이 있으면 그것을 한 번만 진술하는 것이 아니라 반복하고 반복해서 사람들이 그것을 인용할 때까지 반복한다. 암묵적 믿음은 표면 아래에서 부글부글 끓고 있는 믿음이다. 암묵적 믿음에는 무의식적 사고와 가끔은 숨겨진 편견도 포함된다. 예를 들어 당신은 특별히 좋아하지 않는 한 건축가를 알고 있을 수 있다. 당신은 이유를 분명하게 모르면서도 전반적으로 건축가에 대한 부정적인 감정을 가지고 있을 수 있다. 어떤 사람이 당신에게 건축가를 특별히 싫어하느냐고 묻는다면 당신은 아마도 '아니요'라고 대답할 것이다(Greenwald & Banaji, 1995).

암묵적 창의성 이론

이 차이는 사람들이 창의성에 대해 어떻게 생각하는지에 대해 이야기할 때 매우 중요하다. Mueller, Melwani, Goncalo(2012)는 사람들이 창의성에 대한 명시적인 편견은 가지고 있지 않은 것을 발견했다. 하지만 그들의 암묵적 믿음은 더 복잡했다. 연구자들은 실험 참여자들에게 애매함을 느끼도록 유도했다. 첫 번째 연구에서 그들은 무작위 복권 시스템에 따라서 추가적인 돈을 지불했다(통제집단에게는 아무것도 주지 않았다). 두 번째 연구에서 그들은 참여자들에게 애매함에 대한 좋은 점이나 나쁜 점에 대한 에세이를 쓰도록 했다. 두 연구 모두에서 어떤 집단도 창의성에 대한 어떠한 명시적인 편견도 표현하지 않았다(사실 대부분은 조금 긍정적인 견해를 나타냈다). 하지만 '애매함' 집단과 '애매함 비판' 집단은 통제 집단이나 '애매함 칭찬' 집단보다 창의성에 대한 암묵적 편견을 더 표현했다.

대단히 흥미로운 것은 사람들은 애매함이 때로는 매우 긍정적일 수 있음에도 불구하고 애매함을 싫어한다는 것이다. 자세히 알면 즐거움이 더 커질 수 있지만 그것이 무엇인지는 모르는 상태에서 좋은 것(예 : 상을 타는 것)이 올 것이라는 것만 알고 있는 것이 그 예가 될 수 있다. 사실 기분이 더 좋고 그 좋은 기분은 더 오래 지속된다. 어떤 상을 받을지 마음속으로 상상할 수 있다면 즐거움은 특별히 더 커진다(Lee & Qiu, 2009). 이 소위 말하는 쾌락의 역설(pleasure paradox)은 잠재적으로 좋지만 아직 모르는 결과에 대해 너무 많이 생각하면 실제로 그 즐거움이 감소된다는 것을 의미한다(Wilson, Centerbar, Kermer, & Gilbert, 2005). *Entertainment Weekly* 잡지에서 TV 드라마의 최종회에 대한 스포일러를 모두 읽어버리면 그 에피소드를 덜 즐기게 된다.

하지만 우리는 애매함을 여전히 싫어하고 주류를 향해 자연스럽게 끌려간다. 집단 규범이 창의성에 대한 우리의 믿음을 어디까지 변화시킬 수 있는지 생각해보면, 사람들은 덜 창의적인 작품을 더 창의적인 것으로까지 평가했다(Adarves-Yorno, Postmes, & Haslam, 2006). 사람들은 현 상태를 유지하는 것을 좋아하는 경향이 있다(Eidelman & Crandall, 2012). 단순히 그것의 존재만으로 우리는 그것을 더 좋아한다(Eidelman, Crandall, & Pattershall, 2009). 이 원리는 단순한 노출 효과 뒤에 있는 원동력이며(Zajonc, 2001), 무엇인가에 반복적으로 노출되면 우리는 그것을 결국 좋아하게 된다는 것이다. "코카콜라는 선전할 필요도 없을 텐데 왜 할까?"라는 질문에 대한 답이 바로 반복 노출 효과다.

사람들은 특별히 독창적인 아이디어를 평가절하하고(Licuanan, Dailey, & Mumford, 2007) 대신에 사회적으로 용인되고 안전한 아이디어를 선호하는 경향이 있다. 대부분의 혁신적인 생산품이 실패하는 것은 놀라운 일이 아니다(Heidenreich & Spieth, 2013). 그런 창의적인 상품은 소비자의 수동적 그리고 적극적 저항을 받을 수 있으며(Ram & Sheth, 1989) 특히 나이 많은 사람들의 저항을 받는다(Laukkanen, Sinkkonen, Kivijärvi, & Laukkanen, 2007). 소비자들은 새로운 기술을 받아들이는 것을 미루거나, 거부하거나, 혹은 적극적으로 반대할 수도 있으며, 지각되는 위험(자신에게, 사회, 혹은 문화 규범에)이 더 클수록 잠재적인 적극적 저항이 더 크다(Kleijnen, Lee, & Wetzels, 2009). 하지만 새로운 생산품이 반드시 대단히 좋은 아이디가 아닐 수도 있다는 것을 간과해서는 안 된다. 간편한 코틸

다듬는 기구가 중역 회의실에서는 대단한 아이디어 같지만, 대부분의 사람들은 그것을 필요로 하지 않는다.

다소 우울한 이런 연구 결과는 사회적 규범을 파괴하려고 하는 사람들에 대한 우리의 관점에 물론 반영되어 있다. Mueller, Goncalo와 Kamdar(2011)의 놀라운 연구에 의하면 창의적인 직원들이 보여주는 능력이 높은 잠재적인 리더십 능력으로 생각되지 않는다고 하며, 그들이 자발적으로 창의적인 반응을 하는 것이 아니라 이미 쓰여져 있는 대로 앵무새 같은 반응을 했을 때조차도 마찬가지였다.

창의적인 사람들은 또한 종종 외부자 혹은 괴짜로 보인다. 물론 그 극단은 진실과는 관계없이 사람들이 '미친 천재' 고정관념을 얼마나 인정하느냐이다(Kaufman, Bromley, & Cole, 2006). 창의적인 사람을 잠재적으로 미쳤다고 생각하는 것에서 더 나아가 사람들은 실제로 그 창조자가 더 미쳤거나 더 괴짜라고 생각할수록 그의 예술작품을 더 높이 평가한다(Van Tilburg & Igou, 2014). 그런 태도는 아마도 단순한 질투심에서 창의적인 사람을 벌하거나 배척하고 싶은 사람들의 욕망에 뿌리를 두고 있을 수 있다(Schlesinger, 2002). 한 가지 작은 긍정적인 면은 원래 독립적인 자기개념을 가지고 있는 사람은 사회적 거부를 받아들이고 나아가 그것을 자신의 창의성을 위해 사용할 수 있다(S. H. Kim, Vincent, & Goncalo, 2013).

불행하게도 창의적인 사람에 대한 이런 일반적인 부정적 개념이 교실까지 확장될 수 있다. Westby와 Dawson(1995)은 교사들이 창의적인 학생을 좋아한다고 말은 하지만, 교사들에게 창의성을 정의해보도록 부탁했을 때 그들은 창의성을 '행동이 바른' 혹은 '잘 따르는'과 같은 의미로 사용하는 것을 발견했다. 그 교사들에게 창의적이거나 혹은 덜 창의적인 학생을 묘사하는 형용사들을 사용하여 가짜로 만든 학생 프로파일을 주고 평가하도록 부탁했을 때 그들은 덜 창의적인 학생의 프로파일을 선호했다. Aljughaiman과 Mowrer-Reynolds(2005)도 이와 비슷한 역설을 발견했는데, 그들의 연구에서 교사들은 창의성을 좋아한다고 말했지만 창의성이 무엇을 의미하는지 이해하지 못하는 경우가 많은 것으로 나타났다. 다른 연구들에서는 교사들이 창의성을 대부분 예술과 관련시켜 생각하고 있으며(Seo, Lee, & Kim, 2005) 동기와 창의성 간의 관계를 생각하지 못하는 것으로 나타났다(de Souza Fleith, 2000). Schacter, Thum, Zifkin(2006)은 초등학교 교사들의 수업을 관찰하고 교사들이 창의성을 지지하는 교수 방법을 거의 사용하지 않는 것을 발견했다. 시를 가르치는 교사들에 대한 최근의 한 질적 연구에 의하면 학생들의 작품에서 창의성을 평가하는 것을 거부하는 교사들이 많았으며 어떤 교사들은 창의성이 평가될 수 있다는 것을 의문시했다(Myhill & Wilson, 2013).

여기에는 사회경제적인 요인도 작용한다. 사립학교 교사들은 공립학교 교사들보다 학생들에게 더 높은 창의성 점수를 주었다(Eason, Giannangelo, & Franceschini, 2009). 물론 사립학교 학생들이 더 창의적이었을 수 있다(가장 간단한 설명이 진실일 수 있다). 하지만 그 저자들은 그 결과를 사립학교 교사들은 창의성을 더 중요하게 생각하는 경향이 있다고 해석했다. 그 교사들이 공립학교 교사들보다 더 많은 자원을 가지고 있는 경향이 있었다.

Hong, Hartzell, Greene(2009)은 교사의 믿음, 특히 목표 지향성(6장에서 논의)이 교수 방법에 미치는 영향을 연구했다. 학습 목표를 가지고 있는 교사들은 학생들의 창의성을 장려하는 수업 방법을 사용했다. 하지만 외부 압력(학교 기준, 표준화 검사 점수)이 교사들로 하여금 수행 목표를 지향하게 하고 그것과 관련된 가치관을 강요할 수 있다. 비슷하게, 더 민주적인 교수 방법을 사용하는 교사들은 학생들의 바람직하지 않지만 창의적인 행동의 가치를 인정하는 반면에 더 독재적인 교수 방법을 사용하는 교사들은 창의적이지 않지만 바람직한 행동을 더 선호했다(Kwang & Smith, 2004).

교사들이 창의적인 학생을 낮게 평가하는 이유는 무엇일까? 부분적인 이유는 창의성이 비동조, 충동성, 산만하고 비친화적인 행동과 관련이 있기 때문이다. 이 연구 결과는 Torrance(1963)에 의해 논의되었으며 다른 연구들에 의해서도 반복적으로 확인되었다(예 : A. J. Cropley, 1992; Karwowski, 2010). Bachtold(1974)는 교사, 부모, 학생들을 조사하고 그들이 창의성을 중요하게 생각하지 않는다는 것을 발견했다. 창의성에 대한 묘사와 매우 중요하다고 생각하는 특성들 간에는 큰 차이가 있었다. 교사, 부모, 학생 모두가 유머 감각이 있고, 타인을 배려하고, 건강하고, 자신감 있는 사람을 더 좋아했다(그것들은 물론 완전히 훌륭한 속성이다).

이 태도는 생생한 상상력을 가지고 있는 두 어린 소년들이 나오는 피니와 퍼브(Phineas and Ferb)² 쇼에서 실감나게 패러디해서 보여주었다. 매회 두 소년이 못된 행동을 하고 그들의 누나는 야단을 치려고 하는데 다양한 이유로 어머니는 그런 증거를 결코 볼 수 없다. 한 에피소드에서 그들은 사고를 치고 감화원 학교에 가게 된다(Gaylor, Olson, & Povenmire, 2009). 그 학교는 창의성을 말살하는 것이 목적인 사디스트적인 교장이 운영하고 있다(영화 쇼생크 탈출에서 교도소장으로 나온 클랜시 브라운의 목소리). 그는 소년들에게 "창의적인 행동은 흉내 낼 수 있고 위험하다"를 반복적으로 말하도록 훈련시키고, 나중에 그는 "아, 피니와 퍼브. 호기심 많고 자립심이 넘치는 아이들이었지. 졸기 좋아하고, 상상력이 풍부하고, 창의적이고. 다행히 그 애들이 제때에 우리 학교에 왔지"라고 말했다(Gaylor et al., 2009). 무서운 것은 이 패러디는 어떤 사람들이 조용히 생각하는 것을 조금 과장했을 뿐이라는 점이다.

이 연상은 터무니없는 것이 아니다. 창의적인 학생들은 눈엣가시가 될 수 있다(내가 골치 아픈 아이였다는 것은 분명히 알고 있는데, 창의적이기도 했기를 바랄 뿐이다). 교사들에 의해 지나치게 활동적이고, 충동적이고, 산만하다고 평가받은 학생들이 창의적 유창성에서 더 높은 점수를 받았다(Brandau et al., 2007). 마찬가지로 K. H. Kim과 Van-Tassel-Baska(2010)는 성적이 낮은 고등학생들의 문제행동과 창의성이 관련이 있는 것을 발견했다.

이 연구 결과들은 동양문화에서도 반복되었다. 미국과 인도의 교사들과 부모들은 창의성에 대한 긍정적인 관점을 가지고 있지만, 정신질환과 함께 연상되는 단어들(정서적, 충동적)과 창의성이 연결되어 있는 것으로 생각했다(Runco & Johnson, 2002). Tan(2003)은 싱가포르의 교생들이 창의적이고 도전적인 학생보다 유쾌한 성향(친절하거나 다정한)을 가진 학생을 선호하는 것을 발견했다. Chan과 Chan(1999)은 중국 교사들이 사회적으로 바람직하지 않은 특성과 학생의 창의성을 연관시키는 것을 발견했으며 그들은 중국 문화에서 비동조적이거나 감정을 드러내는 행동은 거만하거나 불량한 것으로 해석될 수 있다고 주장한다. 비슷한 연구 결과가 터키 교사들에게서도 발견되었다(Güncer & Oral, 1993). 창의성을 좋아하는 사람들조차 창의성이 무엇인지 정확하게 이해하지 못한다는 연구들과 비슷하게, Lau와 Li(1996)는 가장 인기 있는 학생이 또한 가장 창의적인 학생으로 평가될 가능성이 높다는 것을 발견했다.

창의성을 좋아하거나 싫어하는 것을 넘어서

창의성을 좋아하거나 싫어하는 것을 넘어서, 일상생활을 하는 사람들이 가지고 있는 창의성에 대한 암묵적 믿음은 무엇인가? 대표적으로 이런 유형의 연구들은 사람들이 창의성을 생각하면 어떤 것을 연상하는지를 조사했다. Gough와 동료들(Gough, 1979; Gough & Heilbrun, 1965)은 그들의 초기 연구에서 성격을 측정하기 위해 형용사들을 사용했으며, 이 방법이 나중에 창의성에 적용되었다. Welsh(1975)는 자기개념 속에 '지능(지적 행동과 기능)'과 '오리겐스(origence)'(미학과 독창성)라는 두 가지 핵심 믿음이 있는 것을 발견했다. 이 용어들은 정확하게 설명하기가 쉽지 않다.

일반인의 창의성 이론에 대한 Sternberg(1985)의 대표적인 연구는 여러 집단의 사람들에게 질문하고 네 가지 차원으로 요약했다. 그 네 가지 차원은 탈고착(nonentrenchment), 미적 감각/상상력, 총명함, 호기심이다. 창의성을 지능과 겹치는 부분도 많지만 다른 것으로 보았다. 관련된 서술어에는 비관습적인 성향, 호기심, 상상력, 자유로움이 있었다. 전문가 집단 내에서는 영역 차이가 나타났다. Sternberg도 또한 예술 영역 교수들은 창의성에 독창성과 모험이 포함된다고 믿는 반면에 비예술 영역(비즈니스, 철학, 물리학과 같은) 교수들은 문제 해결, 통찰력과 같은 특성을 강조했다.

Lim과 Plucker(2001)는 Sternberg의 연구를 한국인들을 대상으로 반복했다(비록 분명한 문화적 차이를 보여주는 연구들이 있지만, 창의성에 대한 많은 믿음들이 얼마나 일반적인지를 보는 것은 흥미롭다). Wickes와 Ward(2006)는 영재 청소년들이 자신의 창의성과 다른 사람들의 창의성 대하여 어떻게 생각하는지 창의성 서술어 체크리스트를 사용하여 조사했다. 학생들은 자신의 창의성에 대해서는 모험, 어색함(awkwardness), 지적 능력, 충동성의 네 가지를 중심으로 생각했다. 그러나 그 학생들이 다른 사람들의 창의성에 대해서 중요하게 생각하는 네 가지 요인은 예술적 개인주의, 활동 수준, 인기, 질문하기였다. 영재 학생들은 다른 사람의 창의성에 대해 생각할 때 훨씬 더 많은 긍정적 성격 속성을 사용한다는 것을 알 수 있다.

암묵적 이론을 연구하는 또 다른 방법은 그것을 명시적 이론과 구체적으로 비교하는 것이다. Sen과 Sharma(2011)는 인도 사람들의 4P 창의성에 대한 생각을 조사한 결과 산출물이나 과정보다는 사람에 초점을 맞추어 한 개인의 전체적인 본질로 창의성이 묘사되는 것을 발견했다. 세르비아의 교사들에 대한 한 연구에서도 비슷한 결과가 나타났다(Pavlović, Maksić, & Bodroža, 2013).

창조자를 적응자와 혁신가로 구분한 Kirton(1976)의 개념을 가지고 조사한 2개 연구에 의하면 사람들이 혁신자 유형을 적응자 유형보다 유의미하게 더 창의적으로 생각하는 것으로 나타났다(Puccio & Chimento, 2001; Ramos & Puccio, 2014). Kaufman과 Beghetto(2013a)는 일반인들이 4C 모델의 수준을 어떻게 구분하는지 탐색한 결과 일반인들이 창의적이지 않음, 미니 c, 리틀 c, 빅 C가 기본적으로 다르다는 것을 인식하고 있는 것을 발견했다. 하지만 사람들은 리틀 c와 프로 c 공헌을 구분하는 것을 좀 더 어려워했다. Karwowski(2009)는 이미 일반사람들이 리틀 c와 빅 C를 구분하는 것을 보여주었다.

다른 연구들은 예술가에 초점을 맞춘다. 예술가들과 비예술가들 모두가 예를 들어 예술가는 상상력과 표현력이 풍부하다는 암묵적 믿음을 가지고 있지만, 예술가들만 자신들이 감정적이라고 생각했다(Runco & Bahleda, 1986). Romo와 Alfonso(2003)는 스페인 화가들이 가지고 있는 창의성에 대한 암묵적 이론 중 하나가 창의성과 심리적 장애의 관련성이라는 것을 발견했다. 이 이론은 고립감과 개인적 갈등이 예술의 중심에 있다고 한다. Glück, Ernst, Unger(2002)는 예술가들이 그들의 예술 유형에 따라 다른 것을 발견했다. '자유로운' 예술가들(화가, 조각가와 같은)은 '예술가적 성격'을 가지고 있고 독창성을 가장 중요하게 생각하는 반면에, '제약적인' 예술가들(디자이너, 건축가와 같은)은 기능성을 더 중요시했다. Haas(2014)는 6개 영역(미술, 디자인, 음악, 과학, 테크놀로지, 글쓰기)에 걸친 창의적인 산출물에 대한 개념들을 비교하고 예술적 영역(미술, 음악, 글쓰기)이 비예술적 영역보다 산출물의 탈고착과 미적 감각을 더 중요하게 평가하는 것을 발견했다.

Glăveanu(2014)는 사람들에게 16가지 직업에서 성공하기 위해 필요한 창의성의 양을 평가하도록 부탁했다. 예측했듯이, 네 가지 예술 직업(배우, 음악가, 화가, 작가)이 가장 높은 점수를 받았다. 그는 또한 반응 시간을 측정하였으며 사람들은 이 직업들을 평가할 때 가장 신속하게 반응했다. 하지만 Glăveanu가 사람들에게 잘 모르는 물체가 창의적인지 창의적이지 않은지를 결정하기 위해 어떤 질문을 할 것인가 생각해보라고 부탁했을 때, 그들의 질문은 그 물체가 독창적인지보다는 유용한지에 더 초점을 두었다.

Haas와 Burke(2015)는 영역과 창의성에 대한 암묵적 믿음의 관점 간의 상호작용을 연구했다. 그들은 영역(음악, 미술, 그들이 기계장치라고 부른 것)과 관점(자신이 무엇을 창조한다고 생각하는 1인칭 관점, 기존 상품을 상상하는 3인칭 관점)에 따라서 참여자들에게 Sternberg(1985)의 기준에 근거하여 서술어와 특성을 평가하도록 했다. 연상되는 특성은 영역에 따라 달랐으며, 과거 연구 결과와 마찬가지로 미술과 음악에서의 창의성이 기계장치보다 비동조, 상상력, 미학 차원에서 더 높은 점수를 받았다. 그러나 관점이 상호작용을 하거나 가끔은 혼란스러운 역할을 하는 것으로 나타나서 1인칭 관점 점수가 3인칭 관점 점수보다 미술과 음악에 대한 미학 차원과 상상력 차원에서는 낮았지만, 기계장치에 대해서는 더 높았다. 따라서 1인칭 관점 점수는 이 차원의 영역 기반 차이를 덜 나타냈다. 평균적인 사람들이 음악이나 미술보다 기계장치를 만드는 것을 더 잘 시각화할 수 있는지 나는 궁금하다.

Baas, Koch, Nijstad, De Dreu(2015)는 보통사람들의 활동, 사고, 기분, 동기가 그들 자신의 창의성에 어떤 영향을 미친다고 생각하는지에 대해서 조사했다. 대단히 흥미롭게도, 대부분의 사람들이 그들의 창의성에 관련된 거의 모든 것을 잘못 생각할 뿐만 아니다(연구 결과가 보여준 것과 비교해서), 그들의 믿음이 그들 자신의 경험과도 연관되지 않았다. Baas 등(2015)이 통찰력 있는 지적을 하듯이, 이 불일치에 대한 실세계 파급효과가 있다. 내가 처음 Educational Testing Service에서 일했을 때, 틀림없이 창의성을 자극한다는 생각으로 만들어진 장난감과 재미있는 물건들로 가득 차 있는 커다란 방이 있었다. 익살스러운 물건들을 가지고 놀면 창의성을 개발할 수 있다고 생각할지 모르지만 새로운 아이디어에 대한 조직 수준의 가치관과 격려가 없다면 그런 '창의성 방'은 큰 재정적 낭비일 뿐이다. 내가 그 회사를 떠나고 2년 후에 그 방은 영원히 사라졌다. 유일하게 남아 있는 것은 나의 초기 소개사진에 매우 이상한 특대 크기의 물건들을 붙들고 있는 내 모습이다. 부모와 기업은 모두 아이/직원들의 창의성 개발을 위해 이상한 것들이 도움이 된다고 생각하고는 작은 생각의 변화보다 비싼 임시방편에 돈을 쏟고 있다.

마약 사용과 창의성 : 사실 대 인식

나는 정신 질환과 관련해서 창의성에 대한 고정관념과 암묵적 관점을 매우 상세하게 논의했다(실제 연구 결과들은 혼란스럽다). 창의성을 위험하고 잠재적으로 어둡게 생각하는 것은 알코올이나 기분전환 약물 사용과 연관시키기 때문이다. 마약 사용과 창의성을 연관시키는 것은 창의적인 사람(확장해서, 성공적일 것 같은 사람)을 '처벌하고 싶은' 이유 때문일까? Plucker와 Dana(1998a)는 이런 종류의 이유 때문에 관계가 있다고 믿고 싶어 한다고 주장한다. 창의성이 더 신비롭게 보이고 따라서 창의적이라고 생각하는 어떤 사람의 부담이 제거될 수 있다. 그들은 또한 청소년들이 창의성과 마약을 연결시키는 것은 실험을 위한 편리한 변명을 제공할 수 있기 때문일 수도 있다고 지적한다. 사실 Novacek, Raskin, Hogan(1991)은 청소년들이 불법 마약을 사용하는 이유를 연구하고 다섯 가지 이유 중 하나가 창의성 향상이라고 했다(나머지 네 가지는 소속감, 대처 방법, 쾌락, 공격성이다).

창의성과 마약 사용에 대한 연구 결과는 무엇이라고 말하는가? 대부분의 연구는 상관이 거의 없거나 없다고 한다. Plucker와 Dana(1998b)는 알코올, 마리화나, 담배를 한 경험이 창의적인 성취와 상관이 없는 것을 발견했다. 또한 가족성 마약과 알코올 사용도 창의적인 성취와 유의미한 상관이 없었으며(Plucker & Dana, 1998a) 창의적인 성격 특성과도 유의미한 상관이 없었다(Plucker, McNeely, & Morgan, 2009). Humphrey, McKay, Primi, Kaufman(2015)은 경험에 대한 개방성을 통제했을 때조차 불법 마약 사용이 자기보고식 창의적 행동을 예측한 것을 발견했다.

Bourassa와 Vaugeois(2001)는 창의성에 대한 마리화나의 효과를 연구했다. 그들은 확산적 사고 검사를 받기 전에 마리화나를 피운 사람들 중에서 처음으로 피운 사람들에게는 도움이 되지 않았고 이미 피운 경험이 있는 사람들에게는 부정적인 효과가 나타나는 것을 발견했다. 그렇지만 그들은 플라시보 효과를 발견했다. 즉 마리화나를 피운다고 생각하는 사람들은 플라시보를 피운다고 생각하는 사람들보다 더 창의적이었다. Hicks, Pedersen, Friedman, McCarthy(2011)는 실험집단의 사람들에게는 알코올이나 마리화나에 대해서 생각하도록 자극하고 통제집단에는 처치를 하지 않고 두 집단에 원격연합검사를 실시함으로써 잠재적인 플라시보 효과를 연구했다. 그 결과 마리화나나 알코올에 대해 생각한 참여자들이 더 창의적인 것으로 나타났다. 그들은 또한 확산적 사고에서도 같은 효과를 발견했다(분석적 과제는 같은 효과가 나타나지 않았다).

특별히 강한 대마초에 대한 한 연구에서는 자주 사용하는 사람들에게는 대마초가 확산적 사고를 방해하는 것으로 나타났다(Kowal et al., 2015). 다른 한 연구는 마리화나 사용자들이 마리화나를 피우지 않을 때와 피울 때를 비교했다. 원래 조금 덜 창의적인 사람들의 경우에는 마리화나에 취해 있을 때 언어 유창성이 증가하는 것으로 나타났다(Schafer et al., 2012). 또한 그 연구에서는 참여자들이 마약을 사용할 때에 정신분열형과 정신병 수준이 증가하는 결과도 나타났다. Minor 등(2014)은 확산적 사고, 마리화나 사용, 정신분열형을 연구하고 마리화나 사용과 확산적 사고 간에 유의미한 정적 상관을 발견했지만(정신분열형과는 유의미한 상관이 없었다) 특별히 주목할 만한 것은 아니었다. 최근에 대마초를 금단한 사람, 엑스터시를 금단한 사람과 통제집단을 비교한 한 연구는 대마초 사용자들이 독창성에서 조금 높은 점수를 받았고, 엑스터시 사용자들은 자기보고식 창의성 점수가 아주 조금 높은 것을 보여주었다(Jones, Blagrove, & Parrott, 2009).

더 강한 마약 사용에 대한 연구는 적지만, 코카인을 끊은 사람과 (Colzato, Huizinga, & Hommel, 2009) 흥분제 카트(khat)[3]를 사용하는 사람들(Colzato, Ruis, van den Wildenberg, & Hommel, 2011) 모두가 인지적 융통성이 낮은 것으로 나타났다.

Norlander와 Gustafson은 참여자들을 무선적으로 알코올을 섭취하도록 한 집단과 통제집단을 사용하여 알코올 섭취가 여러 창의적 단계에 미치는 영향을 알아보는 연구들을 수행했다. 첫 번째 연구에서 그들은 알코올 집단, 통제 집단, 그리고 플라시보 집단의 세 집단을 살펴보았다. 그 결과 알코올을 섭취한 집단이 창의성 과제에서 수행도가 낮은 것으로 나타났다(끈기와 연역적 추리력도 낮았다). 그들은 나아가 창의적 과정의 한 단계인 부화 단계(2장 참조)에서의 알코올 섭취를 연구했으며, 알코올 집단이 과학적 창의성 과제에서 독창성이 더 높은 것으로 나타났지만, 다른 차이는 없었다(Norlander & Gustafson, 1996). 그 후의 한 연구에서는 알코올 집단이 확산적 사고 검사의 독창성에서 더 높은 점수를 받았지만, 융통성에서는 통제 집단보다 더 낮은 점수를 받았다(Norlander & Gustafson, 1998). 더 최근에 Jarosz, Colflesh, Wiley(2012)는 취한 사람들(혈중 알코올 농도가 .075)이 취하지 않은 대응 집단보다 원격연합검사에서 문제도 더 많이 풀고 문제를 푸는 속도도 더 빠른 것을 발견했다.

마약이나 알코올과 창의성을 연결한 연구 결과들은 일치하지 않는다. 어떤 유익한 효과가 있다고 하는 연구가 있으면 부정적인 효과가 있다거나 효과가 없다고 하는 연구가 있다. 왜 마약과 창의성을 연결해서 생각하는 것이 없어지지 않는가? 마약의 효과를 제쳐두고서 창조자들이 마약을 더 많이 사용한다는 증거가 있다. 작가, 미술가, 음악가와 통제 집단에 대한 한 연구는 음악가들이 다른 집단들보다 코카인과 마리화나를 더 많이 사용하고, 미술가들이 카페인을 더 많이 사용하는 것을 발견했다. 알코올, 마취제, 환각제, 신경안정제에 대해서는 차이가 없었다(Kerr, Shaffer, Chambers, & Hallowell, 1991). 마약 사용의 이유가 사회적 기대에 뿌리를 두고 있을까? Lapp, Collins와 Izzo(1994)는 참여자들에게 토닉 워터를 주거나 보드카를 혼합한 토닉 워터를 주고 무선적으로 그것이 알코올이 든 것이거나 혹은 알코올이 없는 것이라고 말했다. 그들은 알코올이 창의성에 미치는 약물학적인 효과를 발견하지 못했다. 하지만 그들은 알코올이 창의성에 미치는 효과에 대한 사회적 기대가 알코올 그 자체보다 더 중요하다는 것을 보여주는 강한 플라시보 효과를 발견했다. Janiger와 de Rios(1989)는 LSD와 예술적 창의성에 대한 7년 동안의 연구에서 예술가들은 LSD가 지각을 향상시키고 더 창의적으로 만든다고 믿지만, 그들의 예술작품에서는 차이를 거의 찾아볼 수 없었다.

이런 연구 결과들을 살펴보면, 기분전환 약이나 알코올 사용과 창의성 간에는 긍정적이든 부정적이든 어떤 연결이 있다고 대부분 생각하는 것으로 보인다. 실제로 창의적 작품은 영향을 받지 않는 것 같다. 하지만 근거 자료(대부분 정신 질환과 창의성 관계를 논의)가 무엇이라고 말하든 상관없이 알코올/마약 사용과 창의성을 연결해서 생각하는 것은 계속될 것 같다. 기분전환을 핑계로 마약을 사용하는 사람들은 창의성이라는 고상한 목적이 있어서가 아니라 "내가 그것을 좋아하기 때문이다"라고 말을 해야 할 것이다.

창의성에 대한 자기평가

지금까지 일반사람들이 창의성을 어떻게 일반 구인으로 보는지에 대하여 논의했다. 그렇다면 사람들이 자신들의 창의성에 대해서는 어떻게 볼까?

자기가 평가한 창의성과 실제 창의성이 일치할까? 4장에서 언급했듯이 창의성 측정을 논의할 때 세상에서 가장 쉬운 방법은 자기평가 방법을 사용하는 것이다. 맞는 말일까? 아마도 모든 사람은 "맞아요, 나는 믿을 수 없을 정도로 창의적입니다, 오 순진한 연구자여"라고 말할 것이다. 그 말이 정확할 수 있다. 우리가 시간과 돈을 절약할 수 있는 것을 생각해보라!

자기평가 방법은 때로는 "당신의 창의성 점수를 척도 1에서 10까지의 점수로 주세요"라고 부탁하는 것처럼 쉽다. 또 다른 방식은 IQ 벨곡선 그림을 보여주고 "100을 평균으로 하는 척도를 사용해서 자신의 창의성 점수를 주세요"라고 부탁하는 것이다. 다른 방식으로는 사람들에게 행동/사고의 영역이든 유형이든 자신의 창의성을 평가하는 과정을 자세하게 설명하도록 하는 방법이 있다.

그래서 무슨 새로운 정보라도 얻게 되었는가? 예측할 수 있듯이, 자기보고식 측정치들은 서로 높은 상관을 나타내는 경향이 있다(예 : Fleenor & Taylor, 1994; Kaufman & Baer, 2004; Reiter-Palmon, Robinson-Morral, Kaufman, & Santo, 2012). 그러나 이 경향이 많은 것을 의미하지는 않는다. 같은 주제에 대하여 같은 유형의 질문을 같은 방식으로 측정해서 상관이 없다면 오히려 이상할 것이다.

중요한 문제는 사람들이 자신의 창의성에 대하여 정확하게 평가할 수 있는가 하는 것이다. 대부분의 주제에 대해서와 마찬가지로 두 가지 입장을 다 주장할 수 있다. 어떤 연구들은 자기평가와 확산적 사고 점수 간에 상관이 있는 것을 보여준다. 이런 연구들 중 많은 것들이 Adrian Furnham과 그의 동료들(Batey, Chamorro-Premuzic, & Furnham, 2010; Furnham, 1999; Furnha, Batey, Anand, & Manfield, 2008; Furnham, Zhang, & Chamorro-Premuzic, 2006)의 실험실에서 연구된 것들이다. 창의성의 자기평가는 종종 윗사람에 의한 평가와 일치하며(Ng & Feldman, 2012) 교사에 의한 평가와도 일치한다(Beghetto, Kaufman, & Baxter, 2011).

또 다른 접근은 사람들이 가장 창의적인 자신의 아이디어를 정확하게 확인할 수 있는지를 보는 것이다. Silvia(2008)는 참여자들에게 확산적 사고 과제를 주고 그들이 반응한 것들 중에서 자신이 가장 창의적이라 생각하는 것을 선택하도록 했다. 대부분의 사람들은 외부 평가자들이 창의적이라고 평가한 것과 같은 반응을 선택할 수 있었다. 더 창의적인 사람일수록 이 과제를 더 잘하는 경향이 있었다(또한 Grohman, Wodniecka, & Klusak, 2006 참조).

다른 연구들은 여러 영역들에 걸친 창의적 수행 평가와 자기평가를 살펴보았다(Denson & Buelin-Biesecker, 2015; Karwowski, 2011; Kaufman, Evans, & Baer, 2010; Priest, 2006). 더 실제적인 창의성 과제가 사용될수록 그 상관은 훨씬 더 약해지는 것으로 나타났다. 그 이유는 무엇일까?

사람들이 반드시 자신의 능력이나 성질에 대해 제대로 알고 있는 것은 아니라는 것을 직관적으로 알 수 있다. 아메리칸 아이돌과 같은 쇼를 보면 얼마나 많은 사람들이 자신의 재능이나 창의성이 특별하다고 잘못 생각하는지 알 수 있다. Kaufman 등(2010)은 자신의 창의성에 대한 믿음과 실제 창의적 수행 간에 관계가 거의 없음을 발견하고 아메리칸 아이돌 효과를 제안했다.

더 넓게 생각해보면, 사람들은 실제로 자신이 얼마나 잘 못하거나, 능력이 부족하거나, 재능이 없는지 거의 인식하지 못한다(Dunning, Johnson, Ehrlinger, & Kruger, 2003; Kruger & Dunning, 1999). 특히 과제가 더 일반적이거나 주관적이거나 복잡할수록 더 그렇다(Zell & Krizan,

2014). 유튜브나 블로그에 올라와 있는 창의적인 자료들을 살펴보면, 진짜 재미있거나 독특한 비디오나 포스트가 하나 있다면 재미없고, 고통스럽기까지 하고, 자기망상적인 자료를 얼마든지 볼 수 있다.

자기보고식 창의성이 높은 수준의 창의성에서는 의미가 있고 낮은 수준에서는 의미가 덜한 것에 대한 이론적인 근거가 있다. 그 이유에 대해서 상위인지라는 개념으로 부분적으로 설명할 수 있으며 상위인지란 자기 자신의 학습을 감시하고, 자기평가를 수행하고, 그리고 그에 따른 계획을 하는 능력이다(Everson & Tobias, 1998; Flavell, 1979). 상위인지 능력이 높은 사람은 자신의 한계를 알고, 도움을 구할 수 있고, 어느 정도 정확하게 성공을 예측할 수 있다. 상위인지는 창의적인 생각을 하는 것과 그것을 결과물로 나타내는 것 간의 조절변수가 될 수는 있지만(Puryear, 2015), 반드시 직접적으로 높은 창의성과 연결되는 것은 아니다(Hong, Peng, & Wu, 2010).

Kaufman과 Beghetto(2013b)는 창의적 상위인지에는 두 가지 특수한 성분이 있다고 한다. 하나는 자신의 창의성을 정확하게 평가하는 것이고, 다른 하나는 창의성을 나타내는 적절한 시기를 판단하는 것이다. 저글링을 하는 것이 좋은 때(퍼레이드)가 있고 나쁜 때(장례식)가 있는 것처럼, 창의적인 것이 좋은 때가 있고 나쁜 때가 있다. 때에 따라서는 창의적이기보다는 동조하는 것이 더 좋다는 것을 인식하는 것이 대단히 중요하다.

위로 올라가는 것은 일반적으로 아래로 내려간다. 높은 상위인지는 더 창의적인 수행을 이끌어내는 반면에, 낮은 상위인지는 더 낮은 창의적 수행을 이끌어낼 수 있다. 사실 Kruger와 Dunning(1999)은 지적(그리고 사회적) 영역에서 수행도가 낮은 사람들은 '이중고'를 겪을 수 있다고 주장한다. 즉 그들은 수행을 잘 못할 뿐만 아니라, 또한 낮은 상위인지 능력 때문에 자신의 낮은 수행을 인지할 수가 없다(조롱을 당해도 눈치채지 못할 수 있다).

한 가지 중요한 것은 일반적인 자기평가("나는 창의적이다")와 산출물에 대한 특수한 자기평가("저것은 내가 그린 정말 창의적인 그림이야")가 다르다는 점이다. 여기에서 논의했던 연구들은 일반적인 자기평가를 살펴본 것들이다. Pretz와 McCollum(2014)은 일반적인 평가와 특수한 평가 모두를 살펴보았으며 특수한 평가에서는 확산적 사고, 에세이 과제, 캡션을 사용하였다. 자신의 창의성에 대한 일반적인 자기평가는 특별히 창의적인 수행과 관련이 없었지만(앞에서 논의한 몇몇 과거 연구 결과들과 일치하는 결과다), 특수한 과제 평가는 그 과제에 대한 창의성 점수를 잘 예측했다. Kaufman, Beghetto, Watson(2015)은 세 영역(글쓰기, 미술, 과학)에 걸친 초등학생들의 창의성을 연구했다. 그들은 미니 c와 리틀 c에 해당하는 특수한 평가를 사용했다. 다시 말해서 학생들에게 그 산출물이 개인적으로 창의적인지 아닌지를 묻고 다른 사람이 그 산출물을 창의적이라고 생각할지를 물었다. 그들의 미니 c 점수는 그 미술에 대한 전문가에 의한 점수를 예측했으며 그들의 미니 c와 리틀 c 수준의 글쓰기 점수도 전문가에 의한 점수를 예측했다(과학에 대해서는 결과가 썩 좋지 않았다).

창의적 상위인지는 성격 그리고 다른 사람의 창의성을 정확하게 평가하는 능력과 교차할 수 있다. Birney, Beckmann, Seah(2015)는 사람들에게 자신의 작업과 다른 사람들의 작업을 평가하도록 했다. 구조화된 조건(더 구체적인 기준을 주는 조건, D. H. Cropley & Kaufman, 2012와 비슷한)에서는 일반적으로 더 정확한 평가가 나왔다. 비구조화된 조건에서 자신의 작업을 먼저 평가한 사람들은 그 후에 다른 사람의 작업을 덜 정확하게 평가했다(다른 집단의 평가에 비해서). 성실성이 높은 사람들은 구조

의 부족에 의한 영향을 덜 받았고, 경험에 대한 개방성이 높은 사람들은
다른 사람들의 작업을 더 정확하게 평가했지만 자신의 것에 대해서는 반
드시 그런 것은 아니었다.

　마지막으로 생각해볼 문제는 자기효능감("나는 할 수 있다고 생각한
다")과 창의성의 관계다. 높은 자기효능감과 높은 창의성은 상관이 있
다(Bandura, 1997; Karwowski, 2011; Prabhu, Sutton, & Sauser, 2008).
Tierney와 Farmer(2002)는 자신이 얼마나 창의적일 수 있는지에 대한 개
인의 믿음을 의미하는 창의적 자기효능감(creative self-efficacy, CSE)이라
는 개념을 제안했다. 이 믿음은 종종 상황적 맥락에 뿌리를 두고 있어서
(Jaussi, Randel, & Dionne, 2007), 상황에 따라서 창의적 자기효능감이 높
을 수도 있고 낮을 수도 있다. 교실에서 교사의 지지가 학생의 창의적 자
기효능감을 예측할 수 있었다(Beghetto, 2006).

　창의적 자기효능감을 더 넓게 보는 관점은, 창의성을 얼마나 중요하게
생각하는지를 반영하는, 창의적인 개인 정체성도 창의적 자기효능감에
포함시킨다(예 : Randel & Jaussi, 2003). 다시 말해 자신이 실제로 창의적
인 것과는 관계없이 자신이 창의적이라고 믿는 그 자체가 중요하다.

　창의적 자기믿음과 자기평가는 그 하나로 창의성을 측정하는 도구로
사용하기에는 적절하지 않지만, 이 주제에 대한 더 많은 연구가 수행되면
서, 창의적 자기믿음이 성격보다 창의적 수행이나 창의적 성취를 더 잘
예측할 수 있다는 강력한 근거가 나타나고 있다(Karwowski & Lebuda, 출
판 중).

다음 장 연결하기

이 장에서는 창의성을 좋은 것이라고 생각하는지 혹은 나쁜 것이라고 생

각하는지와 같이 사람들이 창의성에 대해 어떻게 인식하는지에 대해 알아보았다. 그리고 이 책의 처음부터 끝까지 창의성을 어떻게 정의하고, 측정하고, 이론화하고, 분류할 것인지에 대하여 매우 자세하게(어떤 사람은 너무 지나치다고 생각할 정도로) 논의했다. 그러나 진실은 무엇인가? WGASA 질문(누가 관심이나 있어?)같이 우리는 창의성에 대해 관심을 가져야만 하는가? 창의적이면 정말 좋은가?

 역자주

1. 미국의 무대음악과 영화음악 작곡가이자 작사가. 아카데미 음악상, 토니상, 퓰리처상 수상. 대표적인 작품(작사 포함)으로는 〈포럼에 가는 길에 생긴 웃기는 일(A funny thing happened on the way to the forum)〉, 〈컴퍼니(Company)〉, 〈폴리스(Follies)〉, 〈소야곡(A little night music)〉, 〈스위니 토드〉, 〈조지와 함께 일요일 공원에서(Sunday in the park with George)〉, 〈숲으로(Into the wood)〉, 〈암살(Assassins)〉 등이 있다.
2. 2007년 제작된 미국 가족 코미디 애니메이션
3. 씹어 먹거나 차로 만들어 마시면 약의 효용이 있는 아라비아나 아프리카산 식물의 잎

창의성은 좋은 것인가 혹은 나쁜 것인가?

능력은 좋은 목적으로 사용될 것이라고 생각하기 쉽다. 그리고 그렇게 생각하는 것은 인간 본성의 극도로 낙관적인 일면일 수 있다. 8장에서 논의한 정서지능(Mayer & Salovey, 1997)의 개념을 생각해보라. 영화 〈양들의 침묵〉에 나오는 한니발 렉터[1] 박사는 정서적으로 지적인가? 정서지능에 대한 정의를 살펴본다면 아니요라고 답하기 어려울 것이다. 정서지능은 (1) 정서를 지각, 평가, 표현하기, (2) 인지적으로 감정에 접근하고 감정을 느끼기, (3) 정서에 대한 정보를 이해하고 정서적 지식을 사용하기, (4) 성장과 만족감을 위하여 정서를 조절하기를 포함한다(Mayer, Salovey, & Caruso, 2000). 한니발 렉터는 네 가지 모두를 가지고 있다. 그는 다른 사람들의 기분을 이해하는 데 탁월하며(그리고 이 지식을 최대한 잘 활용한다), 생각하기 위해서 자신의 기분을 잘 사용하고(간수 두 명을 죽이는 방법을 생각하기 위해서 집중하고 음악을 감상하는 능력), 감정과 정서에 대해 꽤 많이 이해하고 있으며(클라리스[2]를 '읽는' 것에서 분명히 알 수 있다), 그리고 그는 자신에게 이로운 결과(감옥을 탈출하는 것)를 가져오기 위해 자신의 정서를 분명히 조절할 수 있다.

한니발 렉터는 창의적인가? 아돌프 히틀러는 창의적이었는가? Ted Bundy,[3] Voldemort, Charles Manson, Vito Corleone, Jesse James, Lizzi Borden, 혹은 당신이 6학년이었을 때 당신을 괴롭히던 녀석은? 창의성은 종종 본질적인 도덕적 성분을 내포하고 있는 것으로 보인다(예 : Gardner, 1993, 그리고 Niu, 2012와 같은 많은 동양적 접근). 만일 도덕성과 윤리가 창의성이 의미하는 것의 일부라면, 이런 사람들은 창의적이라고 할 수 없다. 만일 창의적인 사람은 반드시 선한 사람이라고 한다면, Joseph Stalin이나 John Wilkes Booth[4]는 특히 창의적이라고 주장하기 어렵다. 사실, Sternberg(2010)는 어떻게 스탈린과 히틀러는 모두 아직까지 추종자를 가지고 있는지를 논의하고 그들의 아이디어가 '살아남았고' 시간의 검증(빅 C를 결정하는 하나의 기준)을 받았다는 것을 보여준다고 했다. 창의성에 부족한 것이 도덕성이기 때문에 Sternberg(2003, 2010)는 지혜의 중요성을 강조하게 되었다. 사실, Kampylis와 Valtanen(2010)은 창조자의 의도, 창조자 특수 효과, 그리고 사회적 수준의 결과가 창의성의 세 가지 중요 요인이라고 했다. 그들은 창의성을 선의의 윤리적 행동으로 본다.

창의성의 잠재되어 있는 어두운 면에 대해 더 알고 싶은 호기심이 생기지 않는가?

악의적인 창의성

창의성에는 나쁜 행동의 가능성이 포함되어 있을 것이라는 생각은 아리스토텔레스 이후로 떠돌았다(Becker, 2014). 나의 친구 Vlad Glăveanu는 프로메테우스 신화 이야기까지 거슬러 올라갈 수 있다고 한다. 프로메테

우스는 불을 훔쳐서 인간에게 전해준 그의 창의적인 일이 너무 위험하고 한계를 깨뜨리는 것이었기 때문에 그는 사슬로 바위에 묶인 채 큰 독수리에게 그의 간을 쪼아 먹히는 벌을 받는다. 오늘날 뒤돌아보면 그는 영웅이지만 제우스 신은 분명히 그렇게 생각하지 않았을 것이다.

역사를 통해서 창조자들은 그들의 기술을 사용하여 대단히 부정적인 영향을 미쳤다. 한 가지 분명한 예를 들면 로버트 오펜하이머와 그 외 과학자들이 그들의 창의성을 사용하여 맨해튼 프로젝트를 완성하여 수십만 명의 사람을 죽이고 세상의 종말을 가져올 수도 있는 원자폭탄을 개발했다(Hecht, 2015). 이 문제를 더 깊이 논의하기 전에, 나쁜 결과를 의도하고 창의적인 행동을 하는 것과 창의적인 행동을 한 결과 나쁜 일이 나타나는 것을 구분하는 것이 중요하다. Clark와 James(1999)는 '부정적 창의성'이란 비록 나쁜 의도가 없어도 결과가 나쁜 것이라고 한다. 한 직원이 회사가 파산하기를 바라지 않지만 회사 물건을 창의적으로 훔치는 방법을 생각할 수 있다. 실제 목표는 중요한 상황을 생각하지 않고 단순하게 이기적인 것일 수 있다("나는 그 스테이플러를 갖고 싶어!").

반대로, 악의적인 창의성은 다른 사람을 해치기 위해 의도적으로 계획된 창의성으로 정의된다(Cropley, Kaufman, & Cropley, 2008; Cropley, Cropley, Kaufman, & Runco, 2010). 부정적인 창의성이 회사에 해를 끼치는 것을 원하지 않으면서 사무용품을 훔치는 것이라면, 악의적인 창의성은 구체적으로 회사에 해를 끼치려고 경쟁 회사에 팔기 위한 목적을 가지고 핵심적인 회사 비밀을 훔치는 것이다. 악의적인 창의성은 테러리즘으로 볼 수 있으며(Gill, Horgan, Hunter, & Cushenbery, 2013; Gill, Horgan, & Lovelace, 2011) 범죄행위다(Cropley & Cropley, 2013b).

악의적인 창의성에 대한 대표적인 연구는 창의적인 사람과 관련된 다양한 부정적인 특성을 살펴본다. 그리고 그런 특성이 꽤 많이 있다. 창의적인 사람들은 검사 결과를 더 잘 조작하고(Gino & Ariely, 2012), 더 많은 종류의 창의적인 거짓말을 하고(Walczyk, Runco, Tripp, & Smith, 2008), 갈등을 조율하는 동안에 더 기만적이고(De Dreu & Nijstad, 2008), 그리고 진실성이 부족한 태도를 보인다(Beaussart, Andrews, & Kaufman, 2013). 다른 연구들은 사람들이 악의적으로 창의적일 수 있는 방법을 어떻게 생각하는지 살펴보았다. 그런 사람들은 신체적으로 공격적인 경향이 있고(S. Lee & Dow, 2011) 정서지능이 낮은 경향이 있었다(Harris, Reiter-Palmon, & Kaufman, 2013). 그러나 어떤 인과관계가 반드시 있는 것은 아니다. 사실 한 연구는 한 사람의 창의성이 그 사람의 후반기 삶의 윤리적 행동(어떤 방식으로든)을 예측하지 않는다는 것을 발견했다(Niepel, Mustafić, Greiff, & Roberts, 2015).

창의성의 취약점을 연구하는 또 다른 접근은 부정적인 상황 변인이나 개인 변인이 어떻게 창의성 향상에 영향을 미치는지를 보는 것이다. 예를 들어 사람들에게 의심이 가도록 했을 때, 개인적으로 창의적인 사람들의 창의적 인지 능력이 향상되었다(Mayer & Mussweiler, 2011). Riley와 Gabora(2012)는 위협적인 자극이 비위협적인 자극보다 더 창의적인 반응을 일으키는 것을 발견했다. 그들은 그런 위협이 탈평형화를 일으키고, 창의성이 그런 인지 부조화를 감소시키는 것에 도움이 된다고 주장한다(예 : Akinola & Mendes, 2008). Mai, Ellis, Welsh(2015)는 창의적인 사람이 비윤리적인 정당화를 더 잘하고 따라서 비윤리적인 행동을 더 하는 경향이 있다고 지적한다. Vincent와 Kouchaki(2015)는 조직 속에서 다른 사람들보다 자신의 창의성 수준이 높다고 생각하는 사람들은 비윤리적이어도 된다고 생각하고 비윤리적으로 행동하는 경향이 있다는 것을 발견했다.

악의적인 창의성 연구의 한 가지 문제점은 프로 c나 빅 C 수준의 연구를 하는 것이 거의 불가능하다는 것이다. 악의적인 창의적 작가를 생각해 보자. 전문 작가들을 연구하는 것은 어렵지만 가능하기는 하다. 창의성이 극히 뛰어난 전문 범죄자라면 붙잡기가 결코 쉽지 않고 따라서 연구자들이 그들을 강제적으로 창의성 검사를 받도록 할 수도 없을 것이다. 만일 악의적인 창의적 과정을 연구하고 싶다고 해도 그 사람들이 나쁜 짓을 하고 있는 것을 관찰하는 것이 가능할까? 아마도 가장 진보적인 기관심의위원회라고 해도 허락하지 않을 것이다.

결과적으로 대부분의 연구는 가상적인 상황을 가지고 미니 c 혹은 리틀 c 수준에서의 창의성에 초점을 맞춘다. 그러나 악의적인 창의성에 대한 원래 개념은 프로 c나 빅 C에 뿌리를 두고 있다(Cropley et al., 2008). 중요한 사례 중 하나는 2001년 9월 11일 테러 사건이다. Cropley, Kaufman, White, Chiera(2014)는 악의적인 리틀 c와 프로 c 창의성의 가상적 시나리오를 사용하여 사람들이 여러 행동에 대한 창의성과 악의를 어떻게 평가하는지를 조사했다(예를 들어 에세이를 쓰기 위해 더 많은 시간이 필요한 한 학생이 교수에게 물어보거나 혹은 폭탄 위협 신고를 한다). 일반적으로 도덕적으로 애매하거나 복잡한 행동을 더 창의적인 것으로 판단했다.

성가시고 불쾌한 창의성

창의성의 모든 나쁜 특성들이 반드시 악의적인 것은 아니다. 그것들은 단지 불편하거나, 비용이 많이 들거나, 골칫거리일 뿐일 수 있다. 앞에서 이미 학교에서 창의성에 대한 편견이 있는 것에는 창의적인 아이들이 산만한 경향이 있다는 것과 같은 근거가 있을 수 있다고 했다. 직장에서도 마찬가지 편견이 있을 수 있다. 창의적인 사람이 반드시 '회사에 충실한' 사람이라고 할 수는 없다. 한 가지 예를 들면, 그들은 세밀한 것들에 대한 주의가 부족하고 수행의 질이 낮은 반면에(Miron, Erez, & Naveh, 2004), 회사에 동조하는 사람들이 질이 더 높은 수행을 보여주었다. 나아가 Madjar, Greenberg, Chen(2011)은 더 현저하게 창의성이 높은 사람들 (상사에 의한 평가)이 자신의 경력문제에 더 개인적인 초점을 맞추었다. 다시 말해 자신의 개인적인 성취에 대해 더 관심이 있었다. 일상적인 틀에 박힌 사람일수록 회사에 더 충실했다. 창의적인 팀 구성원들은 더 과제 갈등을 많이 일으키고 기준에 따라서 일하는 경향이 더 낮았다(Miron-Spektor, Erez, & Naveh, 2011).

창의적인 성격에 대하여 5장에서 논의했듯이 특히 과학자들과 같은 창의적인 사람들은 비친화적인 경향이 있다. 그리고 창의성과 정신 질환에 대한 많은 연구 결과가 물론 갈등적이고 논란이 많지만, 창의적인 행동과 준임상적 질환(경조증이나 정신분열형과 같은, 8장 참조)과 관련이 있다는 연구들이 많다.

창의적인 사람들은 번거로운 사람일 수 있다. 동조하면서 살아가는 삶이 더 쉽다. 내가 아내와 함께 처음 뉴올리언스에 갔을 때 우리는 베니에 도넛으로 유명한 Café Du Monde에 갔다. 많은 사람들이 거의 한 블록 길이의 줄을 서 있어서 우리는 씁쓸히 포기하고 돌아가려고 했다. 그때 한 친절한 웨이트리스가 우리와 눈을 마주치고는 옆에 있는 빈 테이블에 앉으라고 말해주었다. 우리가 긴 줄을 가리키자 그녀는 어깨를 움츠리면서 "저 줄은 테이크 아웃 줄이에요. 테이블에 앉으시고 무엇이든 주문하시면 가져다 드리겠습니다"라고 말했다. 아내와 나는 믿을 수가 없어서 잠시 서로 쳐다만 보았다. 이게 정말이야? 그렇다면 이렇게 많은 사람들이 왜 줄을 서서 기다리지? 테이블에 앉기만 하면 되는데 이걸 모른다는 거야? 우리가 하는 말을 들었는지, 웨이트리스는 어깨를 으쓱하며 "어떤 사람들은 그냥 줄서서 기다리는 것을 좋아해요"라고 말했다.

나는 그 웨이트리스보다 더 간단하게 설명할 수가 없다. 어떤 사람들은 질서를 좋아한다. 어떤 사람들은 모든 것이 순서대로 온다고 생각하기를 좋아해서 맛있는 도넛을 위해 모험을 하기보다는 한 시간 동안 줄 서서 기다리기를 원한다면 그렇게 하라지요. 모든 대학에는 위원회에 참가하는 두 유형의 사람들이 있다. 일을 끝내고 싶어 하고 모든 문서 작업을 처리해내는 사람들이 있고 세세한 문서들까지 간직하고만 있다가 외부 감사의 위협에 당혹해 하는 사람들이 있다. 두 유형의 사람들이 서로를 좋아할 것 같지는 않지만, 그들을 필요로 하는 곳과 그들의 목적이 따로 있다. 규칙이나 절차나 동조에 대한 어느 정도의 욕구가 없다면 우리는 무질서 속에서 헤엄칠 것이다. 어느 정도의 위험 감수와 독창성이 없다면 우리는 우리 자신의 진흙투성이에 빠져 있을 것이다.

창의성은 좋은 목적을 위해서도 혹은 나쁜 목적을 위해서도 사용될 수 있는 도구다. 모든 사람들이 더 창의적이라고 해서 반드시 더 좋은 세상이 되지는 않는다. 더 재미있는 곳이 될 수 있을지는 몰라도 반드시 더 좋은 곳이 될 것이라고 할 수는 없다. 창의적인 사람들은 그들의 결점과 기벽을 가지고 있다. 그들은 항상 제 시간에 문서작업을 제출하는 열성적인 팀 구성원이 아닐지 모른다. 하지만 여러분도 예측했겠지만 나는 창의성을 좋은 것이라고 생각한다. 나는 창의성이 할 수 있는 좋은 점들을 강조하는 것으로 이 장을 마무리 지을 것이다.

창의성의 치료의 힘

나는 8장에서 창의성과 정신 질환을 둘러싼 문헌을 어느 정도 깊이 있게 논의했다. 동전의 다른 면에는 창의성의 표현적 형식에 치료의 힘이 있다는 것을 보여주는 연구들이 있다. 예술은 신체적 고통에 대한 대처 기제나 주의 분산을 위해 사용될 수 있다(Zausner, 2007). 사실, 창의적인 천재와 정신질환 간에 진정한 연결고리가 있다면, 그들의 삶을 유지해주고 건강을 가능한 한 지켜줄 수 있었던 것은 창의성일 것이다.

표현적인 글쓰기와 정신적 그리고 신체적 건강에 대한 연구는 흔히 의사 진료, 자기평가, 모험하기, 그리고 인생의 성공으로 측정되며 James Pennebaker와 동료들의 연구에 의해 추진되었다(Pennebaker, 1997; Pennebaker & Beall, 1986; Pennebaker, Mayne, & Francis, 1997). 표현적인 글쓰기는 하루 15~20분 정서적인 주제에 대해 글을 쓰도록 무작위로 배치된 집단의 사람들이 외상에 효과적으로 대처하는 데 도움이 되었다(Frisina, Borod, & Lepore, 2004). 표현적인 글쓰기는 단시간 혹은 장시간의 간격이 있어도 모두 긍정적인(가끔은 긍정적인 작은) 효과가 있는 것으로 나타났다(Pennebaker, 1997; Travagin, Margola, & Revenson, 2015).

표현적인 글쓰기가 정적 효과를 나타내는 가장 중요한 이유는 표현적인 글쓰기에 내러티브(narrative)[5]의 성분이 포함되어 있기 때문이다(Pennebaker & Seagal, 1999). 외상적 사건에 대하여 다시 이야기할 때 사람들은 마음속으로 그것을 조직한다. 이런 행동은 그들로 하여금 그 사건을 처리하고 저장해 두게 하며, 그럼으로써 과다한 반추를 줄여준다(과다한 반추는 흔히 우울증과 연결된다; Nolen-Hoeksema, Larson, & Grayson, 1999). 내러티브는 치료 과정의 일부로 작용한다. 단편적으로 나누어서 글을 쓰는 것은 도움이 훨씬 덜 된다(Smyth, True, & Souto, 2001).

또 다른 연구 결과는 1인칭 단수(예 : 나, 나를, 나의)에서 3인칭(예 :

그, 그녀, 그들)으로 바꾸어 사용하는 작가들은 계속해서 1인칭 단수를 사용하는 사람들보다 더 건강하다는 것이다(Stirman & Pennebaker, 2001). 이것은 관점의 전환이 중요한 요인이라는 것을 말하며, 이것은 이야기하기의 중요성을 지적하는 연구와 일치한다. 이 생각은 심리치료에서 중요한 요인 중 하나가 중요한 인생사에 대하여 자신의 것으로 포용하고 수용할 수 있도록 일관되게 이야기를 하는 것이라는 믿음과 비슷하다(Mahoney, 1995). 이야기를 만드는 것(story-making)은 외상이 있을 때뿐만 아니라 전 생애에 걸쳐서 정신 건강에 도움이 된다고 오랫동안 믿어 왔다(McAdams, 1999; Sexton & Pennebaker, 2004).

J. C. Kaufman과 Sexton(2006)은 내러티브가 가지고 있는 치료의 힘이 실비아 플래스 효과를 설명할 수 있다고 주장한다. 글쓰기가 치료 효과가 있는 중요한 이유가 이야기 구성에 있다는 것이 확인되었다. 하지만 시는 이야기와 같은 내러티브 구성을 가지고 있지 않다. 시는 시작, 중간, 종말을 가지고 이야기를 하는 다른 유형의 글쓰기와는 다르다. 대부분의 소설과 희곡은 내러티브를 가지고 있지만 많은 시들은 내러티브를 가지고 있지 않다. 시를 쓰는 것이 다른 종류의 글을 쓰는 것과 같은 장점을 가지고 있는지는 분명하지 않다. 그러므로 그들이 주장하는 것은 시를 쓰는 것이 정신 질환을 일으키는 이유라는 것이 아니라, 다른 작가들이 글을 쓰는 데서 얻는 정신적 건강의 이로운 점을 시인들은 경험할 수 없을 것이라는 점이다. Stephenson과 Rosen(2015)는 하이쿠(자연, 부정적인 인생사건, 혹은 중성적인 주제)를 쓰는 것과 내러티브(중성적인 주제)를 쓰는 것을 여러 번에 걸쳐서 비교했다. 그들의 내러티브 집단에서는 불안과 우울증이 감소하는 것으로 나타났다(표현적인 글쓰기와 결과가 일치). 자연이나 부정적인 인생사건에 대한 하이쿠를 쓴 사람들은 창의성이 높아진 것

으로 나타났다(하지만 우울증이나 불안에서는 차이가 없었다).

　도움이 되는 것은 글쓰기뿐만이 아니다. 표현적 글쓰기보다는 경험적으로 타당화가 덜 되었지만, 미술치료에 대한 많은 연구가 있다 (Forgeard Mecklenburg, Lacasse, & Jayawickreme, 2014). De Petrillo와 Winner(2005)는 미술이 카타르시스에 도움이 될 수 있는지에 대해 검사했다. 그들은 참여자들에게 비극적인 그림과 영상(9/11 사건, 홀로코스트 등)을 보여주고 그림을 그리거나 간단하게 형태를 베끼도록 했다. 실제로 시각 예술을 산출한 사람들은 그들 작품이 행복한 것이든 슬픈 것이든 관계없이 기분이 좋아졌다. 두 번째 실험에서는 단어 퍼즐을 통제 조건으로 사용했으며 같은 결과를 발견했다. Drake, Coleman, Winner(2011)도 또한 슬픈 기분을 유도하고 참여자들에게 글을 쓰거나 그림을 그리도록 했다. 그림을 그리도록 배치된 사람들이 글을 쓰도록 배치된 사람들보다 기분이 더 향상된 것으로 나타났다. 다른 연구 결과(Pizarro, 2004)와 마찬가지로, 이 연구 결과는 표현적인 글쓰기의 단기적인 효과는 장기적인 효과보다 적다는 것을 보여준다.

　하지만 미술 작품을 만드는 행위 뒤에 숨어 있는 이유가 중요하다. Dalebroux, Goldstein, Winner(2008)는 기분을 분출하기 위해서 그리는 것과 좋은 기분으로 전환하기 위해 그리는 것을 구분했다. 그들은 기분 전환이 분출보다 더 기분을 좋게 한다는 것을 발견했다(그리고 미술을 통한 전환이 상징 탐색 과제를 하는 것보다 더 효과가 있었다). 마찬가지로 Drake 등(2011)은 참여자들에게 그 과제(글쓰기든 그림 그리기든 관계없이)를 분출하기 위해 사용하고 있는지 혹은 기분 전환하기 위해 사용하고 있는지 물었다. 이 결과에서도 기분 전환을 위해 하고 있다고 답한 사람들의 기분이 좋아지는 것으로 나타났다. Drake와 Winner(2012)는 기분

전환으로 그림을 그리는 것이 기분 분출을 위해서 그림을 그리거나 그냥 앉아서 시간만 보내는 것보다 기분을 더 호전시킨 것을 발견했다. 마지막으로 Drake와 Winner(2013)는 아동들을 대상으로 한 연구에서도 이와 같은 패턴을 보여주었다. 아동들이 기분 전환을 위해 그림을 그릴 때는 기분이 좋아졌지만 기분을 분출하기 위해 그림을 그렸을 때는 효과가 없었다(그림을 단순히 베낄 때도 효과가 없었다). 이 연구들은 단기간의 기분만 살펴보았다. 따라서 이 연구 결과를 이유로 해서 자신의 기분에 대해 이야기하는 것 대신에 가만히 앉아서 계속해서 비행기만 쳐다보고 있어서는 안 된다.

창의성은 당신에게 슬픈 그림을 보여주는 심리학자의 불유쾌함보다 치료를 더 잘할 수 있다. 창의성은 주요 외상에 대한 탄력성을 키우는 데 도움이 된다. 사실, 외상으로부터 성장할 수 있는 것은 창의성과 연관이 있다(Forgeard, 2013). 허리케인 카트리나의 생존자들 중에서 창의적인 생각을 표현하는 사람들이 그렇지 않은 사람들보다 탄력성이 있고 더 높은 긍정적 웰빙을 나타냈다(Metzl, 2009). 물론 외상을 극복하는 모든 사람이 창의성을 활용하여 극복하는 것은 아니다. 르완다 대학살[6]의 생존자들에 대한 연구에서 약 25%가 그들이 더 창의적이 되었다고 믿었지만 대다수는 변화가 없다고 믿는 것으로 나타났다(Forgeard et al., 2014).

일반적으로 예술은 모든 사람에게 유익한 영향을 미칠 수 있다. 어떤 사람들은 예술은 해석되고 해결해야 하는 수수께끼라고 생각하고(Leder, Belke, Oeberst, & Augustin, 2004) 또 어떤 사람들은 핵심은 예술작품에 대한 우리의 심미적 감상(appreciation)이라고 한다(Locher, Overbeeke, & Wensveen, 2010). 픽션 읽기, 특히 문학적 픽션 읽기도 많은 긍정적인 이점을 가지고 있다(Djikic & Oatley, 2014; Mar, Oatley, Djikic, & Mullin,

2011). 예를 들어 연구들은 픽션(논픽션이 아닌)을 읽으면 인지적 공감을 증가시킬 수 있고(Djikic, Oatley, & Moldoveanu, 2013b) 마음의 개방성을 증가시킬 수 있다는 것을 보여주었다(Djikic, Oatley, & Moldoveanu, 2013a). 그밖에, 픽션 읽기는 정서적 그리고 인지적 마음 이론을 발달시킬 수 있다(Kidd & Castano, 2013). 다시 말해서 픽션을 읽는 사람들은 다른 사람들의 감정과 믿음을 더 깊이 이해한다. Black과 Barnes(2015)는 이 연구를 확장시켜서 The West Wing이나 Lost와 같은 고수준의 TV 드라마를 보는 것까지 포함시켰다(아, 나는 전혀 도움이 안 되는 심슨네 가족을 보면서 많은 시간을 보냈네).

연기도 그것 자체의 이점을 가지고 있다. Goldstein과 Winner(2012)는 연기 훈련이나 시각예술 훈련을 받은 초등학교 학생들과 고등학교 학생들을 연구했다. 초등학생과 고등학생 전체에서 연기 훈련을 받은 학생들이 시각예술 훈련을 받은 학생들과 비교해서 공감도가 향상된 것으로 나타났으며 나이가 많은 고등학생들은 또한 향상된 마음 이론도 보여주었다. 또 다른 연구는 연기 수업을 받는 학생들이 다른 유형의 예술 수업을 받는 학생들보다 자신의 감정을 더 잘 표현하는 것을 발견했다(Goldstein, Tamir, & Winner, 2013).

예술은 또한 뇌의 노화 예방에 도움이 될 수 있다. Roberts 등(2015)은 85세 이상의 노인들을 조사하고 예술(혹은 공예) 활동을 하는 것이 인지적 노화를 늦출 수 있는 것을 발견했다. 치매 노인들에 대한 또 다른 연구에서, 적극적으로 노래 부르기(자신의 즐거움을 위해 힘껏 부르는)가 인지력을 향상시키는 것으로 나타났다(Maguire, Wanschura, Battaglia, Howell, & Flinn, 2015).

이 현상에 대한 근본적인 신경심리학적 설명이 있다. Speer, Reynolds,

Zacks(2009)는 사람들이 글을 읽는 동안에 그들의 뇌 활동을 관찰하는 신경영상 연구를 수행했다. 한 인물이 어떤 장면을 연기하고 있는 것을 참여자들이 읽고 있을 때, 참여자들의 뇌 속에서 그 특수한 활동과 연관된 영역도 활동하는 것으로 종종 나타났다. 우리는 그 활동을 우리 마음속에서 시뮬레이션함으로써 그 이야기를 이해하며, 그것은 다시 우리를 픽션 인물과 동일시하게 하고 그래서 그 인물에 대한 우리의 공감도를 높이게 된다.

흥미 있게도 한 연구는 장르와의 상호작용을 조사하고 로맨스나 서스펜스 스릴러를 읽는 사람들의 대인관계 민감도가 가장 많이 증가한 것을 발견했다(Fong, Mullin, & Mar, 2013). 그들이 안 했다면 내가 그렇게 예측했을 것이라는 것을 인정하며, Coben, Deaver, Lippman, Lehane, Gerritsen, 혹은 다른 스릴러 작가들의 작품을 나는 매일 탐독하고 있기 때문에 내가 도덕적으로 우수하다고 느낄 수 있게 되어 기쁘게 생각한다.

Smith(2014a, 2014b)는 사람들이 박물관에 들어갈 때, 박물관 안에서 관람할 때, 그리고 박물관을 떠날 때 세상을 어떻게 지각하는가를 분석했다. 그가 몇 차례에 걸쳐 연구한 결과 사람들이 다른 사람들(그들 주위의 가까운 사람으로부터 일반 세상 사람들까지)과 가장 교감하는 관계를 맺는 느낌을 가지는 것을 발견했다. 그들이 박물관을 떠나면서 조금 감소했지만, 중요한 점은 박물관 —그리고 많은 다른 문화 기관들도— 이 실제로 우리를 더 좋은 사람이 되게 한다는 것이다.

창의성의 더 일반적인 이로운 점들

창의성은 치료의 힘을 가지고 있을 뿐만 아니라 좋은 재능이다. 창의성 연구자들이 왜 창의성이라는 구인을 연구해야 하는가(혹은 소유해야 하

는가)를 가장 잘 설명해주지는 않지만, 그럼에도 불구하고 세상에서 창의
성이 중요한 자리를 차지하는 것을 지지하는 연구와 이론의 단단한 흐름
이 지속되고 있다. Florida(2002)는 21세기의 가장 중요한 경제 자원이 창
의성이라고 했으며 기업이 지속적으로 창의성과 혁신에 투자하는 이유가
있다. 현상에 만족한다고 해도 창의적 산출물은 여전히 더 바람직하게 보
인다(Horn & Salvendy, 2009). 일반적인 '친 창의성' 접근은 종종 시장에
서 돌파구가 될 수 있다(예 : K. Lee, Rho, Kim, & Jun, 2007). 회사에서
최고혁신책임자(CIO)를 고용하는 것이 특별한 일이 아니다(Rosa, Qualls,
& Fuentes, 2008). 비즈니스는 창의성/혁신이 좋은 것이라고 간단하게 생
각하는 경향이 있다. 예외(Staw, 1995)도 있지만, 회사를 위해 창의성에
투자하는 것이 좋다는 기본적인 생각을 의심하는 논문은 놀랍게도 거의
없다.

프로 c 수준에서 활동하는 사람들을 위하여 창의성은 더 빠른 승진, 더
많은 월급, 그리고 더 높은 경력 만족도와 관련이 있다(Seibert, Kraimer,
& Crant, 2001). 엔지니어링 전공 대학생들의 창의성 점수가 15년 후의
특허 신청과 일반적인 창의적 업적을 예측했다(Clapham, Cowdery, King,
& Montang, 2005). 더 창의적인 기업가들 또한 성공의 정점이 더 높은 경
향이 있었다(Ames & Runco, 2005).

리틀 c와 미니 c 수준의 창의성은 우리의 일상생활에 도움이 된다. 창
의적인 사람들은 신체적으로 더 건강하고(Stuckey & Nobel, 2010) 일반적
인 웰빙 상태가 더 좋은 경향이 있었다(Plucker, Beghetto, & Dow, 2004;
Richards, 2007). 창의성은 치료에 도움이 되는 것 이외에 사회적 화합
(King & Pope, 1999)과 탄력성(Metzl, 2009)을 증가시키고, 부담감을 덜어
주고(Goncalo, Vincent, & Krause, 2015), 그리고 개인적인 스트레스를 줄

여주고(Nicol & Long, 1996) 일로부터 오는 피로/고갈 상태를 완화해준다 (Eschleman, Madsen, Alarcon, & Brelka, 2014).

창의성은 또한 섹시하다. 사람들은 자신의 미래 배우자가 창의적이기를 원한다(Geher & Kaufman, 2013). 남성과 여성 모두 배우자의 예술적 창의성, 특히 매력을 찾으며(S. B. Kaufman et al., 2015), 창의적인 사람은 덜 창의적인 사람보다 더 많은 성적 활동을 보고한다(Beaussart, Kaufman, & Kaufman, 2012; Clegg, Nettle, & Miell, 2011). 매력적이라고 생각하는 사람의 이미지를 보는 것이 우리를 더 창의적으로 만들 수 있다(Griskevicius, Cialdini, & Kenrick, 2006). 장기간에 걸쳐서 살펴보면, 일상생활 창의성이 높은 사람들이 또한 더 로맨틱한 관계를 즐겼지만 (Campbell & Kaufman, 2015), 예술적 창의성은 부정적인 예측치였다(아마도 일상생활 창의성은 공유하는 것인 반면에 예술은 종종 혼자 하는 활동이기 때문이다).

나는 창의성이 좋은 것들과 연관이 있다는 것을 보여주는 더 많은 연구뿐만 아니라 창의성이 다른 특성들보다 긍정적인 결과와 더 많다는 것을 보여주는 더 많은 연구가 나오는 것을 기대한다. 시간, 직장의 자원, 학교 예산 배정은 제한되어 있으며 창의성이 중요하다는 것을 보여주기에 부족하다. 창의성은 비판적 사고나 체스 클럽이나 동기유발 훈련이나 혹은 양치질보다 더 중요한 것인가? 대부분의 사례에서, 우리는 모른다. Forgeard와 Kaufman(2015)은 대부분의 논문들이 창의성을 종속변인으로 처리하고(예측되는 무엇), 독립변인(예측하는 무엇)으로 처리하지 않는다는 것을 발견했다. 우선 창의성이 왜 중요한지에 대해 상세하게 논의하는 논문은 10%도 되지 않는다. 만일 우리가 창의성을 진지하게 논의하고 창의성 연구자들이 진지한 처우를 받고 싶다면, 나는 이 틈을 바로잡을 필요가 있다고 생각한다.

이제 이 장을 마감하면서 나는 창의성을 그것 자체로 즐거움의 원천으로 본다는 것을 말하고 싶다. 나는 임상심리학자가 아니다. 하지만 나는 항상 실존 분석적 정신요법(Frankl, 2006)에서 말하는 행복한 삶의 열쇠는 자신의 의미를 발견하는 것이라는 기본적 원리를 사랑했다. Frankl은 의미를 찾는 세 가지 방법이 있다고 주장했다. 하나는 일을 만들거나 행동을 하는 것이고, 다른 하나는 무엇을 경험하거나 누군가와 상호작용하는 것이고, 그리고 세 번째는 피할 수 없는 고통을 직면하는 것이다. 우리 대부분은 지속적인 비통함을 대처해야만 하지 않아도 되는 특권을 누리고 있기 때문에 우리 자신의 의미를 발견하는 호사를 누릴 수 있다. 그것은 가족과 친구 혹은 일과 이타적인 행동이 될 수 있으며 창의성은 의미의 또 다른 자원이다. 우리가 창조할 때, 우리가 플로에 빠져 있을 때, 우리의 창의적 작업을 공유할 때 ⋯ 이 순간들이 세상을 이롭게 할 수 있다.

다음 장 연결하기

여러분은 나와 함께 꽤 먼 길을 왔으며 나는 그것에 대해 고맙게 생각한다. 이 지점에서 우리가 아직 살펴보고 행동해야 할 일들이 많이 남아 있다. 이것들에 대하여 후기에서 간단하게 살펴볼 것이다.

 역자주

1. Thomas Harris 소설(후에 영화로도 나옴) 속의 인물로 연쇄 살인자다.
2. 소설 및 영화 속의 FBI 요원. 클라리스 스털링은 사이코 살인마인 한니발 렉터의 도움으로 납치된 상원의원의 딸을 찾아내 명성을 얻게 된다. 그러나 그 사건 이후 그녀는 한니발과의 관계에 대한 악몽에 벗어나지 못한다.

3. 연쇄살인범. 백인 여성들만을 골라서 잔인하게 살해했다. 그가 죽인 여성들의 수는 36명에 달하는 것으로 알려져 있다.
4. 링컨 대통령 암살자. 연극배우였으며 열혈 남부 지지자였다.
5. 이야기 · 사건의 전말 · 경험담 등을 흥미 있게 정리하여 이야기하는 것
6. 1994년에 발생한 르완다의 후투족과 투치족 간의 종족 대학살

후기 : 창의성의 미래

나는 지금까지 전문가로서 창의성을 연구했고 또 연구하고 있으며 그것을 축복이라고 생각한다. 나는 창의성을 사랑한다. 나는 창의적으로 될 수 있는 새로운 방법을 찾아내는 것을 좋아한다. 내가 좋아하는 최신 영화나 책을 발견하거나 새로 나온 TV 쇼나 비디오 게임에 빠지게 되거나 혹은 바이러스성 비디오나 사진을 잠시 즐길 때나, 나는 창의성과 관련시켜 깊이 생각하는 것을 좋아한다. 포토샵 같은 새로운 창의적인 방법과 비디오카메라와 같이 옛날에는 비쌌던 것들이 이제 쉽게 접근할 수 있는 것은 말할 것도 없고, 테크놀로지를 사용하여 우리의 작업이 너무나 빠르게 공유될 수 있는 것을 보면 나는 흥분한다.

나는 앞으로 계속해서 테크놀로지가 창의성 연구에 영향을 미칠 것이라고 생각한다. 현재, 컴퓨터를 활용한 연구는 종이와 연필을 사용한 자료 대신에 온라인 자료를 수집하기 때문에 자료 수집이 더 쉬울 뿐, 전통적인 연구 방법과 거의 차이가 없다(Haas, 2015). 그런 테크놀로지는 연구자들이 전 세계적으로 참여자를 모집할 수도 있게 해준다. 나는 창의성 검사의 미래는 원문 분석을 할 수 있거나 혹은 창의적인 작업을 전문가에 상응하는 방식으로 자동적으로 채점할 수 있는 컴퓨터와 프로그램 개발 능력에 달려있다고 생각한다(Kaufman, 2015). 창의성에 대한 잠행 평가(stealth assessment)로 비디오 게임을 사용하는 것은 이미 가능하다(Kim & Shute, 2015; Shute & Ventura, 2013). 어떤 연구자들은 사람들이 자신의 창의성을 스스로 평가할 수 있는 스마트폰 앱을 개발했으며(Reisman, 출판 중), 앞에서 논의했듯이 확산적 검사의 자동 채점 방법에 대한 개선 작업이 진행 중이다(Acar & Runco, 2014, 2015).

컴퓨터 스스로가 창의적으로 되고 있다. IBM의 인공지능 왓슨은 Jeopardy!*에서 우승한 것에 멈추지 않고 독창적이고 복잡한 요리법을 제안하고 있다(Sydell, 2014). 음식재료의 궁합과 인간의 입맛에 맞춰 프로그램이 개발된 왓슨은 이전에 없었던 새롭고 맛도 보장하는 요리법을 만들 수 있다. 컴퓨터는 음식 알레르기도 고려할 수 있다. 한편 구글(Goole)은 정보 신경 네트워크가 그림을 분석할 때 피드백 회로에 들어갈 수 있도록 연결했다. 그런 과정을 거쳐 마침내 컴퓨터의 '뇌'에서 나오는 초현실적이고 잊히지 않는 다양한 놀라운 그림을 만들어낸다(Hern, 2015). 당신은 왓슨과 구글 네트워크는 스스로 창의적인 것이 아니라 인간 프로그래머들이 대단하다는 증거라고 주장할 수 있겠지만, 그것은 당신이 생각하는 창의성의 개념에 있어서 인터넷이 얼마큼 큰 비중을 차지하는지에 달려 있다. 비행기와 자동차가 우리가 발로 걷는 것보다 더 멀리 그리고 더 빨리 갈 수 있도록 해주지만 그것은 모두 인간의 기발한 생각에서 나온 것이다. 컴퓨터가 언젠가는 일상생활에서 창의적 천재가 될 수 있을 것이다. 컴퓨터를 사용한 창의성 분야는 대부분 창의적인 작업을 산출할 수 있는 컴퓨터 시스템의 설계와 프로그래밍에 집중되어 있으며(Colton, Pease, Corneli, Cook, & Llano, 2014), 나는 관련 분야들 간에 소통이 더 많아질수록 서로에게 더 도움이 될 것이라고 생각한다. Dexter와 Kozbelt(2013)는 이 방향으로 이미 발걸음을 내딛고 있으며, 무료 오픈소스 소프트웨어

---

* 1964년 미국 NBC에서 첫 방송을 시작하여 오랜 역사를 가지고 있는 인기 퀴즈쇼

가 창의성에 대한 질문에 답할 수 있는 가장 중요한 열쇠라고 했다.

　나는 여러 학문 분야 간에 소통이 더 활발해지기를 기대한다. 창의성 학술지에 실린 논문을 하나도 인용하지 않는 창의성 논문을 발견할 때면 기이하다고 생각하면서 충격을 받는다. 내가 이 책에서 인용한 사회심리학이나 산업심리학에서 나온 논문들 중에서도 그런 논문들이 많다. 만일 무엇이 이미 만들어졌는지를 모른다면 불을 다시 발견하거나 네모난 바퀴를 만들게 되는 결과가 되기 쉽다. 그렇기 때문에 여러 가지 측면을 이해하기 위해 노력하는 연구자들에게 더 고마움을 느끼게 된다. 나는 내가 '학문적 이중언어자'(Kaufman, 2014)라고 이름붙인 사람들을 좋아한다. 그들은 창의성 언어를 이야기하면서 엔지니어링이나 신경과학과 같은 다른 학문의 언어를 이야기하는 사람들이다. 더 많이 연구하고 더 많이 협력하고 그리고 우리가 연구한 것을 다른 분야와 다른 세상에 전달하기 위해 더 많이 노력한다면 거의 모든 것이 가능할 것이다.

　창의성 책이나 논문이 Guilford(1950)의 미국심리학회 회장 연설을 인용하는 것으로 시작하는 것은 상투적인 것이 되어버렸다. 책의 거의 마지막에 그를 끌어들이는 것도 마찬가지겠지만, 그가 어떻게 연설을 시작했는지 보기로 하자. "나는 상당히 주저하면서 창의성을 논의한다. 창의성이란 주제는 일반적으로 심리학자들이 접근하기 두려워하는 영역이기 때문이다"(p. 444). 사실이 그랬었고 여전히 그런 영역이 창의성이다. 창의성을 감히 연구하는 것은 축복받을 일이다. 창의성을 연구하면 국가과학재단(NSF) 연구비를 받는 것이나, 교수로서 정년을 보장받는 것이나, 우선 직장을 구하는 것도 기회가 많지 않다. 창의성 연구자들이란 황금알을 낳는 거위를 죽이려고 하는 사람이 아닌가, 혹은 창의성이 진짜 교육학이나 심리학 혹은 비즈니스에서 중요한가라고 하는 사람들의 질문에 답하기 위해 나와 함께 일하고 있는 사람들에게 마음 깊이 감사드린다. 나는 여러분들 모두를 사랑하고 내가 하는 일을 사랑한다.

나는 창의성을 연구하는 것이 세상에서 가장 좋은 직업이라고 생각한다.

참고문헌

제1장 창의성이란 무엇인가?

Amabile, T. M. (1996). *Creativity in context: Update to "The Social Psychology of Creativity."* Boulder, CO: Westview Press.

Bailey, H. (2013). Finding Vivian Maier: A new doc tries to unearth clues about the life of a mysterious street photographer. *Yahoo News.* Retrieved from http://news.yahoo.com/vivian-maier-street-photography-194916112.html

Barron, F. (1955). The disposition toward originality. *Journal of Abnormal and Social Psychology, 51*, 478-485.

Becker, M. (1995). Nineteenth-century foundations of creativity research. *Creativity Research Journal, 8*, 219-229.

Bloom, B. S. (Ed.). (1985). *Developing talent in young people.* New York, NY: Ballantine Books.

Boden, M. A. (2004). *The creative mind: Myths and mechanisms.* London, England: Routledge.

Calaprice, A. (2000). *The expanded quotable Einstein.* Princeton, NJ: Princeton University Press.

Chassell, L. M. (1916). Test for originality. *Journal of Educational Psychology, 7*, 317-328.

Cropley, D. H. (2015). Teaching engineers to think creatively. In R. Wegerif, L. Li, & J. C. Kaufman (Eds.), *The Routledge international handbook of research on teaching thinking* (pp. 402-410). London, England: Routledge.

Dewey, J. (1934). *Art as experience.* New York, NY: Minton, Balch.

Diedrich, J., Benedek, M., Jauk, E., & Neubauer, A. C. (2015). Are creative ideas novel and useful? *Psychology of Aesthetics, Creativity, and the Arts, 9*, 35-40.

Ericsson, K. A. (2014). Creative genius: A view from the expert-performance approach. In D. K. Simonton (Ed.), *The Wiley handbook of genius* (pp. 321-349). Oxford, England: Wiley.

Evenson, A. E. (2001). *The telephone patent conspiracy of 1876: The Elisha Gray-Alexander Bell controversy and its many players.* Jefferson, NC: McFarland.

Freud, S. (1959). Creative writers and day-dreaming. In J. Strachey (Ed.), *The standard edition of the complete psychological works of Sigmund Freud* (Vol. 9, pp. 141-154). London, England: The Hogarth Press. (Original work published 1908)

Glăveanu, V. P., Tanggaard, L., & Wegener, C. (Eds.). (2016). *Creativity: A new vocabulary*. London, England: Palgrave.

Guilford, J. P. (1950). Creativity. *American Psychologist, 5*, 444–454.

Hayes, J. R. (1989). Cognitive processes in creativity. In J. A. Glover, R. R. Ronning, & C. R. Reynolds (Eds.), *Handbook of creativity* (pp. 135–145). New York, NY: Plenum Press.

Hegarty, C. B. (2009). The value and meaning of creative leisure. *Psychology of Aesthetics, Creativity, and the Arts, 3*, 10–13.

Hegarty, C. B., & Plucker, J. A. (2012). Self-expression in creative leisure. *International Journal of Creativity & Problem Solving, 22*, 63–78.

Hennessey, B. A., & Amabile, T. M. (2010). Creativity. *Annual Review of Psychology, 61*, 569–598.

Hutchinson, E. D. (1931). Materials for study of creative thinking. *Psychological Bulletin, 28*, 392.

Hutton, E. L., & Bassett, M. (1948). The effect of leucotomy on creative personality. *Journal of Mental Science, 94*, 332–350.

Kahl, C. H., da Fonseca, L. H., & Witte, E. H. (2009). Revisiting creativity research: An investigation of contemporary approaches. *Creativity Research Journal, 21*, 1–5.

Kharkhurin, A. V. (2014). Creativity4in1: Four-Criterion Construct of Creativity. *Creativity Research Journal, 26*, 338–352.

Low, M. B., & MacMillan, I. C. (1988). Entrepreneurship: Past research and future challenges. *Journal of Management, 14*, 139–161.

Mosselmans, B., & White, M. V. (2001). Introduction. In *Economic writings of W. S. Jevons* (pp. v–xxv). London, England: Palgrave/MacMillan.

Mottweiler, C., & Taylor, M. (2014). Elaborated role play and creativity in preschool age children. *Psychology of Aesthetics, Creativity, and the Arts, 8*, 277–286.

Perkins, D. (2000). *The Eureka effect: The art and logic of breakthrough thinking*. New York, NY: W. W. Norton.

Reza, Y. (1996). *Art* (Christopher Hampton, Trans.). London, England: Faber and Faber.

Rothenberg, A., & Hausman, C. R. (Eds.). (1976). *The creativity question*. Durham, NC: Duke University Press.

Russ, S. W. (2013). *Pretend play in childhood: Foundation of adult creativity*. Washington, DC: American Psychological Association.

Russ, S. W., & Fiorelli, J. A. (2010). Developmental approaches to creativity. In J. C. Kaufman & R. J. Sternberg (Eds.), *Cambridge handbook of creativity* (pp. 233–249). New York, NY: Cambridge University Press.

Sawyer, R. K. (2011). *Structure and improvisation in creative teaching*. New York, NY: Cambridge University Press.

Shields, D., & Salerno, S. (2013). *Salinger*. New York, NY: Simon & Schuster.

Simonton, D. K. (2009). *Genius 101*. New York, NY: Springer Publishing

Company.

Simonton, D. K. (2012). Taking the US Patent Office creativity criteria seriously: A quantitative three-criterion definition and its implications. *Creativity Research Journal, 24*, 97–106.

Simonton, D. K. (2014). Creative performance, expertise acquisition, individual differences, and developmental antecedents: An integrative research agenda. *Intelligence, 45*, 66–73.

Singer, D. G., & Singer, J. L. (1990). *The house of make-believe: Children's play and the developing imagination.* Cambridge, MA: Harvard University Press.

Sowden, P. T., Clements, L., Redlich, C., & Lewis, C. (2015). Improvisation facilitates divergent thinking and creativity: Realizing a benefit of primary school arts education. *Psychology of Aesthetics, Creativity, and the Arts, 9*, 128–138.

Stedman, E. C. (Ed.). (2001). *An American anthology, 1787–1900.* Boston, MA: Houghton Mifflin. (Original work published 1900) Retrieved from http://www.bartleby.com/248

Stein, M. (1953). Creativity and culture. *Journal of Psychology, 36*, 311–322.

Sternberg, R. J. (1999). A propulsion model of types of creative contributions. *Review of General Psychology, 3*, 83–100.

Sternberg, R. J., Kaufman, J. C., & Pretz, J. E. (2002). *The creativity conundrum.* Philadelphia, PA: Psychology Press.

Tinio, P. L. (2013). From artistic creation to aesthetic reception: The mirror model of art. *Psychology of Aesthetics, Creativity, and the Arts, 7*, 265–275.

Wehner, L., Csikszentmihalyi, M., & Magyari-Beck, I. (1991). Current approaches used in studying creativity: An exploratory investigation. *Creativity Research Journal, 4*, 261–271.

West, M. A. (2002). Sparkling fountains or stagnant ponds: An integrative model of creativity and innovation implementation in work groups. *Applied Psychology, 51*, 355–387.

West, M. A., Hirst, G., Richter, A., & Shipton, H. (2004). Twelve steps to heaven: Successfully managing change through developing innovative teams. *European Journal of Work and Organizational Psychology, 13*, 269–299.

Witty, P. A., & Lehman, H. C. (1929). Nervous instability and genius: Poetry and fiction. *Journal of Abnormal and Social Psychology, 24*, 77–90.

Wu, D. (2008). *William Hazlitt: The first modern man.* New York, NY: Oxford University Press.

Zampetakis, L. A. (2008). The role of creativity and proactivity on perceived entrepreneurial desirability. *Thinking Skills and Creativity, 3*, 154–162.

Adams, S. (1996). *The Dilbert principle.* New York, NY: HarperBusiness.

Amabile, T. M. (1983a). *The social psychology of creativity.* New York, NY: Springer-Verlag.

Amabile, T. M. (1983b). The social psychology of creativity: A componential conceptualization. *Journal of Personality and Social Psychology, 45,* 357–376.

Amabile, T. M. (1996). *Creativity in context: Update to "The Social Psychology of Creativity."* Boulder, CO: Westview Press.

Basadur, M. S., Runco, M. A., & Vega, L. A. (2000). Understanding how creative thinking skills, attitudes and behaviors work together: A causal process model. *Journal of Creative Behavior, 34,* 77–100.

Beghetto, R. A., & Kaufman, J. C. (2007). Toward a broader conception of creativity: A case for "mini-c" creativity. *Psychology of Aesthetics, Creativity, and the Arts, 1,* 73–79.

Beghetto, R. A., & Kaufman, J. C. (2009). Intellectual estuaries: Connecting learning and creativity in programs of advanced academics. *Journal of Advanced Academics, 20,* 296–324.

Blair, C. S., & Mumford, M. D. (2007). Errors in idea evaluation: Preference for the unoriginal? *Journal of Creative Behavior, 41,* 197–222.

Boden, M. A. (2004). *The creative mind: Myths and mechanisms.* Hove, England: Psychology Press.

Campbell, D. T. (1960). Blind variation and selective retentions in creative thought as in other knowledge processes. *Psychological Review, 67,* 380.

Craig, O. (2005). The man who discovered "Lost"—and found himself out of a job. *The Telegraph.* Retrieved from http://www.telegraph.co.uk/news/worldnews/northamerica/usa/1496199/The-man-who-discovered-Lost-and-found-himself-out-of-a-job.html

Cropley, A. J. (2006). In praise of convergent thinking. *Creativity Research Journal, 18,* 391–404.

Cropley, A. J., & Cropley, D. (2009). *Fostering creativity: A diagnostic approach for higher education and organizations.* Cresskill, NJ: Hampton Press.

Cropley, D. H. (2015). *Creativity in engineering: Novel solutions to complex problems.* San Diego, CA: Academic Press.

Cropley, D. H., & Cropley, A. J. (2008). Elements of a universal aesthetic of creativity. *Psychology of Aesthetics, Creativity, and the Arts, 2,* 155–161.

Cropley, D. H., & Cropley, A. J. (2010). Functional creativity: Products and the generation of effective novelty. In J. C. Kaufman & R. J. Sternberg (Eds.), *Cambridge handbook of creativity* (pp. 301–320). New York, NY: Cambridge University Press.

Cropley, D. H., & Kaufman, J. C. (2012). Measuring functional creativity:

Empirical validation of the Creative Solution Diagnosis Scale (CSDS). *Journal of Creative Behavior, 46,* 119-137.

Csikszentmihalyi, M. (1996). *Creativity: Flow and the psychology of discovery and invention.* New York, NY: HarperCollins.

Csikszentmihalyi, M. (1998). Reflections on the field. *Roeper Review, 21,* 80-81.

Csikszentmihalyi, M. (1999). Implications of a systems perspective for the study of creativity. In R. J. Sternberg (Ed.), *Handbook of creativity* (pp. 313-335). Cambridge, England: Cambridge University Press.

Csikszentmihalyi, M., & Getzels, J. W. (1971). Discovery-oriented behavior and the originality of creative products: A study with artists. *Journal of Personality and Social Psychology, 19,* 47-52.

Dasgupta, S. (2011). Contesting (Simonton's) blind variation, selective retention theory of creativity. *Creativity Research Journal, 23,* 166-182.

Eysenck, H. J. (1995). *Genius: The natural history of creativity.* Cambridge, England: Cambridge University Press.

Finke, R. A., Ward, T. B., & Smith, S. M. (1992). *Creative cognition: Theory, research, and applications.* Cambridge, MA: MIT Press.

Frizzell, N. (2014). Duchamp and the pissoir-taking sexual politics of the art world. *The Guardian.* Retrieved from http://www.theguardian.com/commentisfree/2014/nov/07/duchamp-elsa-freytag-loringhoven-urinal-sexual-politics-art

Galenson, D. W. (2005). *Old masters and young geniuses: The two life cycles of artistic creativity.* Princeton, NJ: Princeton University Press.

Gangadharbatla, H. (2010). Technology component: A modified systems approach to creative thought. *Creativity Research Journal, 22,* 219-227.

Getzels, J. W. (1979). Problem finding: A theoretical note. *Cognitive Science, 3,* 167-172.

Getzels, J. W., & Csikszentmihalyi, M. (1976). *The creative vision.* New York, NY: Wiley.

Gilson, L. L., Lim, H. S., D'Innocenzo, L., & Moye, N. (2012). One size does not fit all: Managing radical and incremental creativity. *Journal of Creative Behavior, 46,* 168-191.

Gilson, L. L., & Madjar, N. (2011). Radical and incremental creativity: Antecedents and processes. *The Psychology of Aesthetics, Creativity, and the Arts, 5,* 21-28.

Glăveanu, V. P. (2009). The cultural genesis of creativity: An emerging paradigm. *Revista de Psihologie şcolară, 2,* 50-63.

Glăveanu, V. P. (2012a). Habitual creativity: Revising habit, reconceptualizing creativity. *Review of General Psychology, 16,* 78-92.

Glăveanu, V. P. (2012b). What can be done with an egg? Creativity, material objects, and the theory of affordances. *Journal of Creative Behavior, 46,* 192-208.

Glăveanu, V. P. (2013). Rewriting the language of creativity: The five A's framework. *Review of General Psychology, 17,* 69–81.

Guilford, J. P. (1950). Creativity. *American Psychologist, 5,* 444–454.

Guilford, J. P. (1967). *The nature of human intelligence.* New York, NY: McGraw-Hill.

Guilford, J. P. (1988). Some changes in the Structure-of-Intellect Model. *Educational and Psychological Measurement, 48,* 1–4.

Harrington, D. M., Block, J. H., & Block, J. (1987). Testing aspects of Carl Rogers' theory of creative environments: Child-rearing antecedents of creative potential in young adolescents. *Journal of Personality and Social Psychology, 52,* 851–860.

Hartmann, E. (2000). *Dreams and nightmares: The origin and meaning of dreams.* Reading, MA: Perseus.

Hayes, J. R., & Flower, L. S. (1986). Writing research and the writer. *American Psychologist, 41,* 1106–1113.

Hunter, S. T., Cushenbery, L., & Freidrich, T. M. (2012). Hiring an innovative workforce: A necessary yet uniquely challenging endeavor. *Human Resource Management Review, 22,* 303–322.

Jaussi, K. S., & Randel, A. E. (2014). Where to look? Creative self-efficacy, knowledge retrieval, and incremental and radical creativity. *Creativity Research Journal, 26,* 400–410.

Karwowski, M., & Jankowska, D. M. (in press). Four faces of creativity at school. In R. A. Beghetto & J. C. Kaufman (Eds.), *Nurturing creativity in the classroom* (2nd ed.). New York, NY: Cambridge University Press.

Kaufman, A. S., & Kaufman, J. C. (1995). *The worst baseball pitchers of all time.* New York, NY: Citadel Press.

Kaufman, J. C., & Beghetto, R. A. (2009). Beyond big and little: The Four C Model of Creativity. *Review of General Psychology, 13,* 1–12.

Kaufman, J. C., & Gentile, C. A. (2002). The will, the wit, the judgment: The importance of an early start in productive and successful creative writing. *High Ability Studies, 13,* 115–123.

Kay, S. I. (2013). Designing elegant problems for creative thinking. In F. Reisman (Ed.), *Creativity: Process, product, personality, environment & technology* (pp. 28–36). Cambridge, UK: Knowledge, Innovation & Enterprise.

Kirton, M. (1976). Adaptors and innovators: A description and measure. *Journal of Applied Psychology, 61,* 622–629.

Kozbelt, A., Beghetto, R. A., & Runco, M. A. (2010). Theories of creativity. In J. C. Kaufman & R. J. Sternberg (Eds.), *Cambridge handbook of creativity* (pp. 20–47). New York, NY: Cambridge University Press.

Kozbelt, A., & Durmysheva, Y. (2007). Lifespan creativity in a non-Western artistic tradition: A study of Japanese ukiyo-e printmakers. *International Journal of Aging and Human Development, 65,* 23–51.

Madjar, N., Greenberg, E., & Chen, Z. (2011). Factors for radical creativity, incremental creativity, and routine, noncreative performance. *Journal of Applied Psychology, 96,* 730–743.

Makel, M. C., & Plucker, J. A. (2014a). Creativity is more than novelty: Reconsidering replication as a creative act. *Psychology of Aesthetics, Creativity, and the Arts, 8,* 27–29.

Makel, M. C., & Plucker, J. A. (2014b). Facts are more important than novelty: Replication in the education sciences. *Educational Researcher, 43,* 304–316.

Mumford, M. D., Mobley, M. I., Uhlman, C. E., Reiter-Palmon, R., & Doares, L. M. (1991). Process analytic models of creative capacities. *Creativity Research Journal, 4,* 91–122.

Mumford, M. D., Reiter-Palmon, R., & Redmond, M. R. (1994). Problem construction and cognition: Applying problem representations in ill-defined domains. In M. A. Runco (Ed.), *Problem finding, problem solving, and creativity* (pp. 3–39). Westport, CT: Ablex Publishing.

Panati, C. (1991). *Panati's parade of fads, follies, and manias.* New York, NY: Harper's.

Parker, P., & Kermode, F. (Eds.). (1996). *A reader's guide to twentieth-century writers.* New York, NY: Oxford University Press.

Piirto, J. (1998). *Understanding those who create* (2nd ed.). Scottsdale, AZ: Gifted Psychology Press.

Piirto, J. (2004). *Understanding creativity.* Scottsdale, AZ: Great Potential Press.

Piirto, J. (2010). The five core attitudes, seven I's, and general concepts of the creative process. In R. A. Beghetto & J. C. Kaufman (Eds.), *Nurturing creativity in the classroom* (pp. 142–171). New York, NY: Cambridge University Press.

Piirto, J. (2014). *Organic creativity in the classroom: Teaching to intuition in academics and the arts.* Waco, TX: Prufrock Press.

Plucker, J. A., Beghetto, R. A., & Dow, G. (2004). Why isn't creativity more important to educational psychologists? Potential, pitfalls, and future directions in creativity research. *Educational Psychologist, 39,* 83–96.

Reiter-Palmon, R., Mumford, M. D., O'Connor Boes, J., & Runco, M. A. (1997). Problem construction and creativity: The role of ability, cue consistency and active processing. *Creativity Research Journal, 10,* 9–23.

Reiter-Palmon, R., Mumford, M. D., & Threlfall, K. V. (1998). Solving everyday problems creatively: The role of problem construction and personality type. *Creativity Research Journal, 11,* 187–197.

Reiter-Palmon, R., & Robinson, E. J. (2009). Problem identification and construction: What do we know, what is the future? *Psychology of Aesthetics, Creativity, and the Arts, 3,* 43–47.

Rhodes, M. (1962). An analysis of creativity. *Phi Delta Kappan, 42,* 305–311.

Rostan, S. M. (1994). Problem finding, problem solving, and cognitive controls: An empirical investigation of critically acclaimed productivity. *Cre-*

ativity Research Journal, 7, 97–110.

Runco, M. A. (2003). Creativity, cognition, and their education implications. In J. C. Houtz (Ed.), *The educational psychology of creativity* (pp. 25–56). Cresskill, NJ: Hampton Press.

Sawyer, R. K. (2012). *Explaining creativity: The science of human innovation* (2nd ed.). New York, NY: Oxford University Press.

Sawyer, R. K., & DeZutter, S. (2009). Distributed creativity: How collective creations emerge from collaboration. *Psychology of Aesthetics, Creativity, and the Arts, 3*, 81–92.

Scott, G., Leritz, L., & Mumford, M. D. (2004). The effectiveness of creativity training: A quantitative review. *Creativity Research Journal, 16*, 361–388.

Simonton, D. K. (1977). Creative productivity, age, and stress: A biographical time-series analysis of 10 classical composers. *Journal of Personality and Social Psychology, 35*, 791–804.

Simonton, D. K. (1985). Quality, quantity, and age: The careers of 10 distinguished psychologists. *International Journal of Aging and Human Development, 21*, 241–254.

Simonton, D. K. (1989). The swan-song phenomenon: Last-works effects for 172 classical composers. *Psychology and Aging, 4*, 42–47.

Simonton, D. K. (1990). *Psychology, science, and history: An introduction to historiometry.* New Haven, CT: Yale University Press.

Simonton, D. K. (1994). *Greatness: Who makes history and why.* New York, NY: Guilford Press.

Simonton, D. K. (1997). Creative productivity: A predictive and explanatory model of career trajectories and landmarks. *Psychological Review, 104*, 66–89.

Simonton, D. K. (1998). Fickle fashion versus immortal fame: Transhistorical assessments of creative products in the opera house. *Journal of Personality and Social Psychology, 75*, 198–210.

Simonton, D. K. (2007). Creative life cycles in literature: Poets versus novelists or conceptualists versus experimentalists? *Psychology of Aesthetics, Creativity, and the Arts, 1*, 133–139.

Simonton, D. K. (2011). Creativity and discovery as blind variation and selective retention: Multiple-variant definitions and blind-sighted integration. *Psychology of Aesthetics, Creativity, and the Arts, 5*, 222–228.

Simonton, D. K. (2012). Creative productivity and aging: An age decrement – or not? In S. K. Whitbourne & M. Sliwinski (Eds.), *The Wiley-Blackwell handbook of adult development and aging* (pp. 477–496). New York, NY: Wiley-Blackwell.

Simonton, D. K. (2013). What is a creative idea? Little-c versus Big-C creativity. In K. Thomas & J. Chan (Eds.), *Handbook of research on creativity* (pp. 69–83). Cheltenham, England: Edward Elgar Publishing.

Stern, S. L., & Schoenhaus, T. (1990). *Toyland: The high-stakes game of the toy industry*. New York, NY: Contemporary.

Sternberg, R. J. (1999). A propulsion model of types of creative contributions. *Review of General Psychology, 3*, 83–100.

Sternberg, R. J., & Kaufman, J. C. (2012). When your race is almost run, but you feel you're not yet done: Application of the Propulsion Theory of Creative Contributions to late-career challenges. *Journal of Creative Behavior, 46*, 66–76.

Sternberg, R. J., Kaufman, J. C., & Pretz, J. E. (2001). The propulsion model of creative contributions applied to the arts and letters. *Journal of Creative Behavior, 35*, 75–101.

Sternberg, R. J., Kaufman, J. C., & Pretz, J. E. (2002). *The creativity conundrum*. Philadelphia, PA: Psychology Press.

Sternberg, R. J., Kaufman, J. C., & Pretz, J. E. (2003). A propulsion model of creative leadership. *Leadership Quarterly, 14*, 455–473.

Sternberg, R. J., & Lubart, T. I. (1995). *Defying the crowd*. New York, NY: Free Press.

Stewart, A. (2014, March 6). How did Kevin Hart get so damn hot? *Variety*. Retrieved from http://variety.com/2014/film/news/how-did-kevin-hart-get-so-damn-hot-1201125964

Stokes, P. D. (2014). Thinking inside the tool box: Creativity, constraints, and the colossal portraits of Chuck Close. *Journal of Creative Behavior, 48*, 276–289.

The darker side of the lighter side. (2008, March). *Mad Magazine, 487*, 16–17.

Voss, J. F., Wolfe, C. R., Lawrence, J. A., & Engle, R. A. (1991). From representation to decision: An analysis of problem solving in international relations. In R. J. Sternberg & P. A. Frensch (Eds.), *Complex problem solving: Principles and mechanisms* (pp. 199–158). Hillsdale, NJ: Erlbaum.

Wallas, G. (1926). *The art of thought*. New York, NY: Harcourt, Brace, & World.

Yi, X., Plucker, J. A., & Guo, J. (2015). Modeling influences on divergent thinking and artistic creativity. *Thinking Skills and Creativity, 16*, 62–68.

Zenasni, F., Besançon, M., & Lubart, T. (2008). Creativity and tolerance of ambiguity: An empirical study. *Journal of Creative Behavior, 42*, 61–73.

제3장 창의성의 구조

Baer, J. (1991). Generality of creativity across performance domains. *Creativity Research Journal, 4*, 23–39.

Baer, J. (1993). *Creativity and divergent thinking: A task-specific approach*. Hillsdale, NJ: Erlbaum.

Baer, J. (1994). Divergent thinking is not a general trait: A multi-domain training experiment. *Creativity Research Journal, 7*, 35–46.

Baer, J. (1998). The case for domain specificity in creativity. *Creativity Research Journal, 11*, 173–177.

Baer, J. (2015). *Domain specificity of creativity*. San Diego, CA: Academic Press.

Baer, J., & Kaufman, J. C. (2005). Bridging generality and specificity: The Amusement Park Theoretical (APT) model of creativity. *Roeper Review, 27*, 158-163.

Boswell, T. (1989). *The heart of the order.* New York, NY: Doubleday.

Carson, S. H., Peterson, J. B., & Higgins, D. M. (2005). Reliability, validity and factor structure of the Creative Achievement Questionnaire. *Creativity Research Journal, 17*, 37-50.

D'Aulaire, I., & D'Aulaire, E. P. (1992). *D'Aulaires book of Greek myths* (reprint ed.). New York, NY: Delacorte.

Feagans, L., & Short, E. J. (1986). Referential communication and reading performance in learning disabled children over a 3-year period. *Developmental Psychology, 22*, 177-183.

Feist, G. J. (2004). The evolved fluid specificity of human creative talent. In R. J. Sternberg, E. L. Grigorenko, & J. L. Singer (Eds.), *Creativity: From potential to realization* (pp. 57-82). Washington, DC: American Psychological Association.

Furnham, A., Batey, M., Booth, T. W., Patel, V., & Lozinskaya, D. (2011). Individual difference predictors of creativity in art and science students. *Thinking Skills and Creativity, 6*, 114-121.

Gardner, H. (1993). *Creating minds.* New York, NY: Basic Books.

Gardner, H. (1999). *Intelligence reframed: Multiple intelligences for the 21st century.* New York, NY: Basic Books.

Gardner, H. (2006). *Five minds for the future.* Cambridge, MA: Harvard Business School Press.

Glăveanu, V., Lubart, T., Bonnardel, N., Botella, M., de Biaisi, P. M., Desainte-Catherine, M., . . . Zenasni, F. (2013). Creativity as action: Findings from five creative domains. *Frontiers in Psychology, 4*, 176.

Gottfried, M. (1990). *All his jazz.* New York, NY: Bantam.

Hirschfeld, L. A., & Gelman, S. A. (1994). *Mapping the mind: Domain specificity in cognition and culture.* New York, NY: Cambridge University Press.

Hocevar, D. (1976). Dimensionality of creativity. *Psychological Reports, 39*, 869-870.

Holland, J. L. (1959). A theory of vocational choice. *Journal of Counseling Psychology, 6*, 35-45.

Holland, J. L. (1997). *Making vocational choices: A theory of vocational personalities and work environments* (3rd ed.). Odessa, FL: Psychological Assessment Resources.

Holland, J. L., Johnston, J. A., Hughey, K. F., & Asama, N. F. (1991). Some explorations of a theory of careers: VII. A replication and some possible extensions. *Journal of Career Development, 18*, 91-100.

Ivcevic, Z., & Mayer, J. D. (2006). Creative types and personality. *Imagination, Cognition, and Personality, 26*, 65-86.

Ivcevic, Z., & Mayer, J. D. (2009). Mapping dimensions of creativity in the life-space. *Creativity Research Journal, 21,* 152–165.

Jeon, K. N., Moon, S. M., & French, B. (2011). Differential effects of divergent thinking, domain knowledge, and interest on creative performance in art and math. *Creativity Research Journal, 23,* 60–71.

Kaufman, J. C. (2002a). Dissecting the golden goose: Components of studying creative writers. *Creativity Research Journal, 14,* 27–40.

Kaufman, J. C. (2002b). Narrative and paradigmatic thinking styles in creative writing and journalism students. *Journal of Creative Behavior, 36,* 201–220.

Kaufman, J. C. (2003). The cost of the muse: Poets die young. *Death Studies, 27,* 813–822.

Kaufman, J. C. (2006). Self-reported differences in creativity by gender and ethnicity. *Journal of Applied Cognitive Psychology, 20,* 1065–1082.

Kaufman, J. C. (2012). Counting the muses: Development of the Kaufman Domains of Creativity Scale (K-DOCS). *Psychology of Aesthetics, Creativity, and the Arts, 6,* 298–308.

Kaufman, J. C., & Baer, J. (2004). Sure, I'm creative—but not in mathematics!: Self reported creativity in diverse domains. *Empirical Studies of the Arts, 22,* 143–155.

Kaufman, J. C., & Baer, J. (2005). The Amusement Park Theory of creativity. In J. C. Kaufman & J. Baer (Eds.), *Creativity across domains* (pp. 321–328). Mahwah, NJ: Erlbaum.

Kaufman, J. C., & Baer, J. (2006). Intelligent testing with Torrance. *Creativity Research Journal, 18,* 99–102.

Kaufman, J. C., Cole, J. C., & Baer, J. (2009). The construct of creativity: A structural model for self-reported creativity ratings. *Journal of Creative Behavior, 43,* 119–134.

Kaufman, J. C., Pumaccahua, T. T., & Holt, R. E. (2013). Personality and creativity in realistic, investigative, artistic, social, and enterprising college majors. *Personality and Individual Differences, 54,* 913–917.

Kaufman, J. C., Waterstreet, M. A., Ailabouni, H. S., Whitcomb, H. J., Roe, A. K., & Riggs, M. (2009). Personality and self-perceptions of creativity across domains. *Imagination, Cognition, and Personality, 29,* 193–209.

Kaufman, S. B., Quilty, L.C., Grazioplene, R. G., Hirsh, J. B., Gray, J. R., Peterson, J. B., & DeYoung, C. G. (2015). Openness to experience and intellect differentially predict creative achievement in the arts and sciences. *Journal of Personality*. Advance online publication. doi:10.1111/jopy.12156

Keinänen, M., & Gardner, H. (2004). Vertical and horizontal mentoring for creativity. In R. J. Sternberg, E. L. Grigorenko, & J. L. Singer (Eds.), *Creativity: From potential to realization* (pp. 169–193). Washington, DC: American Psychological Association.

Keinänen, M., Sheridan, K., & Gardner, H. (2016). Opening up creativity: The lenses of axis and focus. In J. C. Kaufman & J. Baer (Eds.), *Creativity and reason in cognitive development* (2nd ed., pp. 261–281). New York, NY:

Cambridge University Press.

Kelly, K. E., & Kneipp, L. B. (2009). You do what you are: The relationship between the Scale of Creative Attributes and Behavior and vocational interests. *Journal of Instructional Psychology, 36,* 79-83.

Kerr, B., & McKay, R. (2013). Searching for tomorrow's innovators: Profiling creative adolescents. *Creativity Research Journal, 25,* 21-32.

Kerr, B., & Vuyk, M. A. (2013). Career development for creatively gifted students: What parents, teachers, and counselors need to know. In K. H. Kim, J. C. Kaufman, J. Baer, & B. Sriraman (Eds.), *Creatively gifted students are not like other gifted students: Research, theory, and practice* (pp. 137-151). Rotterdam, Netherlands: Sense Publishers.

Kozbelt, A., Dexter, S., Dolese, M., Meredith, D., & Ostrofsky, J. (2014). Regressive imagery in creative problem solving: Comparing verbal protocols of expert and novice visual artists and computer programmers. *Journal of Creative Behavior.* Advance online publication. doi: 10.1002/jocb.64

May, B., Moore, P., & Lintott, C. (2008, April 10). *Bang!: The complete history of the universe.* Baltimore, MD: Johns Hopkins University Press.

Moran, J. D., Sawyers, J. K., Fu, V. R., & Milgram, R. M. (1984). Predicting imaginative play in preschool children. *Gifted Child Quarterly, 28,* 92-94.

Oral, G., Kaufman, J. C., & Agars, M. D. (2007). Examining creativity in Turkey: Do Western findings apply? *High Ability Studies, 18,* 235-246.

Park, G., Lubinski, D., & Benbow, C. P. (2007). Contrasting intellectual patterns predict creativity in the arts and sciences: Tracking intellectually precocious youth over 25 years. *Psychological Science, 18,* 948-952.

Paulos, J. A. (1988). *Innumeracy.* New York, NY: Vintage.

Piirto, J. (1998). *Understanding those who create* (2nd ed.). Scottsdale, AZ: Gifted Psychology Press.

Plucker, J. A. (1998). Beware of simple conclusions: The case for the content generality of creativity. *Creativity Research Journal, 11,* 179-182.

Plucker, J. A. (1999). Reanalyses of student responses to creativity checklists: Evidence of content generality. *Journal of Creative Behavior, 33,* 126-137.

Plucker, J. A. (2004). Generalization of creativity across domains: Examination of the method effect hypothesis. *Journal of Creative Behavior, 38,* 1-12.

Plucker, J. A., & Beghetto, R. A. (2004). Why creativity is domain general, why it looks domain specific, and why the distinction does not matter. In R. J. Sternberg, E. L. Grigorenko, & J. L. Singer (Eds.), *Creativity: From potential to realization* (pp. 153-168). Washington, DC: American Psychological Association.

Plucker, J. A., & Makel, M. C. (2010). Assessment of creativity. In J. C. Kaufman & R. J. Sternberg (Eds.), *The Cambridge handbook of creativity* (pp. 48-73). New York, NY: Cambridge University Press.

Plucker, J. A., & Renzulli, J. S. (1999). Psychometric approaches to the study of human creativity. In R. J. Sternberg (Ed.), *Handbook of creativity* (pp. 35–61). New York, NY: Cambridge University Press.

Powell, A. (2001). Warm, fuzzy, weird, funny: The Museum(s) of Natural History spin some tall tales. *Harvard Gazette.* Retrieved from http://www .hno.harvard.edu/gazette/2001/07.19/14-talltales.html

Rawlings, D., & Locarnini, A. (2007). Dimensional schizotypy, autism, and unusual word associations in artists and scientists. *Journal of Research in Personality, 42,* 465–471.

Rudowicz, E. & Hui, A. (1997). The creative personality: Hong Kong perspective. *Journal of Social Behavior & Personality, 12,* 139–157.

Rudowicz, E., & Yue, X. (2000). Concepts of creativity: Similarities and differences among Mainland, Hong Kong and Taiwanese Chinese. *Journal of Creative Behavior, 34,* 175–192.

Ruscio, J., Whitney, D. M., & Amabile, T. M. (1998). Looking inside the fishbowl of creativity: Verbal and behavioral predictors of creative performance. *Creativity Research Journal, 11,* 243–263.

Silvia, P. J., Kaufman, J. C., & Pretz, J. E. (2009). Is creativity domain-specific? Latent class models of creative accomplishments and creative self-descriptions. *Psychology of Aesthetics, Creativity, and the Arts, 3,* 139–148.

Silvia, P. J., & Kimbrel, N. A. (2010). A dimensional analysis of creativity and mental illness: Do anxiety and depression symptoms predict creative cognition, creative accomplishments, and creative self-concepts? *Psychology of Aesthetics, Creativity, and the Arts, 4,* 2–10.

Silvia, P. J., & Nusbaum, E. C. (2012). What's your major? College majors as markers of creativity. *International Journal of Creativity & Problem Solving, 22,* 31–44.

Silvia, P. J., Nusbaum, E. C., Berg, C., Martin, C., & O'Connor, A. (2009). Openness to experience, plasticity, and creativity: Exploring lower-order, higher-order, and interactive effects. *Journal of Research in Personality, 43,* 1087–1090.

Silvia, P. J., Wigert, B., Reiter-Palmon, R., & Kaufman, J. C. (2012). Assessing creativity with self-report scales: A review and empirical evaluation. *Psychology of Aesthetics, Creativity, and the Arts, 6,* 19–34.

Silvia, P. J., Winterstein, B. P., Willse, J. T., Barona, C. M., Cram, J. T., Hess, K. I., . . . Richard, C. A. (2008). Assessing creativity with divergent thinking tasks: Exploring the reliability and validity of new subjective scoring methods. *Psychology of Aesthetics, Creativity, and the Arts, 2,* 68–85.

Snow, C. P. (1959). *The two cultures.* New York, NY: Cambridge University Press.

Sternberg, R. J. (1985). Implicit theories of intelligence, creativity, and wisdom. *Journal of Personality and Social Psychology, 49,* 607–627.

Sternberg, R. J., Grigorenko, E. L., & Singer, J. L. (2004). *Creativity: From potential to realization.* Washington, DC: American Psychological Association.

Tan, C. S., & Qu, L. (2012). Generality and specificity: Malaysian undergraduate students' self-reported creativity. *International Journal of Creativity &*

Problem Solving, 22, 19-30.

Tang, C., Baer, J., & Kaufman, J. C. (2015). Implicit theories of creativity in computer science in the United States and China. *Journal of Creative Behavior, 49,* 137-156.

Wai, J., Lubinski, D., & Benbow, C. P. (2005). Creativity and occupational accomplishments among intellectually precocious youth: An age 13 to age 33 longitudinal study. *Journal of Educational Psychology, 97,* 484-492.

Werner, C. H., Tang, M., Kruse, J., Kaufman, J. C., & Spörrle, M. (2014). The Chinese version of the Revised Creativity Domain Questionnaire (CDQ-R): First evidence for its factorial validity and systematic association with the Big Five. *Journal of Creative Behavior, 48,* 254-275.

Yue, X. D., & Rudowicz, E. (2002). Perception of the most creative Chinese by undergraduates in Beijing, Guangzhou, Hong Kong, and Taipei. *Journal of Creative Behavior, 36,* 88-104.

Zhang, L. F., & Fan, W. (2007). Do modes of thinking predict career interest types among Chinese university students? *Thinking Skills and Creativity, 2,* 118-127.

제4장 창의성 측정

Amabile, T. M. (1982). Children's artistic creativity detrimental effects of competition in a field setting. *Personality and Social Psychology Bulletin, 8,* 573-578.

Amabile, T. M. (1983). *The social psychology of creativity.* New York, NY: Springer-Verlag.

Amabile, T. M. (1996). *Creativity in context: Update to "The Social Psychology of Creativity."* Boulder, CO: Westview Press.

Ansburg, P. I. (2000). Individual differences in problem solving via insight. *Current Psychology, 19,* 143-146.

Baer, J. (1993). *Creativity and divergent thinking: A task-specific approach.* Hillsdale, NJ: Erlbaum.

Baer, J. (1994). Divergent thinking is not a general trait: A multi-domain training experiment. *Creativity Research Journal, 7,* 35-46.

Baer, J. (1998). The case for domain specificity in creativity. *Creativity Research Journal, 11,* 173-177.

Baer, J. (2011a). How divergent thinking tests mislead us: Are the Torrance Tests still relevant in the 21st century? *Psychology of Aesthetics, Creativity, and the Arts, 5,* 309-313.

Baer, J. (2011b). Four (more) arguments against the Torrance Tests. *Psychology of Aesthetics, Creativity, and the Arts. 5,* 316-317.

Baer, J., Kaufman, J. C., & Gentile, C. A. (2004). Extension of the consensual assessment technique to nonparallel creative products. *Creativity Research Journal, 16,* 113-117.

Baer, J., Kaufman, J. C., & Riggs, M. (2009). Rater-domain interactions in the Consensual Assessment Technique. *International Journal of Creativity & Problem Solving, 19*, 87– 92.

Beeman, M. J., & Bowden, E. M. (2000). The right hemisphere maintains solution-related activation for yet-to-be-solved problems. *Memory & Cognition, 28*(7), 1231–1241.

Benedek, M., Mühlmann, C., Jauk, E., & Neubauer, A. C. (2013). Assessment of divergent thinking by means of the subjective top-scoring method: Effects of the number of top-ideas and time-on-task on reliability and validity. *Psychology of Aesthetics, Creativity, and the Arts, 7*, 341–349.

Bowden, E. M., & Jung-Beeman, M. (2003). One hundred forty-four compound remote associate problems: Short insight-like problems with one-word solutions. *Behavioral Research, Methods, Instruments, and Computers, 35*, 634–639.

Callahan, C. M., Hunsaker, S. L., Adams, C. M., Moore, S. D., & Bland, L. C. (1995). Instruments used in the identification of gifted and talented students. *American Educational Research Journal, 45*, 150–165.

Cattell, J., Glascock, J., & Washburn, M. F. (1918). Experiments on a possible test of aesthetic judgment of pictures. *American Journal of Psychology,* 333–336.

Chen, C., Kasof, J., Himsel, A. J., Greenberger, E., Dong, Q., & Xue, G. (2002). Creativity in drawing of geometric shapes: A cross-cultural examination with the consensual assessment technique. *Journal of Cross-Cultural Psychology, 33*, 171–187.

Cheng, V. M. (2015). Consensual assessment of creativity in teaching design by supportive peers—its validity, practicality, and benefit. *Journal of Creative Behavior.* Advance online publication. doi:10.1002/jocb.125

Child, I. L., & Iwao, S. (1968). Personality and esthetic sensitivity: Extension of findings to younger age and to different culture. *Journal of Personality and Social Psychology, 8*, 308.

Cramond, B., Matthews-Morgan, J., Bandalos, D., & Zuo, L. (2005). A report on the 40-year follow-up of the Torrance Tests of Creative Thinking: Alive and well in the new millennium. *Gifted Child Quarterly, 49*, 283–291.

Cramond, B., Matthews-Morgan, J., Torrance, E. P., & Zuo, L. (1999). Why should the Torrance Tests of Creative Thinking be used to access creativity? *Korean Journal of Thinking & Problem Solving, 9*, 77–101.

Devlin, D. (2006). You can write the next American Idol single. *Mad Magazine, 466*, 48.

Dixon, J. (1979). Quality versus quantity: The need to control for the fluency factor in originality scores from the Torrance Tests. *Journal for the Education of the Gifted, 2*, 70–79.

Dollinger, S. J. (2007). Creativity and conservatism. *Personality and Individual Differences, 43*, 1025–1035.

Ericsson, K. A. Roring, R. W., & Nandagopal, K. (2007). Giftedness and evidence for reproducibly superior performance: An account based on the expert-performance framework. *High Ability Studies, 18,* 3–56.

Finke, R. A. (1990). *Creative imagery: Discoveries and inventions in visualization.* Hillsdale, NJ: Erlbaum.

Gardner, H. (1993). *Creating minds.* New York, NY: Basic Books.

Getzels, J. W., & Csikszentmihalyi, M. (1976). *The creative vision.* New York, NY: Wiley.

Getzels, J. W., & Jackson, P. W. (1962). *Creativity and intelligence: Explorations with gifted students.* New York, NY: Wiley.

Guilford, J. P. (1950). Creativity. *American Psychologist, 5,* 444–454.

Guilford, J. P. (1967). *The nature of human intelligence.* New York, NY: McGraw-Hill.

Haller, C. S., Courvoisier, D. S., & Cropley, D. H. (2010). Correlates of creativity among visual art students. *International Journal of Creativity & Problem Solving, 20,* 53–71.

Haritos-Fatouros, M., & Child, I. L. (1977). Transcultural similarity in personal significance of esthetic interests. *Journal of Cross-Cultural Psychology, 8,* 285–298.

Haught, C. (2015). The role of constraints in creative sentence production. *Creativity Research Journal, 27,* 160–166.

Hayes, J. R. (1989). Cognitive processes in creativity. In J. A. Glover, R. R. Ronning, & C. R. Reynolds (Eds.), *Handbook of creativity* (pp. 135–145). New York, NY: Plenum Press.

Heausler, N. L., & Thompson, B. (1988). Structure of the Torrance Tests of Creative Thinking. *Educational and Psychological Measurement, 48,* 463–468.

Hekkert, P., & Van Wieringen, P. C. W. (1996). Beauty in the eye of expert and nonexpert beholders: A study in the appraisal of art. *American Journal of Psychology, 109,* 389–407.

Hekkert, P., & Van Wieringen, P. C. W. (1998). Assessment of aesthetic quality of artworks by expert observers: An empirical investigation of group decisions. *Poetics, 25,* 281–292.

Hennessey, B. A., Kim, G., Guomin, Z., & Weiwei, S. (2008). A multi-cultural application of the Consensual Assessment Technique. *International Journal of Creativity & Problem Solving, 18,* 87–100.

Hickey, M. (2001). An application of Amabile's consensual assessment technique for rating the creativity of children's musical compositions. *Journal of Research in Music Education, 49,* 234–244.

Hoffman, E., & Rudoren, G. (2007). *Comedy by the numbers.* San Francisco, CA: McSweeney's Quarterly Concern.

Hong, S. W., & Lee, J. S. (2015). Nonexpert evaluations on architectural design creativity across cultures. *Creativity Research Journal, 27,* 314–321.

Hoover, E. (2002). SAT is set for an overhaul, but questions linger about the test. *Chronicle of Higher Education*, A35–A36.

Horng & Lin, 2009 Horng, J.-S., & Lin, L. (2009). The development of a scale for evaluating creative culinary products. *Creativity Research Journal, 21*, 54–63.

Jacobs, R. S., Heuvelman, A., Ben Allouch, S., & Peters, O. (2015). Everyone's a critic: The power of expert and consumer reviews to shape readers' post-viewing motion picture evaluations. *Poetics*. Advance online publication. doi:10.1016/j.poetic.2015.07.002

Jeffries, K. K. (2015). A CAT with caveats: Is the Consensual Assessment Technique a reliable measure of graphic design creativity? *International Journal of Design Creativity and Innovation*. Advance online publication. doi: 10.1080/21650349.2015.1084893

Katz, A. N. (1983). Creativity and individual differences in asymmetric cerebral hemispheric functioning. *Empirical Studies of the Arts, 1*, 3–16.

Kaufman, J. C., & Baer, J. (2002). Could Steven Spielberg manage the Yankees?: Creative thinking in different domains. *Korean Journal of Thinking & Problem Solving, 12*, 5–15.

Kaufman, J. C., & Baer, J. (2012). Beyond new and appropriate: Who decides what is creative? *Creativity Research Journal, 24*, 83–91.

Kaufman, J. C., Baer, J., & Cole, J. C. (2009). Expertise, domains, and the Consensual Assessment Technique. *Journal of Creative Behavior, 43*, 223–233.

Kaufman, J. C., Baer, J., Cole, J. C., & Sexton, J. D. (2008). A comparison of expert and nonexpert raters using the Consensual Assessment Technique. *Creativity Research Journal, 20*, 171–178.

Kaufman, J. C., Baer, J., Cropley, D. H., Reiter-Palmon, R., & Sinnett, S. (2013). Furious activity vs. understanding: How much expertise is needed to evaluate creative work? *Psychology of Aesthetics, Creativity, and the Arts, 7*, 332–340.

Kaufman, J. C., Evans, M. L., & Baer, J. (2010). The American Idol Effect: Are students good judges of their creativity across domains? *Empirical Studies of the Arts, 28*, 3-17.

Kaufman, J. C., Gentile, C. A., & Baer, J. (2005). Do gifted student writers and creative writing experts rate creativity the same way? *Gifted Child Quarterly, 49*, 260–265.

Kaufman, J. C., & Kaufman, A. S. (2015). It can be very tempting to throw out the baby with the bathwater: A father-and-son commentary on "Does IQ really predict job performance?" *Applied Developmental Science, 19*, 176–181.

Kaufman, J. C., Lee, J., Baer, J., & Lee, S. (2007). Captions, consistency, creativity, and the consensual assessment technique: New evidence of validity. *Thinking Skills and Creativity, 2*, 96–106.

Kaufman, J. C., Plucker, J. A., & Baer, J. (2008). *Essentials of creativity assess-*

ment. New York, NY: Wiley.

Kaufman, J. C., & Sternberg, R. J. (Eds.). (2006). *The international handbook of creativity.* New York, NY: Cambridge University Press.

Kaufman, S. B., & Kaufman, J. C. (2007). Ten years to expertise, many more to greatness: An investigation of modern writers. *Journal of Creative Behavior, 41,* 114–124.

Kim, K. H. (2006). Is creativity unidimensional or multidimensional? Analyses of the Torrance Tests of Creative Thinking. *Creativity Research Journal, 18,* 251–259.

Kim, K. H. (2011a). The APA 2009 Division 10 debate: Are the Torrance tests still relevant in the 21st century? *Psychology of Aesthetics, Creativity, and the Arts, 5,* 302–308.

Kim, K. H. (2011b). The creativity crisis: The decrease in creative thinking scores on the Torrance Tests of Creative Thinking. *Creativity Research Journal, 23,* 285–295.

Kim, K. H. (2011c). Proven reliability and validity of the Torrance Tests of Creative Thinking (TTCT). *Psychology of Aesthetics, Creativity, and the Arts, 5,* 314–315.

Kozbelt, A., & Serafin, J. (2009). Dynamic evaluation of high- and low-creativity drawings by artist and nonartist raters. *Creativity Research Journal, 21,* 349–360.

Leder, H., Gerger, G., Dressler, S. G., Schabmann, A. (2012). How art is appreciated. *Psychology of Aesthetics, Creativity, and the Arts, 6,* 1–10.

Lee, C. S., Huggins, A. C., & Therriault, D. J. (2014). Examining internal and external structure validity evidence of the Remote Associates Test. *Psychology of Aesthetics, Creativity, and the Arts, 8,* 446–460.

Lee, C. S., & Therriault, D. J. (2013). The cognitive underpinnings of creative thought: A latent variable analysis exploring the roles of intelligence and working memory in three creative thinking processes. *Intelligence, 41,* 306–320.

Lee, S., Lee, J., & Young, C.-Y. (2005). A variation of CAT for measuring creativity in business products. *Korean Journal of Thinking and Problem Solving, 15,* 143–153.

Lissitz, R. W., & Willhoft, J. L. (1985). A methodological study of the Torrance Tests of creativity. *Journal of Educational Measurement, 22,* 1–11.

Locher, P. J., Smith, J. K., & Smith, L. F. (2001). The influence of presentation format and viewer training in the visual arts on the perception of pictorial and aesthetic qualities of paintings. *Perception, 30,* 449–465.

Lubart, T., Besançon, M., & Barbot, B. (2011). *Évaluation du potentiel créatif (EPoC).* Paris, France: Hogrefe France.

McClary, R. B. (1999). *An investigation into the relationship between tolerance of ambiguity and creativity among military officers.* Unpublished doctoral dissertation, Kansas State University, Manhattan, KS.

Medeiros, K. E., Partlow, P. J., & Mumford, M. D. (2014). Not too much, not too little: The influence of constraints on creative problem solving. *Psychology of Aesthetics, Creativity, and the Arts, 8*, 198–210.

Mednick, S. A. (1962). The associative basis of the creative process. *Psychological Review, 69*, 220–232.

Mednick, S. A. (1968). The Remote Associates Test. *Journal of Creative Behavior, 2*, 213–214.

Millis, K. (2001). Making meaning brings pleasure: The influence of titles on aesthetic experience. *Emotion, 1*, 320–329.

Müller, M., Höfel, L., Brattico, E., & Jacobsen, T. (2010). Aesthetic judgments of music in experts and laypersons—An ERP study. *International Journal of Psychophysiology, 76*, 40–51.

Myford, C. M. (1989). *The nature of expertise in aesthetic judgment: Beyond inter-judge agreement.* Unpublished doctoral dissertation, University of Georgia, Athens, GA.

Niu, W., & Sternberg, R. J. (2001). Cultural influence of artistic creativity and its evaluation. *International Journal of Psychology, 36*, 225–241.

Paletz, S. B. F., & Peng, K. (2008). Implicit theories of creativity across cultures: Novelty and appropriateness in two product domains. *Journal of Cross-Cultural Psychology, 39*, 286–302.

Plucker, J. A. (1999). Is the proof in the pudding? Reanalyses of Torrance's (1958 to present) longitudinal study data. *Creativity Research Journal, 12*, 103–114.

Plucker, J. A., Holden, J., & Neustadter, D. (2008). The criterion problem and creativity in film: Psychometric characteristics of various measures. *Psychology of Aesthetics, Creativity, and the Arts, 2*, 190–196.

Plucker, J. A., Kaufman, J. C., Temple, J. S., & Qian, M. (2009). Do experts and novices evaluate movies the same way? *Psychology & Marketing, 26*, 470–478.

Plucker, J. A., Qian, M., & Wang, S. (2011). Is originality in the eye of the beholder? Comparison of scoring techniques in the assessment of divergent thinking. *Journal of Creative Behavior, 45*, 1–22.

Priest, T. (2006). Self-evaluation, creativity, and musical achievement. *Psychology of Music, 34*, 47–61.

Reiter-Palmon, R., & Arreola, N. J. (2015). Does generating multiple ideas lead to increased creativity? A comparison of generating one idea vs. many. *Creativity Research Journal, 27*, 369–374.

Reiter-Palmon, R., Mumford, M. D., O'Connor Boes, J., & Runco, M. A. (1997). Problem construction and creativity: The role of ability, cue consistency and active processing. *Creativity Research Journal, 10*, 9–23.

Rostan, S. M., Pariser, D., & Gruber, H. E. (2002). A cross-cultural study of the development of artistic talent, creativity and giftedness. *High Ability Studies, 13*, 123–155.

Runco, M. A., Millar, G., Acar, S., & Cramond, B. (2010). Torrance tests of creative thinking as predictors of personal and public achievement: A fifty-year follow-up. *Creativity Research Journal, 22,* 361–368.

Schock, H. (1998). *Becoming remarkable.* Nevada City, CA: Blue Dolphin Publishing.

Serafin, J., Kozbelt, A., Seidel, A., & Dolese, M. (2011). Dynamic evaluation of high- and low-creativity drawings by artist and nonartist raters: Replication and methodological extension. *Psychology of Aesthetics, Creativity, and the Arts, 5,* 350–359.

Silvia, P. J. (2006). Artistic training and interest in visual art: Applying the appraisal model of aesthetic emotions. *Empirical Studies of the Arts, 24,* 139–161.

Silvia, P. J. (2011). Subjective scoring of divergent thinking: Examining the reliability of unusual uses, instances, and consequences tasks. *Thinking Skills and Creativity, 6,* 24–30.

Silvia, P. J., Martin, C., & Nusbaum, E. C. (2009). A snapshot of creativity: Evaluating a quick and simple method for assessing divergent thinking. *Thinking Skills and Creativity, 4,* 79–85.

Silvia, P. J., Winterstein, B. P., Willse, J. T., Barona, C. M., Cram, J. T., Hess, K. I., . . . Richard, C. A. (2008). Assessing creativity with divergent thinking tasks: Exploring the reliability and validity of new subjective scoring methods. *Psychology of Aesthetics, Creativity, and the Arts, 2,* 68–85.

Simonton, D. K. (2000). Creative development as acquired expertise: Theoretical issues and an empirical test. *Developmental Review, 20,* 283–318.

Simonton, D. K. (2009). Varieties of (scientific) creativity: A hierarchical model of disposition, development, and achievement. *Perspectives on Psychological Science, 4,* 441–452.

Snyder, A., Mitchell, J., Bossomaier, T., & Pallier, G. (2004). The creativity quotient: An objective scoring of ideational fluency. *Creativity Research Journal, 16,* 415–420.

Stokes, P. D. (2005). *Creativity from constraints: The psychology of breakthrough.* New York, NY: Springer Publishing Company.

Stokes, P. D. (2007). Using constraints to generate and sustain novelty. *Psychology of Aesthetics, Creativity, and the Arts, 1,* 107–113.

Storm, B. C., Angello, G., & Bjork, E. L. (2011). Thinking can cause forgetting: Memory dynamics in creative problem solving. *Journal of Experimental Psychology: Learning, Memory, and Cognition, 37,* 1287–1293.

Storme, M., Myszkowski, N., Çelik, P., & Lubart, T. (2014). Learning to judge creativity: The underlying mechanisms in creativity training for non-expert judges. *Learning and Individual Differences, 32,* 19–25.

Tan, M., Mourgues, C., Hein, S., MacCormick, J., Barbot, B., & Grigorenko, E. (2015). Differences in judgments of creativity: How do academic domain, personality, and self-reported creativity influence novice judges' evaluations of creative productions? *Journal of Intelligence, 3,* 73–90.

Torrance, E. P. (1974). *Torrance Tests of Creative Thinking. Directions manual and scoring guide, verbal test booklet B.* Bensenville, IL: Scholastic Testing Service.

Torrance, E. P. (2008). *The Torrance Tests of Creative Thinking: Norms-Technical Manual Figural (Streamlined) Forms A & B.* Bensenville, IL: Scholastic Testing Service.

Torrance, E. P., & Cramond, B. (2002). Needs of creativity programs, training, and research in the schools of the future. *Research in the Schools, 9,* 5–14.

Torrance, E., & Safter, H. T. (1989). The long range predictive validity of the Just Suppose Test. *Journal of Creative Behavior, 23,* 219–223.

Vartanian, O., Bristol, A. S., & Kaufman, J. C. (2013). *Neuroscience of creativity.* Cambridge, MA: MIT Press.

Wallach, M. A., & Kogan, N. (1965). *Modes of thinking in young children: A study of the creativity-intelligence distinction.* New York, NY: Holt Rinehart & Winston.

Weinstein, E. C., Clark, Z., DiBartlomomeo, D. J., & Davis, K. (2014). A decline in creativity? It depends on the domain. *Creativity Research Journal, 26,* 174–184.

Wiencek, D. (2008). Thirteen writing prompts. In McSweeney's (Eds.), *The McSweeney's joke book of book jokes* (pp. 37–39). New York, NY: Vintage.

제5장 창의성과 성격

Barrick, M. R., & Mount, M. K. (1991). The Big Five personality dimensions and job performance: A meta-analysis. *Personnel Psychology, 44,* 1–26.

Batey, M., Chamorro-Premuzic, T., & Furnham, A. (2009). Intelligence and personality as predictors of divergent thinking: The role of general, fluid and crystallised intelligence. *Thinking Skills and Creativity, 4,* 60–69.

Batey, M., & Furnham, A. (2006). Creativity, intelligence and personality: A critical review of the scattered literature. *Genetic, Social, and General Psychology Monographs, 132,* 355–429.

Benedek, M., Borovnjak, B., Neubauer, A. C., & Kruse-Weber, S. (2014). Creativity and personality in classical, jazz and folk musicians. *Personality and Individual Differences, 63,* 117–121.

Brown, S. D., Lent, R. W., Telander, K., & Tramayne, S. (2011). Social cognitive career theory, conscientiousness, and work performance: A meta-analytic path analysis. *Journal of Vocational Behavior, 79,* 81–90.

Burch, G. S. J., Pavelis, C., Hemsley, D. R., & Corr, P. J. (2006). Schizotypy and creativity in visual artists. *British Journal of Psychology, 97,* 177–190.

Carson, S. H., Peterson, J. B., & Higgins, D. M. (2005). Reliability, validity and factor structure of the Creative Achievement Questionnaire. *Creativity Research Journal, 17,* 37–50.

Chamorro-Premuzic, T. (2006). Creativity versus conscientiousness: Which is a better predictor of student performance? *Applied Cognitive Psychology, 20*, 521-531.

Christensen, B. T., Drewsen, L. K., & Maaløe, J. (2014). Implicit theories of the personality of the ideal creative employee. *Psychology of Aesthetics, Creativity, and the Arts, 8*, 189-197.

Connelly, B. S., Ones, D. S., Davies, S. E., & Birkland, A. (2014). Opening up openness: A theoretical sort following critical incidents methodology and a meta-analytic investigation of the trait family measures. *Journal of Personality Assessment, 96*, 17-28.

Conrad, N., & Patry, M. W. (2012). Conscientiousness and academic performance: A mediational analysis. *International Journal for the Scholarship of Teaching and Learning, 6*, 1-13.

Corker, K. S., Oswald, F. L., & Donnellan, M. B. (2012). Conscientiousness in the classroom: A process explanation. *Journal of Personality, 80*, 995-1028.

Costa, P. T., & McCrae, R. R. (1992). *NEO PI-R: Professional manual.* Odessa, FL: Psychological Assessment Resources.

DeYoung, C. G. (2006). Higher-order factors of the Big Five in a multi-informant sample. *Journal of Personality and Social Psychology, 91*, 1138-1151.

DeYoung, C. G. (2014). Openness/Intellect: A dimension of personality reflecting cognitive exploration. In M. L. Cooper & R. J. Larsen (Eds.), *APA handbook of personality and social psychology: Personality processes and individual differences* (Vol. 4, pp. 369-399). Washington, DC: American Psychological Association.

DeYoung, C. G. (2015). Cybernetic Big Five theory. *Journal of Research in Personality, 56*, 33-58.

DeYoung, C. G., Quilty, L. C., & Peterson, J. B. (2007). Between facets and domains: 10 aspects of the Big-Five. *Journal of Personality and Social Psychology, 93*, 880-896.

Dollinger, S. J. (2007). Creativity and conservatism. *Personality and Individual Differences, 43*, 1025-1035.

Dollinger, S. J., & Clancy, S. M. (1993). Identity, self, and personality: II. Glimpses through the autophotographic eye. *Journal of Personality and Social Psychology, 64*, 1064-1071.

Domino, G. (1974). Assessment of cinematographic creativity. *Personality and Social Psychology, 30*, 150-154.

Eysenck, S. B., Eysenck, H. J., & Barrett, P. (1985). A revised version of the psychoticism scale. *Personality and Individual Differences, 6*, 21-29.

Feist, G. J. (1993). A structural model of scientific eminence. *Psychological Science, 4*, 366-371.

Feist, G. J. (1998). A meta-analysis of personality in scientific and artistic creativity. *Personality and Social Psychology Review, 2*, 290–309.

Feist, G. J., & Barron, F. (2003). Predicting creativity from early to late adulthood: Intellect, potential and personality. *Journal of Research in Personality, 37*, 62–88.

Fink, A., & Woschnjak, S. (2011). Creativity and personality in professional dancers. *Personality and Individual Differences, 51*, 754–758.

Furnham, A. (1999). Personality and creativity. *Perceptual and Motor Skills, 88*, 407–408.

Furnham, A., & Bachtiar, V. (2008). Personality and intelligence as predictors of creativity. *Personality & Individual Differences, 45*, 613–617.

Furnham, A., & Crump, J. (2013). The sensitive, imaginative, articulate art student and conservative, cool, numerate science student: Individual differences in art and science students. *Learning and Individual Differences, 25*, 150–155.

Furnham, A., & Nederstrom, M. (2010). Ability, demographic and personality predictors of creativity. *Personality and Individual Differences, 48*, 957–961.

Furnham, A., Zhang, J., & Chamorro-Premuzic, T. (2006). The relationship between psychometric and self-estimated intelligence, creativity, personality, and academic achievement. *Cognition and Personality, 25*, 119–145.

Fürst, G., Ghisletta, P., & Lubart, T. (2014). Toward an integrative model of creativity and personality: Theoretical suggestions and preliminary empirical testing. *Journal of Creative Behavior*. Advance online publication. doi:10.1002/jocb.71

Gelade, G. (1997). Creativity in conflict: The personality of the commercial creative. *Journal of Genetic Psychology, 165*, 67–78.

George, J. M., & Zhou, J. (2001). When openness to experience and conscientiousness are related to creative behavior: An interactional approach. *Journal of Applied Psychology, 86*, 513–524.

Goldberg, L. R. (1992). The development of markers for the Big Five factor structure. *Psychological Assessment, 4*, 26–42.

Grosul, M., & Feist, G. J. (2014). The creative person in science. *Psychology of Aesthetics, Creativity, and the Arts, 8*, 30–43.

Hofstee, W. K. B., de Raad, B., & Goldberg, L. R. (1992). Integration of the Big Five and circumplex approaches to trait structure. *Journal of Personality and Social Psychology, 63*, 146–163.

Hong, E., Peng, Y., & O'Neil, H. J. (2014). Activities and accomplishments in various domains: Relationships with creative personality and creative motivation in adolescence. *Roeper Review, 36*, 92–103.

Hough, L. M. (1992). The "Big Five" personality variable construct confusion: Description versus prediction. *Human Performance, 5*, 139–155.

Hui, A., Yeung, D. Y., Sue-Chan, K., Chan, K. , Hui, D. C. K., & Cheng, S. T. (2014). Gains and losses in creative personality as perceived by adults across the lifespan. *Developmental Psychology, 50,* 709–713.

Hunter, S. T., & Cushenbery, L. (2014). Is being a jerk necessary for originality? Examining the role of disagreeableness in the sharing and utilization of original ideas. *Journal of Business and Psychology.* Advance online publication. doi:10.1007/s10869-014-9386-1

Ivcevic, Z., & Mayer, J. D. (2009). Mapping dimensions of creativity in the life-space. *Creativity Research Journal, 21,* 152–165.

Jauk, E., Benedek, M., & Neubauer, A. C. (2014). The road to creative achievement: A latent variable model of ability and personality predictors. *European Journal of Personality, 28,* 95–105.

Karwowski, M., & Lebuda, I. (2015). The Big Five, the Huge Two, and creative self-beliefs: A meta-analysis. *Psychology of Aesthetics, Creativity, and the Arts.* Advance online publication. doi:10.1037/aca0000035

Karwowski, M., Lebuda, I., Wisniewska, E., & Gralewski, J. (2013). Big Five personality factors as the predictors of creative self-efficacy and creative personal identity: Does gender matter? *Journal of Creative Behavior, 47,* 215–232.

Kaufman, J. C. (2002). Narrative and paradigmatic thinking styles in creative writing and journalism students. *Journal of Creative Behavior, 36,* 201–220.

Kaufman, J. C. (Ed.). (2014). *Creativity and mental illness.* New York, NY: Cambridge University Press.

Kaufman, S. B. (2013). Opening up openness to experience: A four-factor model and relations to creative achievement in the arts and sciences. *Journal of Creative Behavior, 47,* 233–255.

Kaufman, S. B., Quilty, L. C., Grazioplene, R. G., Hirsh, J. B., Gray, J. R., Peterson, J. B., & DeYoung, C. G. (2015). Openness to experience and intellect differentially predict creative achievement in the arts and sciences. *Journal of Personality.* Advance online publication. doi:10.1111/jopy.12156

Kenett, Y. N., Anaki, D., & Faust, M. (2015). Processing of unconventional stimuli requires the recruitment of the non-specialized hemisphere. *Frontiers in Human Neuroscience, 9,* 32.

King, L. A., McKee-Walker, L., & Broyles, S. J. (1996). Creativity and the Five Factor model. *Journal of Research in Personality, 30,* 189–203.

Kyllonen, P. C., Walters, A. M., & Kaufman, J. C. (2005). Noncognitive constructs and their assessment in graduate education. *Educational Assessment, 10,* 153–184.

Larson, L. M., Rottinghaus, P. J., & Borgen, F. H. (2002). Meta-analyses of Big Six interests and Big Five personality factors. *Journal of Vocational Behavior, 61,* 217–239.

Lievens, F., Coetsier, P., De Fruyt, F., & De Maeseneer, J. (2002). Medical students' personality characteristics and academic performance: A Five-

Factor model perspective. *Medical Education, 36,* 1050-1056.

Lucas, B. J., & Nordgren, L. F. (2015). People underestimate the value of persistence for creative performance. *Journal of Personality and Social Psychology, 109,* 232-243.

Martindale, C. (1989). Personality, situation, and creativity. In J. A. Glover, R. R. Ronning, & C. R. Reynolds (Eds.), *Handbook of creativity* (pp. 211-232). New York, NY: Plenum Press.

Martindale, C., & Dailey, A. (1996). Creativity, primary process cognition and personality. *Personality and Individual Differences, 20,* 409-414.

Maslej, M. M., Rain, M., Fong, K., Oatley, K., & Mar, R. A. (2014). The hierarchical personality structure of aspiring creative writers. *Creativity Research Journal, 26,* 192-202.

Matthews, G. (1986). The interactive effects of extraversion and arousal on performance: Are creativity tests anomalous? *Personality and Individual Differences, 7,* 751-761.

McCrae, R. R. (1987). Creativity, divergent thinking, and openness to experience. *Journal of Personality and Social Psychology, 52,* 1258-1265.

McCrae, R. R., & Costa, P. T., Jr. (1997). Personality trait structure as a human universal. *American Psychologist, 52,* 509-516.

Moutafi, J., Furnham, A., & Paltiel, L. (2004). Why is conscientiousness negatively correlated with intelligence? *Personality and Individual Differences, 37,* 1013-1022.

Mussel, P. (2013). Intellect: A theoretical framework for personality traits related to intellectual achievements. *Journal of Personality and Social Psychology, 104,* 885-906.

Mussel, P., McKay, A. S., Ziegler, M., Hewig, J., & Kaufman, J. C. (2015). Predicting creativity based on the facets of the Theoretical Intellect Framework. *European Journal of Personality, 29,* 459-467.

Nusbaum, E. C., & Silvia, P. J. (2011). Are openness and intellect distinct aspects of openness to experience? A test of the O/I model. *Personality and Individual Differences, 51,* 571-574.

Oral, G. (2008). Sensation seeking and creativity in prospective educators and musicians. *International Journal of Creativity & Problem Solving, 18,* 81-86.

Perrine, N. E., & Brodersen, R. (2005). Artistic and scientific creative behavior: Openness and the mediating role of interests. *Journal of Creative Behavior, 39,* 217-236.

Poropat, A. E. (2009). A meta-analysis of the five-factor model of personality and academic performance. *Psychological Bulletin, 135,* 322-338.

Rawlings, D., Twomey, F., Burns, E., & Morris, S. (1998). Personality, creativity and aesthetic preference: Comparing psychoticism, sensation seeking, schizotypy and openness to experience. *Empirical Studies of the Arts, 16,* 153-178.

Reiter-Palmon, R., Illies, J. J., & Kobe-Cross, L. M. (2009). Conscientiousness is not always a good predictor of performance: The case of creativity. *International Journal of Creativity & Problem Solving, 19*, 27-45.

Roy, D. D. (1996). Personality model of fine artists. *Creativity Research Journal, 9*, 391-394.

Sánchez-Ruiz, M. J., Hernández-Torrano, D., Perez-González, J. C., Batey M., & Petrides, K. V. (2011). The relationship between trait emotional intelligence and creativity across subject domains. *Motivation & Emotion, 35*, 461-473.

Schilpzand, M. C., Herold, D. M., & Shalley, C. E. (2011). Members' openness to experience and teams' creative performance. *Small Group Research, 42*, 55-76.

Silvia, P. J., & Beaty, R. E. (2012). Making creative metaphors: The importance of fluid intelligence for creative thought. *Intelligence, 40*, 343-351.

Silvia, P. J., Kaufman, J. C., Reiter-Palmon, R., & Wigert, B. (2011). Cantankerous creativity: Honesty-Humility, Agreeableness, and the HEXACO structure of creative achievement. *Personality and Individual Differences, 51*, 687-689.

Silvia, P. J., & Nusbaum, E. C. (2012). What's your major? College majors as markers of creativity. *International Journal of Creativity and Problem Solving, 22*, 31-44.

Silvia, P. J., Nusbaum, E. C., Berg, C., Martin, C., & O'Connor, A. (2009). Openness to experience, plasticity, and creativity: Exploring lower-order, higher-order, and interactive effects. *Journal of Research in Personality, 43*, 1087-1090.

Silvia, P. J., Winterstein, B. P., Willse, J. T., Barona, C. M., Cram, J. T., Hess, K. I., . . . Richard, C. A. (2008). Assessing creativity with divergent thinking tasks: Exploring the reliability and validity of new subjective scoring methods. *Psychology of Aesthetics, Creativity, and the Arts, 2*, 68-85.

Walker, A. M., Koestner, R., & Hum, A. (1995). Personality correlates of depressive style in autobiographies of creative achievers. *Journal of Creative Behavior, 29*, 75-94.

Wolfradt, U., & Pretz, J. E. (2001). Individual differences in creativity: Personality, story writing, and hobbies. *European Journal of Personality, 15*, 297-310.

Zuckerman, M. (1994). *Behavioral expressions and biosocial bases of sensation seeking*. New York, NY: Cambridge University Press.

제6장 창의성과 동기

Amabile, T. M. (1979). Effects of external evaluation on artistic creativity. *Journal of Personality and Social Psychology, 37*, 221-233.

Amabile, T. M. (1982). Children's artistic creativity: Detrimental effects of competition in a field setting. *Personality and Social Psychology Bulletin, 8*, 573–578.

Amabile, T. M. (1983a). *The social psychology of creativity.* New York, NY: Springer-Verlag.

Amabile, T. M. (1983b). The social psychology of creativity: A componential conceptualization. *Journal of Personality and Social Psychology, 45*, 357–376.

Amabile, T. M. (1985). Motivation and creativity: Effects of motivational orientation on creative writers. *Journal of Personality and Social Psychology, 48*, 393–399.

Amabile, T. M. (1996). *Creativity in context: Update to "The Social Psychology of Creativity."* Boulder, CO: Westview Press.

Amabile, T. M. (1997). Entrepreneurial creativity through motivational synergy. *Journal of Creative Behavior, 31*, 18–26.

Amabile, T. M., & Gitomer, J. (1984). Children's artistic creativity: Effects of choice in task materials. *Personality and Social Psychology Bulletin, 10*, 209–215.

Amabile, T. M., Goldfarb, P., & Brackfield, S. C. (1990). Social influences on creativity: Evaluation, coaction, and surveillance. *Creativity Research Journal, 3*, 6–21.

Amabile, T. M., Hennessey, B. A., & Grossman, B. S. (1986). Social influences on creativity: The effects of contracted-for reward. *Journal of Personality and Social Psychology, 50*, 14–23.

Amabile, T. M., Hill, K. G., Hennessey, B. A., & Tighe, E. M. (1994). The Work Preference Inventory: Assessing intrinsic and extrinsic motivational orientations. *Journal of Personality and Social Psychology, 66*, 950–967.

Baer, J. (1997). Gender differences in the effects of anticipated evaluation on creativity. *Creativity Research Journal, 10*, 25–31.

Baer, J. (1998). The case for domain specificity in creativity. *Creativity Research Journal, 11*, 173–177.

Baer, M., Vadera, A. K., Leenders, R. J., & Oldham, G. R. (2014). Intergroup competition as a double-edged sword: How sex composition regulates the effects of competition on group creativity. *Organization Science, 25*, 892–908.

Barron, K. E., & Harackiewicz, J. M. (2001). Achievement goals and optimal motivation: Testing multiple goal models. *Journal of Personality and Social Psychology, 80*(5), 706.

Byron, K., & Khazanchi, S. (2012). Rewards and creative performance: A meta-analytic test of theoretically derived hypotheses. *Psychological Bulletin, 138*, 809–830.

Cameron, J., & Pierce, W. D. (1994). Reinforcement, reward, and intrinsic motivation: A meta-analysis. *Review of Educational Research, 64*, 363–423.

Cellar, D. F., Stuhlmacher, A. F., Young, S. K., Fisher, D. M., Adair, C. K., Haynes, S., & Riester, D. (2011). Trait goal orientation, self-regulation, and performance: A meta-analysis. *Journal of Business and Psychology, 26,* 467-483.

Chamorro-Premuzic, T., & Reichenbacher, L. (2008). Effects of personality and threat of evaluation on divergent and convergent thinking. *Journal of Research in Personality, 42,* 1095-1101.

Conti, R., Collins, M., & Picariello, M. (2001). The impact of competition on intrinsic motivation and creativity: Considering gender, gender segregation, and gender role orientation. *Personality and Individual Differences, 30,* 1273-1289.

Cooper, B. L., Clasen, P., Silva-Jalonen, D. E., & Butler, M. (1999). Creative performance on an inbasket exercise: Effects of inoculation against extrinsic reward. *Journal of Managerial Psychology, 14,* 39-56.

Cooper, R. B., & Jayatilaka, B. (2006). Group creativity: The effects of extrinsic, intrinsic, and obligation motivations. *Creativity Research Journal, 18,* 153-172.

Cordova, D. I., & Lepper, M. R. (1996). Intrinsic motivation and the process of learning: Beneficial effects of contextualization, personalization, and choice. *Journal of Educational Psychology, 88,* 715.

Csikszentmihalyi, M. (1990). *Flow: The psychology of optimal experience.* New York, NY: Harper & Row.

Csikszentmihalyi, M. (1996). *Creativity: Flow and the psychology of discovery and invention.* New York, NY: HarperCollins.

Csikszentmihalyi, M., & Csikszentmihalyi, I. S. (1988). *Optimal experience.* New York, NY: Cambridge University Press.

Csikszentmihalyi, M., Rathunde, K. R., & Whalen, S. (1997). *Talented teenagers: The roots of success and failure.* New York, NY: Cambridge University Press.

Deci, E. L., & Ryan, R. M. (1985). *Intrinsic motivation and self-determination in human behavior.* New York, NY: Plenum.

Deci, E. L., & Ryan, R. M. (2010). *Self-determination.* New York, NY: Wiley.

De Jesus, S. N., Rus, C., Lens, W., & Imaginário, S. (2013). Creativity and intrinsic motivation: A meta-analysis of the studies between 1990-2010. *Creativity Research Journal, 25,* 80-84.

Dweck, C. S. (1986). Motivational processes affecting learning. *American Psychologist, 41,* 1040-1048.

Dweck, C. S. (2000). *Self-theories: Their role in motivation, personality and development.* Philadelphia, PA: Taylor & Francis.

Eisenberger, R., Armeli, S., & Pretz, J. (1998). Can the promise of reward increase creativity? *Journal of Personality and Social Psychology, 74,* 704-714.

Eisenberger, R., & Cameron, J. (1996). Detrimental effects of reward: Reality or myth? *American Psychologist, 51,* 1153-1166.

Eisenberger, R., Haskins, F., & Gambleton, P. (1999). Promised reward and creativity: Effects of prior experience. *Journal of Experimental Social Psy-*

chology, 35, 308-325.

Eisenberger, R., & Rhoades, L. (2001). Incremental effects of reward on creativity. *Journal of Personality and Social Psychology, 81*, 728-741.

Eisenberger, R., & Selbst, M. (1994). Does reward increase or decrease creativity? *Journal of Personality and Social Psychology, 66*, 1116-1127.

Eisenberger, R., & Shanock, L. (2003). Rewards, intrinsic motivation, and creativity: A case study of conceptual and methodological isolation. *Creativity Research Journal, 15*, 121-130.

Elliot, A. J., & Church, M. A. (1997). A hierarchical model of approach and avoidance achievement motivation. *Journal of Personality and Social Psychology, 72*, 218-232.

Elliot, S., & Dweck, C. S. (1988). Goals: An approach to motivation and achievement. *Journal of Personality and Social Psychology, 54*, 5-12.

Forgeard, M. J. C., & Mecklenburg, A. C. (2013). The two dimensions of motivation and a reciprocal model of the creative process. *Review of General Psychology, 17*, 255-266.

Friedman, R. S. (2009). Reinvestigating the effects of promised reward on creativity. *Creativity Research Journal, 21*, 258-264.

Gong, Y., Kim, T. Y., Lee, D. R., & Zhu, J. (2013). A multilevel model of team goal orientation, information exchange, and creativity. *Academy of Management Journal, 56*, 827-851.

Grant, A. M., & Berry, J. W. (2011). The necessity of others is the mother of invention: Intrinsic and prosocial motivations, perspective-taking, and creativity. *Academy of Management Journal, 54*, 73-96.

Greer, M., & Levine, E. (1991). Enhancing creative performance in college students. *Journal of Creative Behavior, 25*, 250-255.

Hagger, M. S., Rentzelas, P., & Chatzisarantis, N. L. (2014). Effects of individualist and collectivist group norms and choice on intrinsic motivation. *Motivation and Emotion, 38*, 215-223.

Hennessey, B. A. (2015). Reward, task motivation, creativity, and teaching: Towards a cross-cultural examination. *Teachers College Record, 117*, 1-28.

Hennessey, B. A., Amabile, T. M., & Martinage, M. (1989). Immunizing children against the negative effects of reward. *Contemporary Educational Psychology, 14*, 212-227.

Iyengar, S. S., & Lepper, M. R. (1999). Rethinking the value of choice: A cultural perspective on intrinsic motivation. *Journal of Personality and Social Psychology, 76*, 349-366.

Joy, S. P. (2005). Innovation motivation and artistic creativity. *Journal of Creative Behavior, 39*, 35-56.

Joy, S. P. (2012). Origins of originality: Innovation motivation and intelligence in poetry and comics. *Empirical Studies of the Arts, 30*, 195-213.

Joy, S. P. (in press). Innovation motivation: A social learning model of originality. In G. J. Feist, R. Reiter-Palmon, & J. C. Kaufman (Eds.),

Cambridge handbook of creativity and personality research. New York, NY: Cambridge University Press.

Karwowski, M. (2014). Creative mindset: Measurement, correlates, consequences. *Psychology of Aesthetics, Creativity, and the Arts, 8,* 62–70.

Kaufman, J. C., Reiter-Palmon, R., & Royston, R. (2015). What we want impacts how we create: Creativity, motivation, and goals. In R. Wegerif, L. Li, & J. C. Kaufman (Eds.), *The Routledge international handbook of research on teaching thinking* (pp. 181–190). London, England: Routledge.

King, L. A., & Gurland, S. T. (2007). Creativity and experience of a creative task: Person and environment effects. *Journal of Research in Personality, 41,* 1252–1259.

Kohn, A. (1993). *Punished by rewards.* Boston, MA: Houghton Mifflin.

Lepper, M. R., & Greene, D. (1975). Turning play into work: Effects of adult surveillance and extrinsic rewards on children's intrinsic motivation. *Journal of Personality and Social Psychology, 31,* 479–486.

Lepper, M. R., Greene, D., & Nisbett, R. E. (1973). Undermining children's intrinsic interest with extrinsic reward: A test of the "overjustification" hypothesis. *Journal of Personality and Social Psychology, 28,* 129–137.

Malik, M. A. R., Butt, A. N., & Choi, J. N. (2015). Rewards and employee creative performance: Moderating effects of creative self-efficacy, reward importance, and locus of control. *Journal of Organizational Behavior, 36,* 59–74.

Mamet, D. (1987). *House of games: A screenplay.* New York, NY: Grove Press.

Middleton, M. J., & Midgley, C. (1997). Avoiding the demonstration of lack of ability: An underexplored aspect of goal theory. *Journal of Educational Psychology, 89,* 710–718.

Midgley, C. (Ed.). (2014). *Goals, goal structures, and patterns of adaptive learning.* London, England: Routledge.

Miele, D. B., Finn, B., & Molden, D. C. (2011). Does easily learned mean easily remembered? It depends on your beliefs about intelligence. *Psychological Science, 22,* 320–324.

O'Connor, A. J., Nemeth, C. J., & Akutsu, S. (2013). Consequences of beliefs about the malleability of creativity. *Creativity Research Journal, 25,* 155–162.

Paletz, S. B. F., Peng, K., & Li, S. (2011). In the world or in the head: External and internal implicit theories of creativity. *Creativity Research Journal, 23,* 83–98.

Prabhu, V., Sutton, C., & Sauser, W. (2008). Creativity and certain personality traits: Understanding the mediating effect of intrinsic motivation. *Creativity Research Journal, 20,* 53–66.

Prescott, S., Csikszentmihalyi, M., & Graef, R. (1981). Environmental effects on cognitive and affective states: The experiential time sampling approach. *Social Behavior and Personality, 9,* 23–32.

Robinson-Morral, E. J., Reiter-Palmon, R., & Kaufman, J. C. (2013). The interactive effects of self-perceptions and job requirements on creative problem solving. *Journal of Creative Behavior, 47*, 200-214.

Ruscio, J., Whitney, D. M., & Amabile, T. M. (1998). Looking inside the fishbowl of creativity: Verbal and behavioral predictors of creative performance. *Creativity Research Journal, 11*, 243-263.

Ryan, R. M., & Deci, E. L. (2000). Intrinsic and extrinsic motivations: Classic definitions and new directions. *Contemporary Educational Psychology, 25*, 54-67.

Scott, S. G., & Bruce, R. A. (1994). Determinants of innovative behavior: A path model of individual innovation in the workplace. *Academy of Management Journal, 38*, 1442-1465.

Shalley, C. (1995). Effects of coaction, expected evaluation, and goal setting on creativity and productivity. *Academy of Management Journal, 38*, 483-503.

Shalley, C. E., & Perry-Smith, J. E. (2001). Effects of social-psychological factors on creative performance: The role of informational and controlling expected evaluation and modeling experience. *Organizational Behavior and Human Decision Processes, 84*, 1-22.

Slijkhuis, J. M., Rietzschel, E. F., & Van Yperen, N. W. (2013). How evaluation and need for structure affect motivation and creativity. *European Journal of Work and Organizational Psychology, 22*, 15-25.

Stanko-Kaczmarek, M. (2012). The effect of intrinsic motivation on the affect and evaluation of the creative process among fine arts Students. *Creativity Research Journal, 24*, 304-310.

To, M. L., Fisher, C. D., Ashkanasy, N. M., & Rowe, P. A. (2012). Within-person relationships between mood and creativity. *Journal of Applied Psychology, 97*, 519-612.

Unsworth, K. (2001). Unpacking creativity. *Academy of Management Review, 26*, 289-297.

Yamazaki, S., & Kumar, V. K. (2013). Implicit theories of intelligence and creative ability: Relationships with academic risk-taking and academic stress. *International Journal of Creativity & Problem Solving, 23*, 25-39.

Yuan, F., & Woodman, R. W. (2010). Innovative behavior in the workplace: The role of performance and image outcome expectations. *Academy of Management Journal, 53*, 323-342.

제7장 창의성과 지능

Abraham, A., Windmann, S., Siefen, R., Daum, I., & Güntürkün, O. (2006). Creative thinking in adolescents with attention deficit hyperactivity disorder (ADHD). *Child Neuropsychology, 12*, 111-123.

Adarves-Yorno, I., Postmes, T., & Haslam, S. A. (2007). Creative innovation or crazy irrelevance? The contribution of group norms and social identity to creative behavior. *Journal of Experimental Social Psychology, 43*, 410–416.

Altman, W. S. (1999). *Creativity and academic success.* Unpublished dissertation, Cornell University, Ithaca, NY.

Argulewicz, E. N., Mealor, D. J., & Richmond, B. O. (1979). Creative abilities of learning disabled children. *Journal of Learning Disabilities, 12*, 21–24.

Avitia, M. J., & Kaufman, J. C. (2014). Beyond *g* and *c*: The relationship of rated creativity to long-term storage and retrieval (Glr). *Psychology of Aesthetics, Creativity, and the Arts, 8*, 293.

Barron, F. (1963). *Creativity and psychological health.* Princeton, NJ: D. Van Nostrand Company.

Barron, F., & Harrington, D. M. (1981). Creativity, intelligence, and personality. *Annual Review of Psychology, 32*, 439–476.

Bates College Office of Communications & Media Relations. (2004). 20 years of optional SATs. *Bates News.* Retrieved from http://www.bates.edu/news/2004/10/01/sats-at-bates

Batey, M., Chamorro-Premuzic, T., & Furnham, A. (2009). Intelligence and personality as predictors of divergent thinking: The role of general, fluid and crystallised intelligence. *Thinking Skills and Creativity, 4*, 60–69.

Batey, M., Chamorro-Premuzic, T., & Furnham, A. (2010). Individual differences in ideational behavior: Can the big five and psychometric intelligence predict creativity scores? *Creativity Research Journal, 22*, 90–97.

Batey, M., & Furnham, A. (2006). Creativity, intelligence and personality: A critical review of the scattered literature. *Genetic, Social, and General Psychology Monographs, 132*, 355–429.

Batey, M., Furnham, A., & Safiullina, X. (2010). Intelligence, general knowledge and personality as predictors of creativity. *Learning and Individual Differences, 20*, 532–535.

Baum, S. M. (1988). An enrichment program for gifted learning disabled students. *Gifted Child Quarterly, 32*, 226–230.

Baum, S. M., & Olenchak, F. R. (2002). The alphabet children: GT, ADHD, and more. *Exceptionality, 10*, 77–91.

Beaty, R. E., & Silvia, P. J. (2012). Why do ideas get more creative across time? An executive interpretation of the serial order effect in divergent thinking tasks. *Psychology of Aesthetics, Creativity, and the Arts, 6*, 309–319.

Beaty, R. E., Silvia, P. J., Nusbaum, E. C., Jauk, E., & Benedek, M. (2014). The roles of associative and executive processes in creative cognition. *Memory & Cognition, 42*, 1186–1197.

Beghetto, R. A., & Kaufman, J. C. (2007). Toward a broader conception of creativity: A case for "mini-c" creativity. *Psychology of Aesthetics, Creativity, and the Arts, 1*, 73–79.

Beghetto, R. A., & Kaufman, J. C. (2014). Classroom contexts for creativity. *High Ability Studies, 25*, 53–69.

Bellugi, U., Lichtenberger, E. O., Jones, W., Lai, Z., & St. George, M. (2000). The neurocognitive profile of Williams syndrome: A complex pattern of strengths and weaknesses. *Journal of Cognitive Neuroscience, 12*, 7-29.

Benedek, M., Franz, F., Heene, M., & Neubauer, A. C. (2012). Differential effects of cognitive inhibition and intelligence on creativity. *Personality and Individual Differences, 53*, 480-485.

Benedek, M., Jauk, E., Sommer, M., Arendasy, M., & Neubauer, A. C. (2014). Intelligence, creativity, and cognitive control: The common and differential involvement of executive functions in intelligence and creativity. *Intelligence, 46*, 73-83.

Benedek, M., Könen, T., & Neubauer, A. C. (2012). Associative abilities underlying creativity. *Psychology of Aesthetics, Creativity, and the Arts, 6*, 273-281.

Benedek, M., & Neubauer, A. C. (2013). Revisiting Mednick's Model on creativity-related differences in associative hierarchies. Evidence for a common path to uncommon thought. *Journal of Creative Behavior, 47*, 273-289.

Bilalić, M., McLeod, P., & Gobet, F. (2008). Inflexibility of experts—Reality or myth? Quantifying the Einstellung effect in chess masters. *Cognitive Psychology, 56*, 73-102.

Bjork, E. L., Bjork, R. A., & Anderson, M. C. (1998). Varieties of goal-directed forgetting. In J. M. Golding & C. MacLeod (Eds.), *Intentional forgetting: Interdisciplinary approaches* (pp. 103-137). Hillsdale, NJ: Erlbaum.

Bristol, A. S., & Viskontas, I. V. (2016). Dynamic processes within associative memory stores: Piecing together the neural basis of creative cognition. In J. C. Kaufman & J. Baer (Eds.), *Creativity and reason in cognitive development* (2nd ed., pp. 187-210). New York, NY: Cambridge University Press.

Bruner, J. (1986). *Actual minds, possible worlds*. Cambridge, MA: Harvard University Press.

Burrows, D., & Wolf, B. (1983). Creativity and the dyslexic child: A classroom view. *Annals of Dyslexia, 33*, 269-274.

Carroll, J. B. (1993). *Human cognitive abilities: A survey of factor-analytic studies*. New York, NY: Cambridge University Press.

Carson, S. H. (2011). Creativity and psychopathology: A shared vulnerability model. *Canadian Journal of Psychiatry/La Revue Canadienne De Psychiatrie, 56*, 144-153.

Cattell, R. B., & Butcher, H. (1968). *The prediction of achievement and creativity*. Indianapolis, IN: Bobbs-Merrill.

Cho, S. H., Nijenhuis, J. T., Vianen, A. E., Kim, H. B., & Lee, K. H. (2010). The relationship between diverse components of intelligence and creativity. *Journal of Creative Behavior, 44*, 125-137.

Colleges and universities that do not use SAT/ACT scores for admitting substantial numbers of students into Bachelor Degree programs. (2015, Summer). *Fairtest.org.* Retrieved from http://www.fairtest.org/university/optional

Cox, M. V., & Cotgreave, S. (1996). The human figure drawings of normal children and those with mild learning difficulties. *Educational Psychology, 16,* 433–438.

Cox, M. V., & Maynard, S. (1998). The human figure drawings of children with Down syndrome. *British Journal of Developmental Psychology, 16,* 133–137.

Craig, J., & Baron-Cohen, S. (1999). Creativity and imagination in autism and Asperger syndrome. *Journal of Autism and Developmental Disorders, 29,* 319–326.

Cramond, B. (1994). Attention-deficit hyperactivity disorder and creativity: What is the connection? *Journal of Creative Behavior, 28,* 193–210.

Dąbrowski, K. (1964). *Positive disintegration.* Boston, MA: Little, Brown, and Company.

Daniels, S., & Piechowski, M. M. (2009). Embracing intensity: Overexcitability, sensitivity, and the developmental potential of the gifted. In S. Daniels & M. M. Piechowski (Eds.), *Living with intensity* (pp. 3–19). Scottsdale, AZ: Great Potential Press.

Das, J. P., Naglieri, J. A., & Kirby, J. R. (1994). *Assessment of cognitive processes: The PASS theory of intelligence.* Boston, MA: Allyn & Bacon.

Davis, C. D., Kaufman, J. C., & McClure, F. H. (2011). Non-cognitive constructs and self-reported creativity by domain. *Journal of Creative Behavior, 45,* 188–202.

De Dreu, C. K. W., Nijstad, B. A., Baas, M., Wolsink, I., & Roskes, M. (2012). Working memory benefits creative insight, musical improvisation, and original ideation through maintained task-focused attention. *Personality and Social Psychology Bulletin, 38,* 656–669.

Diener, M. L., Wright, C. A., Smith, K. N., & Wright, S. D. (2014). An assessment of visual-spatial creativity in youth with autism spectrum disorder. *Creativity Research Journal, 26,* 328–337.

Dollinger, S. J. (2011). 'Standardized minds' or individuality? Admissions tests and creativity revisited. *Psychology of Aesthetics, Creativity, and the Arts, 5,* 329–341.

Dollinger, S. J., & Skaggs, A. (2011). Does the ACT predict "Inside the Box" thinking or creativity?: Creative characters in the personality imagination exercise. *Imagination, Cognition and Personality, 31,* 199–216.

Dorfman, L., Martindale, C., Gassimova, V., & Vartanian, O. (2008). Creativity and speed of information processing: A double dissociation involving elementary versus inhibitory cognitive tasks. *Personality and Individual Differences, 44,* 1382–1390.

Dow, G. T. (2015). Do cheaters never prosper? The impact of examples, expertise, and cognitive load on cryptomnesia and inadvertent self-plagiarism of creative tasks. *Creativity Research Journal, 27*, 47-57.

Dykens, E., Schwenk, M., Maxwell, M., & Myatt, B. (2007). The Sentence Completion and Three Wishes tasks: Windows into the inner lives of people with intellectual disabilities. *Journal of Intellectual Disability Research, 51*, 588-597.

Edl, S., Benedek, M., Papousek, I., Weiss, E. M., & Fink, A. (2014). Creativity and the Stroop interference effect. *Personality and Individual Differences, 69*, 38-42.

Everatt, J. (1997). The abilities and disabilities associated with adult developmental dyslexia. *Journal of Research in Reading, 20*, 13-21.

Finke, R. A. (1990). *Creative imagery: Discoveries and inventions in visualization.* Hillsdale, NJ: Erlbaum.

Flanagan, D. P., Ortiz, S. O., & Alfonso, V. C. (2013). *Essentials of cross-battery assessment* (3rd ed.). New York, NY: Wiley.

Frensch, P. A., & Sternberg, R. J. (1989). Expertise and intelligence thinking: When is it worse to know better? In R. J. Sternberg (Ed.), *Advances in the psychology of human intelligence* (Vol. 5, pp. 157-188). Hillsdale, NJ: Erlbaum.

Freund, P. A., & Holling, H. (2008). Creativity in the classroom: A multilevel analysis investigating the impact of creativity and reasoning ability on GPA. *Creativity Research Journal, 20*, 309-318.

Frey, M. C., & Detterman, D. K. (2004). Scholastic assessment or g? The relationship between the SAT and general cognitive ability. *Psychological Science, 15*, 373-378.

Fugate, C. M., Zentall, S. S., & Gentry, M. (2013). Creativity and working memory in gifted students with and without characteristics of attention deficit hyperactive disorder: Lifting the mask. *Gifted Child Quarterly, 57*, 234-246.

Gabora, L. (2010). Revenge of the "neurds": Characterizing creative thought in terms of the structure and dynamics of human memory. *Creativity Research Journal, 22*, 1-13.

Gardner, H. (1993). *Creating minds.* New York, NY: Basic Books.

Gardner, H. (1999). *Intelligence reframed: Multiple intelligences for the 21st century.* New York, NY: Basic Books.

Gardner, H. (2006). *Five minds for the future.* Cambridge, MA: Harvard Business School Press.

Getzels, J. W., & Jackson, P. W. (1962). *Creativity and intelligence: Explorations with gifted students.* New York, NY: Wiley.

Gilhooly, K. J., Fioratou, E., Anthony, S. H., & Wynn, V. (2007). Divergent thinking: Strategies and executive involvement in generating novel uses for familiar objects. *British Journal of Psychology, 98*, 611-625.

Gocłowska, M. A., Baas, M., Crisp, R. J., & De Dreu, C. K. W. (2014). Whether social schema violations help or hurt creativity depends on need for structure. *Personality and Social Psychology Bulletin, 40,* 959-971.

Goclowska, M. A., & Crisp, R. J. (2013). On counter-stereotypes and creative cognition: When interventions for reducing prejudice can boost divergent thinking. *Thinking Skills and Creativity, 8,* 72-79.

Goclowska, M. A., Crisp, R. J., & Labuschagne, K. (2013). Can counter-stereotypes boost flexible thinking? *Group Processes & Intergroup Relations, 16,* 217-231.

Gralewski, J., & Karwowski, M. (2012). Creativity and school grades: A case from Poland. *Thinking Skills and Creativity, 7,* 198-208.

Grigorenko, E. L., Jarvin, L., Diffley, R., Goodyear, J., Shanahan, E., & Sternberg, R. J. (2009). Are SATS and GPA enough? A theory-based approach to predicting academic success in secondary school. *Journal of Educational Psychology, 101,* 964-981.

Grigorenko, E. L., Jarvin, L., & Sternberg, R. J. (2002). School-based tests of the Triarchic Theory of Intelligence: Three settings, three samples, three syllabi. *Contemporary Educational Psychology, 27,* 167-208.

Guilford, J. P. (1967). *The nature of human intelligence.* New York, NY: McGraw-Hill.

Healey, D. (2014). Attention-deficit/hyperactivity disorder (ADHD) and creativity: Ever the twain shall meet? In J. C. Kaufman (Ed.), *Creativity and mental illness* (pp. 236-251). New York, NY: Cambridge University Press.

Healey, D., & Rucklidge, J. J. (2006). An investigation into the relationship among ADHD symptomatology, creativity, and neuropsychological functioning in children. *Child Neuropsychology 12,* 421-438.

Horn, J. L., & Cattell, R. B. (1966). Refinement and test of the theory of fluid and crystallized intelligence. *Journal of Educational Psychology, 57,* 253-270.

Horn, J. L., & Hofer, S. M. (1992). Major abilities and development in the adult period. In R. J. Sternberg & C. A. Berg (Eds.), *Intellectual development* (pp. 44-99). New York, NY: Cambridge University Press.

Horn, J. L., & Noll, J. (1997). Human cognitive capacities: Gf-Gc theory. In D. P. Flanagan, J. L., Genshaft, & P. L. Harrison (Eds.), *Life-span developmental psychology: Research and theory* (pp. 423-466). New York, NY: Academic Press.

Hui, A., Yeung, D. Y., Sue-Chan, K., Chan, K. , Hui, D. C. K., & Cheng, S. T. (2014). Gains and losses in creative personality as perceived by adults across the lifespan. *Developmental Psychology, 50,* 709-713.

Jauk, E., Benedek, M., Dunst, B., & Neubauer, A. C. (2013). The relationship between intelligence and creativity: New support for the threshold hypothesis by means of empirical breakpoint detection. *Intelligence, 41,* 212-221.

Jones, W., Bellugi, U., Lai, Z., Chiles, M., Reilly, J., Lincoln, A., & Adolphs,

R. (2000). Hypersociability in Williams syndrome. *Journal of Cognitive Neuroscience, 12*, 30–46.

Jung, R. E. (2014). Evolution, creativity, intelligence, and madness: "Here be dragons." *Frontiers in Psychology, 5*, 784.

Karwowski, M., & Gralewski, J. (2013). Threshold hypothesis: Fact or artifact? *Thinking Skills and Creativity, 8*, 25–33.

Kaufman, A. S. (2000). Seven questions about the WAIS-III regarding differences in abilities across the 16 to 89 year life span. *School Psychology Quarterly, 15*, 3–29.

Kaufman, A. S. (2001). WAIS-III IQs, Horn's theory, and generational changes from young adulthood to old age. *Intelligence, 29*, 131–167.

Kaufman, A. S. (2009). *IQ testing 101*. New York, NY: Springer Publishing Company.

Kaufman, A. S., & Kaufman, N. L. (1993). *Kaufman Adolescent and Adult Intelligence Test (KAIT)*. Circle Pines, MN: American Guidance Service.

Kaufman, A. S., & Kaufman, N. L. (2004). *Kaufman Assessment Battery for Children* (2nd ed.). Circle Pines, MN: American Guidance Service.

Kaufman, A. S., & Lichtenberger, E. O. (2006). *Assessing adult and adolescent intelligence* (3rd ed.). New York, NY: John Wiley.

Kaufman, J. C. (2002). Narrative and paradigmatic thinking styles in creative writing and journalism students. *Journal of Creative Behavior, 36*, 201–220.

Kaufman, J. C., & Beghetto, R. A. (2009). Beyond big and little: The Four C Model of Creativity. *Review of General Psychology, 13*, 1–12.

Kaufman, J. C., Kaufman, S. B., & Lichtenberger, E. O. (2011). Finding creativity on intelligence tests via divergent production. *Canadian Journal of School Psychology, 26*, 83–106.

Kaufman, J. C., Kaufman, S. B., & Plucker, J. A. (2013). Contemporary theories of intelligence. In D. Reisberg (Ed.), *Oxford handbook of cognitive psychology* (pp. 811–822). Oxford, England: Oxford University Press.

Kaufman, N. L., & Kaufman, A. S. (1980). Creativity in children with minimal brain dysfunction. *Journal of Creative Behavior, 14*, 73.

Kaufman, S. B. (2009). Conversations on creativity with Daniel Tammet— Part IV, IQ and human intelligence. *Psychology Today*. Retrieved from https://www.psychologytoday.com/blog/beautiful-minds/200912/ conversations-creativity-daniel-tammet-part-iv-iq-and-human-intelligence

Kaufman, S. B. (2013). *Ungifted: Intelligence redefined*. New York, NY: Basic Books.

Kaufman, S. B., DeYoung, C. G., Reis, D. L., & Gray, J. R. (2011). General intelligence predicts reasoning ability even for evolutionarily familiar content. *Intelligence, 39*, 311–322.

Kell, H. J., Lubinski, D., & Benbow, C. P. (2013). Who rises to the top? Early indicators. *Psychological Science, 24*, 648–659.

Kell, H. J., Lubinski, D., Benbow, C. P., & Steiger, J. H. (2013). Creativity and technical innovation: Spatial ability's unique role. *Psychological Science, 24*, 1831–1836.

Kenett, Y. N., Anaki, D., & Faust, M. (2014). Investigating the structure of semantic networks in low and high creative persons. *Frontiers in Human Neuroscience, 8*, 407.

Kim, K. H. (2005). Can only intelligent people be creative? A meta-analysis. *Journal of Secondary Gifted Education, 16*, 57–66.

Koenig, K. A., Frey, M. C., & Detterman, D. K. (2008). ACT and general cognitive ability. *Intelligence 36*, 153–160.

Kuncel, N. R., Hezlett, S. A., & Ones, D. S. (2001). A comprehensive meta-analysis of the predictive validity of the Graduate Record Examinations. *Psychological Bulletin, 127*, 162–181.

LaFrance, E. B. (1997). The gifted/dyslexic child: Characterizing and addressing strengths and weaknesses. *Annals of Dyslexia, 47*, 163–182.

Levitan, D. J., & Bellugi, U. (1998). Musical abilities in individuals with Williams syndrome. *Music Perception, 15*, 357–398.

Lockiewicz, K., Bogdanowicz, K. M., & Bogdanowicz, M. (2014). Psychological resources of adults with developmental dyslexia. *Journal of Learning Disabilities, 47*, 543–555.

Losh, M., Bellugi, U., Reilly, J., & Anderson, D. (2000). Narrative as a social engagement tool: The excessive use of evaluation in narratives from children with Williams syndrome. *Narrative Inquiry, 10*, 265–290.

Luria, A. R. (1970). The functional organization of the brain. *Scientific American, 222*, 66–78.

MacLeod, M. D., & Macrae, C. N. (2001). Gone but not forgotten: The transient nature of retrieval-induced forgetting. *Psychological Science, 12*, 148–152.

Madore, K. P., Addis, D. R., & Schacter, D. L. (2015). Creativity and memory: Effects of an episodic-specificity induction on divergent thinking. *Psychological Science*. Advance online publication. doi:10.1177/0956797615591863

Martindale, C. (1999). Biological bases of creativity. In R. J. Sternberg (Ed.), *Handbook of creativity* (pp. 137–152). New York, NY: Cambridge University Press.

Mednick, S. A. (1962). The associative basis of the creative process. *Psychological Review, 69*, 220–232.

Mednick, S. A. (1968). The Remote Associates Test. *Journal of Creative Behavior, 2*, 213–214.

Miller, A. L. (2007). Creativity and cognitive style: The relationship between field-dependence-independence, expected evaluation, and creative performance. *Psychology of Aesthetics, Creativity, and the Arts, 1*, 243–246.

Miyake, A., & Friedman, N. P. (2012). The nature and organization of individual differences in executive functions: Four general conclusions. *Current Directions in Psychological Science, 21*, 8–14.

Mooneyham, B. W., & Schooler, J. W. (2013). The costs and benefits of mind-wandering: A review. *Canadian Journal of Experimental Psychology/Revue Canadienne de Psychologie Expérimentale, 67*, 11-18.

Naglieri, J. A., & Kaufman, J. C. (2001). Understanding intelligence, giftedness, and creativity using PASS theory. *Roeper Review, 23*, 151-156.

Ng, T. W., & Feldman, D. C. (2008). The relationship of age to ten dimensions of job performance. *Journal of Applied Psychology, 93*, 392-423.

Niaz, M., Nunez, G. S., & Pineda, I. R. (2000). Academic performance of high school students as a function of mental capacity, cognitive style, mobility-fixity dimension, and creativity. *Journal of Creative Behavior, 34*, 18-29.

Nogueira, S. M. (2006). MORCEGOS: A Portuguese enrichment program of creativity pilot study with gifted students and students with learning difficulties. *Creativity Research Journal, 18*, 45-54.

Nusbaum, E. C., & Silvia, P. J. (2011). Are intelligence and creativity really so different?: Fluid intelligence, executive processes, and strategy use in divergent thinking. *Intelligence, 39*, 36-45.

Palmiero, M. (2015). The effects of age on divergent thinking and creative objects production: A cross-sectional study. *High Ability Studies, 96*, 93-104.

Palmiero, M., Di Giacomo, D., & Passafiume, D. (2014). Divergent thinking and age-related changes. *Creativity Research Journal, 26*, 456-460.

Park, G., Lubinski, D., & Benbow, C. P. (2007). Contrasting intellectual patterns predict creativity in the arts and sciences: Tracking intellectually precocious youth over 25 years. *Psychological Science, 18*, 948-952.

Park, G., Lubinski, D., & Benbow, C. P. (2008). Ability differences among people who have commensurate degrees matter for scientific creativity. *Psychological Science, 19*, 957-961.

Peterson, J. B., Smith, K. W., & Carson, S. (2002). Openness and extraversion are associated with reduced latent inhibition: Replication and commentary. *Personality and Individual Differences, 33*, 1137-1147.

Plucker, J. A., & Esping, A. (2014). *Intelligence 101*. New York, NY: Springer Publishing Company.

Plucker, J. A., & Renzulli, J. S. (1999). Psychometric approaches to the study of human creativity. In R. J. Sternberg (Ed.), *Handbook of creativity* (pp. 35-61). New York, NY: Cambridge University Press.

Powers, D. E., & Kaufman, J. C. (2004). Do standardized tests penalize deep-thinking, creative, or conscientious students? Some personality correlates of Graduate Record Examinations test scores. *Intelligence, 32*, 145-153.

Preckel, F., Holling, H., & Wiese, M. (2006). Relationship of intelligence and creativity in gifted and non-gifted students: An investigation of threshold theory. *Personality and Individual Differences, 40*, 159-170.

Redmond, M. R., Mumford, M. D., & Teach, R. (1993). Putting creativity to work: Effects of leader behavior on subordinate creativity. *Organizational*

Behavior and Human Decision Processes, 55, 120–151.

Reilly, J., Klima, E. S., & Bellugi, U. (1990). Once more with feeling: Affect and language in atypical populations. *Development and Psychopathology, 2,* 367–391.

Rinn, A. N., & Reynolds, M. J. (2012). Overexcitabilities and ADHD in the gifted: An examination. *Roeper Review, 34,* 38–45.

Roskos-Ewoldsen, B., Black, S. R., & McCown, S. M. (2008). Age-related changes in creative thinking. *Journal of Creative Behavior, 42,* 33–57.

Schneider, W. J., & Flanagan, D. P. (2015). The relationship between theories of intelligence and intelligence tests. In S. Goldstein, D. Princiotta, & J. A. Naglieri (Eds.), *Handbook of intelligence* (pp. 317–340). New York, NY: Springer.

Schneider, W. J., & McGrew, K. (2012). The Cattell-Horn-Carroll model of intelligence. In D. Flanagan & P. Harrison (Eds.), *Contemporary intellectual assessment* (3rd ed., pp. 99–144). New York, NY: Guilford.

Shaw, G. A. (1992). Hyperactivity and creativity: The tacit dimension. *Bulletin of the Psychonomic Society, 30,* 157–160.

Shaw, G. A., & Brown, G. (1990). Laterality and creativity concomitants of attention problems. *Developmental Neuropsychology, 6,* 39–56.

Silverman, L. K. (2009). *Giftedness 101.* New York, NY: Springer Publishing Company.

Silvia, P. J. (2008a). Another look at creativity and intelligence: Exploring higher-order models and probable confounds. *Personality and Individual Differences, 44,* 1012–1021.

Silvia, P. J. (2008b). Creativity and intelligence revisited: A latent variable analysis of Wallach and Kogan (1965). *Creativity Research Journal, 20,* 34–39.

Silvia, P. J. (2015). Intelligence and creativity are pretty similar after all. *Educational Psychology Review, 27,* 1–8.

Silvia, P. J., & Beaty, R. E. (2012). Making creative metaphors: The importance of fluid intelligence for creative thought. *Intelligence, 40,* 343–351.

Silvia, P. J., Beaty, R. E., & Nusbaum, E. C. (2013). Verbal fluency and creativity: General and specific contributions of broad retrieval ability (Gr) factors to divergent thinking. *Intelligence, 41,* 328–340.

Silvia, P. J., Nusbaum, E. C., & Beaty, R. E. (2015). Old or new? Evaluating the old/new scoring method for divergent thinking tasks. *Journal of Creative Behavior.* Advance online publication. doi:10.1002/jocb.101

Simonton, D. K. (1989). Age and creative productivity: Nonlinear estimation of an information-processing model. *International Journal of Aging and Human Development, 29,* 23–37.

Simonton, D. K. (1994). *Greatness: Who makes history and why.* New York, NY: Guilford Press.

Simonton, D. K. (1997). Creative productivity: A predictive and explanatory model of career trajectories and landmarks. *Psychological Review, 104,* 66–89.

Simonton, D. K. (2011). Creativity and discovery as blind variation and selective retention: Multiple-variant definitions and blind-sighted integration. *Psychology of Aesthetics, Creativity, and the Arts, 5,* 222–228.

Simonton, D. K. (2012). Citation measures as criterion variables in predicting scientific eminence. *Measurement: Interdisciplinary Research and Perspectives, 10,* 170–171.

Sligh, A. C., Conners, F. A., & Roskos-Ewoldsen, B. (2005). Relation of creativity to fluid and crystallized intelligence. *Journal of Creative Behavior, 39,* 123–136.

Spearman, C. (1904). "General Intelligence," objectively determined and measured. *American Journal of Psychology, 15,* 201–292.

Sternberg, R. J. (1985a). *Beyond IQ: A triarchic theory of human intelligence.* New York, NY: Cambridge University Press.

Sternberg, R. J. (1985b). Implicit theories of intelligence, creativity, and wisdom. *Journal of Personality and Social Psychology, 49,* 607–627.

Sternberg, R. J. (1996). *Successful intelligence.* New York, NY: Simon & Schuster.

Sternberg, R. J. (1999). *Thinking styles.* New York, NY: Cambridge University Press.

Sternberg, R. J. (2003). *WICS: Wisdom, intelligence, and creativity, synthesized.* Cambridge, England: Cambridge University Press.

Sternberg, R. J. (2006). Creating a vision of creativity: The first 25 years. *Psychology of Aesthetics, Creativity, and the Arts, S,* 2–12.

Sternberg, R. J. (2007). A systems model of leadership: WICS. *American Psychologist, 62,* 34–42.

Sternberg, R. J. (2008). Applying psychological theories to educational practice. *American Educational Research Journal, 45,* 150–165.

Sternberg, R. J., & Coffin, L. A. (2010). Admitting and developing "new leaders for a changing world." *New England Journal of Higher Education, 24,* 12–13.

Sternberg, R. J., Conway, B. E., Ketron, J. L., & Bernstein, M. (1981). People's conceptions of intelligence. *Journal of Personality and Social Psychology, 41,* 37–55.

Sternberg, R. J., & Grigorenko, E. L. (1997). Are cognitive styles still in style? *American Psychologist, 52,* 700–712.

Sternberg, R. J., Jarvin, L., Birney, D. P., Naples, A., Stemler, S. E., Newman, T., . . . Grigorenko, E. L. (2014). Testing the theory of successful intelligence in teaching grade 4 language arts, mathematics, and science. *Journal of Educational Psychology, 106,* 881–899.

Sternberg, R. J., Jarvin, L., & Grigorenko, E. L. (2011). *Explorations of giftedness.* New York, NY: Cambridge University Press.

Sternberg, R. J., Kaufman, J. C., & Grigorenko, E. L. (2008). *Applied intelligence.* New York, NY: Cambridge University Press.

Sternberg, R. J., & Lubart, T. I. (1995). *Defying the crowd.* New York, NY: Free

Press.

Sternberg, R. J., & O'Hara, L. A. (1999). Creativity and intelligence. In R. J. Sternberg (Ed.), *Handbook of creativity* (pp. 251-272). New York, NY: Cambridge University Press.

Storm, B. C., Angello, G., & Bjork, E. L. (2011). Thinking can cause forgetting: Memory dynamics in creative problem solving. *Journal of Experimental Psychology: Learning, Memory, and Cognition, 37*, 1287-1293.

Storm, B. C., & Patel, T. N. (2014). Forgetting as a consequence and enabler of creative thinking. *Journal of Experimental Psychology: Learning, Memory, and Cognition, 40*, 1594-1609.

Tadmor, C. T., Chao, M. M., Hong, Y. Y., & Polzer, J. T. (2013). Not just for stereotyping anymore: Racial essentialism reduces domain-general creativity. *Psychological Science, 24*, 99-105.

Vartanian, O., Martindale, C., & Kwiatkowski, J. (2007). Creative potential, attention, and speed of information processing, *Personality and Individual Differences, 43*, 1470-1480.

Vock, M., Preckel, F., & Holling, H. (2011). Mental abilities and school achievement: A test of a mediation hypothesis. *Intelligence, 39*, 357-369.

Wai, J., Lubinski, D., & Benbow, C. P. (2005). Creativity and occupational accomplishments among intellectually precocious youth: An age 13 to age 33 longitudinal study. *Journal of Educational Psychology, 97*, 484-492.

Wallach, M. A., & Kogan, N. (1965). *Modes of thinking in young children: A study of the creativity-intelligence distinction.* New York, NY: Holt Rinehart & Winston.

Wallach, M. A., & Wing, C. W. (1969). *The talented student: A validation of the creativity-intelligence distinction.* New York, NY: Holt Rinehart & Winston.

Ward, T. B. (1994). Structured imagination: The role of category structure in exemplar generation. *Cognitive Psychology, 27*, 1-40.

Ward, T. B. (1995). What's old about new ideas. In S. M. Smith, T. B. Ward, & R. A. Finke (Eds.), *The creative cognition approach* (pp. 157-178). Cambridge, MA: MIT Press.

Ward, T. B. (2008). The role of domain knowledge in creative generation. *Learning and Individual Differences, 18*, 363-366.

Ward, T. B., Dodds, R. A., Saunders, K. N., & Sifonis, C. M. (2000). Attribute centrality and imaginative thought. *Memory & Cognition, 28*, 1387-1397.

Ward, T. B., & Kolomyts, Y. (2010). Cognition and creativity. In J. C. Kaufman & R. J. Sternberg (Eds.), *Cambridge handbook of creativity* (pp. 93-112). New York, NY: Cambridge University Press.

Ward, T. B., Patterson, M. J., & Sifonis, C. M. (2004). The role of specificity and abstraction in creative idea generation. *Creativity Research Journal, 16*, 1-9.

Ward, T. B., Patterson, M. J., Sifonis, C. M., Dodds, R. A., & Saunders, K. N. (2002). The role of graded category structure in imaginative thought. *Memory & Cognition, 30*, 199-216.

Ward, T. B., & Sifonis, C. M. (1997). Task demands and generative thinking: What changes and what remains the same? *Journal of Creative Behavior, 31*, 245-259.

Ward, T. B., & Wickes, K. N. (2009). Stable and dynamic properties of category structure guide imaginative thought. *Creativity Research Journal, 21*, 15-23.

White, H. A., & Shah, P. (2006). Training attention-switching ability in adults with ADHD. *Journal of Attention Disorders, 10*, 44-53.

White, H. A., & Shah, P. (2011). Creative style and achievement in adults with attention-deficit/hyperactivity disorder. *Personality and Individual Differences, 50*, 673-677.

Wing, C. W., & Wallach, M. A. (1971). *College admissions and the psychology of talent.* Oxford, England: Holt Rinehart & Winston.

Witkin, H. A., & Goodenough, D. R. (1981). *Cognitive styles: Essence and origins, field dependence and field independence.* New York, NY: International University Press.

Woodrum, D. T., & Savage, L. B. (1994). Children who are learning disabled/gifted: Where do they belong? *Educational Research, 36*, 83-89.

Zabelina, D. L., O'Leary, D., Pornpattananangkul, N., Nusslock, R., & Beeman, M. (2015). Creativity and sensory gating indexed by the P50: Selective versus leaky sensory gating in divergent thinkers and creative achievers. *Neuropsychologia, 69*, 77-84.

Zabelina, D. L., Robinson, M. D., Council, J. R., & Bresin, K. (2012). Patterning and nonpatterning in creative cognition: Insights from performance in a random number generation task. *Psychology of Aesthetics, Creativity, and the Arts, 6*, 137-145.

Zhang, L. F., & Sternberg, R. J. (2006). *The nature of intellectual styles.* Mahwah, NJ: Erlbaum.

Zhu, C., & Zhang, L. F. (2011). Thinking styles and conceptions of creativity among university students. *Educational Psychology, 31*, 361-375.

Zyga, O., Russ, S., Ievers-Landis, C. E., & Dimitropoulos, A. (2015). Assessment of pretend play in Prader-Willi syndrome: A direct comparison to autism spectrum disorder. *Journal of Autism and Developmental Disorders, 45*, 975-987.

제8장 창의성과 정신 건강

Abraham, A., & Windmann, S. (2008). Selective information processing advantages in creative cognition as a function of schizotypy. *Creativity Research Journal, 20*, 1-6.

Abraham, A., Windmann, S., McKenna, P., & Güntürkün, O. (2007). Creative thinking in schizophrenia: The role of executive dysfunction and symptom severity. *Cognitive Neuropsychiatry, 12*, 235-258.

Acar, S., & Sen, S. (2013). A multilevel meta-analysis of the relationship between creativity and schizotypy. *Psychology of Aesthetics, Creativity, and the Arts, 7,* 214-228.

Agogué, M., Poirel, N., Pineau, A., Houdé, O., & Cassotti, M. (2014). The impact of age and training on creativity: A design-theory approach to study fixation effects. *Thinking Skills and Creativity, 11,* 33-41.

Amabile, T. M., Barsade, S. G., Mueller, J. S., & Staw, B. M. (2005). Affect and creativity at work. *Administrative Science Quarterly, 50,* 367-403.

American Psychiatric Association. (2013). *Diagnostic and statistical manual of mental disorders* (5th ed.). Arlington, VA: American Psychiatric Publishing.

Andreasen, N. C. (1987). Creativity and mental illness. *American Journal of Psychiatry, 144,* 1288-1292.

Andreasen, N. C. (2014). Secrets of the creative brain. *The Atlantic.* Retrieved from http://www.theatlantic.com/features/archive/2014/06/secrets-of-the-creative-brain/372299

Averill, J. R. (1999). Individual differences in emotional creativity: Structure and correlates. *Journal of Personality, 67,* 331-371.

Averill, J. R. (2004). A tale of two snarks: Emotional intelligence and emotional creativity compared. *Psychological Inquiry, 15,* 228-233.

Baas, M., & De Dreu, C. (2013). *Functional creativity: When creativity helps to avoid threats.* Paper presented at the Society for Experimental Social Psychology, Berkeley, CA.

Baas, M., De Dreu, C., & Nijstad, B. A. (2012). Emotions that associate with uncertainty lead to structured ideation. *Emotion, 12,* 1004-1014.

Baas, M., De Dreu, C. K., & Nijstad, B. A. (2008). A meta-analysis of 25 years of mood-creativity research: Hedonic tone, activation, or regulatory focus? *Psychological Bulletin, 134,* 779-806.

Baas, M., De Dreu, C. K., & Nijstad, B. A. (2011a). When prevention promotes creativity: The role of mood, regulatory focus, and regulatory closure. *Journal of Personality and Social Psychology, 100,* 794-809.

Baas, M., De Dreu, C. K., & Nijstad, B. A. (2011b). Creative production by angry people peaks early on, decreases over time, and is relatively unstructured. *Journal of Experimental Social Psychology, 47,* 1107-1115.

Barron, F. (1963). *Creativity and psychological health.* Princeton, NJ: D. Van Nostrand Company.

Barron, F. (1969). *Creative person and creative process.* New York, NY: Holt Rinehart & Winston.

Bartlett, T. (2014). Madness and the muse; we're captivated by the idea of the troubled genius. But is it a fiction? *Chronicle of Higher Education.* Retrieved from http://chronicle.com/article/Madnessthe-Muse/148845

Becker, G. (2014). A socio-historical overview of the creativity-pathology connection: From antiquity to contemporary times. In J. C. Kaufman (Ed.), *Creativity and mental illness* (pp. 3-24). New York, NY: Cambridge University Press.

Bøen, E., Hummelen, B., Elvsåshagen, T., Boye, B., Andersson, S., Karterud, S., & Malt, U. F. (2015). Different impulsivity profiles in borderline personality disorder and bipolar II disorder. *Journal of Affective Disorders, 170*, 104-111.

Burch, G. S. J., Pavelis, C., Hemsley, D. R., & Corr, P. J. (2006). Schizotypy and creativity in visual artists. *British Journal of Psychology, 97*, 177-190.

Byron, K., & Khazanchi, S. (2011). A meta-analytic investigation of the relationship of state and trait anxiety to performance on figural and verbal creative tasks. *Personality and Social Psychology Bulletin, 37*, 269-283.

Carmeli, A., McKay, A. S., & Kaufman, J. C. (2014). Emotional intelligence and creativity: The mediating role of generosity and vigor. *Journal of Creative Behavior, 48*, 290-309.

Carson, S. H. (2011). Creativity and psychopathology: A shared vulnerability model. *Canadian Journal of Psychiatry/La Revue Canadienne De Psychiatrie, 56*, 144-153.

Carson, S. H. (2014). Cognitive disinhibition, creativity, and psychopathology. In D. K. Simonton (Ed.), *The Wiley handbook of genius* (pp. 198-221). New York, NY: Wiley-Blackwell.

Cassandro, V. J. (1998). Explaining premature mortality across fields of creative endeavor. *Journal of Personality, 66*, 805-833.

Claridge, G. E. (1997). *Schizotypy: Implications for illness and health*. Oxford, England: Oxford University Press.

Colvin, K. (1995). *Mood disorders and symbolic function: An investigation of object relations and ego development in classical musicians*. Unpublished doctoral dissertation, California School of Professional Psychology, San Diego, CA.

Damian, R. I., & Simonton, D. K. (2014). Diversifying experiences in the development of genius and their impact on creative cognition. In D. K. Simonton (Ed.), *The Wiley handbook of genius* (pp. 375-393). Oxford, England: Wiley-Blackwell.

De Dreu, C. K. W., Baas, M., & Nijstad, B. A. (2008). Hedonic tone and activation in the mood-creativity link: Towards a dual pathway to creativity model. *Journal of Personality and Social Psychology, 94*, 739-756.

De Dreu, C. K. W., Nijstad, B. A., & Baas, M. (2011). Behavioral activation links to creativity because of increased cognitive flexibility. *Social Psychological and Personality Science, 2*, 72-80.

DeYoung, C. G. (2006). Higher-order factors of the Big Five in a multiinformant sample. *Journal of Personality and Social Psychology, 91*, 1138-1151.

Djikic, M., Oatley, K., & Peterson, J. B. (2006). The bitter-sweet labor of emoting: Linguistic analysis of writers and physicists. *Creativity Research*

Journal, 18, 191–197.

Domingo, S., Lalwani, L. N., Boucher, L., & Tartar, J. L. (2010). Individuals with grapheme-color associations exhibit creativity. *Imagination, Cognition and Personality. 30,* 289–299.

Dweck, C. S. (2000). *Self-theories: Their role in motivation, personality and development.* Philadelphia, PA: Taylor & Francis.

Estrada, C., Isen, A. M., & Young, M. J. (1994). Positive affect influences creative problem solving reported source of practice satisfaction in physicians. *Motivation and Emotion, 18,* 285–299.

Fink, A., Slamar-Halbedl, M., Unterrainer, H.-F., & Weiss, E. M. (2012). Creativity: Genius, madness or a combination of both? *Psychology of Aesthetics, Creativity, and the Arts, 6,* 11–18.

Fink, A., Weber, B., Koschutnig, K., Benedek, M., Reishofer, G., Ebner, F., . . . Weiss, E. M. (2014). Creativity and schizotypy from the neuroscientific perspective. *Cognitive, Affective, and Behavioral Neuroscience, 14,* 378–387.

Fisher, J. E., Mohanty, A., Herrington, J. D., Koven, N. S., Miller, G. A., & Heller, W. (2004). Neuropsychological evidence for dimensional schizotypy: Implications for creativity and psychopathology. *Journal of Research in Personality, 38,* 24–31.

Forgeard, M. J. C. (2008). Linguistic styles of eminent writers suffering from unipolar and bipolar mood disorder. *Creativity Research Journal, 20,* 81–92.

Forgeard, M. J. C. (2011). Happy people thrive on adversity: Pre-existing mood moderates the effect of mood inductions on creativity. *Personality and Individual Differences, 51,* 904–909.

Furnham, A., Batey, M., Anand, K., & Manfield, J. (2008). Personality, hypomania, intelligence and creativity. *Personality and Individual Differences, 44,* 1060–1069.

Gasper, K. (2004). Permission to seek freely? The effect of happy and sad moods on generating old and new ideas. *Creativity Research Journal, 16,* 215–229.

Gasper, K., & Middlewood, B. L. (2014). Approaching novel thoughts: Understanding why elation and boredom promote associative thought more than distress and relaxation. *Journal of Experimental Social Psychology, 52,* 50–57.

Higgins, E. T. (2006). Value from hedonic experience and engagement. *Psychological Review, 113,* 439–460.

Higgins, E. T., Shah, J. Y., & Friedman, R. (1997). Emotional responses to goal attainment: Strength of regulatory focus as moderator. *Journal of Personality and Social Psychology, 72,* 515–525.

Hirt, E. R., Devers, E. E., & McCrea, S. M. (2008). I want to be creative: Exploring the role of hedonic contingency theory in the positive moodcognitive flexibility link. *Journal of Personality and Social Psychology, 94*, 214-230.

Hirt, E. R., Levine, G M., McDonald, H. E., Melton, R. J., & Martin, L. L. (1997). The role of mood in qualitative aspects of performance. *Journal of Experimental Social Psychology, 33*, 602-629.

Hoffmann, J., & Russ, S. (2012). Pretend play, creativity, and emotion regulation. *Psychology of Aesthetics, Creativity, and the Arts, 6*, 175-184.

Isen, A. M., Daubman, K. A., & Nowicki, G. P. (1987). Positive affect facilitates creative problem solving. *Journal of Personality and Social Psychology, 52*, 1122-1131.

Isen, A. M., Labroo, A. A., & Durlach, P. (2004). An influence of product and brand name on positive affect: Implicit and explicit measures. *Motivation and Emotion, 28*, 43-63.

Ivcevic, Z., & Brackett, M. (2015). Predicting creativity: Interactive effects of openness to experience and emotion regulation ability. *Psychology of Aesthetics, Creativity, and the Arts, 9*, 480-487.

Ivcevic, Z., Brackett, M. A., & Mayer, J. D. (2007). Emotional intelligence and emotional creativity. *Journal of Personality, 75*, 199-235.

Jamison, K. R. (1989). Mood disorders and patterns of creativity in British writers and artists. *Psychiatry, 52*, 125-134.

Jamison, K. R. (1993). *Touched with fire: Manic-depressive illness and the artistic temperament.* New York, NY: Free Press.

Jamison, K. R. (1997). *An unquiet mind: A memoir of moods and madness.* London, England: Picador.

Karimi, Z., Windmann, S., Güntürkün, O., & Abraham, A. (2007). Insight problem solving in individuals with high versus low schizotypy. *Journal of Research in Personality, 41*, 473-480.

Kaufman, J. C. (2001a). Genius, lunatics, and poets: Mental illness in prize-winning authors. *Imagination, Cognition, and Personality, 20*, 305-314.

Kaufman, J. C. (2001b). The Sylvia Plath Effect: Mental illness in eminent creative writers. *Journal of Creative Behavior, 35*, 37-50.

Kaufman, J. C. (2003). The cost of the muse: Poets die young. *Death Studies, 27*, 813-822.

Kaufman, J. C. (2005). The door that leads into madness: Eastern European poets and mental illness. *Creativity Research Journal, 17*, 99-103.

Kaufman, J. C. (Ed.). (2014). *Creativity and mental illness.* New York, NY: Cambridge University Press.

Kaufman, J. C., & Baer, J. (2002). I bask in dreams of suicide: Mental illness and poetry. *Review of General Psychology, 6*, 271-286.

Kaufman, J. C., Bromley, M. L., & Cole, J. C. (2006). Insane, poetic, lovable: Creativity and endorsement of the "mad genius" stereotype. *Imagination, Cognition, and Personality, 26*, 149-161.

Kaufmann, G., & Kaufmann, A. (2014). When good is bad and bad is good:

Mood, bipolarity, and creativity. In J. C. Kaufman (Ed.), *Creativity and mental illness* (pp. 205–235). New York, NY: Cambridge University Press.

Kaufmann, G., & Vosburg, S. K. (1997). "Paradoxical" mood effects on creative problem-solving. *Cognition and Emotion, 11*, 151–170.

Kaufmann, G., & Vosburg, S. K. (2002). The effects of mood on early and late idea production. *Creativity Research Journal, 14*, 317–330.

Kaun, D. E. (1991). Writers die young: The impact of work and leisure on longevity. *Journal of Economic Psychology, 12*, 381–399.

Keefe, J. A., & Magaro, P. A. (1980). Creativity and schizophrenia: An equivalence of cognitive processing. *Journal of Abnormal Psychology, 89*, 390–398.

Keown, T. (2014, October 17). *Bruce Bochy: Outside the box*. Retrieved from http://espn.go.com/mlb/playoffs/2014/story/_/id/11717586/mlb-bruce-bochy-postsreason-success-not-book

Kinney, D. K., Richards, R., Lowing, P. A., LeBlanc, D., & Zimbalist, M. E. (2001). Creativity in offspring of schizophrenic and control parents: An adoption study. *Creativity Research Journal, 13*, 17–25.

Kwapil, T. R., Barrantes-Vidal, N., & Silvia, P. J. (2008). The dimensional structure of the Wisconsin schizotypy scales: Factor identification and construct validity. *Schizophrenia Bulletin, 34*, 444–457.

Kyaga, S., Landén, M., Boman, M., Hultman, C. M., Långström, N., & Lichtenstein, P. (2013). Mental illness, suicide and creativity: 40-year prospective total population study. *Journal of Psychiatric Research, 47*, 83–90.

Kyaga, S., Lichtenstein, P., Boman, M., Hultman, C. M., Långström, N., & Landén, M. (2011). Creativity and mental disorder: Family study of 300,000 people with severe mental disorder. *British Journal of Psychiatry, 199*, 373–379.

Landgraf, S., Ilinykh, A., Haller, C. S., Shemelina, O., Cropley, D., von Treskow, I., . . . van der Meer, E. (2015). Culture makes the differences: The "creativity-schizotypy" association varies between Germans and Russians. *International Journal of Creativity & Problem Solving, 25*, 35–60.

Lee, F. R. (2004, April 24). Going early into that good night. *New York Times*, Arts pp. 1, 4.

Leeman, R. F., Hoff, R. A., Krishnan-Sarin, S., Patock-Peckham, J. A., & Potenza, M. N. (2014). Impulsivity, sensation seeking and part-time job status in relation to substance use and gambling in adolescents. *Journal of Adolescent Health, 54*, 460–466.

Leung, A. K. -Y., Liou, S., Qiu, L., Kwan, L. Y-Y., Chiu, C-Y., & Yong, J. C. (2014). The role of instrumental emotion regulation in the emotions-creativity link: How worries render neurotic individuals more creative. *Emotion, 14*, 845–856.

Lloyd-Evans, R., Batey, M., & Furnham, A. (2006). Bipolar disorder and creativity: Investigating a possible link. *Advances in Psychology Research*,

40, 111-142.

Lombroso, C. (1894). *The man of genius*. London, England: Walter Scott.

Loui, P., Li, H., Hohmann, A., & Schlaug, G. (2011). Enhanced cortical connectivity in absolute pitch musicians: A model for local hyperconnectivity. *Journal of Cognitive Neuroscience, 23*, 1015-1026.

Ludwig, A. M. (1994). Mental illness and creative activity in female writers. *American Journal of Psychiatry, 151*, 1650-1656.

Ludwig, A. M. (1995). *The price of greatness*. New York, NY: Guilford Press.

Ludwig, A. M. (1998). Method and madness in the arts and sciences. *Creativity Research Journal, 11*, 93-101.

Mayer, J. D., & Salovey, P. (1997). What is emotional intelligence? In P. Salovey & D. J. Sluyter (Eds.), *Emotional development and emotional intelligence: Educational implications* (pp. 3-34). New York, NY: HarperCollins.

Merten, T., & Fischer, I. (1999). Creativity, personality and word association responses: Associative behaviour in forty supposedly creative persons. *Personality and Individual Differences, 27*, 933-942.

Mikkelson, B., & Mikkelson, D. P. (2015). WGASA. *Snopes*. Retrieved from http://www.snopes.com/business/names/wgasa.asp

Miller, G. F., & Tal, I. R. (2007). Schizotypy versus openness and intelligence as predictors of creativity. *Schizophrenia Research, 93*, 317-324.

National Institute of Mental Health. (n.d.). *Any mental illness among adults*. Retrieved from http://www.nimh.nih.gov/health/statistics/prevalence/any-mental-illness-ami-among-adults.shtml

Nettle, D. (2006). Schizotypy and mental health amongst poets, visual artists, and mathematicians. *Journal of Research in Personality, 40*, 876-890.

Nijstad, B. A., De Dreu, C. K., Rietzschel, E. F., & Baas, M. (2010). The dual pathway to creativity model: Creative ideation as a function of flexibility and persistence. *European Review of Social Psychology, 21*, 34-77.

Öllinger, M., Jones, G., & Knoblich, G. (2008). Investigating the effect of mental set on insight problem solving. *Experimental Psychology, 55*, 269-282.

Ortin, A., Lake, A. M., Kleinman, M., & Gould, M. S. (2012). Sensation seeking as risk factor for suicidal ideation and suicide attempts in adolescence. *Journal of Affective Disorders, 143*, 214-222.

Parke, M. R., Seo, M., & Sherf, E. N. (2015). Regulating and facilitating: The role of emotional intelligence in maintaining and using positive affect for creativity. *Journal of Applied Psychology, 100*, 917-934.

Peterson, J. B., & Carson, S. (2000). Latent inhibition and openness to experience in a high-achieving student population. *Personality and Individual Differences, 28*, 323-332.

Peterson, J. B., Smith, K. W., & Carson, S. (2002). Openness and extraversion are associated with reduced latent inhibition: Replication and commentary. *Personality and Individual Differences, 33*, 1137-1147.

Plucker, J. A., Beghetto, R. A., & Dow, G. (2004). Why isn't creativity more important to educational psychologists? Potential, pitfalls, and future directions in creativity research. *Educational Psychologist, 39*, 83–96.

Post, F. (1994). Creativity and psychopathology: A study of 291 world-famous men. *British Journal of Psychiatry, 165*, 22–34.

Post, F. (1996). Verbal creativity, depression and alcoholism: An investigation of one hundred American and British writers. *British Journal of Psychiatry, 168*, 545–555.

Ramachandran, V. S., & Hubbard, E. M. (2001). Synaesthesia—A window into perception, thought, and language. *Journal of Consciousness Studies, 8*, 3–34.

Rawlings, D., & Locarnini, A. (2008). Dimensional schizotypy, autism, and unusual word associations in artists and scientists. *Journal of Research in Personality, 42*, 465–471.

Richards, R. L. (2007). Everyday creativity: Our hidden potential. In R. Richards (Ed.), *Everyday creativity and new views of human nature* (pp. 25–54). Washington, DC: American Psychological Association.

Richards, R. L., & Kinney, D. K. (1990). Mood swings and creativity. *Creativity Research Journal, 3*, 202–217.

Richards, R. L., Kinney, D. K., Lunde, I., Benet, M., & Merzel, A. P. C. (1988). Creativity in manic-depressives, cyclothemes, their normal relatives, and control subjects. *Journal of Abnormal Psychology, 97*, 281–288.

Ritter, S. M., Damian, R. I., Simonton, D. K., van Baaren, R. B., Strick, M., Derks, J., & Dijksterhuis, A. (2012). Diversifying experiences enhance cognitive flexibility. *Journal of Experimental Social Psychology, 48*, 961–964.

Roberts, B. W., Kuncel, N. R., Shiner, R., Caspi, A., & Goldberg, L. R. (2007). The power of personality: The comparative validity of personality traits, socioeconomic status, and cognitive ability for predicting important life outcomes. *Perspectives on Psychological Science, 2*, 313–345.

Rothen, N., & Meier, B. (2010). Higher prevalence of synaesthesia in art students. *Perception, 39*, 718–720.

Rothenberg, A. (1990). *Creativity and madness: New findings and old stereotypes.* Baltimore, MD: Johns Hopkins University Press.

Rubinstein, G. (2008). Are schizophrenic patients necessarily creative? A comparative study between three groups of psychiatric inpatients. *Personality and Individual Differences, 45*, 806–810.

Salovey, P., & Mayer, J. D. (1990). Emotional intelligence. *Imagination, Cognition and Personality, 9*, 185–211.

Sanchez-Ruiz, M. J., Hernandez-Torrano, D., Perez-Gonzalez, J. C., Batey, M., & Petrides, K. V. (2011). The relationship between trait emotional intelligence and creativity across subject domains. *Motivation & Emotion, 35*, 461–473.

Schlesinger, J. (2009). Creative mythconceptions: A closer look at the evidence for "mad genius" hypothesis. *Psychology of Aesthetics, Creativity, and the Arts, 3*, 62–72.

Schlesinger, J. (2012). *The insanity hoax: Exposing the myth of the mad genius.* New York, NY: Shrinktunes Media.

Schlesinger, J. (2014). Building connections on sand: The cautionary chapter. In J. C. Kaufman (Ed.), *Creativity and mental illness* (pp. 60–76). New York, NY: Cambridge University Press.

Silvia, P. J., Beaty, R. E., Nusbaum, E. C., Eddington, K. M., Levin-Aspenson, H., & Kwapil, T. R. (2014). Everyday creativity in daily life: An experience-sampling study of "little c" creativity. *Psychology of Aesthetics, Creativity, and the Arts, 8*, 183–188.

Silvia, P. J., & Kaufman, J. C. (2010). Creativity and mental illness. In J. C. Kaufman & R. J. Sternberg (Eds.), *Cambridge handbook of creativity* (pp. 381–394). New York, NY: Cambridge University Press.

Silvia, P. J., & Kimbrel, N. A. (2010). A dimensional analysis of creativity and mental illness: Do anxiety and depression symptoms predict creative cognition, creative accomplishments, and creative self-concepts? *Psychology of Aesthetics, Creativity, and the Arts, 4*, 2–10.

Simonton, D. K. (1975). Age and literary creativity: A cross-cultural and transhistorical survey. *Journal of Cross-Cultural Psychology, 6*, 259–277.

Simonton, D. K. (1990). *Psychology, science, and history: An introduction to historiometry.* New Haven, CT: Yale University Press.

Simonton, D. K. (1994). *Greatness: Who makes history and why.* New York, NY: Guilford Press.

Simonton, D. K. (2009). *Genius 101.* New York, NY: Springer Publishing Company.

Simonton, D. K. (2014a). The mad (creative) genius: What do we know after a century of historiometric research? In J. C. Kaufman (Ed.), *Creativity and mental illness* (pp. 25–41). New York, NY: Cambridge University Press.

Simonton, D. K. (2014b). The mad-genius paradox: Can creative people be more mentally healthy but highly creative people more mentally ill? *Perspectives on Psychological Science, 9*, 470–480.

Simonton, D. K. (2014c). More method in the mad-genius controversy: A historiometric study of 204 historic creators. *Psychology of Aesthetics, Creativity, and the Arts, 8*, 53–61.

Staltaro, S. O. (2003). *Contemporary American poets, poetry writing, and depression.* Unpublished doctoral dissertation, Alliant International University, Fresno, CA.

Stirman, S. W., & Pennebaker, J. W. (2001). Word use in the poetry of suicidal and non-suicidal poets. *Psychosomatic Medicine, 63*, 517–523.

Stoynoff, N. (2008, May 19). Robert Downey, Jr. *People*, pp. 81–83.

Strong, C. M., Nowakowska, C., Santosa, C. M., Wang, P. W., Kraemer, H. C., & Ketter, T. A. (2007). Temperament-creativity relationships in mood disorder patients, healthy controls and highly creative individuals. *Journal of Affective Disorders, 100,* 41–48.

Taylor, C. L. (under review). *Beyond vague and definitive maybes: A meta-analysis of the link between creativity and mood disorder.*

Thomas, K., & Duke, M. P. (2007). Depressed writing: Cognitive distortions in the works of depressed and non-depressed. *Psychology of Aesthetics, Creativity, and the Arts, 1,* 204–218.

Vellante, M., Zucca, G., Preti, A., Sisti, D., Rocchi, M. B. L., Akiskal, K. K., & Akiskal, H. S. (2011). Creativity and affective temperaments in non-clinical professional artists: An empirical psychometric investigation. *Journal of Affective Disorders, 135,* 28–36.

Verleur, R., Verhagen, P. W., & Heuvelman, A. (2007). Can mood-inducing videos affect problem-solving activities in a web-based environment? *British Journal of Educational Technology, 38,* 1010–1019.

Vigen, T. (2015). *Spurious correlations.* New York, NY: Hachette Books.

Wadeson, H. (1980). *Art psychotherapy.* New York, NY: Wiley.

Ward, J., Thompson-Lake, D., Ely, R., & Kaminski, F. (2008). Synaesthesia, creativity and art: What is the link? *British Journal of Psychology, 99,* 127–141.

Wegener, D. T., & Petty, R. E. (2001). Understanding effects of mood through the elaboration likelihood and flexible correction models. In L. L. Martin & G. L. Clore (Eds.), *Theories of mood and cognition* (pp. 177–210). Mahwah, NJ: Erlbaum.

Wills, G. I. (2003). A personality study of musicians working in the popular field. *Personality and Individual Differences, 5,* 359–360.

Wilson, L. C., & Scarpa, A. (2011). The link between sensation seeking and aggression: A meta-analytic review. *Aggressive Behavior, 37,* 81–90.

Winston, C. N., Tarkas, N. J., & Maher, H. (2014). Eccentric or egocentric? Preoperational features in schizotypic and creative adults. *Psychology of Aesthetics, Creativity, and the Arts, 8,* 413–422.

Yeh, Y. C. (2008). Age, emotion regulation strategies, temperament, creative drama, and preschoolers' creativity. *Journal of Creative Behavior, 42,* 293–293.

Zabelina, D. L., Condon, D., & Beeman, M. (2014). Do dimensional psychopathology measures relate to creative achievement or divergent thinking? *Frontiers in Psychology, 5.* doi:10.3389/fpsyg.2014.01029

Zamm, A., Schlaug, G., Eagleman, D. M., & Loui, P. (2013). Pathways to seeing music: Enhanced structural connectivity in colored-music synesthesia. *NeuroImage, 74,* 359–366.

제9장 창의성과 입학, 채용, 공정성

Abraham, A. (2015). Gender and creativity: An overview of psychological and neuroscientific literature. *Brain Imaging and Behavior.* Advance online publication. doi:10.1007/s11682-015-9410-8

Acar, S., & Runco, M. A. (2014). Assessing associative distance among ideas elicited by tests of divergent thinking. *Creativity Research Journal, 26,* 229–238.

Acar, S., & Runco, M. A. (2015). Thinking in multiple directions: Hyperspace categories in divergent thinking. *Psychology of Aesthetics, Creativity, and the Arts, 9,* 41–53.

Ackerman, P. L., Kanfer, R., & Calderwood, C. (2013). High school advanced placement and student performance in college: STEM majors, non-STEM majors, and gender differences. *Teachers College Record, 115,* 1–43.

Adarves-Yorno, I., Haslam, S. A., & Postmes, T. (2008). And now for something completely different? The impact of group membership on perceptions of creativity. *Social Influence, 3,* 248–266.

Adarves-Yorno, I., Postmes, T., & Haslam, S. A. (2006). Social identity and the recognition of creativity in groups. *British Journal of Social Psychology, 45,* 479–497.

Allik, J., & McCrae, R. R. (2004). Toward a geography of personality traits patterns of profiles across 36 cultures. *Journal of Cross-Cultural Psychology, 35,* 13–28.

American Psychological Association, Coalition for Psychology in Schools and Education. (2015). *Top 20 principles from psychology for preK–12 teaching and learning.* Retrieved from http://www.apa.org/ed/schools/cpse/top-twenty-principles.pdf

Argulewicz, E. N., & Kush, J. C. (1984). Concurrent validity of the SRBCSS Creativity Scale for Anglo-American and Mexican-American gifted students. *Educational & Psychological Research, 4,* 81–89.

Baer, J., & Kaufman, J. C. (2008). Gender differences in creativity. *Journal of Creative Behavior, 42,* 75–106.

Baer, J., & McKool, S. (2009). Assessing creativity using the consensual assessment. In C. Schreiner (Ed.), *Handbook of assessment technologies, methods, and applications in higher education* (pp. 65–77). Hershey, PA: IGI Global.

Baldiga, K. (2014). Gender differences in willingness to guess. *Management Science, 60,* 434–448.

Baldwin, A. Y. (2001). Understanding the challenge of creativity among African Americans. *Journal of Secondary Gifted Education, 12,* 121–125.

Baldwin, A. Y. (2003). Understanding the challenge of creativity among African Americans. *Inquiry, 22,* 13–18.

Baldwin, A. Y. (2011). I'm Black but look at me, I am also gifted. In T. C. Grantham, D. Y. Ford, M. S. Henfield, M. T. Scott, D. A. Harmon, S. Porcher, & C. Price (Eds.), *Gifted & advanced Black students in school* (pp. 13–22). Waco, TX: Prufrock Press.

Basadur, M., & Gelade, G. A. (2005). Modelling applied creativity as a cognitive process: Theoretical foundations. *Korean Journal of Thinking and*

Problem Solving, 15, 13–41.

Basadur, M., Gelade, G., & Basadur, T. (2014). Creative problem-solving process styles, cognitive work demands, and organizational adaptability. *Journal of Applied Behavioral Science, 50*, 80–115.

Benet-Martínez, V., & Karakitapoglu-Aygün, Z. (2003). The interplay of cultural syndromes and personality in predicting life satisfaction comparing Asian Americans and European Americans. *Journal of Cross-Cultural Psychology, 34*, 38–60.

Benet-Martínez, V., & Oishi, S. (2008). Culture and personality. In O. P. John, R. W. Robins, & L. A. Pervin (Eds.), *Handbook of personality: Theory and research* (pp. 542–567). New York, NY: Guilford Press.

Bennett, R. E., & Rock, D. A. (1995). Generalizability, validity, and examinee perceptions of a computer-delivered formulating-hypotheses test. *Journal of Educational Measurement, 32*, 19–36.

Bertrand, M., & Mullainathan, S. (2004). Are Emily and Brendan more employable than Latoya and Tyrone? Evidence on racial discrimination in the labor market from a large randomized experiment. *American Economic Review, 94*, 991–1013.

Bleske-Rechek, A., & Browne, K. (2014). Trends in GRE scores and graduate enrollments by gender and ethnicity. *Intelligence, 46*, 25–34.

Boring, E. G. (1951). The woman problem. *American Psychologist, 6*, 679–682.

Bridgeman, B., McCamley-Jenkins, L., & Ervin, N. (2000). *Predictions of freshman grade-point average from the revised and recentered SAT I: Reasoning Test* (College Board Research Report No. 2000-1). New York, NY: The College Board.

Briel, J., Bejar, I., Chandler, M., Powell, G., Manning, K., Robinson, D., et al. (2000). *GRE horizons planning initiative (Graduate Record Examination). A research project funded by the GRE Board Research Committee, the GRE Program, and the Educational Testing Service Research Division.* Princeton, NJ: Educational Testing Service.

Callahan, C. M., Hunsaker, S. L., Adams, C. M., Moore, S. D., & Bland, L. C. (1995). Instruments used in the identification of gifted and talented students. *American Educational Research Journal, 45*, 150–165.

Chamorro-Premuzic, T. (2006). Creativity versus conscientiousness: Which is a better predictor of student performance? *Applied Cognitive Psychology, 20*, 521–531.

Chen, C., Kasof, J., Himsel, A. J., Greenberger, E., Dong, Q., & Xue, G. (2002). Creativity in drawing of geometric shapes: A cross-cultural examination with the consensual assessment technique. *Journal of Cross-Cultural Psychology, 33*, 171–187.

Cheng, C. Y., Sanchez-Burks, J., & Lee, F. (2008). Connecting the dots within creative performance and identity integration. *Psychological Science, 19*, 1178–1184.

Clark, B. (1988). *Growing up gifted* (3rd ed.). Columbus, OH: Merrill.

Collins, J. M., & Gleaves, D. H. (1998). Race, job applicants, and the Five-Factor Model of Personality: Implications for Black psychology, industrial/organizational psychology, and the Five-Factor Theory. *Journal of Applied Psychology, 83,* 531–544.

Cox, M. V., Koyasu, M., Hiranuma, H., & Perara, J. (2001). Children's human figure drawings in the UK and Japan: The effects of age, sex, and culture. *British Education, 16,* 47–56.

Cox, M. V., Perara, J., & Fan, X. U. (1998). Children's drawing ability in the UK and China. *Psychologia, 41,* 171–182.

Crocker, J., & Major, B. (1989). Social stigma and self-esteem: The self-protective properties of stigma. *Psychological Review, 96,* 608–630.

Cropley, A. J., & Cropley, D. H. (2009). *Fostering creativity: A diagnostic approach for higher education and organizations.* Cresskill, NJ: Hampton Press.

Cropley, D. H. (2015). *Creativity in engineering: Novel solutions to complex problems.* San Diego, CA: Academic Press.

DeBono, E. (1992). *Serious creativity: Using the power of lateral thinking to create new ideas.* New York, NY: HarperCollins.

Devine, P. G. (1989). Stereotypes and prejudice: Their automatic and controlled components. *Journal of Personality and Social Psychology, 56,* 5–18.

Eap, S., DeGarmo, D. S., Kawakami, A., Shelley, N. H., Hall, G. C. N., & Teten, A. L. (2008). Culture and personality among European American and Asian American men. *Journal of Cross-Cultural Psychology, 39,* 630–643.

Edwards, O. W., & Oakland, T. D. (2006). Factorial invariance of Woodcock-Johnson III scores for Caucasian Americans and African Americans. *Journal of Psychoeducational Assessment, 24,* 358–366.

Fairweather, E. C., Cramond, B., & Landis, R. N. (2015). Are creativity tests susceptible to coaching? *Asia Pacific Education Review, 16,* 1–6.

Fiske, S. T., Cuddy, A. J., Glick, P., & Xu, J. (2002). A model of (often mixed) stereotype content: Competence and warmth respectively follow from perceived status and competition. *Journal of Personality and Social Psychology, 82,* 878–902.

Ford, D. Y. (2003). Desegregating gifted education: Seeking equity for culturally diverse students. In J. H. Borland (Ed.), *Rethinking gifted education* (pp. 143–158). New York, NY: Teachers College Press.

Frederiksen, N. O. (1959). *Development of the test "Formulating Hypotheses": A progress report* (Office of Naval Research Technical Report, Contract Nonr-2338[00]). Princeton, NJ: Educational Testing Service.

Frederiksen, N. O., & Evans, F. R. (1974). Effects of models of creative performance on ability to formulate hypotheses. *Journal of Educational Psychology, 66,* 67–82.

Frederiksen, N. O., Evans, F. R., & Ward, W. C. (1975). Development of provisional criteria for the study of scientific creativity. *Gifted Child Quarterly*, *19*, 60–65.

Gaither, S. E. (2015). "Mixed" results multiracial research and identity explorations. *Current Directions in Psychological Science*, *24*, 114–119.

Gaither, S. E., Remedios, J. D., Sanchez, D. T., & Sommers, S. R. (2015). Thinking outside the box: Multiple identity mind-sets affect creative problem solving. *Social Psychological and Personality Science*, *6*, 596–603.

Gallagher, A. M., & DeLisi, R. (1994). Gender differences in Scholastic Aptitude Test—mathematics problem solving among high-ability students. *Journal of Educational Psychology*, *86*, 204–211.

Ghonsooly, B., & Showqi, S. (2012). The effects of foreign language learning on creativity. *English Language Teaching*, *5*, 161–167.

Gill, A., & Brajer, V. (2012). Wonderlic, race, and the NFL draft. *Journal of Sports Economics*, *13*, 642–653.

Glover, J. A. (1976a). Comparative levels of creative ability in black and white college students. *Journal of Genetic Psychology*, *128*, 95–99.

Glover, J. A. (1976b). Comparative levels of creative ability among elementary school children. *Journal of Genetic Psychology*, *129*, 131–135.

Goldberg, L. R., Sweeney, D., Merenda, P. F., & Hughes, J. E., Jr. (1998). Demographic variables and personality: The effects of gender, age, education, and ethnic/racial status on self-descriptions of personality attributes. *Personality and Individual Differences*, *24*, 393–403.

Grantham, T. (2013). Creativity and equity: The legacy of E. Paul Torrance as an upstander for gifted black males. *The Urban Review*, *45*, 518–538.

Hamdani, M. R., Valcea, S., & Buckley, M. R. (2014). The relentless pursuit of construct validity in the design of employment interviews. *Human Resource Management Review*, *24*, 160–176.

Harty, H., Adkins, D. M., & Sherwood, R. D. (1984). Predictability of giftedness identification indices for two recognized approaches to elementary school gifted education. *Journal of Educational Research*, *77*, 337–342.

Haslam, S. A., Adarves-Yorno, I., Postmes, T., & Jans, L. (2013). The collective origins of valued originality: A social identity approach to creativity. *Personality and Social Psychology Review*, *17*, 384–401.

He, W., & Wong, W. (2011). Gender differences in creative thinking revisited: Findings from analysis of variability. *Personality and Individual Differences*, *51*, 807–811.

Heath, S. (1983). *Ways with words: Language, life, and work in communities and classrooms*. New York, NY: Cambridge University Press.

Hedges, L. V., & Nowell, A. (1995). Sex differences in mental test scores, variability, and numbers of high-scoring individuals. *Science*, *269*, 41–45.

Helson, R. (1990). Creativity in women: Outer and inner views over time. In M. A. Runco & R. S. Albert (Eds.), *Theories of creativity* (pp. 46–58). Newbury Park, CA: Sage.

Herrnstein, R. J., & Murray, C. A. (1994). *The bell curve*. New York, NY: Free Press.

Heuchert, J. W. P., Parker, W. D., Stumpf, H., & Myburgh, C. P. H. (2000). The Five-Factor Model in South African college students. *American Behavioral Scientist, 44*, 112–125.

Hong, E., Peng, Y., O'Neil, H. F., & Wu, J. (2013). Domain-general and domain-specific creative-thinking tests: Effects of gender and item content on test performance. *Journal of Creative Behavior, 47*, 89–105.

Hough, L. M. (1992). The "Big Five" personality variable construct confusion: Description versus prediction. *Human Performance, 5*, 139–155.

Hough, L. M., & Dilchert, S. (2010). Personality: Its measurement and validity for employee selection. In J. L. Farr & N. T. Tippins (Eds.), *Handbook of employee selection* (pp. 299–319). London, England: Routledge.

Hunsaker, S. L., & Callahan, C. M. (1995). Creativity and giftedness: Published instrument uses and abuses. *Gifted Child Quarterly, 39*, 110–114.

Hunter, S. T., Cushenbery, L., & Freidrich, T. M. (2012). Hiring an innovative workforce: A necessary yet uniquely challenging endeavor. *Human Resource Management Review, 22*, 303–322.

Hyde, J. S., & Kling, K. C. (2001). Women, motivation, and achievement. *Psychology of Women Quarterly, 25*, 364–378.

Isaksen, S. G., & Treffinger, D. J. (2004). Celebrating 50 years of reflective practice: Versions of creative problem solving. *Journal of Creative Behavior, 38*, 75–101.

Iscoe, I., & Pierce-Jones, J. (1964). Divergent thinking, age, and intelligence in white and Negro children. *Child Development, 35*, 785–797.

Ivcevic, Z., & Kaufman, J. C. (2013). The can and cannot do attitude: How self estimates of ability vary across ethnic and socioeconomic groups. *Learning and Individual Differences, 27*, 144–148.

Jaquish, G. A., & Ripple, R. E. (1984). A life-span developmental cross-cultural study of divergent thinking abilities. *International Journal of Aging & Human Development, 20*, 1–11.

Jellen, H. G., & Urban, K. K. (1989). Assessing creative potential world-wide: The first cross-cultural application for the Test of Creative Thinking-Drawing Production. *Gifted Education International, 6*, 78–86.

Jenkins, A. H. (2005). Creativity and resilience in the African American experience. *The Humanistic Psychologist, 33*, 25–33.

Jensen, A. R. (1998). *The g factor: The science of mental ability*. Westport, CT: Praeger.

Jiang, J., Wang, S., & Zhao, S. (2012). Does HRM facilitate employee creativity and organizational innovation? A study of Chinese firms. *International Journal of Human Resource Management, 23*, 4025–4047.

Karwowski, M., & Lebuda, I. (2014). Digit ratio predicts eminence of Polish actors. *Personality and Individual Differences, 64*, 30–34.

Karwowski, M., & Lebuda, I. (in press). Written on the writer's face? Facial width-to-height ratio among nominees and laureates of the Nobel Prize in Literature. *Creativity Research Journal*.

Kaufman, A. S. (1999). Genetics of childhood disorders: Genetics and intelligence II. *Journal of the American Academy of Child and Adolescent Psychiatry, 38*, 626–628.

Kaufman, A. S. (2004, July). *Profile analysis, process deficits, and other provocative puzzles*. Invited Division 16 address presented at the meeting of the American Psychological Association, Honolulu, HI.

Kaufman, A. S., & Lichtenberger, E. O. (2006). *Assessing adult and adolescent intelligence* (3rd ed.). New York, NY: John Wiley.

Kaufman, J. C. (2006). Self-reported differences in creativity by gender and ethnicity. *Journal of Applied Cognitive Psychology, 20*, 1065–1082.

Kaufman, J. C. (2010). Using creativity to reduce ethnic bias in college admissions. *Review of General Psychology, 14*, 189–203.

Kaufman, J. C., & Agars, M. D. (2009). Being creative with the predictors and criteria for success. *American Psychologist, 64*, 280–281.

Kaufman, J. C., Baer, J., Agars, M. D., & Loomis, D. (2010). Creativity stereotypes and the Consensual Assessment Technique. *Creativity Research Journal, 22*, 200–205.

Kaufman, J. C., Baer, J., & Gentile, C. A. (2004). Differences in gender and ethnicity as measured by ratings of three writing tasks. *Journal of Creative Behavior, 38*, 56–69.

Kaufman, J. C., Niu, W., Sexton, J. D., & Cole, J. C. (2010). In the eye of the beholder: Differences across ethnicity and gender in evaluating creative work. *Journal of Applied Social Psychology, 40*, 496–511.

Kaufman, J. C., Plucker, J. A., & Baer, J. (2008). *Essentials of creativity assessment*. New York, NY: Wiley.

Kaufman, S. B. (2007). Sex differences in mental rotation and spatial visualization ability: Can they be accounted for by differences in working memory capacity? *Intelligence, 35*, 211–223.

Kaufman, S. B. (2013). *Ungifted: Intelligence redefined*. New York, NY: Basic Books.

Keith-Spiegel, P., Tabachnick, B. G., & Spiegel, G. B. (1994). When demand exceeds supply: Second-order criteria used by graduate school selection committees. *Teaching of Psychology, 21*, 79–81.

Keller, C. J., Lavish, L. A., & Brown, C. (2007). Creative styles and gender roles in undergraduate students. *Creativity Research Journal, 19*, 273–280.

Kharkurin, A. V. (2012). *Multilingualism and creativity*. Bristol, England: Multilingual Matters.

King, E. B., Madera, J. M., Hebl, M., Knight, J. L., & Mendoza, S. (2006). What's in a name? A multiracial investigation of the role of occupational stereotypes in selection decisions. *Journal of Applied Social Psychology, 36*,

1145-1159.

Kling, K., Noftle, E. E., & Robins, R. W. (2013). Why do standardized tests underpredict women's academic performance? The role of conscientiousness. *Social Psychological and Personality Science, 4,* 600–606.

Kuncel, N. R., & Hezlett, S. A. (2007). Standardized tests predict graduate students' success. *Science, 315,* 1080–1081.

Kuncel, N. R., Hezlett, S. A., & Ones, D. S. (2001). A comprehensive meta-analysis of the predictive validity of the Graduate Record Examinations. *Psychological Bulletin, 127,* 162–181.

Kuzmits, F., & Adams, A. (2008). The NFL Combine: Does it predict performance in the National Football League. *Journal of Strength and Conditioning Research, 22,* 1721–1727.

Kyllonen, P. C. (2008). *The research behind the ETS personal potential index (PPI).* Princeton, NJ: Educational Testing Service.

Kyllonen, P. C., Walters, A. M., & Kaufman, J. C. (2014). Noncognitive constructs in graduate education. In C. Wendler & B. Bridgeman (Eds.), *The research foundation for the GRE revised general test: A compendium of studies* (pp. 5.8.1–5.8.6). Princeton, NJ: Educational Testing Service.

Landrum, R. E., Jeglum, E. B., & Cashin, J. R. (1994). The decision-making processes of graduate admissions committees in psychology. *Journal of Social Behavior & Personality, 9,* 239–248.

Lebuda, I., & Karwowski, M. (2013). Tell me your name and I'll tell you how creative your work is: Author's name and gender as factors influencing assessment of product originality in four different domains. *Creativity Research Journal, 25,* 137–142.

Lee, H., & Kim, K. H. (2011). Can speaking more languages enhance your creativity? Relationship between bilingualism and creative potential among Korean American students with multicultural link. *Personality and Individual Differences, 50,* 1186–1190.

Leikin, M., & Tovli, E. (2014). Bilingualism and creativity in early childhood. *Creativity Research Journal, 26,* 411–417.

Lyons, B. D., Hoffman, B. J., & Michel, J. W. (2009). Not much more than g? An examination of the impact of intelligence on NFL performance. *Human Performance, 22,* 225–245.

Mackintosh, N. J. (2011). *IQ and human intelligence* (2nd ed.). New York, NY: Oxford University Press.

Manly, J. J., Miller, S. W., Heaton, R. K., Byrd, D., Reilly, J., Velasquez, R. J., . . . HIV Neurobehavioral Research Center (HNRC) Group. (1998). The effect of Black acculturation on neuropsychological test performance in normal and HIV positive individuals. *Journal of the International Neuropsychological Society, 4,* 291–302.

Marland, S. (1972). *Education of the gifted and talented. Report to the Congress of the United States by the U.S. Commissioner of Education.* Washington, DC:

Department of Health, Education and Welfare.

Masten, W. G., Plata, M., Wenglar, K., & Thedford, J. (1999). Acculturation and teacher ratings of Hispanic and Anglo-American students. *Roeper Review, 22*, 64–65.

Mattern, K. D., Patterson, B. F., Shaw, E. J., Kobrin, J. L., & Barbuti, S. M. (2008). *Differential validity and prediction of the SAT®* (College Board Research Report No. 2008-4). New York, NY: The College Board.

Matud, M. P., Rodríguez, C., & Grande, J. (2007). Gender differences in creative thinking. *Personality and Individual Differences, 43*, 1137–1147.

McClain, M. C., & Pfeiffer, S. (2012). Identification of gifted students in the United States today: A look at state definitions, policies, and practices. *Journal of Applied School Psychology, 28*, 59–88.

McCrae, R. R., & Costa, P. T., Jr. (1997). Personality trait structure as a human universal. *American Psychologist, 52*, 509–516.

Montag, T., Maertz, C. P., & Baer, M. (2012). A critical analysis of the workplace creativity criterion space. *Journal of Management, 38*, 1362–1386.

Mount, M. K., & Barrick, M. R. (1995). The Big Five personality dimensions: Implications for research and practice in human resources management. *Research in Personnel and Human Resources Management, 13*, 153–200.

Moy, J. W., & Lam, K. F. (2004). Selection criteria and the impact of personality on getting hired. *Personnel Review, 33*, 521–535.

Muller, D. (2013). Reforming premedical education—out with the old, in with the new. *New England Journal of Medicine, 368*, 1567–1569.

Murphy, K. R., Cronin, B. E., & Tam, A. P. (2003). Controversy and consensus regarding the use of cognitive ability testing in organizations. *Journal of Applied Psychology, 88*, 660–671.

Murray, C. (2003). *Human accomplishment: The pursuit of excellence in the arts and sciences, 800 B.C. to 1950*. New York, NY: HarperCollins.

Niu, W., & Sternberg, R. J. (2001). Cultural influence of artistic creativity and its evaluation. *International Journal of Psychology, 36*, 225–241.

Niu, W., & Sternberg, R. J. (2003). Societal and school influences on student creativity: The case of China. *Psychology in the Schools, 40*, 103–114.

Noftle, E. E., & Robins, R. W. (2007). Personality predictors of academic outcomes: Big Five correlates of GPA and SAT scores. *Journal of Personality and Social Psychology, 93*, 116–130.

Norlander, T., Erixon, A., & Archer, T. (2000). Psychological androgyny and creativity: Dynamics of gender-role and personality trait. *Social Behavior and Personality, 28*, 423–435.

Oswald, F. L., Schmitt, N., Kim, B. H., Ramsay, L. J., & Gillespie, M. A. (2004). Developing a biodata measure and situational judgment inventory as predictors of college student performance. *Journal of Applied Psychology, 89*, 187–207.

Paletz, S. B. F., & Peng, K. (2009). Problem finding and contradiction: Examining the relationship between naive dialectical thinking, ethnicity, and creativity. *Creativity Research Journal, 21*, 139–151.

Paunonen, S. V., Rothstein, M. G., & Jackson, D. N. (1999). Narrow reasoning about the use of broad personality measures for personnel selection. *Journal of Organizational Behavior, 20*, 389–405.

Pfeiffer, S. I. (2008). *Handbook of giftedness in children.* New York, NY: Springer Science.

Pfeiffer, S. I. (2015). *Essentials of gifted assessment.* Hoboken, NJ: Wiley.

Pfeiffer, S. I., & Jarosewich, T. (2003). *Gifted rating scales.* San Antonio, TX: The Psychological Corporation.

Pfeiffer, S. I., & Jarosewich, T. (2007). The gifted rating scales-school form: An analysis of the standardization sample based on age, gender, race, and diagnostic efficiency. *Gifted Child Quarterly, 51*, 39–50.

Piirto, J. (1991). Why are there so few? (Creative women: Visual artists, mathematicians, musicians). *Roeper Review, 13*, 142–147.

Pretz, J. E., & Kaufman, J. C. (2015). Do traditional admissions criteria reflect applicant creativity? *Journal of Creative Behavior.* Advance online publication. doi:10.1002/jocb.120

Price-Williams, D. R., & Ramirez III, M. (1977). Divergent thinking, cultural differences, and bilingualism. *Journal of Social Psychology, 103*, 3–11.

Proudfoot, D., Kay, A. C., & Koval, C. Z. (2015). A gender bias in the attribution of creativity: Archival and experimental evidence for the perceived association between masculinity and creative thinking. *Psychological Science, 26*, 1751–1761.

Puccio, G. J., & Cabra, J. F. (2010). Organizational creativity. In J. C. Kaufman & R. J. Sternberg (Eds.), *The Cambridge handbook of creativity* (pp. 145–173). New York, NY: Cambridge University Press.

Ramist, L., Lewis, C., & McCamley-Jenkins, L. (1994). *Student group differences in predicting college grades: Sex, language, and ethnic groups* (College Board Research Report No. 93-1). New York, NY: The College Board.

Reis, S. M., & Renzulli, J. S. (2003). Research related to the schoolwide enrichment triad model. *Gifted Education International, 18*, 15–39.

Renzulli, J. S. (1977). *The Enrichment Triad Model: A guide for developing defensible programs for the gifted and talented.* Mansfield Center, CT: Creative Learning Press.

Renzulli, J. S. (1978). What makes giftedness? Reexamining a definition. *Phi Delta Kappan, 60*, 180–184, 261.

Renzulli, J. S. (1994). Teachers as talent scouts. *Educational Leadership, 52*, 75–81.

Renzulli, J. S. (2012). Reexamining the role of gifted education and talent development for the 21st century: A four-part theoretical approach. *Gifted Child Quarterly, 56*, 150–159.

Renzulli, J. S., Gentry, M., & Reis, S. M. (2014). *Enrichment clusters: A practical plan for real-world, student-driven learning* (2nd ed.). Waco, TX: Prufrock Press.

Renzulli, J. S., Smith, L. H., White, A. J., Callahan, C. M., Hartman, R. K., Westberg, K. L., et al. (2004). *Scales for rating the behavioral characteristics of superior students.* Mansfield Center, CT: Creative Learning Press.

Reynolds, C. R. (2000). Methods for detecting and evaluating cultural bias in neuropsychological tests. In F. Strickland & C. R. Reynolds (Eds.), *Handbook of cross-cultural neuropsychology* (pp. 249–285). New York, NY: Plenum.

Rose, R. J., Uchida, I. A., & Christian, J. C. (1981). Placentation effects on cognitive resemblance of adult monozygotes. *Progress in Clinical and Biological Research, 69,* 35–41.

Rostan, S. M., Pariser, D., & Gruber, H. E. (2002). A cross-cultural study of the development of artistic talent, creativity and giftedness. *High Ability Studies, 13,* 123–155.

Sackett, P. R., Borneman, M. J., & Connelly, B. S. (2008). High stakes testing in higher education and employment: Appraising the evidence for validity and fairness. *American Psychologist, 63,* 215–227.

Salgado, J. F., Moscoso, S., & Berges, A. (2013). Conscientiousness, its facets, and the prediction of job performance ratings: Evidence against the narrow measures. *International Journal of Selection and Assessment, 21,* 74–84.

Saucier, G., & Goldberg, L. R. (2001). Lexical studies of indigenous personality: Premises, products, and prospects. *Journal of Personality, 69,* 847–879.

Schmader, T., & Johns, M. (2003). Converging evidence that stereotype threat reduces working memory capacity. *Journal of Personality and Social Psychology, 85,* 440–452.

Schmidt, F. L., & Hunter, J. E. (1998). The validity and utility of selection methods in personnel psychology: Practical and theoretical implications of 85 years of research findings. *Psychological Bulletin, 124,* 262–274.

Schmitt, D. P., Allik, J., McCrae, R. R., & Benet-Martínez, V. (2007). The geographic distribution of Big Five personality traits: Patterns and profiles of human self-description across 56 nations. *Journal of Cross-Cultural Psychology, 38,* 173–212.

Schmitt, N. (2012). Development of rationale and measures of noncognitive college student potential. *Educational Psychologist, 47,* 18–29.

Shade, B. J. (1986). Is there an Afro-American cognitive style? An exploratory study. *Journal of Black Psychology, 13,* 13–16.

Silverman, L. K. (2009). *Giftedness 101.* New York, NY: Springer Publishing Company.

Simonton, D. K. (1994). *Greatness: Who makes history and why.* New York, NY: Guilford Press.

Sinha, R., Oswald, F., Imus, A., & Schmitt, N. (2011). Criterion-focused approach to reducing adverse impact in college admissions. *Applied Mea-*

surement in Education, 24, 137-161.

Sloane, P. (1992). *Lateral thinking puzzles.* New York, NY: Sterling Publishing.

Smith, T. (2007). Quirky essays a window to future success? *National Public Radio.* Retrieved from http://www.npr.org/templates/story/story .php?storyId7384490

Soares, J. A. (2012). The future of college admissions: Discussion. *Educational Psychologist, 47,* 66-70.

Solomon, G. S., Haase, R. F., & Kuhn, A. (2013). The relationship among neurocognitive performances and biopsychosocial characteristics of elite National Football League draft picks: An exploratory investigation. *Archives of Clinical Neuropsychology, 28,* 9-20.

Steele, C. M. (1997). A threat in the air: How stereotypes shape intellectual identity and performance. *American Psychologist, 52,* 613-629.

Steele, C. M., & Aronson, J. (1995). Contending with a stereotype: African-American intellectual test performance and stereotype threat. *Journal of Personality and Social Psychology, 69,* 797-811.

Stemler, S. E., Grigorenko, E. L., Jarvin, L., & Sternberg, R. J. (2006). Using the theory of successful intelligence as a basis for augmenting AP exams in psychology and statistics. *Contemporary Educational Psychology, 31,* 344-376.

Stemler, S. E., Sternberg, R. J., Grigorenko, E. L., Jarvin, L., & Sharpes, K.(2009). Using the theory of successful intelligence as a framework for developing assessments in AP Physics. *Contemporary Educational Psychology, 34, 195-209.*

Sternberg, R. J. (1996). *Successful intelligence.* New York, NY: Simon & Schuster.

Sternberg, R. J. (2006). Creating a vision of creativity: The first 25 years. *Psychology of Aesthetics, Creativity, and the Arts, S,* 2-12.

Sternberg, R. J. (2008). Applying psychological theories to educational practice. *American Educational Research Journal, 45,* 150-165.

Sternberg, R. J. (2010). *College admissions for the 21st century.* Cambridge, MA: Harvard University Press.

Sternberg, R. J., Bonney, C. R., Gabora, L., & Merrifield, M. (2012). WICS: A model for college and university admissions. *Educational Psychologist, 47,* 30-41.

Sternberg, R. J., & Coffin, L. A. (2010). Admitting and developing "new leaders for a changing world." *New England Journal of Higher Education, 24,* 12-13.

Sternberg, R. J., Kaufman, J. C., & Grigorenko, E. L. (2008). *Applied intelligence.* New York, NY: Cambridge University Press.

Sternberg, R. J., & Lubart, T. I. (1995). *Defying the crowd.* New York, NY: Free Press.

Sternberg, R. J., & the Rainbow Project Collaborators (2006). The Rainbow Project: Enhancing the SAT through assessments of analytical, practical and creative skills. *Intelligence, 34,* 321-350.

Sternberg, R. J., & Williams, W. M. (1997). Does the Graduate Record Examination predict meaningful success in the graduate monitoring of psychologists? A case study. *American Psychologist, 52,* 630-641.

Stewart, N. (1953). *Creativity: A literature survey* (ETS Research Report Series: RM 53-08). Princeton, NJ: Educational Testing Service.

Stoltzfus, G., Nibbelink, B. L., Vredenburg, D., & Hyrum, E. (2011). Gender, gender role, and creativity. *Social Behavior and Personality, 39,* 425-432.

Tendayi Viki, G., & Williams, M. L. J. (2014). The role of identity integration in enhancing creativity among mixed-race individuals. *Journal of Creative Behavior, 48,* 198-208.

Torrance, E. P. (1971). Are the Torrance Tests of Creative Thinking biased against or in favour of disadvantaged groups? *Gifted Child Quarterly, 15,* 75-80.

Torrance, E. P. (1973). Non-test indicators of creative talent among disadvantaged children. *Gifted Child Quarterly, 17,* 3-9.

Van Iddekinge, C. H., Roth, P. L., Raymark, P. H., & Odle-Dusseau, H. N. (2012). The criterion-related validity of integrity tests: An updated meta-analysis. *Journal of Applied Psychology, 97,* 499-530.

Wallace, C. E., & Russ, S. W. (2015). Pretend play, divergent thinking, and math achievement in girls: A longitudinal study. *Psychology of Aesthetics, Creativity, and the Arts, 9,* 296-305.

Walpole, M. B., Burton, N. W., Kanyi, K., & Jackenthal, A. (2001). *Selecting successful graduate students: In-depth interviews with GRE users* (GRE Board RR No. 99-11R, ETS RR No. 02-8). Princeton, NJ: Educational Testing Service.

Walters, A. M., Plante, J. A., Kyllonen, P. C., Kaufman, J. C., & Gallagher, A. M. (2004). *System and method for evaluating applicants.* U.S. Patent No. US2004/0053203.

Wanek, J. E., Sackett, P. R., & Ones, D. S. (2003). Towards an understanding of integrity test similarities and differences: An item-level analysis of seven tests. *Personnel Psychology, 56,* 873-894.

Weiss, L. G., Chen, H., Harris, J. G., Holdnack, J. A., & Saklofske, D. H. (2010). WAIS-IV use in societal context. In L. G. Weiss, D. H. Saklofske, D. L. Coalson, & S. E. Raiford (Eds.), *WAIS-IV clinical use and interpretation: Scientist-practitioner perspectives* (pp. 97-140), San Diego, CA: Elsevier.

Wertheimer, L. K. (2008). College applicants get creative to a fault. *The Boston Globe.* Retrieved from http://www.boston.com/news/education/higher/articles /2008/01/15/college_hopefuls_get_ creative_to_a_fault

Yoon, S. N. (2005). *Comparing the intelligence and creativity scores of Asian American gifted students with Caucasian gifted students.* Unpublished doctoral dissertation, Purdue University, West Lafayette, IN.

Zha, P., Walczyk, J. J., Griffith-Ross, D. A., Tobacyk, J. J., & Walczyk, D. F. (2006). The impact of culture and Individualism-Collectivism on the creative potential and achievement of American and Chinese adults. *Creativity Research Journal, 18,* 355-366.

Zwick, R. (2013). *Disentangling the role of high school grades, SAT® Scores, and SES in predicting college achievement* (ETS RR No. 13-09). Princeton, NJ: Educational Testing Service.

제10장 창의적인 환경 : 가정, 교실, 직장, 세상

Abe, K. (2010). Interaction between body and environment in creative thinking. *Cognitive Studies: Bulletin of the Japanese Cognitive Science Society, 17,* 599-610.

Amabile, T. M. (1996). *Creativity in context: Update to "The social psychology of creativity."* Boulder, CO: Westview Press.

Amabile, T. M., & Conti, R. (1997). Environmental determinants of work motivation, creativity, and innovation: The case of R&D downsizing. In R. Garud, P. R. Nayyar, Z. B. Shapira, R. Garud, P. R. Nayyar, & Z. B. Shapira (Eds.), *Technological innovation: Oversights and foresights* (pp. 111-125). New York, NY: Cambridge University Press.

Amabile, T. M., & Conti, R. (1999). Changes in the work environment for creativity during downsizing. *Academy of Management Journal, 42,* 630-640.

Amabile, T. M., Conti, R., Coon, H., Lazenby, J., & Herron, M. (1996). Assessing the work environment for creativity. *Academy of Management Journal, 39,* 1154-1184.

Amabile, T. M., & Gryskiewicz, N. D. (1989). The creative environment scales: Work environment inventory. *Creativity Research Journal, 2,* 231-253.

Amabile, T. M., & Kramer, S. (2012). How leaders kill meaning at work. *McKinsey Quarterly, 1,* 124-131.

Amabile, T. M., Schatzel, E. A., Moneta, G. B., & Kramer, S. J. (2004). Leader behaviors and the work environment for creativity: Perceived leader support. *The Leadership Quarterly, 15,* 5-32.

Atchley, R. A., Strayer, D. L., & Atchley, P. (2012). Creativity in the wild: Improving creative reasoning through immersion in natural settings. *PLoS ONE, 7,* e51474.

Averill, J. R., Chon, K. K., & Hahn, D. (2001). Emotions and creativity, East and West. *Asian Journal of Social Psychology, 4,* 165-183.

Baer, J. (1997). Gender differences in the effects of anticipated evaluation on creativity. *Creativity Research Journal, 10,* 25-31.

Baer, J. (1998). The case for domain specificity in creativity. *Creativity Research Journal, 11,* 173-177.

Baer, M., Oldham, G. R., Hollingshead, A. B., & Costa Jacobsohn, G. (2005). Revisiting the birth order-creativity connection: The role of sibling constellation. *Creativity Research Journal, 17,* 67-77.

Barbot, B., Tan, M., & Grigorenko, E. (2013). The genetics of creativity: The generative and receptive sides of the creativity equation. In O. Vartanian, A. S. Bristol, & J. C. Kaufman (Eds.), *Neuroscience of creativity* (pp. 71-93).

Cambridge, MA: MIT Press.

Bechtoldt, M. N., Choi, H. S., & Nijstad, B. A. (2012). Individuals in mind, mates by heart: Individualistic self-construal and collective value orientation as predictors of group creativity. *Journal of Experimental Social Psychology, 48*, 838–844.

Beghetto, R. A. (2005). Preservice teachers' self-judgments of test taking. *Journal of Educational Research, 98*, 376–380.

Beghetto, R. A. (2010). Intellectual hide-and-seek: Prospective teachers' prior experiences with creativity suppression. *International Journal of Creativity & Problem Solving, 20*, 29–36.

Beghetto, R. A. (2013). *Killing ideas softly? The promise and perils of creativity in the classroom.* Charlotte, NC: Information Age Publishing.

Beghetto, R. A. (2014). Creative mortification: An initial exploration. *Psychology of Aesthetics, Creativity, and the Arts, 8*, 266–276.

Beghetto, R. A., & Kaufman, J. C. (2007). Toward a broader conception of creativity: A case for "mini-c" creativity. *Psychology of Aesthetics, Creativity, and the Arts, 1*, 73–79.

Beghetto, R. A., & Kaufman, J. C. (in press). *Nurturing creativity in the classroom* (2nd ed.). New York, NY: Cambridge University Press.

Beversdorf, D. Q., Hughes, J. D., Steinburg, B. A., Lewis, L. D., & Heilman, K. M. (1999). Noradrenergic modulation of cognitive flexibility in problem solving. *NeuroReport, 10*, 2763–2767.

Bowers, M. T., Green, B. C., Hemme, F., & Chalip, L. (2014). Assessing the relationship between youth sport participation settings and creativity in adulthood. *Creativity Research Journal, 26*, 314–327.

Cady, S. H., & Valentine, J. (1999). Team innovation and perceptions of consideration: What difference does diversity make? *Small Group Research, 30*, 730–750.

Campbell, H. L., Tivarus, M. E., Hillier, A., & Beversdorf, D. Q. (2008). Increased task difficulty results in greater impact of noradrenergic modulation of cognitive flexibility. *Pharmacology, Biochemistry, and Behavior, 88*, 222–229.

Canesi, M., Rusconi, M. L., Isaias, I. U., & Pezzoli, G. (2012). Artistic productivity and creative thinking in Parkinson's disease. *European Journal of Neurology, 19*, 468–472.

Carmeli, A., Reiter-Palmon, R., & Ziv, E. (2010). Inclusive leadership and employee involvement in creative tasks in the workplace: The mediating role of psychological safety. *Creativity Research Journal, 22*, 250–260.

Carmeli, A., Sheaffer, Z., Binyamin, G., Reiter-Palmon, R., & Shimoni, T. (2014). Transformational leadership and creative problem-solving: The mediating role of psychological safety and reflexivity. *Journal of Creative Behavior, 48*, 115–135.

Ceylan, C., Dul, J., & Aytac, S. (2008). Can the office environment stimulate a manager's creativity? *Human Factors and Ergonomics in Manufacturing &*

Service Industries, 18, 589–602.

Chatman, J. A., Polzer, J. T., Barsade, S. G., & Neale, M. A. (1998). Being different yet feeling similar: The influence of demographic composition and organizational culture on work processes and outcomes. Administrative Science Quarterly, 43, 749–780.

Chen, C., Kasof, J., Himsel, A., Dmitrieva, J., Dong, Q., & Xue, G. (2005). Effects of explicit instruction to "be creative" across domains and cultures. Journal of Creative Behavior, 39, 89–110.

Childs, E., & de Wit, H. (2008). Enhanced mood and psychomotor performance by a caffeine-containing energy capsule in fatigued individuals. Clinical Psychopharmacology, 16, 13–21.

Choe, I. (2006). Creativity—A sudden rising star in Korea. In J. C. Kaufman & R. J. Sternberg (Eds.), The international handbook of creativity (pp. 395–420). New York, NY: Cambridge University Press.

Choi, J. N. (2007). Group composition and employee creative behavior in a Korean electronics company: Distinct effects of relational demography and group diversity. Journal of Occupational and Organizational Psychology, 80, 213–234.

Colzato, L. S., Szapora, A., Pannekoek, J. N., & Hommel, B. (2013). The impact of physical exercise on convergent and divergent thinking. Frontiers in Human Neuroscience, 7. doi:10.3389/fnhum.2013.00824

Connelly, B. S., Ones, D. S., Davies, S. E., & Birkland, A. (2014). Opening up openness: A theoretical sort following critical incidents methodology and a meta-analytic investigation of the trait family measures. Journal of Personality Assessment, 96, 17–28.

Conner, T. S., Brookie, K. L., Richardson, A. C., & Polak, M. A. (2015). On carrots and curiosity: Eating fruit and vegetables is associated with greater flourishing in daily life. British Journal of Health Psychology, 20, 413–427.

Craig, T. Y., & Kelly, J. R. (1999). Group cohesiveness and creative performance. Group Dynamics, 3, 243–256.

Cropley, A. J. (2006). In praise of convergent thinking. Creativity Research Journal, 18, 391–404.

Dai, D. Y., Tan, X., Marathe, D., Valtcheva, A., Pruzek, R. M., & Shen, J. (2012). Influences of social and educational environments on creativity during adolescence: Does SES matter? Creativity Research Journal, 24, 191–199.

Davies, D., Jindal-Snape, D., Collier, C., Digby, R., Hay, P., & Howe, A. (2013). Creative learning environments in education: A systematic literature review. Thinking Skills and Creativity, 8, 80–91.

de Bloom, J., Ritter, S., Kühnel, J., Reinders, J., & Geurts, S. (2014). Vacation from work: A "ticket to creativity"? The effects of recreational travel on cognitive flexibility and originality. Tourism Management, 44, 164–171.

De Dreu, C. K. W. (2006). When too little or too much hurts: Evidence for a curvilinear relationship between task conflict and innovation in teams. *Journal of Management, 32,* 83–107.

De Dreu, C. K. W., Baas, M., & Boot, N. C. (2015). Oxytocin enables novelty seeking and creative performance through upregulated approach: Evidence and avenues for future research. *Wires Cognitive Science.* Advance online publication. doi:10.1002/wcs.1354

Detert, J. R., & Burris, E. R. (2007). Leadership behavior and employee voice: Is the door really open? *Academy of Management Journal, 50,* 869–884.

Dul, J., Ceylan, C., & Jaspers, F. (2011). Knowledge worker creativity and the role of the physical work environment. *Human Resource Management, 50,* 715– 734.

Edmondson, A. C. (1999). Psychological safety and learning behavior in work teams. *Administrative Science Quarterly, 44,* 350–383.

Fabricatore, C., & López, X. (2013). Fostering creativity through educational video game development projects: A study of contextual and task characteristics. *Creativity Research Journal, 25,* 418–425.

Faigel, H. C. (1991). The effect of beta blockade on stress-induced cognitive dysfunction in adolescents. *Clinical Pediatrics, 30,* 441–445.

Farah, M. J., Haimm, C., Sankoorikal, G., Smith, M. E., & Chatterjee, A. (2008). When we enhance cognition with Adderall do we sacrifice creativity? A preliminary study. *Psychopharmacology, 202,* 541–547.

Ford, C., & Sullivan, D. M. (2004). A time for everything: How timing of novel contributions influences project team outcomes. *Journal of Organizational Behavior, 21,* 163–183.

Forgays, D. G., & Forgays, D. K. (1992). Creativity enhancement through flotation isolation. *Journal of Environmental Psychology, 12,* 329–335.

Furnham, A., Hughes, D. J., & Marshall, E. (2013). Creativity, OCD, narcissism and the Big Five. *Thinking Skills and Creativity, 10,* 91–98.

Gibson, C., & Mumford, M. D. (2013). Evaluation, criticism, and creativity: Criticism content and effects on creative problem solving. *Psychology of Aesthetics, Creativity, and the Arts, 7,* 314–331.

Glăveanu, V. P. (2010a). Paradigms in the study of creativity: Introducing the perspective of cultural psychology. *New Ideas in Psychology, 28,* 79–93.

Glăveanu, V. P. (2010b). Principles for a cultural psychology of creativity. *Culture and Psychology, 16,* 147–163.

Godart, F. C., Maddux, W. W., Shipilov, A. V., & Galinsky, A. D. (2015). Fashion with a foreign flair: Professional experiences abroad facilitate the creative innovations of organizations. *Academy of Management Journal, 58,* 195–220.

Goncalo, J. A., Chatman, J. A., Duguid, M. M., & Kennedy, J. A. (2015). Creativity from constraint? How the political correctness norm influences creativity in mixed-sex work groups. *Administrative Science Quarterly, 60,*

1-30.

Goncalo, J. A., Flynn, F. J., & Kim, S. H. (2010). Are two narcissists better than one? The link between narcissism, perceived creativity, and creative performance. *Personality and Social Psychology Bulletin, 36,* 1484-1495.

Goncalo, J. A., & Staw, B. M. (2006). Individualism-collectivism and group creativity. *Organizational Behavior and Human Decision Processes, 100,* 96-109.

Gong, Y., Huang, J. C., & Farh, J. L. (2009). Employee learning orientation, transformational leadership, and employee creativity: The mediating role of employee creative self-efficacy. *Academy of Management Journal, 52,* 765-778.

Grigorenko, E. L., LaBuda, M. L., & Carter, A. S. (1992). Similarity in general cognitive ability, creativity, and cognitive styles in a sample of adolescent Russian twins. *Acta Geneticae Medicae Gemellologiae, 41,* 65-72.

Harrington, D. M. (1975). Effects of the explicit instructions to "be creative" on the psychological meaning of divergent thinking test scores. *Journal of Personality, 43,* 434-454.

Harvey, S. (2013). A different perspective: The multiple effects of deep level diversity on group creativity. *Journal of Experimental Social Psychology, 49,* 822-832.

Hempel, P. S., & Sue-Chan, C. (2010). Culture and the assessment of creativity. *Management and Organization Review, 6,* 415-435.

Hennessey, B. A. (2010). Intrinsic motivation and creativity in the classroom: Have we come full circle? In R. A. Beghetto & J. C. Kaufman (Eds.), *Nurturing creativity in the classroom* (pp. 329-361). New York, NY: Cambridge University Press.

Hennessey, B. A. (2015a). Creative behavior, motivation, environment and culture: The building of a Systems Model. *Journal of Creative Behavior.* Advance online publication. doi:10.1002/jocb.97

Hennessey, B. A. (2015b). If I were Secretary of Education: A focus on intrinsic motivation and creativity in the classroom. *Psychology of Aesthetics, Creativity, and the Arts, 9,* 187-192.

Hennessey, B. A., Amabile, T. M., & Martinage, M. (1989). Immunizing children against the negative effects of reward. *Contemporary Educational Psychology, 14,* 212-227.

Hillier, A., Alexander, J. K., & Beversdorf, D. Q. (2006). The effect of auditory stressors on cognitive flexibility. *Neurocase, 12,* 228-231.

Hofstede, G. (2001). *Culture's consequences: Comparing values, behaviors, institutions and organizations across nations.* Thousand Oaks, CA: Sage.

Huang, L., Krasikova, D. V., & Liu, D. (2016). I can do it, so can you: The role of leader creative self-efficacy in facilitating follower creativity. *Organizational Behavior and Human Decision Processes, 132,* 49-62.

Ijzerman, H., Leung, A. K.-Y., & Ong, L. (2014). Perceptual symbols of creativity: Coldness elicits referential, warmth elicits relational creativity. *Acta Psychologica, 148,* 136–147.

Jaussi, K. S., & Dionne, S. D. (2003). Leading for creativity: The role of unconventional leader behavior. *The Leadership Quarterly, 14,* 475–498.

Karwowski, M. (2009). *Klimat dla kreatywności. Koncepcje, metody, badania.* Warsaw, Poland: Wydawnictwo DIFIN (in Polish).

Karwowski, M. (2011). Teachers' personality and perception of the climate for creativity in a school. *International Journal of Creativity & Problem Solving, 21,* 37–52.

Karwowski, M. (2015). Peer effect on students' creative self-concept. *Journal of Creative Behavior.* Advance online publication. doi:10.1002/jocb.102

Karwowski, M., & Lebuda, I. (2013). Extending climato-economic theory: When, how, and why it explains differences in nations' creativity. *Behavioral and Brain Sciences, 36,* 493–494.

Kasof, J. (1997). Creativity and breadth of attention. *Creativity Research Journal, 10,* 303–315.

Katz, A. N., & Poag, J. R. (1979). Sex differences in instructions to "be creative" on divergent and nondivergent test scores. *Journal of Personality, 47,* 518–530.

Kaufman, A. B., Kornilov, S. A., Bristol, A. S., Tan, M., & Grigorenko, E. L. (2010). The neurobiological foundation of creative cognition. In J. C. Kaufman & R. J. Sternberg (Eds.), *Cambridge handbook of creativity* (pp. 216–232). New York, NY: Cambridge University Press.

Kaufman, A. S. (2009). *IQ testing 101.* New York, NY: Springer Publishing Company.

Kaufman, J. C. (2015). Creativity is more than silly, more than art, more than good: The diverse career of Arthur Cropley. *Creativity Research Journal, 27,* 249–253.

Kéri, S. (2009). Genes for psychosis and creativity. *Psychological Science, 20,* 1070–1073.

Kéri, S. (2011). Solitary minds and social capital: Latent inhibition, general intellectual functions and social network size predict creative achievements. *Psychology of Aesthetics, Creativity, and the Arts, 5,* 215–221.

Kurtzberg, T. R., & Amabile, T. M. (2000). From Guilford to creative synergy: Opening the black box of team level creativity. *Creativity Research Journal, 13,* 285–294.

Lan, L., & Kaufman, J. C. (2012). American and Chinese similarities and differences in defining and valuing creative products. *Journal of Creative Behavior, 46,* 285–306.

Lau, S., & Cheung, P. C. (2010). Developmental trends of creativity: What twists of turn do boys and girls take at different grades? *Creativity Research Journal, 22,* 329–336.

Lau, S., Hui, A. N. N., & Ng, G. Y. C. (Ed.). (2004). *Creativity: When East meets*

West. Singapore: World Scientific.

Lee, C. S., Therriault, D. J., & Linderholm, T. (2012). On the cognitive benefits of cultural experience: Exploring the relationship between studying abroad and creative thinking. *Applied Cognitive Psychology, 26*, 768–778.

Leung, A. K.-Y., & Chiu, C.-Y. (2010). Multicultural experiences, idea receptiveness, and creativity. *Journal of Cross-Cultural Psychology, 41*, 1–19.

Leung, A. K.-Y., Kim, S., Polman, E., Ong, L. S., Qiu, L., Goncalo, J., & Sanchez-Burks, J. (2012). Embodied metaphors and creative "acts." *Psychological Science, 23*, 502- 509.

Leung, A. K.-Y., Maddux, W. W., Galinsky, A. D., & Chiu, C. (2008). Multicultural experience enhances creativity: The when and how. *American Psychologist, 63*, 169–181.

Leung, K., & Morris, M. W. (2011). Culture and creativity: A social psychological analysis. In D. De Cremer, J. K. Murnighan, & R. van Dick (Eds.), *Social psychology and organizations* (pp. 371–395). New York, NY: Routledge.

Li, J. (1997). Creativity in horizontal and vertical domains. *Creativity Research Journal, 10*, 107–132.

Lichtenfeld, S., Elliot, A., Maier, M. A., & Pekrun, R. (2012). Fertile green: Green facilitates creative performance. *Personality and Social Psychology Bulletin, 38*, 784–797.

Lim, W., & Plucker, J. (2001). Creativity through a lens of social responsibility: Implicit theories of creativity with Korean samples. *Journal of Creative Behavior, 35*, 115–130.

Lim, W., Plucker, J., & Im, K. (2002). We are more alike than we think we are: Implicit theories of intelligence with a Korean sample. *Intelligence, 20*, 185–208.

Maddux, W. W., Adam, H., & Galinsky, A. D. (2010). When in Rome . . . Learn why the Romans do what they do: How multicultural learning experiences facilitate creativity. *Personality and Social Psychology Bulletin, 36*, 731–741.

Maddux, W. W., & Galinsky, A. D. (2009). Cultural borders and mental barriers: The relationship between living abroad and creativity. *Journal of Personality and Social Psychology, 96*, 1047–1061.

Mamet, D. (1987). *House of games: A screenplay.* New York, NY: Grove Press.

Markus, H. R., & Kitayama, S. (1991). Culture and the self: Implications for cognition, emotion, and motivation. *Psychological Review, 98*, 224–253.

McCoy, J. M., & Evans, G. W. (2002). The potential role of the physical environment in fostering creativity. *Creativity Research Journal, 14*, 409–426.

McLeod, P. L., Lobel, S. A., & Cox, T. H. (1996). Ethnic diversity and creativity in small groups. *Small Group Research, 27*, 248–264.

Mehta, M. A., Owen, A. M., Sahakian, B. J., Mavaddat, N., Pickard, J. D., & Robbins, T. W. (2000). Methylphenidate enhances working memory by modulating discrete frontal and parietal lobe regions in the human brain. *Journal of Neuroscience, 20,* RC65.

Mehta, R., & Zhu, R. J. (2009). Blue or red? Exploring the effect of color on cognitive task performances. *Science, 323,* 1226–1229.

Mehta, R., Zhu, R. J., & Cheema, A. (2012). Is noise always bad? Exploring the effects of ambient noise on creative cognition. *Journal of Consumer Research, 39,* 784–799.

Milliken, F. J., & Martins, L. L. (1996). Searching for common threads: Understanding the multiple effects of diversity in organizational groups. *Academy of Management Review, 21,* 402–433.

Miron-Spektor, E., Paletz, S. B. F., & Lin, C. C (2015). To create without losing face: The effects of face cultural logic and social-image affirmation on creativity. *Journal of Organizational Behavior, 36,* 919–943.

Mohamed, A. D. (2014). The effects of modafinil on convergent and divergent thinking of creativity: A randomized controlled trial. *Journal of Creative Behavior.* Advance online publication. doi:10.1002/jocb.73

Müller, U., Rowe, J. B., Rittman, T., Lewis, C., Robbins, T. W., & Sahakian, B. J. (2013). Effects of modafinil on non-verbal cognition, task enjoyment and creative thinking in healthy volunteers. *Neuropharmacology, 64,* 490–495.

Mumford, M. D., Hunter, S. T., Eubanks, D. L., Bedell, K. E., & Murphy, S. T. (2007). Developing leaders for creative efforts: A domain-based approach to leadership development. *Human Resource Management Review, 17,* 402–417.

Mumford, M. D., Scott, G. M., Gaddis, B., & Strange, J. M. (2002). Leading creative people: Orchestrating expertise and relationships. *Leadership Quarterly, 13,* 705–750.

Ng, A. K. (2001). *Why Asians are less creative than Westerners.* Singapore: Prentice-Hall.

Ng, A. K., & Smith, I. (2004). Why is there a paradox in promoting creativity in the Asian classroom? In L. Sing, A. Hui, & G. Ng (Eds.), *Creativity: When East meets West* (pp. 87–112). Singapore: World Scientific Publishing.

Niu, W. (2012). Confucian ideology and creativity. *Journal of Creative Behavior, 46,* 274–284.

Niu, W., & Kaufman, J. C. (2013). Creativity of Chinese and American cultures: A synthetic analysis. *Journal of Creative Behavior, 47,* 77–87.

Niu, W., & Sternberg, R. J. (2001). Cultural influence of artistic creativity and its evaluation. *International Journal of Psychology, 36,* 225–241.

Norlander, T., Bergman, H., & Archer, T. (1998). Effects of flotation REST on creative problem solving and originality. *Journal of Environmental Psychology, 18,* 399–408.

Nusbaum, E. C., Silvia, P. J., & Beaty, R. E. (2014). Ready, set, create: What instructing people to "be creative" reveals about the meaning and mechanisms of divergent thinking. *Psychology of Aesthetics, Creativity, and the Arts, 8*, 423-432.

O'Hara, L. A., & Sternberg, R. J. (2001). It doesn't hurt to ask: Effects of instructions to be creative, practical, or analytical on essay-writing performance and their interaction with students' thinking styles. *Creativity Research Journal, 13*, 197-210.

Oppezzo, M., & Schwartz, D. L. (2014). Give your ideas some legs: The positive effect of walking on creative thinking. *Journal of Experimental Psychology: Learning, Memory, and Cognition, 40*, 1142-1152.

Paletz, S. B. F., Peng, K., Erez, M., & Maslach, C. (2004). Ethnic composition and its differential impact on group processes in diverse teams. *Small Group Research, 35*, 128-157.

Pang, W., & Plucker, J. A. (2012). Recent transformations in China's economic, social, and education policies for promoting innovation and creativity. *Journal of Creative Behavior, 46*, 247-273.

Plucker, J. A., & Esping, A. (2014). *Intelligence 101*. New York, NY: Springer Publishing Company.

Plucker, J. A., Runco, M. A., & Lim, W. (2006). Predicting ideational behavior from divergent thinking and discretionary time on task. *Creativity Research Journal, 18*, 55-63.

Polner, B., Nagy, H., Takáts, A., & Kéri, S. (2015). Kiss of the muse for the chosen ones: De novo schizotypal traits and lifetime creative achievement are related to changes in divergent thinking during dopaminergic therapy in Parkinson's disease. *Psychology of Aesthetics, Creativity, and the Arts, 9*, 328-339.

Reiter-Palmon, R., & Illies, J. J. (2004). Leadership and creativity: Understanding leadership from a creative problem-solving perspective. *Leadership Quarterly, 15*, 55-77.

Reznikoff, M., Domino, G., Bridges, C., & Honeyman, M. (1973). Creative abilities in identical and fraternal twins. *Behavioral Genetics, 3*, 365-377.

Rinne, T., Steel, G. D., & Fairweather, J. (2013). The role of Hofstede's individualism in national-level creativity. *Creativity Research Journal, 25*, 129-136.

Roe, A. (1952). *The making of a scientist*. New York, NY: Dodd, Mead.

Roussin, C. J. (2008). Increasing trust, psychological safety, and team performance through dyadic leadership discovery. *Small Group Research, 39*, 224-248.

Rudowicz, E., & Hui, A. (1998). Hong Kong Chinese people's view of creativity. *Gifted Education International, 13*, 159-174.

Runco, M. A., Illies, J. J., & Eisenman, R. (2005). Creativity, originality, and appropriateness: What do explicit instructions tell us about their relationships? *Journal of Creative Behavior, 39*, 137-148.

Runco, M. A., Illies, J. J., & Reiter-Palmon, R. (2005). Explicit instructions to be creative and original: A comparison of strategies and criteria as targets with three types of divergent thinking tests. *Korean Journal of Thinking & Problem Solving, 15,* 5-15.

Saad, C. S., Damian, R. I., Benet-Martínez, V., Moons, W. G., & Robins, R. W. (2013). Multiculturalism and creativity: Effects of cultural context, bicultural identity, and ideational fluency. *Social Psychological and Personality Science, 4,* 369-375.

Saad, G., Cleveland, M., & Ho, L. (2015). Individualism–collectivism and the quantity versus quality dimensions of individual and group creative performance. *Journal of Business Research, 68,* 578-586.

Sawyer, R. K. (2012). *Explaining creativity: The science of human innovation* (2nd ed.). New York, NY: Oxford University Press.

Shibata, S., & Suzuki, N. (2002). Effects of the foliage plant on task performance and mood. *Journal of Environmental Psychology, 22,* 265-272.

Shibata, S., & Suzuki, N. (2004). Effects of an indoor plant on creative task performance and mood. *Scandinavian Journal of Psychology, 45,* 373-381.

Shin, S. J., & Zhou, J. (2007). When is educational specialization heterogeneity related to creativity in research and development teams? Transformational leadership as a moderator. *Journal of Applied Psychology, 92,* 1709-1721.

Shute, V. J., Ventura, M., & Kim, Y. J. (2013). Assessment and learning of informal physics in Newton's Playground. *Journal of Educational Research, 106,* 423-430.

Simonton, D. K. (1987). Developmental antecedents of achieved eminence. *Annual of Child Development, 5,* 131-169.

Simonton, D. K. (1994). *Greatness: Who makes history and why.* New York, NY: Guilford Press.

Simonton, D. K. (2009). *Genius 101.* New York, NY: Springer Publishing Company.

Steidle, A., & Werth, L. (2013). Freedom from constraints: Darkness and dim illumination promote creativity. *Journal of Environmental Psychology, 35,* 67-80.

Stone, N. J., & Irvine, J. M. (1994). Direct or indirect window access, task type, and performance. *Journal of Environmental Psychology, 14,* 57-63.

Suedfeld, P., Metcalfe, J. and Bluck, S. (1987). Enhancement of scientific creativity by flotation REST (restricted environmental stimulation technique). *Journal of Environmental Psychology, 7,* 219-231.

Sulloway, F. J. (1996). *Born to rebel.* New York, NY: Vintage.

Sundararajan, L., & Raina, M. K. (2014). Revolutionary creativity, East and West: A critique from indigenous psychology. *Journal of Theoretical and Philosophical Psychology, 35,* 3-19.

Szobiová, E. (2008). Birth order, sibling constellation, creativity and personality dimensions of adolescents. *Studia Psychologica, 50,* 371-381.

Tadmor, C. T., Galinsky, A. D., & Maddux, W. W. (2012). Getting the most out of living abroad: Biculturalism and integrative complexity as key drivers of creative and professional success. *Journal of Personality and Social Psychology, 103,* 520–542.

Tadmor, C. T., Satterstrom, P., Jang, S., & Polzer, J. T. (2012). Beyond individual creativity: The superadditive benefits of multicultural experience for collective creativity in culturally diverse teams. *Journal of Cross-Cultural Psychology, 43,* 384–392.

Torrance, E. P. (1968). A longitudinal examination of the fourth grade slump in creativity. *Gifted Child Quarterly, 12,* 195–199.

Unsworth, K. L., & Clegg, C. W. (2010). Why do employees undertake creative action? *Journal of Occupational and Organizational Psychology, 83,* 77–99.

Van Tilburg, W. A. P., Sedikides, C., & Wildschut, T. (2015). The mnemonic muse: Nostalgia fosters creativity through openness to experience. *Journal of Experimental Social Psychology, 59,* 1–7.

Vartanian, O., & Suedfeld, P. (2011). The effect of the flotation version of restricted environmental stimulation technique (REST) on jazz improvisation. *Music and Medicine, 3,* 234–238.

Velázquez, J. A., Segal, N. L., & Horwitz, B. N. (2015). Genetic and environmental influences on applied creativity: A reared-apart twin study. *Personality and Individual Differences, 75,* 141–146.

Vohs, K. D., Redden, J. P., & Rahinel, R. (2013). Physical order produces healthy choices, generosity, and conventionality, whereas disorder produces creativity. *Psychological Science, 24,* 1860–1867.

Volf, N. V., Kulikov, A. V., Bortsov, C. U., & Popova, N. K. (2009). Association of verbal and figural creative achievement with polymorphism in the human serotonin transporter gene. *Neuroscience Letters, 463,* 154–157.

Walton, A. P., & Kemmelmeier, M. (2012). Creativity in its social context: The interplay of organizational norms, situational threat, and gender. *Creativity Research Journal, 24,* 208–219.

Wang, B., & Greenwood, K. M. (2013). Chinese students' perceptions of their creativity and their perceptions of Western students' creativity. *Educational Psychology, 33,* 628–643.

West, M. A., Borrill, C. S., Dawson, J. F., Brodbeck, F., Shapiro, D. A., & Haward, B. (2003). Leadership clarity and team innovation in health care. *The Leadership Quarterly, 14,* 393–410.

White, B. P., Becker-Blease, K. A., & Grace-Bishop, K. (2006). Stimulant medication use, misuse, and abuse in an undergraduate and graduate student sample. *Journal of American College Health, 54,* 261–268.

Wong, R., & Niu, W. (2013). Cultural difference in stereotype perceptions and performances in nonverbal deductive reasoning and creativity. *Journal of Creative Behavior, 47,* 41–59.

Yap, C., Chai, K., & Lemaire, P. (2005). An empirical study on functional diversity and innovation in SMEs. *Creativity and Innovation Management, 14,* 176–190.

Ye, S., Ngan, R. L., & Hui, A. N. (2013). The state, not the trait, of nostalgia increases creativity. *Creativity Research Journal, 25,* 317-323.

Yi, X., Hu, X., Plucker, J., & McWilliams, J. (2013). Is there a developmental slump in creativity in China? The relationship between organizational climate and creativity development in Chinese adolescents. *Journal of Creative Behavior, 47,* 22-40.

Yuan, F., & Zhou, J. (2015). Effects of cultural power distance on group creativity and individual group member creativity. *Journal of Organizational Behavior.* Advance online publication. doi:10.1002/job.2022

Yue, X. D. (2004). Whoever is influential is creative: How Chinese undergraduates choose creative people in Chinese societies. *Psychological Reports, 94,* 1235-1249.

Zwaan, R. (2013). 50 questions about messy rooms and clean data. In *Zeistgeist: Psychological experimentation, cognition, language, and academia.* Retrieved from http://rolfzwaan.blogspot.com/2013/08/50-questions-about-messy-rooms-and.html

제11장 창의적 지각(자신과 타인의 창의성에 대한 지각)

Adarves-Yorno, I., Postmes, T., & Haslam, S. A. (2006). Social identity and the recognition of creativity in groups. *British Journal of Social Psychology, 45,* 479-497.

Aljughaiman, A., & Mowrer-Reynolds, E. (2005). Teachers' conceptions of creativity and creative students. *Journal of Creative Behavior, 39,* 17-34.

Baas, M., Koch, S., Nijstad, B. A., & De Dreu, C. W. (2015). Conceiving creativity: The nature and consequences of laypeople's beliefs about the realization of creativity. *Psychology of Aesthetics, Creativity, and the Arts, 9,* 340-354.

Bachtold, L. M. (1974). The creative personality and the ideal pupil revisited. *Journal of Creative Behavior, 8,* 47-54.

Bandura, A. (1997). *Self-efficacy: The exercise of control.* New York, NY: Macmillan.

Batey, M., Chamorro-Premuzic, T., & Furnham, A. (2010). Individual differences in ideational behavior: Can the Big Five and psychometric intelligence predict creativity scores? *Creativity Research Journal, 22,* 90-97.

Beghetto, R. A. (2006). Creative self-efficacy: Correlates in middle and secondary students. *Creativity Research Journal, 18,* 447-457.

Beghetto, R. A., Kaufman, J. C., & Baxter, J. (2011). Answering the unexpected questions: Exploring the relationship between students' creative self-efficacy and teacher ratings of creativity. *Psychology of Aesthetics, Creativity, and the Arts, 5,* 342-349.

Birney, D. P., Beckmann, J. F., & Seah, Y. Z. (2015). More than the eye of the beholder: The interplay of person, task, and situation factors in evaluative judgements of creativity. *Learning and Individual Differences*. Advance online publication. doi:10.1016/j.lindif.2015.07.007

Bourassa, M., & Vaugeois, P. (2001). Effects of marijuana use on divergent thinking. *Creativity Research Journal, 13*, 411–416.

Brandau, H., Daghofer, F., Hollerer, L., Kaschnitz, W., Kellner, K., Kitchmair, G., . . . Schlagbauer, A. (2007). The relationship between creativity, teacher ratings on behavior, age, and gender in pupils from seven to ten years. *Journal of Creative Behavior, 41*, 91–113.

Chan, D. W., & Chan, L. K. (1999). Implicit theories of creativity: Teachers' perception of student characteristics in Hong Kong. *Creativity Research Journal, 12*, 185–195.

Colzato, L. S., Huizinga, M., & Hommel, B. (2009). Recreational cocaine polydrug use impairs cognitive flexibility but not working memory. *Psychopharmacology, 207*, 225–234.

Colzato, L. S., Ruiz, M. J., van den Wildenberg, W. P., & Hommel, B. (2011). Khat use is associated with impaired working memory and cognitive flexibility. *PloS One, 6*, e20602.

Cropley, A. J. (1992). *More ways than one: Fostering creativity*. Westport, CT: Ablex Publishing.

Cropley, D. H., & Kaufman, J. C. (2012). Measuring functional creativity: Empirical validation of the Creative Solution Diagnosis Scale (CSDS). *Journal of Creative Behavior, 46*, 119–137.

Denson, C., & Buelin-Biesecker, J. (2015, June). *Investigating the relationship between students' creative self-efficacy and their creative outcomes*. Paper presented at American Society for Engineering Education, Seattle, WA.

de Souza Fleith, D. (2000). Teacher and student perceptions of creativity in the classroom environment. *Roeper Review, 22*, 148–153.

Dunning, D., Johnson, K., Ehrlinger, J., & Kruger, J. (2003). Why people fail to recognize their own incompetence. *Current Directions in Psychological Science, 12*, 83–86.

Eason, R., Giannangelo, D. M., & Franceschini, L. A. (2009). A look at creativity in public and private schools. *Thinking Skills and Creativity, 4*, 130–137.

Eidelman, S., & Crandall, C. S. (2012). Bias in favor of the status quo. *Social and Personality Psychology Compass, 6*, 270–281.

Eidelman, S., Crandall, C. S., & Pattershall, J. (2009). The existence bias. *Journal of Personality and Social Psychology, 97*, 765–775.

Everson, H. T., & Tobias, S. (1998). The ability to estimate knowledge and performance in college: A metacognitive analysis. *Instructional Science, 26*, 65–79.

Flavell, J. H. (1979). Metacognition and cognitive monitoring: A new area of cognitive developmental inquiry. *American Psychologist, 34*, 906–911.

Fleenor, J. W., & Taylor, S. (1994). Construct validity of three self-report measures of creativity. *Educational and Psychological Measurement, 54,* 464–470.

Furnham, A. (1999). Personality and creativity. *Perceptual and Motor Skills, 88,* 407–408.

Furnham, A., Batey, M., Anand, K., & Manfield, J. (2008). Personality, hypomania, intelligence and creativity. *Personality and Individual Differences, 44,* 1060–1069.

Furnham, A., Zhang, J., & Chamorro-Premuzic, T. (2006). The relationship between psychometric and self-estimated intelligence, creativity, personality, and academic achievement. *Cognition and Personality, 25,* 119–145.

Gaylor, B., Olson, M. (Writers), & Povenmire, D. (Director). (2009, February 16). Phineas and Ferb get busted! In J. S. Marsh & D. Povenmire, *Phineas and Ferb* [Television program]. Disney-ABC Domestic Television.

Glăveanu, V. P. (2014). *Distributed creativity: Thinking outside of the creative individual.* London, England: Springer.

Gluck, J., Ernst, R., & Unger, F. (2002). How creatives define creativity: Definitions reflect different types of creativity. *Creativity Research Journal, 14,* 55–67.

Gough, H. G. (1979). A creative personality scale for the adjective check list. *Journal of Personality and Social Psychology, 37,* 1398–1405.

Gough, H. G., & Heilbrun, A. B., Jr. (1965). *The adjective check list manual.* Palo Alto, CA: Consulting Psychologists Press.

Greenwald, A. G., & Banaji, M. R. (1995). Implicit social cognition: Attitudes, self-esteem, and stereotypes. *Psychological Review, 102,* 4–27.

Grohman, M., Wodniecka, Z., & Klusak, M. (2006). Divergent thinking and evaluation skills: Do they always go together? *Journal of Creative Behavior, 40,* 125–145.

Güncer, B., & Oral, G. (1993). Relationship between creativity and nonconformity to school discipline as perceived by teachers of Turkish elementary school children, by controlling for their grade and sex. *Journal of Instructional Psychology, 20,* 208–214.

Hass, R. W. (2014). Domain-specific exemplars affect implicit theories of creativity. *Psychology of Aesthetics, Creativity, and the Arts, 8,* 44–52.

Hass, R. W., & Burke, S. (2015). Implicit theories of creativity are differentially categorized by perspective and exemplar domain. *Thinking Skills and Creativity.* Advance online publication. doi:10.1016/j.tsc.2015.10.001

Heidenreich, S., & Spieth, P. (2013). Why innovations fail—The case of passive and active innovation resistance. *International Journal of Innovation Management, 17,* 1–42.

Hicks, J. A., Pedersen, S. L., Friedman, R. S., & McCarthy, D. M. (2011). Expecting innovation: Psychoactive drug primes and the generation of creative solutions. *Experimental and Clinical Psychopharmacology, 19,* 314–320.

Hong, E., Hartzell, S. A., & Greene, M. T. (2009). Fostering creativity in the classroom: Effects of teachers' epistemological beliefs, motivation, and goal orientation. *Journal of Creative Behavior, 43,* 192–208.

Hong, E., Peng, Y., & Wu, J. (2010, August). *Effects of explicit instruction, meta-cognition, and motivation on creative performance.* Paper presented at the American Psychological Association, San Diego, CA.

Humphrey, D. E., McKay, A. S., Primi, R., & Kaufman, J. C. (2015). Self-reported drug use and creativity: (Re)establishing layperson myths. *Imagination, Cognition, and Personality, 34,* 181–203.

Janiger, O., & de Rios, M. D. (1989). LSD and creativity. *Journal of Psychoactive Drugs, 21,* 129–134.

Jarosz, A. F., Colflesh, G. J. H., & Wiley, J. (2012). Uncorking the muse: Alcohol intoxication facilitates creative problem solving. *Consciousness & Cognition, 21,* 487–493.

Jaussi, K. S., Randel, A. E., & Dionne, S. D. (2007). I am, I think I can, and I do: The role of personal identity, self-efficacy, and cross-application of experiences in creativity at work. *Creativity Research Journal, 19,* 247–258.

Jones, K. A., Blagrove, M., &Parrott, A. C. (2009). Cannabis and Ecstasy/MDMA: Empirical measures of creativity in recreational users. *Journal of Psychoactive Drugs, 41,* 323–329.

Karwowski, M. (2009). I'm creative, but am I creative? Similarities and differences between self-evaluated small and big-C creativity in Poland. *International Journal of Creativity & Problem Solving, 19,* 7–26.

Karwowski, M. (2010). Are creative students really welcome in the classroom? Implicit theories of "good" and "creative" student' personality among Polish teachers. *Procedia Social and Behavioural Sciences Journal, 2,* 1233–1237.

Karwowski, M. (2011). It doesn't hurt to ask...But sometimes it hurts to believe. Predictors of Polish students' creative self-efficacy. *Psychology of Aesthetics, Creativity, and the Arts, 5,* 154–164.

Karwowski, M., & Lebuda, I. (in press). Creative self-concept: A surface characteristic of creative personality. In G. J. Feist, R. Reiter-Palmon, & J. C. Kaufman (Eds.), *Cambridge handbook of creativity and personality research.* New York, NY: Cambridge University Press.

Kaufman, J. C., & Baer, J. (2004). Sure, I'm creative—but not in mathematics!: Self-reported creativity in diverse domains. *Empirical Studies of the Arts, 22,* 143–155.

Kaufman, J. C., & Beghetto, R. A. (2013a). Do people recognize the Four Cs? Examining layperson conceptions of creativity. *Psychology of Aesthetics, Creativity, and the Arts, 7,* 229–236.

Kaufman, J. C., & Beghetto, R. A. (2013b). In praise of Clark Kent: Creative metacognition and the importance of teaching kids when (not) to be creative. *Roeper Review, 35,* 155–165.

Kaufman, J. C., Beghetto, R. A., & Watson, C. (2015). Creative metacognition and self-ratings of creative performance: A 4-C perspective. *Learning and Individual Differences.* Advance online publication. doi:10.1016/

j.lindif.2015.05.004

Kaufman, J. C., Bromley, M. L., & Cole, J. C. (2006). Insane, poetic, lovable: Creativity and endorsement of the "mad genius" stereotype. *Imagination, Cognition, and Personality, 26,* 149–161.

Kaufman, J. C., Evans, M. L., & Baer, J. (2010). The American Idol Effect: Are students good judges of their creativity across domains? *Empirical Studies of the Arts, 28,* 3–17.

Kerr, B., Shaffer, J., Chambers, C., & Hallowell, K. (1991). Substance use of creatively talented adults. *Journal of Creative Behavior, 25,* 145–153.

Kim, K. H., & VanTassel-Baska, J. (2010). The relationship between creativity and behavior problems among underachievers. *Creativity Research Journal, 22,* 185–193.

Kim, S. H., Vincent, L. C., & Goncalo, J. A. (2013). Outside advantage: Can social rejection fuel creative thought? *Journal of Experimental Psychology: General, 142,* 605–611.

Kirton, M. (1976). Adaptors and innovators: A description and measure. *Journal of Applied Psychology, 61,* 622–629.

Kleijnen, M. H. P., Lee, N., & Wetzels, M. G. M. (2009). An exploration of consumer resistance to innovations and its antecedents. *Journal of Economic Psychology, 30,* 344–357.

Kowal, M., Hazekamp, A., Colzato, L., van Steenbergen, H., van der Wee, N. J., . . . Hommel, B. (2015). Cannabis and creativity: Highly potent cannabis impairs divergent thinking in regular cannabis users. *Psychopharmacology, 232,* 1123–1134.

Kruger, J., & Dunning, D. (1999). Unskilled and unaware of it: How difficulties in recognizing one's own incompetence lead to inflated self-assessments. *Journal of Personality and Social Psychology, 77,* 1121–1134.

Kwang, N. A., & Smith, I. (2004). The paradox of promoting creativity in the Asian classroom: An empirical investigation. *Genetic, Social and General Psychology Monographs, 130,* 307–330.

Lapp, W. M., Collins, R. L., & Izzo, C. V. (1994). On the enhancement of creativity by alcohol: Pharmacology or expectation? *American Journal of Psychology, 107,* 173–206.

Lau, S., & Li, W. L. (1996). Peer status and perceived creativity: Are popular children viewed by peers and teachers as creative? *Creativity Research Journal, 9,* 347–352.

Laukkanen, T., Sinkkonen, S., Kivijärvi, M., & Laukkanen, P. (2007). Innovation resistance among mature consumers. *Journal of Consumer Marketing, 24,* 419–427.

Lee, Y. H., & Qiu, C. (2009). When uncertainty brings pleasure: The role of prospect image ability and mental imagery. *Journal of Consumer Research, 36,* 624–633.

Licuanan, B. F., Dailey, L. R., & Mumford, M. D. (2007). Idea evaluation: Error in evaluating highly original ideas. *Journal of Creative Behavior, 41,* 1–27.

Lim, W., & Plucker, J. (2001). Creativity through a lens of social responsibility: Implicit theories of creativity with Korean samples. *Journal of Creative Behavior, 35,* 115-130.

Minor, K. S., Firmin, R. L., Bonfils, K. A., Chun, C. A., Buckner, J. D., & Cohen, A. S. (2014). Predicting creativity: The role of psychometric schizotypy and cannabis use in divergent thinking. *Psychiatry Research, 220,* 205-210.

Mueller, J. S., Goncalo, J. A., & Kamdar, D. (2011). Recognizing creative leadership: Can creative idea expression negatively relate to perceptions of leadership potential? *Journal of Experimental Social Psychology, 47,* 494-498.

Mueller, J. S., Melwani, S., & Goncalo, J. A. (2012). The bias against creativity: Why people desire but reject creative ideas. *Psychological Science, 23,* 13-17.

Myhill, D., & Wilson, A. (2013). Playing it safe: Teachers' views of creativity in poetry writing. *Thinking Skills and Creativity, 10,* 101-111.

Ng, T. W., & Feldman, D. C. (2012). Employee voice behavior: A meta-analytic test of the conservation of resources framework. *Journal of Organizational Behavior, 33,* 216-234.

Norlander, T., & Gustafson, R. (1996). Effects of alcohol on scientific thought during the incubation phase of the creative process. *Journal of Creative Behavior, 30,* 231-248.

Norlander, T., & Gustafson, R. (1998). Effects of alcohol on a divergent figural fluency test during the illumination phase of the creative process. *Creativity Research Journal, 11,* 265-274.

Novacek, J., Raskin, R., & Hogan, R. (1991). Why do adolescents use drugs? Age, sex, and user differences. *Journal of Youth and Adolescence, 20,* 475-492.

Pavlović, J., Maksić, S., & Bodroža, B. (2013). Implicit individualism in teachers' theories of creativity: Through the "Four P's" looking glass. *International Journal of Creativity & Problem Solving, 23,* 39-57.

Plucker, J. A., & Dana, R. Q. (1998a). Alcohol, tobacco, and marijuana use: Relationships to undergraduate students' creative achievement. *Journal of College Student Development, 39,* 472-481.

Plucker, J. A., & Dana, R. Q. (1998b). Creativity of undergraduates with and without family history of alcohol and other drug problems. *Addictive Behaviors, 23,* 711-714.

Plucker, J. A., McNeely, A., & Morgan, C. (2009). Controlled substance-related beliefs and use: Relationships to undergraduates' creative personality traits. *Journal of Creative Behavior, 43,* 94-101.

Prabhu, V., Sutton, C., & Sauser, W. (2008). Creativity and certain personality traits: Understanding the mediating effect of intrinsic motivation. *Creativity Research Journal, 20,* 53-66.

Pretz, J. E., & McCollum, V. A. (2014). Self-perceptions of creativity do not always reflect actual creative performance. *Psychology of Aesthetics, Creativity, and the Arts, 8,* 227-236.

Priest, T. (2006). Self-evaluation, creativity, and musical achievement. *Psy-

chology of Music, 34, 47–61.

Puccio, G. J., & Chimento, M. D. (2001). Implicit theories of creativity: Lay-persons' perceptions of the creativity of adaptors and innovators. *Perceptual and Motor Skills, 92,* 675–681.

Puryear, J. S. (2015). Metacognition as a moderator of creative ideation and creative production. *Creativity Research Journal, 27,* 334–341.

Ram, S., & Sheth, J. N. (1989). Consumer resistance to innovations: The marketing problem and its solutions. *Journal of Consumer Marketing, 6,* 5–14.

Ramos, S. J., & Puccio, G. J. (2014). Cross-cultural studies of implicit theories of creativity: A comparative analysis between the United States and the main ethnic groups in Singapore. *Creativity Research Journal, 26,* 223–228.

Randel, A. E., & Jaussi, K. S. (2003). Functional background identity, diversity, and individual performance in cross-functional teams. *Academy of Management Journal, 46,* 763–774.

Reiter-Palmon, R., Robinson-Morral, E. J., Kaufman, J. C., & Santo, J. B. (2012). Evaluation of self-perceptions of creativity: Is it a useful criterion? *Creativity Research Journal, 24,* 107–114.

Romo, M., & Alfonso, V. (2003). Implicit theories of Spanish painters. *Creativity Research Journal, 15,* 409–415.

Runco, M. A., & Bahleda, M. D. (1986). Implicit theories of artistic, scientific and everyday creativity. *Journal of Creative Behavior, 20,* 93–98.

Runco, M. A., & Johnson, D. J. (2002). Parents' and teachers' implicit theories of children's creativity: A cross-cultural perspective. *Creativity Research Journal, 14,* 427–438.

Schacter, J., Thum, Y. M., & Zifkin, D. (2006). How much does creative teaching enhance elementary school students' achievement? *Journal of Creative Behavior, 40,* 47–72.

Schafer, G., Feilding, A., Morgan, C. J. A., Agathangelou, M., Freeman, T. P., & Curran, H. V. (2012). Investigating the interaction between schizotypy, divergent thinking and cannabis use. *Consciousness and Cognition, 21,* 292–298.

Schlesinger, J. (2002). Issues in creativity and madness, part two: Eternal flames. *Ethical Human Sciences & Services, 4,* 139–142.

Sen, R. S., & Sharma, N. (2011). Through multiple lenses: Implicit theories of creativity among Indian children and adults. *Journal of Creative Behavior, 45,* 273–302.

Seo, H., Lee, E., & Kim, K. (2005). Korean science teachers' understanding of creativity in gifted education. *Journal of Advanced Academics, 16,* 98–105.

Silvia, P. J. (2008). Discernment and creativity: How well can people identify their most creative ideas? *Psychology of Aesthetics, Creativity, and the Arts, 2,* 139–146.

Sternberg, R. J. (1985). Implicit theories of intelligence, creativity, and wisdom. *Journal of Personality and Social Psychology, 49,* 607–627.

Tan, A. G. (2003). Student teachers' perceptions of teacher behaviors for fostering creativity: A perspective on the academically low achievers. *Korean Journal of Thinking and Problem Solving, 13*, 59-71.

Tierney, P., & Farmer, S. M. (2002). Creative self-efficacy: Its potential antecedents and relationship to creative performance. *Academy of Management Journal, 45*, 1137-1148.

Torrance, E. P. (1963). *Education and the creative potential.* Minneapolis, MN: University of Minnesota Press.

Van Tilburg, W. A. P., & Igou, E. R. (2014). From Van Gogh to Lady Gaga: Artist eccentricity increases perceived artistic skill and art appreciation. *European Journal of Social Psychology, 44*, 93-103.

Welsh, G. S. (1975). *Creativity and intelligence: A personality approach.* Chapel Hill, NC: University of North Carolina Press.

Westby, E. L., & Dawson, V. L. (1995). Creativity: Asset or burden in the classroom? *Creativity Research Journal, 8*, 1-10.

Wickes, K. N. S., & Ward, T. B. (2006). Measuring gifted adolescents' implicit theories of creativity. *Roeper Review, 28*, 131-139.

Wilson, T. D., Centerbar, D. B., Kermer, D. A., & Gilbert, D. T. (2005). The pleasures of uncertainty: Prolonging positive moods in ways people do not anticipate. *Journal of Personality and Social Psychology, 88*, 5-21.

Zajonc, R. B. (2001). Mere exposure: A gateway to the subliminal. *Current Directions in Psychological Science, 10*, 224-228.

Zell, E., & Krizan, Z. (2014). Do people have insight into their abilities? A metasynthesis. *Perspectives on Psychological Science, 9*, 111-125.

제12장 창의성은 좋은 것인가 혹은 나쁜 것인가?

Akinola, M., & Mendes, W. B. (2008). The dark side of creativity: Biological vulnerability and negative emotions lead to greater artistic creativity. *Personality & Social Psychology Bulletin, 34*, 1677-1686.

Ames, M., & Runco, M. A. (2005). Predicting entrepreneurship from ideation and divergent thinking. *Creativity and Innovation Management, 14*, 311-315.

Beaussart, M. L., Andrews, C. J., & Kaufman, J. C. (2013). Creative liars: The relationship between creativity and integrity. *Thinking Skills and Creativity, 9*, 129-134.

Beaussart, M. L., Kaufman, S. B., & Kaufman, J. C. (2012). Creative activity, personality, mental illness, and short-term mating success. *Journal of Creative Behavior, 46*, 151-167.

Becker, G. (2014). A socio-historical overview of the creativity-pathology connection: From antiquity to contemporary times. In J. C. Kaufman (Ed.), *Creativity and mental illness* (pp. 3-24). New York, NY: Cambridge University Press.

Black, J., & Barnes, J. L. (2015). Fiction and social cognition: The effect of viewing award-winning television dramas on theory of mind. *Psychology of Aesthetics, Creativity, and the Arts, 9,* 423-429.

Campbell, K., & Kaufman, J. C. (2015). Do you pursue your heart or your art?: Creativity, personality, and love. *Journal of Family Issues, 36,* 1-24.

Clapham, M. M., Cowdery, E. M., King, K. E., & Montang, M. A. (2005). Predicting work activities with divergent thinking tests: A longitudinal study. *Journal of Creative Behavior, 39,* 149-166.

Clark, K., & James, K. (1999). Justice and positive and negative creativity. *Creativity Research Journal, 12,* 311-320.

Clegg, H., Nettle, D., & Miell, D. (2011). Status and mating success amongst visual artists. *Frontiers in Psychology, 2.*

Cropley, D. H., & Cropley, A. J. (2013). *Creativity and crime: A psychological analysis.* New York, NY: Cambridge University Press.

Cropley, D. H., Cropley, A. J., Kaufman, J. C., & Runco, M. A. (Eds.). (2010). *The dark side of creativity.* New York, NY: Cambridge University Press.

Cropley, D. H., Kaufman, J. C., & Cropley, A. J. (2008). Malevolent creativity: A functional model of creativity in terrorism and crime. *Creativity Research Journal, 20,* 105-115.

Cropley, D. H., Kaufman, J. C., White, A. E., & Chiera, B. A. (2014). Layperson perceptions of malevolent creativity: The good, the bad, and the ambiguous. *Psychology of Aesthetics, Creativity, and the Arts, 8,* 400-412.

Dalebroux, A., Goldstein, T. R., & Winner, E. (2008). Short-term mood repair through artmaking: Attention redeployment is more effective than venting. *Motivation and Emotion, 32,* 288-295.

De Dreu, C. K. W., & Nijstad, B. A. (2008). Mental set and creative thought in social conflict: Threat rigidity versus motivated focus. *Journal of Personality and Social Psychology, 95,* 648-661.

De Petrillo, L., & Winner, E. (2005). Does art improve mood? A test of a key assumption underlying art therapy. *Art Therapy: Journal of the American Art Therapy Association, 22,* 205-212.

Djikic, M., & Oatley, K. (2014). The art in fiction: From indirect communication to changes of the self. *Psychology of Aesthetics, Creativity, and the Arts, 8,* 498-505.

Djikic, M., Oatley, K., & Moldoveanu, M. C. (2013a). Opening the closed mind: The effect of exposure to literature on the need for closure. *Creativity Research Journal, 25,* 149-154.

Djikic, M., Oatley, K., & Moldoveanu, M. C. (2013b). Reading other minds: Effects of literature on empathy. *Scientific Study of Literature, 3,* 28-47.

Drake, J. E., & Winner, E. (2012). Confronting sadness through art-making: Distraction is more beneficial than venting. *Psychology of Aesthetics, Creativity, and the Arts, 6,* 251-266.

Drake, J. E., & Winner, E. (2013). How children use drawing to regulate their emotions. *Cognition and Emotion, 27*, 512–520.

Drake, J. E., Coleman, K., & Winner, E. (2011). Short-term mood repair through art: Effects of medium and strategy. *Art Therapy: Journal of the American Art Therapy Association, 28*, 26–30.

Eschleman, K. J., Madsen, J., Alarcon, G. M., & Barelka, A. (2014). Benefiting from creative activity: The positive relationships between creative activity, recovery experiences, and performance-related outcomes. *Journal of Occupational and Organizational Psychology, 87*, 579–598.

Florida, R. (2002). *The rise of the creative class and how it's transforming work, life, community and everyday life.* New York, NY: Basic Books.

Fong, K., Mullin, J. B., & Mar, R. A. (2013). What you read matters: The role of fiction genre in predicting interpersonal sensitivity. *Psychology of Aesthetics, Creativity, and the Arts, 7*, 370–376.

Forgeard, M. J. (2013). Perceiving benefits after adversity: The relationship between self-reported posttraumatic growth and creativity. *Psychology of Aesthetics, Creativity, and the Arts, 7*, 245–264.

Forgeard, M. J. C., & Kaufman, J. C. (2015). Who cares about imagination, creativity, and innovation, and why? A review. *Psychology of Aesthetics, Creativity, and the Arts.* Advance online publication. doi:10.1037/aca0000042

Forgeard M. J. C., Mecklenburg A. C., Lacasse J. J., & Jayawickreme E. (2014). Bringing the whole universe to order: Creativity, healing, and posttraumatic growth. In J. C. Kaufman (Ed.), *Creativity and mental illness* (pp. 321–342). New York, NY: Cambridge University Press.

Frankl, V. E. (2006). *Man's search for meaning.* Boston, MA: Beacon Press.

Frisina, P. G., Borod, J. C., & Lepore, S. J. (2004). A meta-analysis of the effects of written emotional disclosure on the health outcomes of clinical populations. *Journal of Nervous and Mental Disease, 192*, 629–634.

Gardner, H. (1993). *Creating minds.* New York, NY: Basic Books.

Geher, G., & Kaufman, S. B. (2013). *Mating intelligence unleashed.* New York, NY: Oxford University Press.

Gill, P., Horgan, J., Hunter, S. T., & Cushenbery, L. D. (2013). Malevolent creativity in terrorist organizations. *Journal of Creative Behavior, 47*, 125–151.

Gill, P., Horgan, J., & Lovelace, J. (2011). Improvised explosive device: The problem of definition. *Studies in Conflict & Terrorism, 34*, 732–748.

Gino, F., & Ariely, D. (2012). The dark side of creativity: Original thinkers can be more dishonest. *Journal of Personality and Social Psychology, 102*, 445–459.

Goldstein, T. R., Tamir, M., & Winner, E. (2013). Expressive suppression and acting classes. *Psychology of Aesthetics, Creativity, and the Arts, 7*, 191–196.

Goldstein, T. R., & Winner, E. (2012). Enhancing empathy and theory of mind. *Journal of Cognition and Development, 13*, 19–37.

Goncalo, J. A., Vincent, L. C., & Krause, V. (2015). The liberating consequences of creative work: How a creative outlet lifts the physical burden of secrecy. *Journal of Experimental Social Psychology, 59,* 32–39.

Griskevicius, V., Cialdini, R. B., & Kenrick, D. T. (2006). Peacocks, Picasso, and parental investment: The effects of romantic motives on creativity. *Journal of Personality and Social Psychology, 91,* 63–76.

Harris, D. J., Reiter-Palmon, R., & Kaufman, J. C. (2013). The effect of emotional intelligence and task type on malevolent creativity. *Psychology of Aesthetics, Creativity, and the Arts, 7,* 237–244.

Hecht, D. K. (2015). *Storytelling and science: Rewriting Oppenheimer in the nuclear age.* Amherst, MA: University of Massachusetts Press.

Horn, D., & Salvendy, G. (2009). Measuring consumer perception of product creativity: Impact on satisfaction and purchasability. *Human Factors and Ergonomics in Manufacturing, 19,* 223–240.

Kampylis, P., & Valtanen, J. (2010). Redefining creativity—Analyzing and definitions, collocations, and consequences. *Journal of Creative Behavior, 4,* 191–214.

Kaufman, J. C., & Sexton, J. D. (2006). Why doesn't the writing cure help poets? *Review of General Psychology, 10,* 268–282.

Kaufman, S. B., Kozbelt, A., Silvia, P., Kaufman, J. C., Ramesh, S., & Feist, G. J. (2015). Who finds Bill Gates sexy? Creative mate preferences as a function of cognitive ability, personality, and creative achievement. *Journal of Creative Behavior.* Advance online publication. doi:10.1002/jocb.78

Kidd, D. C., & Castano, E. (2013). Reading literary fiction improves theory of mind. *Science, 342,* 377–380.

King, B. J., & Pope, B. (1999). Creativity as a factor in psychological assessment and healthy psychological functioning. *Journal of Personality Assessment, 72,* 200–207.

Leder, H., Belke, B., Oeberst, A., & Augustin, D. (2004). A model of aesthetic appreciation and aesthetic judgements. *British Journal of Psychology, 95,* 489–508.

Lee, K., Rho, S., Kim, S., & Jun, G. J. (2007). Creativity-innovation cycle for organizational exploration and exploitation: Lessons from Neowiz—A Korean Internet company. *Long Range Planning: International Journal of Strategic Management, 40,* 505–523.

Lee, S., & Dow, G. T. (2011). Malevolent creativity: Does personality influence malicious divergent thinking? *Creativity Research Journal, 23,* 73–82.

Locher, P. J., Overbeeke, C. J., & Wensveen, S. A. G. (2010). Aesthetic interaction: A framework. *Design Issues, 26,* 70–79.

Madjar, N., Greenberg, E., & Chen, Z. (2011). Factors for radical creativity, incremental creativity, and routine, noncreative performance. *Journal of Applied Psychology, 96,* 730–743.

Maguire, L. E., Wanschura, P. B., Battaglia, M. M., Howell, S. N., & Flinn, J. M. (2015). Participation in active singing leads to cognitive improvements in individuals with dementia. *Journal of the American Geriatrics Society, 63*, 815–816.

Mahoney, M. J. (1995). *Cognitive and constructive psychotherapies: Theory, research, and practice.* New York, NY: Springer Publishing Company.

Mai, K. M., Ellis, A. P., & Welsh, D. T. (2015). The gray side of creativity: Exploring the role of activation in the link between creative personality and unethical behavior. *Journal of Experimental Social Psychology, 60*, 76–85.

Mar, R. A., Oatley, K., Djikic, M., & Mullin, J. (2011). Emotion and narrative fiction: Interactive influences before, during, and after reading. *Cognition and Emotion, 25*, 818–833.

Mayer, J., & Mussweiler, T. (2011). Suspicious spirits, flexible minds: When distrust enhances creativity. *Journal of Personality and Social Psychology, 101*, 1262–1277.

Mayer, J. D., & Salovey, P. (1997). What is emotional intelligence? In P. Salovey & D. J. Sluyter (Eds.), *Emotional development and emotional intelligence: Educational implications* (pp. 3–34). New York, NY: HarperCollins.

Mayer, J. D., Salovey, P., & Caruso, D. R. (2000). Models of emotional intelligence. In R. J. Sternberg (Ed.), *Handbook of intelligence* (pp. 396–420). New York, NY: Cambridge University Press

McAdams, D. P. (1999). Personal narratives and the life story. In L. A. Pervin, O. P. John, et al. (Eds.), *Handbook of personality: Theory and research* (Vol. 2, pp. 478–500). New York, NY: Guilford Press.

Metzl, E. S. (2009). The role of creative thinking in resilience after hurricane Katrina. *Psychology of Aesthetics, Creativity, and the Arts, 3*, 112–123.

Miron, E., Erez, M., & Naveh, E. (2004). Do personal characteristics and cultural values that promote innovation, quality, and efficiency compete or complement each other? *Journal of Organizational Behavior, 25*, 175–199.

Miron-Spektor, E., Erez, M., & Naveh, E. (2011). The effect of conformist and attentive-to-detail members on team innovation: Reconciling the innovation paradox. *Academy of Management Journal, 54*, 740–760.

Nicol, J. J., & Long, B. C. (1996). Creativity and perceived stress of female music therapists and hobbyists. *Creativity Research Journal, 9*, 1–10.

Niepel, C., Mustafić, M., Greiff, S., & Roberts, R. D. (2015). The dark side of creativity revisited: Is students' creativity associated with subsequent decreases in their ethical decision making? *Thinking Skills and Creativity.* Advance online publication. doi:10.1016/j.tsc.2015.04.005

Niu, W. (2012). Confucian ideology and creativity. *Journal of Creative Behavior, 46*, 274–284.

Nolen-Hoeksema, S., Larson, J., & Grayson, C. (1999). Explaining the gender difference in depressive symptoms. *Journal of Personality and Social Psychology, 77*, 1061–1072.

Pennebaker, J. W. (1997). Writing about emotional experiences as a therapeutic process. *Psychological Science, 8,* 162–166.

Pennebaker, J. W., & Beall, S. (1986). Confronting a traumatic event: Toward an understanding of inhibition and disease. *Journal of Abnormal Psychology, 95,* 274–281.

Pennebaker, J. W., Mayne, T. J., & Francis, M. E. (1997). Linguistic predictors of adaptive bereavement. *Journal of Personality and Social Psychology, 72,* 166–83.

Pennebaker, J. W., & Seagal, J. D. (1999). Forming a story: The health benefits of narrative. *Journal of Clinical Psychology, 55,* 1243–1254.

Pizarro, J. (2004). The efficacy of art and writing therapy: Increasing positive mental health outcomes and participant retention after exposure to traumatic experience. *Art Therapy, 21,* 5–12.

Plucker, J. A., Beghetto, R. A., & Dow, G. (2004). Why isn't creativity more important to educational psychologists? Potential, pitfalls, and future directions in creativity research. *Educational Psychologist, 39,* 83–96.

Richards, R. L. (2007). Everyday creativity: Our hidden potential. In R. Richards (Ed.), *Everyday creativity and new views of human nature* (pp. 25–54). Washington, DC: American Psychological Association.

Riley, S., & Gabora, L. (2012). Evidence that threatening situations enhance creativity. In *Proceedings of the 34th Annual Meeting of the Cognitive Science Society* (pp. 2234–2239). Houston TX: Cognitive Science Society.

Roberts, R. O., Cha, R. H., Mielke, M. M., Geda, Y. E., Boeve, B. F., Machulda, M. M., . . . Petersen, R. C. (2015). Risk and protective factors for cognitive impairment in persons aged 85 years and older. *Neurology, 84,* 1854–1861.

Rosa, J. A., Qualls, W. J., & Fuentes, C. (2008). Involving mind, body, and friends: Management that engenders creativity. *Journal of Business Research, 61,* 631–639.

Seibert, S. E., Kraimer, M. L., & Crant, J. M. (2001). What do proactive people do? A longitudinal model linking proactive personality and career success. *Personnel Psychology, 54,* 845–874.

Sexton, J. D., & Pennebaker, J. W. (2004). Non-expression of emotion and self among members of socially stigmatized groups: Implications for physical and mental health. In I. Nyklicek, L. Temoshok, & A. Vingerhoets (Eds.), *Emotional expression and health* (pp. 321–333). New York, NY: Brunner-Routledge.

Smith, J. K. (2014a). Art as mirror: Creativity and communication in aesthetics. *Psychology of Aesthetics, Creativity, and the Arts, 8,* 110–118.

Smith, J. K. (2014b). *The museum effect: How museums, libraries, and cultural institutions educate and civilize society.* Lanham, MD: Rowman & Littlefield.

Smyth, J., True, N., & Souto, J. (2001). Effects of writing about traumatic experiences: The necessity for narrative structure. *Journal of Social & Clinical*

Psychology, 20, 161-172.

Speer, N. K., Reynolds, J. R., Swallow, K. M., & Zacks, J. M. (2009). Reading stories activates neural representations of visual and motor experiences. *Psychological Science, 20*, 989-999.

Staw, B. (1995). Why no one really wants creativity. In C. Ford & D. Giola (Eds.), *Creative action in organizations* (pp. 161-166). Thousand Oaks, CA: Sage.

Stephenson, K., & Rosen, D. H. (2015). Haiku and healing: An empirical study of poetry writing as therapeutic and creative intervention. *Empirical Studies of the Arts, 33*, 36-60.

Sternberg, R. J. (2003). *WICS: Wisdom, intelligence, and creativity, synthesized.* Cambridge, England: Cambridge University Press.

Sternberg, R. J. (2010). *College admissions for the 21st century.* Cambridge, MA: Harvard University Press.

Stirman, S. W., & Pennebaker, J. W. (2001). Word use in the poetry of suicidal and non-suicidal poets. *Psychosomatic Medicine, 63*, 517-523.

Stuckey, H. L., & Nobel, J. (2010). The connection between art, healing, and public health: A review of current literature. *American Journal of Public Health, 100*, 254-263.

Travagin, G., Margola, D., & Revenson, T. A. (2015). How effective are expressive writing interventions for adolescents? A meta-analytic review. *Clinical Psychology Review, 36*, 42-55.

Vincent, L., & Kouchaki, M. (2015). Creative, rare, entitled, and dishonest: How commonality of creativity in one's group decreases an individual's entitlement and dishonesty. *Academy of Management Journal.* Advance online publication. doi:10.5465/amj.2014.1109

Walczyk, J. J., Runco, M. A., Tripp, S. M., & Smith, C. E. (2008). The creativity of lying: Divergent thinking and ideational correlates of the resolution of social dilemmas. *Creativity Research Journal, 20*, 328-342.

Zausner, T. (2007). Artist and audience: Everyday creativity and visual art. In R. L. Richards (Ed.), *Everyday creativity and new views of human nature: Psychological, social, and spiritual perspectives* (pp. 75-89). Washington, DC: American Psychological Association.

후기 : 창의성의 미래

Acar, S., & Runco, M. A. (2014). Assessing associative distance among ideas elicited by tests of divergent thinking. *Creativity Research Journal, 26*, 229-238.

Acar, S., & Runco, M. A. (2015). Thinking in multiple directions: Hyperspace categories in divergent thinking. *Psychology of Aesthetics, Creativity, and the Arts, 9*, 41-53.

Colton, S., Pease, A., Corneli, J., Cook, M., & Llano, T. (2014). Assessing progress in building autonomously creative systems. In *Proceedings of the Fifth International Conference on Computational Creativity*. Retrieved from http://computationalcreativity.net/iccc2014/wp-content/uploads/2014/06//8.4_Colton.pdf

Dexter, S., & Kozbelt, A. (2013). Free and open source software (FOSS) as a model domain for answering big questions about creativity. *Mind & Society, 12*, 113–123.

Guilford, J. P. (1950). Creativity. *American Psychologist, 5*, 444–454.

Hass, R. W. (2015). Feasibility of online divergent thinking assessment. *Computers in Human Behavior, 46*, 85–93.

Hern, A. (2015, June 18). Yes, androids do dream of electric sheep. *The Guardian*. Retrieved from http://www.theguardian.com/technology/2015/jun/18/google-image-recognition-neural-network-androids-dream-electric-sheep

Kaufman, J. C. (2014). Joining the conversation: A commentary on Glăveanu's critical reading. *Creativity: Theories—Research—Applications, 1*, 220–222.

Kaufman, J. C. (2015). Why creativity isn't in IQ tests, why it matters, and why it won't change anytime soon . . . probably. *Journal of Intelligence, 3*, 59–72.

Kim, Y. J., & Shute, V. J. (2015). Opportunities and challenges in assessing and supporting creativity in video games. In G. P. Green & J. C. Kaufman (Eds.), *Videogames and creativity* (pp. 101–123). San Diego, CA: Academic Press.

Reisman, F. K. (in press). Please teacher, don't kill my kid's creativity: Creativity embedded into K-12 teacher preparation and beyond. In R. A. Beghetto & J. C. Kaufman (Eds.), *Nurturing creativity in the classroom* (2nd ed.). New York, NY: Cambridge University Press.

Shute, V. J., & Ventura, M. (2013). *Measuring and supporting learning in games: Stealth assessment*. Cambridge, MA: MIT Press.

Sydell, L. (2014, October 27). I've got the ingredients. What should I cook? Ask IBM's Watson. *National Public Radio*. Retrieved from http://www.npr.org/sections/alltechconsidered/2014/10/27/359302540/ive-got-the-ingredients-what-should-i-cook-ask-ibms-watson

James C. Kaufman

미국 코네티컷대학교 교육심리학 교수다. 세계적으로 인정받는 창의성 분야의 리더이며 35권 이상의 책을 집필하고 250편 이상의 논문을 발표했다. 그는 *Psychology of Aesthetics, Creativity, and the Arts*와 *Psychology of Popular Media Culture*의 공동설립 편집자였으며, 현재는 *International Journal of Creativity and Problem Solving* 편집자이다. 그는 미국 국립영재아협회에서 Torrance Award를, 미국심리학회에서 Berlyne and Farnsworth Awards를 수상했으며 멘사의 연구상도 받았다. 그는 또한 극작가/작사가로 활동하고 있으며 그의 뮤지컬 *Discovering Magenta*는 2015년 뉴욕에서 초연되었다.

역자 소개

김정희 _ journey@hongik.ac.kr
이화여자대학교 학사(영문학 전공)
이화여자대학교 교육학 석사(교육심리학 전공)
미국 서던캘리포니아대학교 철학 박사(교육심리학 전공)
현재 홍익대학교 교육대학원 교수

연구 및 관심분야
창의성, 지능, 영재, 동기, 학습

저서 및 역서
교수 학습의 이론과 실제(공역), 교실에서의 창의성 교육(공역), 교육심리학 이론과 실제(공역), 교육심리학 이론과 실제(공역), 교육심리학(공역), 심리학개론(공역), 영재 교육과정 연구(공역), 영재교육의 주요 이슈와 실제(공역), 영재성의 개념과 이론(공역), 예술 · 음악 영재학생(공역), 인간의 동기(공역), 지능과 능력(역), 지혜, 지능 그리고 창의성의 종합(역), 창의성 이론과 주제(공역), 창의성을 부르는 심리학(역), IQ 검사 101(공역), 리더십 101(역), 영재성 101(역), 정서지능 101(역), 지능 101(역), 천재 101(역) 등